Inhalt

Horst Pötzsch

DEUTSCHE GESCHICHTE

von 1945 bis zur Gegenwart

Die Entwicklung der beiden
deutschen Staaten und das vereinte Deutschland

OLZOG

Bibliografische Information der Deutschen Bibliothek

Die Deutsche Bibliothek verzeichnet diese Publikation in der
Deutschen Nationalbibliografie;
detaillierte bibliografische Daten sind im Internet
über http://dnb.ddb.de abrufbar.

ISBN 978-3-7892-8357-4
© 2009 Olzog Verlag GmbH, München
(3. aktualisierte Auflage)
© 1998 Olzog Verlag GmbH, München
Internet: http://www.olzog.de

Umschlagentwurf: Atelier Versen, Bad Aibling
Satz: Fotosatz H. Buck, Kumhausen
Druck- und Bindearbeiten: CPI Ebner & Spiegel, Ulm
Printed in Germany

Vorwort

Dieses Buch versucht, einen knappen Überblick der gesamtdeutschen Geschichte seit 1945 zu geben. Bis 1990 waren in der Geschichtsschreibung in West und Ost die Zuständigkeiten aufgeteilt. Die einen schrieben die Geschichte der Bundesrepublik, die anderen machten die Geschichte der DDR zu ihrem Thema.

Nach der Vereinigung konnte es keine Teilgeschichten mehr geben. Die Verklammerung der Teilgeschichten zu einer Gesamtgeschichte stößt aber sehr schnell an Grenzen. Das beginnt schon mit der Periodisierung. Für die Bundesrepublik sind die Zäsuren die Jahre 1949, 1955, 1969 und 1982, für die DDR liegen die Einschnitte 1949, 1961 und 1971. In diesem Buch ist die Geschichte des geteilten Deutschlands in sechs Abschnitte gegliedert.

In der unmittelbaren Nachkriegszeit bis 1948 sind die Verbindungen und Gemeinsamkeiten noch so stark, dass dieser Abschnitt als gesamtdeutsche Geschichte geschrieben werden konnte. 1948/49 teilt sich die deutsche Geschichte, zwei Staaten gehen getrennte Wege. Innerhalb der einzelnen Perioden muss daher ihre Geschichte getrennt dargestellt werden. Die Stränge der Entwicklung auseinander zu reißen und sie nach Themen oder Problemen oder nach welchen Gesichtspunkten auch immer zu verzahnen, ist für einen knappen Überblick nicht praktikabel.

Andererseits hat die unnatürliche Teilung bewirkt, dass die beiden Staaten aufeinander bezogen waren, wenn auch zumeist negativ, wie keine anderen gleichzeitig oder vorher. Den Wechselbeziehungen wird hier besondere Aufmerksamkeit geschenkt, so dass auf weiten Strecken doch gemeinsame Geschichte geschrieben wird. Nicht selten ergibt es sich auch, dass dieselben Ereignisse oder ihre Rückwirkungen aus doppelter Perspektive gesehen werden.

Vom Umfang her sind beide Staaten nahezu gleich behandelt, von den beiden Staatsgründungen bis zur Einheit ist das Verhältnis nach Seitenzahlen 11:9. Die Darstellung beschränkt sich auf die politische Geschichte und auf die Wirtschaft, deren Bedeutung, wie sich immer wieder zeigt, gar nicht zu überschätzen ist. Kontroversen, unterschiedliche Sichtweisen und Bewertungen werden da und dort, sicherlich viel zu selten, referiert.

Wer will, wird überall Lücken entdecken. Bedeutende Persönlichkeiten beispielsweise, die eine wichtige Rolle gespielt haben, konnten nicht gewürdigt, oft nicht einmal erwähnt werden. Andere mögen manches überbetont finden. Für die meisten Leser ist dies jedoch alles nicht so wichtig. Für sie, für historisch Interessierte ohne besondere Vorkenntnisse ist dieses Buch geschrieben.

Für die dritte Auflage dieses erstmals 1998 erschienenen Buches wurde ein weiteres Kapitel deutscher Geschichte ergänzt, die Regierungszeit der Großen Koalition unter Bundeskanzlerin Angela Merkel. Die Darstellung reicht bis zur Bundestagswahl 2009 bzw. endet mit dem Beginn der schwarz-gelben Koalition – der zweiten Amtsperiode von Angela Merkel.

Bonn, im Oktober 2009   *Horst Pötzsch/Der Verlag*

Kurz vor Redaktionsschluss der vorliegenden Ausgabe ist der Autor dieses Buches am 24. September 2009 im Alter von 81 Jahren gestorben. Er hat an der Bearbeitung dieser dritten Auflage bis zu seinem Tod mitgewirkt.

BESATZUNGSZEIT
1945–1949

8. Mai 1945

Am 8. Mai 1945 endete der Zweite Weltkrieg auf dem europäischen Kriegsschauplatz. Hitler und sein Regime hatten mit dem von ihnen entfesselten Krieg Deutschland in die schlimmste Niederlage seiner Geschichte geführt. Der Krieg hatte unermessliches Leid, Tod und Zerstörung über weite Teile Europas gebracht. 55 Millionen Tote waren zu beklagen, davon 5,5 Millionen Deutsche und 50 Millionen Angehörige zahlreicher anderer Völker. Ein Viertel der Toten waren Zivilisten, unter ihnen 6 Millionen Juden, die dem rassenideologischen Wahn zum Opfer gefallen waren. Deutschland war dreifach geschlagen, nicht nur militärisch und politisch, sondern auch moralisch.

Kapitulation

Die deutsche Wehrmacht hatte am 8. Mai 1945 bedingungslos kapituliert. Entgegen landläufigen Meinungen gab es keine Kapitulation des Deutschen Reiches. Ein Staat kann nicht kapitulieren, der Begriff gehört in die militärische Sphäre. Im Ergebnis aber entsprach die Situation Deutschlands am 8. Mai 1945 der einer Armee nach der bedingungslosen Kapitulation. Der deutsche Staat hatte de facto aufgehört zu bestehen, das Land und seine Bewohner waren dem Willen der Sieger unterworfen. Diese beließen die „Geschäftsführende Reichsregierung" des Großadmirals Dönitz nur noch so lange im Amt, bis gesichert war, dass alle deutschen Streitkräfte die Kampfhandlungen eingestellt hatten. Am 23. Mai setzten sie sie ab und verhafteten Dönitz und seine Minister.

Am 5. Juni 1945 übernahmen die vier Siegermächte mit einer „Erklärung in Anbetracht der Niederlage Deutschlands" die oberste Regierungsgewalt in Deutschland. Oberstes Organ der Besatzungsherrschaft wurde der Kontrollrat, bestehend aus den vier alliierten Militärbefehlshabern. Gleichzeitig wurde die Aufteilung Deutschlands in vier Besatzungszonen und Berlins in vier Sektoren verkündet. Ausgangspunkt für die deutsche Nachkriegsgeschichte sind somit die Vorstellungen, die die alliierten Mächte für die Zeit nach dem Sieg entwickelt hatten.

Alliierte Deutschlandpläne

Die allgemeinen Kriegsziele der (westlichen) Alliierten sind schon sehr früh formuliert worden, nämlich in der Atlantik-Charta vom 14. August 1941. Churchill und Roosevelt verzichteten auf eine territoriale Vergrößerung ihrer Länder und sicherten zu, dass territoriale Veränderungen nur mit Zustimmung der betroffenen Bevölkerung erfolgen und dass alle Völker das Recht haben sollten, ihre Staatsform selbst zu wählen. Den Grundsätzen der Atlantik-Charta stimmten die übrigen verbündeten Mächte später zu, auch – wenngleich mit gewissen Einschränkungen – die Sowjetunion. Die Grundsätze der Atlantik-Charta gingen später in die Charta der Vereinten Nationen ein.

Die Initiatoren der Atlantik-Charta machten jedoch unmissverständlich klar, dass ihre Grundsätze nicht für die Kriegsgegner, vor allem nicht für Deutschland, gelten sollten. Im Januar 1943, am Schluss der Konfe-

Potsdamer Konferenz: Stalin, Truman, Churchill

renz von Casablanca, forderte Roosevelt (mit Zustimmung Churchills) die bedingungslose Kapitulation Deutschlands, Italiens und Japans. Damit sollten die Sieger freie Hand erhalten, über das Schicksal der besiegten Länder nach Gutdünken zu verfügen.

Kriegskonferenzen

Nach der für die Westmächte und die Sowjetunion günstigen Wende im Kriegsverlauf begannen die Verbündeten, erste Überlegungen zu einer gemeinsamen Politik für die Zeit nach dem Krieg anzustellen. Noch während des Krieges fand eine Reihe von Konferenzen statt: nach einer vorbereitenden Konferenz der Außenminister in Moskau (Oktober 1943) die Konferenzen der „Großen Drei" (Churchill, Roosevelt und Stalin) in Teheran (November 1943) und in Jalta auf der Krim (Februar 1945).

Einheit oder Zerstückelung Deutschlands?

Es gab keine Meinungsverschiedenheiten über die Wiederherstellung Österreichs und der Tschechoslowakei sowie die Zerschlagung des Nationalsozialismus und des Militarismus in Deutschland. Unterschiedliche und im Zeitablauf wechselnde Meinungen gab es zu der Frage, ob Deutschland als Einheit zu behandeln sei oder in mehrere Einzelstaaten aufgeteilt werden solle. In Teheran wurde die „Zerstückelung" (dismemberment) Deutschlands beschlossen, ohne dass dies konkretisiert wurde. Diese Formel wurde auch in das Kommuniqué von Jalta übernommen, doch wurde hier zunächst die Aufteilung in vier Besatzungszonen und eine zentrale Verwaltung aller Zonen durch eine Kontrollkommission mit Sitz in Berlin festgelegt.

Während Stalin (wie auch Roosevelt) sich noch in Jalta in besonderem Maße für die Zerstückelung Deutschlands eingesetzt hatte, rückten die Sowjets schon im März 1945 von dieser Haltung ab und verhinderten, dass das Wort „Zerstückelung" in die Kapitulationsurkunde aufgenommen wurde. Am 9. Mai 1945, einen Tag nach der Kapitulation, erklärte Stalin: „Die Sowjetunion … schickt sich nicht an, Deutschland zu zerstückeln oder zu vernichten."

Über die Gründe kann man bis zur vollständigen Öffnung der sowjetischen Archive nur spekulieren: Die Sowjetunion hoffte auf Reparationen nicht nur aus ihrer eigenen Zone, sondern auch aus dem Westen, vor allem aus dem Ruhrgebiet. Dazu musste Deutschland als wirtschaftliche Einheit behandelt werden. Außerdem mochte die Überlegung eine Rolle spielen, man könne auf die politische Entwicklung eines einheitlichen Deutschlands Einfluss nehmen. Schon im Oktober 1944 war ein von emigrierten Altkommunisten entworfenes Programm für eine neue Ordnung in Deutschland unter Führung der KPD niedergelegt worden.

Eine andere strittige Frage, die das Schicksal Deutschlands direkt betraf, war die der künftigen polnischen Grenzen. Stalin hatte von vornherein darauf bestanden, dass die Curzon-Linie (eine während des polnisch-sowjetischen Krieges 1920 vom englischen Außenminister Curzon vorgeschlagene Demarkationslinie, die wegen des polnischen Sieges nicht Realität wurde), die im großen und ganzen mit der Teilungslinie des Hitler-Stalin-Paktes identisch war, die polnische Ostgrenze bleiben müsse. Dafür sollte Polen im Westen mit deutschem Gebiet entschädigt werden. Dem stimmten die Westmächte in Teheran zu. In Jalta trat Churchill für die Oder-Linie ein, Stalin für die Oder-Neiße-Linie.

Potsdamer Konferenz

Die Potsdamer Konferenz der „Großen Drei", der führenden Staatsmänner der drei Hauptsiegermächte, war die letzte der bedeutenden Kriegskonferenzen und die letzte Zusammenkunft einer solchen Runde überhaupt. Für den im April 1945 verstorbenen Präsidenten Roosevelt vertrat Präsident Harry S. Truman die USA. Churchill wurde noch während der Konferenz durch den neuen Premierminister Clement Attlee abgelöst. Einzig Stalin und sein Außenminister Molotow repräsentierten die Kontinuität und konnten geltend machen, dass sie die früheren Absprachen authentisch interpretierten.

Die Ergebnisse der Verhandlungen sind erst 1947 vom amerikanischen Außenministerium veröffentlicht worden. Eine auf die europäischen Fragen beschränkte Kurzfassung wurde unmittelbar nach der Konferenz als Abschlusskommuniqué publiziert und ist unter der ungenauen Bezeichnung „Potsdamer Abkommen" bekannt.

Die Vereinbarungen sind nur zum Teil präzise, teilweise handelt es sich um auslegungsbedürftige und -fähige Formelkompromisse (Demokratisierung, Aussagen zur wirtschaftlichen und politischen Einheit Deutschlands), teilweise um Aufzählung später zu lösender Probleme (die endgültige Grenze zu Polen, Reparationen). Unumstritten waren die „politischen Grundsätze" der Behandlung Deutschlands. Sie gehen auf die Vereinbarungen von Jalta zurück und wurden nun präzisiert: Abrüstung und Entmilitarisierung, Auflösung aller nationalsozialistischen Organisationen, Aufbau einer dezentralisierten Verwaltung von der kommunalen bis zur Länderebene, „bis auf weiteres" aber keine Zentralregierung, schließlich Aburteilung der Kriegsverbrecher und „Entnazifizierung".

Deutsche Ostgrenze und Reparationen

Erhebliche Meinungsverschiedenheiten gab es vor allem über
– die deutschen Gebiete jenseits der Oder-Neiße-Linie und
– die Reparationen.

Zwischen beiden Fragen bestand ein unmittelbarer Zusammenhang. Die Abtrennung eines Viertels des deutschen Staatsgebietes, das zudem bedeutende landwirtschaftliche Überschüsse produzierte, und die Ausweisung der Bevölkerung in das verbliebene Rumpfdeutschland mussten die Ernährungslage vor allem in der britischen und auch in der amerikanischen Zone katastrophal verschärfen. Die Sowjetunion verlangte überdies Reparationen aus diesem Gebiet. Wenn die Westmächte nicht gezwungen sein sollten, die fehlenden Nahrungsmittel aus eigenen Vorräten bereitzustellen, mussten die Reparationen zugunsten von Exporten reduziert werden, die für die Bezahlung von Nahrungsmitteln zu verwenden wären, oder die erforderlichen Lebensmittel müssten aus der Sowjetischen Zone kommen.

Schließlich wurde auf der Basis eines durch den amerikanischen Außenminister Byrnes eingebrachten Kompromissvorschlages, den Stalin akzeptierte, eine Einigung erzielt.

Die Sowjetunion hatte schon vor der Konferenz das deutsche Gebiet östlich von Oder und Neiße – außer Nord-Ostpreußen mit Königsberg, das zu ihrer Zone gehören sollte – polnischer Verwaltung unterstellt und damit vollendete Tatsachen geschaffen. Stalin erklärte, die deutsche Bevölkerung sei geflüchtet, daher seien in diesen Gebieten polnische

Behörden eingesetzt worden. Tatsächlich befanden sich noch 5,5 Millionen Deutsche (von 12 Millionen) jenseits der Oder-Neiße-Linie.

Die Westmächte hatten ursprünglich einer Verschiebung der Grenze allenfalls bis zur östlichen Neiße zustimmen wollen. Nun wurde beschlossen, die „früher deutschen Gebiete" jenseits von Oder und westlicher Neiße unter polnischer Verwaltung zu belassen. Die endgültige Festlegung der Grenze zwischen Deutschland und Polen sollte erst in einem Friedensvertrag erfolgen. Man vereinbarte, vorerst keine Ausweisungen mehr vorzunehmen, spätere sollten in „geordneter und humaner Weise" erfolgen. Letztere Bedingungen wurden nicht eingehalten, die Massenvertreibungen und -vergewaltigungen gingen unvermindert weiter, ohne dass die Westmächte dagegen Widerspruch erhoben.

Hinsichtlich des nördlichen Ostpreußen mit Königsberg erklärten die Westmächte, dass sie sich bei der bevorstehenden Friedensregelung für dessen endgültige Übergabe an die Sowjetunion einsetzen würden.

Die Sowjetunion erklärte sich andererseits damit einverstanden, dass jede Besatzungsmacht Reparationen aus ihrer eigenen Zone entnehmen könne. Zusätzlich sollte die Sowjetunion 25 Prozent der in den Westzonen demontierten Industrieanlagen erhalten, davon 15 Prozent im Austausch gegen Lebensmittel und Rohstoffe. Die Gesamthöhe der Reparationen blieb offen. Dagegen waren in Jalta 20 Milliarden Mark als Reparationen genannt worden, wovon die Sowjetunion 10 Milliarden erhalten sollte.

Die Schaffung zweier Reparationsgebiete leitete die Aufteilung Deutschlands in zwei Wirtschaftszonen ein, ungeachtet der in den „wirtschaftlichen Grundsätzen" des „Potsdamer Abkommens" niedergelegten Verpflichtung, „Deutschland als einziges wirtschaftliches Ganzes" zu betrachten.

Besatzungspolitik im Vierzonen-Deutschland

Kontrollrat

Der Alliierte Kontrollrat nahm am 30. August 1945 seine Tätigkeit auf. Er sollte bis zum Frühjahr 1948 bestehen. Zunächst verabschiedete er zahlreiche Verordnungen und Direktiven im Vollzug von Beschlüssen der Potsdamer Konferenz, etwa zur Liquidierung von NS-Gesetzen.

Eine wichtige Entscheidung fiel am 1. Oktober 1946, als der Vertreter Frankreichs im Kontrollrat gegen die vorgesehene Errichtung von deutschen Zentralverwaltungen sein Veto einlegte, das angesichts der geforderten Einstimmigkeit einen Beschluss verhinderte. Im März 1946 einigte sich der Kontrollrat auf einen „Industrieplan" zur Regelung der Demontagen und Reparationen, aber schon im Mai 1946 führte die Weigerung der Sowjets, die vereinbarten Rohstoff- und Lebensmittellieferungen in die Westzonen aufzunehmen, zur Einstellung aller Reparationslieferungen aus den Westzonen an die Sowjetunion. Die Einbeziehung der Westzonen in den Marshallplan schließlich veranlasste die sowjetischen Vertreter am 20. März 1948 zum Auszug aus dem Kontrollrat, der von da an nicht mehr handlungsfähig war.

Die wirklich wichtigen Entscheidungen wurden ohnehin nicht auf der Vier-Mächte-Ebene, sondern von jeder Besatzungsmacht in ihrer Besatzungszone getroffen. Die einzelnen Besatzungsmächte verfolgten divergierende Interessen und Ziele. Daher verlief die Entwicklung schon in den drei Westzonen unterschiedlich. Eine völlig andere Entwicklung nahm die sowjetische Besatzungszone. Die sich schon 1945 ankündigende Spaltung der Welt in zwei Lager, die bald in den „Kalten Krieg" mündete, manifestierte sich schon früh und besonders deutlich in der Spaltung Deutschlands.

Vier Besatzungszonen

Die Sowjetunion ging unverzüglich daran, die politische, wirtschaftliche und soziale Ordnung ihrer Zone umzugestalten (siehe S. 57). Allerdings kann man nicht von einer sofortigen Sowjetisierung sprechen; vielmehr wurde zunächst eine parlamentarische Demokratie mit einem Mehrparteiensystem und relativ freien Wahlen eingeführt. Die Sowjetunion hielt sich vorerst die Option einer gesamtdeutschen Lösung offen, die ihr Einfluss auf ganz Deutschland verschaffen sollte. Konkret strebte sie neben dem Anteil an den Reparationen aus den Westzonen die Teilnahme an der Kontrolle des Ruhrgebietes an.

Unter den Westmächten verfolgte vor allem Frankreich eine eigenwillige, an seinen Sonderinteressen orientierte Deutschlandpolitik. Es kapselte seine Besatzungszone von den anderen ab und trennte das Saargebiet heraus, um es in sein Wirtschafts- und Währungsgebiet einzugliedern. Um seinem Sicherheitsbedürfnis Genüge zu tun, forderte es eine internationale Kontrolle und Besetzung des Ruhrgebietes und des Rheinlandes, das auf Dauer aus dem deutschen Staatsverband ausgegliedert werden sollte.

Die USA steuerten in ihrer Besatzungspolitik anfangs einen harten Kurs, der durch die Direktive JCS 1067 bestimmt war. Darin hieß es: „Deutschland wird nicht besetzt zum Zwecke seiner Befreiung, sondern als besiegter Feindstaat". In die wirtschaftspolitischen Grundsätze waren Elemente des „Morgenthau-Plans" eingeflossen, eines Plans des amerikanischen Finanzministers Henry Morgenthau, der vorsah, Deutschland in ein Agrarland umzuwandeln. Die Direktive JCS 1067 wurde bald stillschweigend immer weniger beachtet.

Die sich verschärfende Konfrontation mit der Sowjetunion leitete schon im Frühjahr 1946 einen Wandel der amerikanischen Politik ein. Die neue Politik wurde von dem amerikanischen Außenminister Byrnes in einer aufsehenerregenden Rede am 6. September 1946 in Stuttgart formuliert. Er stellte die Bildung einer zentralen deutschen Verwaltung auf föderativer Basis für die amerikanische Zone in Aussicht, der sich die anderen Zonen anschließen könnten.

Großbritannien verhielt sich am pragmatischsten von allen Besatzungsmächten. Die britische Politik war traditionell darauf gerichtet, das Gleichgewicht der Kräfte auf dem europäischen Kontinent aufrechtzuerhalten. Sie erkannte früher als andere, dass nach der Vernichtung der bisherigen Hegemonialmacht Deutschland die Sowjetunion dieses Vakuum auszufüllen drohte. Großbritannien wandte sich daher entschieden gegen eine Beteiligung der Sowjets an der Kontrolle des Ruhrgebietes. Die Briten erkannten auch sehr früh, dass eine Hungerpolitik und wirtschaftliche Niederhaltung Deutschlands, auf die die Direktive JCS 1067 abzielte, die Deutschen auf Dauer zu Kostgängern der Besatzungsmächte machen musste. Dies konnte nicht im Sinne des ohnehin wirtschaftlich katastrophal geschwächten Großbritannien sein.

Das zerstückelte Deutschland

Grenze des Deutschen Reiches von 1937

Grenze der Besatzungszonen

Demarkationslinie zwischen britisch-
amerikanischen und sowjetischen Truppen
am 8. 5. 1945

100   200   300
km

Quelle: Informationen zur
politischen Bildung Nr. 224,
hrsg. von der Bundeszentrale
für politische Bildung, Bonn

Besatzungsmächte und Bevölkerung

Leben in Ruinen

Das Dritte Reich war in einem bislang unvorstellbaren materiellen und moralischen Zusammenbruch untergegangen. Deutschland war ein verwüstetes Land, dessen staatliche Ordnung sich vollständig aufgelöst hatte. Sämtliche großen und zahlreiche mittlere und kleinere Städte waren zerstört und verödet. In Köln lebten von 730.000 Einwohnern der Vorkriegszeit noch 40.000, zumeist in den Kellern zerbombter Häuser. Ein Viertel des Wohnungsbestandes von 1939 war vernichtet worden.

Auf Deutschland lagen 400 Millionen Kubikmeter Schutt. Die Alliierten verfügten eine Arbeitspflicht zur Trümmerbeseitigung. Sie sollte sich noch über Jahre hinziehen, einen großen Teil dieser schweren Arbeit leisteten die legendären Trümmerfrauen. Sie säuberten Millionen von Ziegelsteinen mit der Hand von Mörtel und Zement, damit sie wieder verwendet werden konnten.

Die Zerstörung von Produktionsanlagen war geringer als anfangs befürchtet. Die Verluste lagen unter 20 Prozent. Die tatsächliche Produktion erreichte aber nur einen Bruchteil der verbliebenen Kapazität. Sie betrug im dritten Quartal 1945 etwa 14 Prozent der Produktion von 1936, im Durchschnitt des Jahres 1946 in den Westzonen 38 Prozent und in der Sowjetischen Besatzungszone 44 Prozent, im Durchschnitt des Jahres 1947 in den Westzonen 44 Prozent, in der SBZ 54 Prozent.

Dafür gab es mehrere Gründe. Der wichtigste war die nahezu völlige Lahmlegung des Verkehrssystems. Die Alliierten hatten während der letzten Monate des Krieges systematisch Eisenbahnanlagen, Brücken, Straßen und Wasserwege bombardiert. Ein Viertel aller Verkehrsanlagen und ein großer Teil der Lokomotiven, Waggons und anderer Transportmittel waren zerstört. Hinzu kam der Mangel an Energie. Fast die gesamte Energie wurde aus Kohle gewonnen. Die Kohleförderung war im Mai 1945 auf 25.000 Tonnen pro Tag abgesunken, gegenüber 400.000 Tonnen vor dem Krieg. Die Produktion stieg bald wieder an, nicht aber die Transportkapazität.

Folgenschwer war schließlich die sofort einsetzende Abschottung der Besatzungszonen. Es gab so gut wie keinen Warenverkehr über die Zonengrenzen hinweg. Viele Industriebetriebe waren plötzlich von einem

Teil oder all ihren Rohstoffquellen und Zulieferern abgeschnitten. Besonders verheerend traf das die Sowjetische Besatzungszone. Dort waren vor dem Krieg 27,5 Prozent der deutschen Industrieerzeugnisse hergestellt worden. Beispielsweise kamen über ein Viertel der deutschen Personenkraftwagen aus Mitteldeutschland, jedoch wurden hier nur 14 Prozent der Zulieferteile (Elektrik, Kolben, Reifen) und 6 Prozent der Motoren hergestellt.

Hunger

Am unmittelbarsten traf den Einzelnen die katastrophale Ernährungslage. Die Erinnerung an den Hunger gehört ebenso wie der Schwarzmarkt und die Trümmer zu den prägenden Eindrücken jener Zeit. Die Chiffre, in der die Hungerrationen ausgedrückt wurden, war die Kalorie. Ein Erwachsener verbraucht pro Tag je nach den Lebensumständen zwischen 2.800 und 3.500 Kalorien, das Existenzminimum liegt bei 2.000. Die Lebensmittelkarten, die wie das gesamte System der „Bewirtschaftung" der Kriegszeit beibehalten wurden, wiesen Tagesrationen von maximal 1.500 Kalorien in der amerikanischen Zone und 900 in der französischen Zone aus. Das besagte nicht, dass alle diese Rationen auch ausgegeben wurden. Manche Waren bekam man erst, wenn sie „aufgerufen" wurden, das heißt, wenn sie verfügbar waren.

Die deutsche Landwirtschaft hatte vor dem Krieg den Bedarf zu 80 Prozent decken können. Ein Viertel der landwirtschaftlichen Nutzfläche war im Osten verloren gegangen, und durch den Mangel an Dünger, Saatgut, Treibstoff und nicht zuletzt auch Arbeitskräften sanken die Ernten 1946/47 auf 50 bis 60 Prozent einer Normalernte, und das bei einer um 20 Prozent größeren Bevölkerung. Die Selbstversorgung lag nur noch bei 35 Prozent.

Schwarzmarkt

Neben dem System der Verteilung von bewirtschafteten Waren, für die Vorkriegspreise gezahlt wurden, existierte ein zweites ökonomisches System, der Schwarzmarkt. Hier herrschte Naturalwirtschaft vor, ein Tauschhandel Ware gegen Ware. Zigaretten wurden zur Währung dieses Marktes. Wenn Waren gegen Geld abgegeben wurden, mussten horrende

Preise gezahlt werden. Ein Kilogramm Butter kostete 1946/47 zwischen 350 und 550 Reichsmark, zwei Monatslöhne eines Arbeiters. Die Städter fuhren zum „Hamstern" aufs Land und tauschten ihre letzten Wertgegenstände gegen Lebensmittel. Wer nichts zum „Kompensieren" besaß, blieb auf seine Hungerrationen angewiesen. Der Schwarzmarkt war eine brutale Art von Marktwirtschaft ohne soziale Komponente.

Flucht und Vertreibung

Inzwischen spielte sich im deutschen Osten eine „Tragödie ungeheuren Ausmaßes" (Winston Churchill) ab. Im Herbst 1944 setzten sich die ersten Flüchtlingstrecks in Bewegung, im Januar 1945 begann die Massenflucht vor der vorrückenden Roten Armee. Zum Zeitpunkt der Kapitulation befand sich fast die Hälfte der 12 Millionen umfassenden Bevölkerung der Ostprovinzen westlich von Oder und Neiße. Ein Teil der Geflohenen, etwa eine Million, kehrte nach Ende der Kampfhandlungen in die Heimatgemeinden zurück, so dass sich im Sommer 1945 ungefähr 5,5 Millionen Deutsche östlich der Oder-Neiße-Linie befanden. Schon im Juni/Juli 1945, noch vor der Potsdamer Konferenz, begannen die ersten Austreibungen. Sie betrafen 200–300.000 Menschen und wurden mit exzessiver Brutalität durchgeführt.

Unmittelbar nach der Kapitulation begannen auch die ersten „wilden" Vertreibungen aus dem Sudetenland, oft begleitet von schrecklichen Ausschreitungen. Bis zur Potsdamer Konferenz waren 700 – 800.000 Deutsche vertrieben worden. Nach der Potsdamer Vereinbarung über die „ordnungsgemäße Überführung der deutschen Bevölkerung" aus Polen, der Tschechoslowakei und aus Ungarn begann die dritte Welle der Vertreibung, ebenfalls zumeist unter unmenschlichen Umständen. Am 1. April 1947 befanden sich über 10 Millionen Deutsche aus den Ostgebieten des Deutschen Reiches, aus der Tschechoslowakei und aus Ostmitteleuropa und Südosteuropa im Vier-Zonen-Deutschland, 4 Millionen in der sowjetischen, 3,2 Millionen in der britischen, 2,9 Millionen in der amerikanischen und 50.000 in der französischen Zone.

Es war die größte „Völkerwanderung" der Geschichte. Sie betraf schließlich 14 bis 15 Millionen Menschen, von denen 2 Millionen im Verlauf oder als Folge von Flucht und Vertreibung ihr Leben verloren. Die Ostdeutschen insgesamt wurden die Hauptopfer einer kollektiven Bestrafung, die die Siegermächte für die von Deutschen unter dem Naziregime begangenen unvorstellbaren Verbrechen über Deutschland verhängt hatten. Vertreibung, Vergewaltigung und Zwangsarbeit trafen gerade im Osten viele Unschuldige – als Racheakte für die zugefügten Demütigungen und die Gräuel, welche die – meist geflohenen – Nazis mit ihrer anmaßenden Herrenvolk-Ideologie an den osteuropäischen Völkern verübt hatten.

Verschleppte, Heimatlose

Zwei von fünf Deutschen waren im Mai 1945 irgendwo unterwegs. 20 bis 25 Millionen Menschen befanden sich bei Kriegsende außerhalb ihrer Heimatorte. Neben den Vertriebenen und Flüchtlingen zählten dazu 9 Millionen „Evakuierte". Das waren Frauen, Kinder, alte Menschen in den Städten, die nicht als Arbeitskräfte gebraucht wurden und daher aufs Land, teilweise auch in die vor Luftangriffen sicheren Ostprovinzen umquartiert worden waren. Noch am 1. April 1947 gab es 3 Millionen Evakuierte, die nicht in ihre Heimatgemeinden zurückgekehrt waren.

Dazu kamen entlassene Kriegsgefangene, ehemalige Nazis, die irgendwo untertauchen wollten, schließlich Flüchtlinge aus der Sowjetischen Besatzungszone. Im April 1947 hatten schon 900.000 Personen aus der Sowjetzone in den westlichen Besatzungszonen Zuflucht gesucht.

Bis zum 8. Mai 1945 waren 700.000 Überlebende der Konzentrations- und Vernichtungslager, Deutsche und Nicht-Deutsche, befreit worden. Zu diesem Zeitpunkt befanden sich überdies zwischen 8 und 10 Millionen sogenannter Displaced Persons (abgekürzt DPs) in Deutschland: Das waren vor allem verschleppte ausländische Zwangsarbeiter, die in Rüstungsbetrieben und in der Landwirtschaft eingesetzt wurden, aber auch nicht-deutsche Flüchtlinge, die aus Furcht vor den Sowjets mit den zurückweichenden deutschen Truppen nach Deutschland gekommen waren, Angehörige vieler Völker, die auf deutscher Seite gekämpft hatten, und andere Gruppen.

Bis zum Herbst 1945 war die Hälfte in ihre Heimatländer zurückgebracht worden. In die Sowjetunion und das von ihr beherrschte Osteuropa und Südosteuropa wollten viele nicht zurückkehren. So hielten sich im Frühjahr 1947 noch fast eine Million DPs im Vier-Zonen-Deutschland auf.

Nürnberger Prozesse

Die Säuberung Deutschlands vom Nationalsozialismus und Militarismus sowie die Bestrafung der Kriegsverbrecher und der Hauptverant-
wortlichen für den Krieg gehörten zu den wichtigsten Kriegszielen der
Alliierten. Schon am 8. August 1945 wurde ein „Abkommen über die
Verfolgung und Bestrafung der Hauptkriegsverbrecher der Achse" geschlossen.

Als die vorrückenden alliierten Truppen die KZ-Lager erreichten und
sich das ganze Ausmaß der nationalsozialistischen Verbrechen enthüllte,
erhielt die Forderung nach Bestrafung der Schuldigen besondere Dringlichkeit. Sonderkommandos fahndeten nach den Kriegsverbrechern. Zwei
Hauptverantwortliche, Hitler und Goebbels, hatten sich den irdischen
Richtern schon durch Selbstmord entzogen, Himmler vergiftete sich in
britischem Gewahrsam. Ley, der Führer der Deutschen Arbeitsfront, beging vor Prozessbeginn ebenfalls Selbstmord. Bormann, der Chef der
Parteikanzlei, war verschwunden und wahrscheinlich ebenfalls tot.

Angeklagt wurden 22 Hauptfunktionsträger des Dritten Reiches. Die
Anklagepunkte lauteten: Verschwörung gegen den Frieden, Verbrechen
gegen den Frieden, worunter Planung und Durchführung eines An-
griffskrieges verstanden wurde, Kriegsverbrechen, Verbrechen gegen die
Menschlichkeit. Die beiden letzten Anklagepunkte hätten auch nach
deutschem Recht zu Verurteilungen führen können. Die ersten standen
auf unsicherer juristischer Grundlage. Der Briand-Kellogg-Pakt von
1928, der die Ächtung des Krieges als Mittel zur Lösung zwischenstaat-
licher Streitigkeiten enthielt und von 78 Staaten, darunter auch von
Deutschland und von der Sowjetunion, unterzeichnet worden war, sah
keine Sanktionen, auch keine Strafen für Personen vor, die für eine Verletzung des Aggressionsverbotes verantwortlich waren.

Das Gericht bestand aus vier Richtern und ebensovielen Stellvertre-
tern, die ebenso wie die Ankläger von den vier Siegermächten gestellt
wurden. Es verhandelte ein Jahr lang und verkündete dann die Urteile.
12 der Angeklagten wurden zum Tode verurteilt, 10 Urteile wurden
vollstreckt. Göring hatte sich das Leben genommen, gegen Bormann war
in absentia verhandelt worden. 3 Angeklagte wurden zu lebenslanger
Haft, 4 zu Haftstrafen zwischen 10 und 20 Jahren verurteilt, 3 wurden
freigesprochen.

Als verbrecherische Organisationen kollektiv angeklagt wurden NSDAP, Gestapo und der Sicherheitsdienst (SD), SS, SA, die Reichsregierung und das Oberkommando der Wehrmacht (OKW). Verurteilt wurden SS, Gestapo und SD sowie das Führerkorps der NSDAP, nicht aber die Reichsregierung und das OKW. Die bloße Zugehörigkeit zu einer dieser Organisationen war nach dem Urteilsspruch nicht strafwürdig, es musste eine individuelle Schuld nachgewiesen werden.

Auf den Nürnberger Prozess gegen die Hauptkriegsverbrecher folgten weitere Prozesse in den vier Besatzungszonen. Die Amerikaner führten 12 „Nachfolgeprozesse" gegen Diplomaten, Generäle, SS-Führer, SS-Ärzte, Industrielle und Juristen. In den drei Westzonen wurden über 5.000 Personen verurteilt, 806 Todesurteile wurden gefällt, 486 davon vollstreckt.

In der Sowjetischen Besatzungszone wurden zahllose Prozesse gegen Kriegsverbrecher und Naziaktivisten, aber auch gegen Unschuldige und sogar gegen Gegner des NS-Regimes geführt, die der Besatzungsmacht missliebig waren, und noch mehr Urteile ohne Verhandlung verhängt (siehe S. 62).

Der Nürnberger Prozess ist schon während seines Verlaufs und vor allem später scharf kritisiert worden, nicht zuletzt von nicht-deutschen Juristen und selbst von prominenten Mitgliedern des Gerichtshofes. Die Kritik richtete sich dagegen, dass elementare Grundsätze der abendländischen Rechtstradition nicht beachtet oder sogar verletzt wurden, dass nur deutsche Verbrechen gesühnt wurden und dass die Sowjetunion über Verbrechen richtete, derer sie sich selbst schuldig gemacht hatte (zum Beispiel Angriffskriege gegen Polen und Finnland). Die Hoffnung, der Nürnberger Prozess würde ein neues Völkerrecht begründen, das Angriffskriege unter Strafe stellt, erwies sich als Illusion. Ungeachtet dieser Einwände bleibt festzuhalten, dass die nationalsozialistische Führung sich ungezählter todeswürdiger Verbrechen schuldig gemacht hat.

Entnazifizierung

Vom Nürnberger Prozess nahm die deutsche Bevölkerung, deren Kräfte vollständig vom Kampf um das nackte Überleben beansprucht wurden, nicht sonderlich viel Notiz. Sie war unter dem Schock der trauma-

tischen Erlebnisse der letzten Kriegsmonate in politische Apathie ver-
sunken, erfasste jedenfalls in ihrer Mehrheit dessen volle Bedeutung
nicht.

Von der Entnazifizierung waren Millionen Menschen direkt betroffen,
schließlich hatte die NSDAP 8 Millionen Mitglieder, weitere Millionen
gehörten den Gliederungen der Partei an. Sie verlief in den einzelnen Besatzungszonen sehr unterschiedlich. Am rigorosesten gingen die Amerikaner vor. Briten und Franzosen waren weniger streng und bürokratisch.
In der ersten Phase wurden nach vorbereiteten Listen alle Funktionsträ-
ger der NSDAP und alle Personen in leitenden Stellen der öffentlichen
Verwaltung, der Justiz, des Erziehungswesens und der Wirtschaft „automatisch unter Arrest" gestellt. Ende 1945 saßen 117.000 Personen in In-
ternierungslagern der amerikanischen Zone, in der britischen Zone
68.000 und in der französischen 19.000. Noch viele mehr waren aus ihren
Positionen entfernt worden. „Volle Internierungslager und leere Ämter"
war das Ergebnis dieser ersten Phase der personellen Säuberung.

In einer zweiten Phase wurde die Entnazifizierung durch das „Gesetz
zur Befreiung von Nationalsozialismus und Militarismus" vom März
1946 auf eine gesetzliche Grundlage gestellt. Jeder erwachsene Deutsche
musste einen Fragebogen ausfüllen, der 131 Fragen enthielt, darunter solche nach Schulbildung, Berufslaufbahn, politischen Ämtern, Vermögens-
verhältnissen, Auslandsreisen und welche Partei man 1932 und 1933 gewählt hatte. Der Fragebogen war in Amerika ausgearbeitet worden und
zog schnell Spott auf sich, weil die Autoren offensichtlich nicht mit den
Verhältnissen in einer totalitären Diktatur vertraut waren.

Das Gesetz sah die Errichtung von sogenannten Spruchkammern vor,
die die Betroffenen aufgrund des Fragebogens und anderer Unterlagen in
mündlichen Verhandlungen zu überprüfen und in fünf Kategorien einzu-
stufen hatten: I = Hauptschuldige, II = Belastete, III = Minderbelastete,
IV = Mitläufer, V = Entlastete. Bei Einstufung in die Gruppen
I–IV drohten Strafen: Arbeitslager, Einziehung des Vermögens, Aberken-
nung der Pension, Geldstrafen. Allein in der amerikanischen Zone gab es
schließlich 545 Spruchkammern mit 22.000 Mitgliedern. Die Spruchkammern wickelten in den drei Westzonen 3,66 Millionen Fälle ab.

In der amerikanischen Zone wurden 950.000 Verfahren durchgeführt
und 1.654 Fälle in Gruppe I eingestuft, 22.000 in Gruppe II und 106.000
in Gruppe III. Unter Gruppe IV fielen 485.000 und unter V 18.000 Per-

MILITARY GOVERNMENT OF GERMANY
Fragebogen

WARNING: Read the entire Fragebogen carefully before you start to fill it out. The English language will prevail if discrepancies exist between it and the German translation. Answers must be typewritten or printed clearly in block letters. Every question must be answered precisely and conscientiously and no space is to be left blank. If a question is to be answered by either "yes" or "no", print the word "yes" or "no" in the appropriate space. If the question is inapplicable, so indicate by some appropriate word or phrase such as "none" or "not applicable" Add supplementary sheets if there is not enough space in the questionnaire. Omissions or false or incomplete statements are offenses against Military Government and will result in prosecution and punishment.

WARNUNG: Vor Beantwortung ist der gesamte Fragebogen sorgfältig durchzulesen. In Zweifelsfällen ist die englische Fassung maßgebend. Die Antworten müssen mit der Schreibmaschine oder in klaren Blockbuchstaben geschrieben werden. Jede Frage ist genau und gewissenhaft zu beantworten und keine Frage darf unbeantwortet gelassen werden. Das Wort „ja" oder „nein" ist an der jeweilig vorgesehenen Stelle unbedingt einzusetzen. Falls die Frage durch „Ja" oder „Nein" nicht zu beantworten ist, so ist eine entsprechende Antwort, wie z. B. „keine" oder „nicht betreffend" zu geben. In Ermangelung von ausreichendem Platz in dem Fragebogen können Bogen angeheftet werden. Auslassungen sowie falsche oder unvollständige Angaben stellen Vergehen gegen die Verordnungen der Militärregierung dar und werden dementsprechend geahndet.

A. PERSONAL / A. Persönliche Angaben

1. List position for above consideration (include agency or firm). — 2. Name (Surname). (Fore Names.) — 3. Other names which you have used or by which you have been known. — 4. Date of birth. — 5. Place of birth. — 6. Height. — 7. Weight. — 8. Color of hair. — 9. Color of eyes. — 10. Scars, marks or deformities. — 11. Present address (City, street and house number). — 12 Permanent residence (City, street and house number). — 13. Identity card type and Number. — 14. Wehrpass No. — 15. Passport No. — 16. Citizenship. — 17. If a naturalized citizen, give date and place of naturalization. — 18. List any titles of nobility ever held by you or your wife or by the parents or grandparents of either of you. — 19. Religion. — 20. With what church are you affiliated? — 21. Have you ever severed your connection with any church, officially or unofficially? — 22. If so, give particulars and reason. — 23. What religious preference did you give in the census of 1939? — 24. List any crimes of which you have been convicted, giving dates, locations and nature of the crimes.

1. Für Sie in Frage kommende Stellung: **Spruchkammer**

2. Name **Georg**   3. Andere von Ihnen benutzte Namen
   Zu-(Familien-)name   Vor-(Tauf-)name
   oder solche, unter welchen Sie bekannt sind **keine**

4. Geburtsdatum **.81**   5. Geburtsort **Bamberg**

6. Größe **168 cm**   7. Gewicht **110 Pfd**   8. Haarfarbe **schwarz**   9. Farbe der Augen **braun**

10. Narben, Geburtsmale oder Entstellungen **Narbe rechte Wange**

11. Gegenwärtige Anschrift **Bamberg,** ▬▬▬▬▬
    (Stadt, Straße und Hausnummer)

12. Ständiger Wohnsitz "
    (Stadt, Straße und Hausnummer)

13. Art der Ausweiskarte **Registrier- schein** Nr. **keine**   14. Wehrpaß-Nr. **keine**   15. Reisepaß-Nr. **keine**

16. Staatsangehörigkeit **deutsch**   17. Falls naturalisierter Bürger, geben Sie Datum und Einbürgerungsort an **nicht betreffend**

18. Aufzählung aller Ihrerseits oder seitens Ihrer Ehefrau oder Ihrer beiden Großeltern innegehabten Adelstitel **keine**

19. Religion **keine**   20. Welcher Kirche gehören Sie an? **keiner**   21. Haben Sie je offiziell oder inoffiziell Ihre Verbindungen mit einer Kirche aufgelöst? **ja**   22. Falls ja, geben Sie Einzelheiten und Gründe an **freie demokratische Anschauung**   23. Welche Religionsangehörigkeit haben Sie bei der Volkszählung 1939 angegeben? **keine**   24. Führen Sie alle Vergehen, Übertretungen oder Verbrechen an, für welche Sie je verurteilt worden sind, mit Angaben des Datums, des Orts und der Art **keine**

B. SECONDARY AND HIGHER EDUCATION / B. Grundschul- und höhere Bildung

Name & Type of School (If a special Nazi school or military academy, so specify) / Name und Art der Schule (Im Fall einer	Location	Dates of Attendance	Certificate Diploma or Degree	Did Abitur permit University matriculation? / Berechtigt Abitur oder	Date

sonen. Der Rest galt als nicht betroffen. 9.000 Personen erhielten Gefängnisstrafen, 22.000 wurden aus öffentlichen Ämtern entfernt, 500.000 erhielten Geldstrafen.

In der britischen Zone wurden mehr als zwei Millionen Fälle verhandelt, die überwiegende Mehrheit, fast 1,2 Millionen, fielen unter Gruppe V (Entlastete). In der französischen Zone wurden von 670.000 Fällen 300.000 der Kategorie IV (Mitläufer) zugerechnet.

Es liegt auf der Hand, dass allein der schiere Umfang des Unternehmens unlösbare Probleme aufwerfen musste. Das begann damit, dass nicht genügend politisch unbelastetes qualifiziertes Personal vorhanden war. Nicht einmal alle Positionen der Kammervorsitzenden konnten mit Personen besetzt werden, die die Befähigung zum Richteramt hatten. Es konnte nicht ausbleiben, dass höchst unterschiedliche Urteile gefällt wurden, so dass der Eindruck von Rechtsungleichheit oder sogar Willkür entstand. Es gab, zumal in dieser Notzeit, auch viel Korruption. Die Betroffenen, die materielle Einbußen und Statusverlust zu gewärtigen hatten, versuchten naturgemäß mit allen Mitteln, dies abzuwenden. Große Bedeutung gewannen die von Entlastungszeugen ausgestellten eidesstaatlichen Erklärungen, „Persilscheine" genannt, weil sie reinwaschen sollten. Besonders fatal war, dass zunächst die vielen Verfahren gegen Mitläufer und gering Belastete eröffnet und zumeist schon mit einer Bestrafung abgeschlossen waren, bevor die komplizierten und zeitaufwändigen Fälle der wirklich Belasteten verhandelt wurden.

Inzwischen hatte sich der politische Wind gedreht. Für die Amerikaner hatte jetzt die wirtschaftliche Wiedergesundung Westeuropas und Westdeutschlands Priorität, und immer mehr Gruppen fielen unter Amnestien. Die Kritik in Deutschland wurde immer heftiger. Martin Niemöller, Präsident der Evangelischen Kirche von Hessen und Nassau, der acht Jahre in Konzentrationslagern inhaftiert gewesen war, rief die Christen dazu auf, das Entnazifizierungsverfahren zu boykottieren und verbot Pfarrern sogar die Mitwirkung, „da das Vertrauen in die Zweckmäßigkeit, Gerechtigkeit und Menschlichkeit des gesamten Verfahrens nicht nur erschüttert, sondern völlig zerbrochen ist". Die Spruchkammern verkamen zu „Mitläuferfabriken". Am 15. Dezember 1950 wurde die Entnazifizierung durch Bundestagsbeschluss formell abgeschlossen, die weitere Verfolgung von Straftätern wurde den Ländern übertragen. Die Entnazifizierung hat sicher nicht zu der wünschenswerten Selbstreinigung und moralischen Besinnung geführt.

In der Sowjetischen Besatzungszone war die „Säuberung vom Faschismus" ein Mittel zur Umgestaltung der Gesellschaft, von der in der Praxis alle Besitzenden betroffen waren, unabhängig davon, ob sie Nationalsozialisten gewesen waren oder nicht (siehe S. 62).

Reparationen und Demontagen

In Potsdam hatte Einigkeit darüber geherrscht, dass Deutschland daran gehindert werden sollte, noch einmal einen Krieg zu führen, und dass es Reparationen zur Wiedergutmachung der von ihm angerichteten Kriegsschäden leisten sollte. Die Konzerne und Kartelle wollte man „entflechten". Die Industrie sollte nur soviel produzieren dürfen, dass ein von den Besatzungsmächten festzusetzendes Bedürfnisniveau nicht überschritten wurde.

Im März 1946 verabschiedete der Kontrollrat einen „Plan für Reparationen und den Nachkriegsstand der deutschen Wirtschaft". Der „Industrieplan" sah vier Gruppen vor: verbotene Industrien (Kriegsmaterial, Schiffe, Flugzeuge, schwere Werkzeugmaschinen), eingeschränkte Industrien, die auf einen bestimmten Prozentsatz ihres Vorkriegsniveaus reduziert werden sollten (zum Beispiel Nichteisenmetalle auf 30 Prozent, Personenkraftwagen auf 16 Prozent), Industriezweige, aus denen nur in Sonderfällen Reparationen entnommen werden sollten (zum Beispiel Textilerzeugnisse, Papier). Industrien ohne Beschränkungen (Baumaterial, Gummi). Die nach diesem Plan nicht benötigte Produktionskapazität war für Reparationszwecke zu demontieren oder zu vernichten.

Der Lebensstandard der Deutschen sollte auf 75 Prozent des Niveaus von 1936 gesenkt werden, mithin auf den Stand von 1932, dem Höhepunkt der Weltwirtschaftskrise. In den drei westlichen Besatzungszonen hätten danach 1.800 Industriebetriebe demontiert oder zerstört werden müssen. Im August 1947 wurde diese Zahl auf 682 reduziert. Viele davon waren schon abgebaut worden.

Im Mai 1946 ließ General Clay, damals stellvertretender Militärgouverneur, die Lieferung von Reparationen aus der amerikanischen Zone in die Sowjetunion und nach Frankreich einstellen, weil die vereinbarten Gegenlieferungen von Lebensmitteln aus der Sowjetzone ausblieben und die Franzosen sich gegen die Wirtschaftseinheit sperrten. Nach Gründung der Bundesrepublik Deutschland wurde die Demontageliste weiter gekürzt, insgesamt wurden über 300 Anlagen aus den Westzonen abtransportiert, die letzten noch 1951. Zwischen 3 und 5 Prozent der westdeutschen Industriekapazität wurden demontiert.

Man hat später den Demontagen sogar positive Aspekte abgewinnen wollen. Die demontierten veralteten Anlagen hätten durch moderne,

leistungsfähigere ersetzt werden müssen, zum Vorteil der Wettbewerbsfähigkeit der deutschen Industrie. Das trifft allenfalls teilweise zu, denn
es wurden natürlich bevorzugt moderne Betriebe abgebaut. Eine nachhaltige Schädigung der Wirtschaft haben die Demontagen aber sicherlich
nicht bewirkt. Im übrigen waren andere Reparationsleistungen, wie
zum Beispiel der Wert der beschlagnahmten Auslandsvermögen, Patente, Warenzeichen und Firmennamen, viel höher, so dass die gesamten
Reparationsleistungen der Westzonen auf 20 bis 25 Milliarden Mark geschätzt werden.

In der Wahrnehmung der Zeitgenossen hatten die Demontagen naturgemäß einen ganz anderen Stellenwert. Der Abtransport der vom
Krieg verschont gebliebenen Industrieanlagen rief angesichts der allgemeinen Notsituation bei der Bevölkerung und besonders bei den betroffenen Arbeitern äußerste Erbitterung hervor, es gab Proteste der
Landesregierungen, der Parlamente und der Parteien, Massendemonstrationen der Bevölkerung der betroffenen Regionen und Streiks der
Arbeiter.

Ungleich schwerer wogen die Eingriffe der sowjetischen Besatzungsmacht in die Wirtschaft ihrer Zone. Bis Ende 1946 wurden nach westlichen Berechnungen 1.225 Industriebetriebe demontiert. Dadurch wurde
das Industriepotenzial um 40 Prozent des Standes von 1936 reduziert.
Bei den wichtigsten Industriezweigen waren die Kapazitätsminderungen
noch größer, so bei der eisenschaffenden Industrie, wo die Demontageverluste 80 Prozent betrugen, und bei der Elektro-, Feinmechanischen
und Optischen Industrie, wo sie 60 Prozent ausmachten.

Darüber hinaus entnahm die Sowjetunion Reparationen aus der laufenden Produktion. Man schätzt, dass 1946 der Anteil der Reparationen
am „Export" der SBZ 50 Prozent betrug. Schließlich wurden 213 Großbetriebe, die nicht demontiert worden waren, beschlagnahmt und als
„Sowjetische Aktiengesellschaften" (SAG) in sowjetisches Eigentum
überführt. Diese Betriebe, die mehr als 25 Prozent der Industriekapazität der SBZ ausmachten, produzierten ausschließlich für die Sowjetunion. Sie mussten Anfang der fünfziger Jahre von der DDR für 2,5 Milliarden Mark zurückgekauft werden.

Die Reparationen und Entnahmen aus der SBZ/DDR summieren
sich auf 66,4 Milliarden Mark. Die Bevölkerung des sowjetisch besetzten
Teils Deutschlands hat damit pro Kopf ein Vielfaches dessen aufbringen

müssen, was die Bevölkerung der drei Westzonen an Reparationen geleistet hat.

Politischer und wirtschaftlicher Neubeginn

Anfänge des politischen Lebens

Mit dem Einmarsch übernahmen die vier Siegermächte de facto die Regierungsgewalt in Deutschland. Die Militärbehörden setzten zunächst die lokale Verwaltung wieder in Gang. Sie beriefen Gemeindevorsteher, Bürgermeister, Landräte und Polizeichefs und setzten sie häufig ebenso schnell wieder ab. Das prominenteste Beispiel war Konrad Adenauer, den die Amerikaner im Mai 1945 in das Amt des Oberbürgermeisters von Köln eingesetzt hatten, aus dem er von den Nazis 1933 vertrieben worden war. Ein englischer Besatzungsgeneral setzte ihn schon im Oktober 1945 „wegen Unfähigkeit" ab, weil er sich weigerte, den von ihm angelegten Kölner Grüngürtel abholzen zu lassen. Vier Jahre später war er Bundeskanzler.

Amerikanische Zone

In der amerikanischen Zone wurde die Verwaltung sehr bald auch auf die Länderebene ausgedehnt. Bereits am 28. Mai 1945 wurde eine provisorische Regierung in Bayern eingesetzt.

Im September 1945 wurden die drei Länder Bayern, Hessen und Württemberg-Baden errichtet und Regierungen mit beschränkten Zuständigkeiten eingesetzt. Anfang 1947 kam der Stadtstaat Bremen hinzu. Bremen diente als amerikanische Nachschubbasis und war daher aus der britischen Zone ausgegliedert und der amerikanischen Zone zugeschlagen worden.

Schon im Oktober 1945 wurde ein „Länderrat", eine ständige Konferenz der Ministerpräsidenten der drei Länder, geschaffen, der die Einheitlichkeit der Verhältnisse in den Ländern der amerikanischen Zone sichern sollte. Die Ministerpräsidenten hatten ihre Beschlüsse einstimmig zu fassen, nach Zustimmung der Militärregierung wurden sie in den drei Ländern in Kraft gesetzt.

Britische Zone

In der britischen Zone setzte die Militärregierung schon im April/Mai 1945 provisorische Landes- und Provinzialverwaltungen, im Stadtstaat Hamburg den Senat ein. In der zweiten Hälfte 1946 wurde eine grundlegende Neugliederung vorgenommen. Aus den vier preußischen Provinzen und vier kleinen Ländern wie Oldenburg und Braunschweig wurden die drei Länder Nordrhein-Westfalen, Niedersachsen und Schleswig-Holstein gebildet. Im Gegensatz zu dem in der amerikanischen Zone praktizierten Föderalismus behandelte die britische Militärregierung ihre Zone als ein einheitliches Ganzes und bildete schon sehr früh Zonenzentralämter, im Frühjahr 1946 den „Zonenbeirat", ein aus Parteivertretern (darunter Konrad Adenauer und Kurt Schumacher), Länderchefs, Gewerkschaftsvertretern (darunter der spätere DGB-Vorsitzende Hans Böckler) und Fachleuten zusammengesetztes Gremium mit beratender Funktion.

Französische Zone

In der französischen Zone entstanden die Länder Baden, Württemberg-Hohenzollern und Rheinland-Pfalz. Die Militärregierung übte eine strenge Kontrolle der deutschen Verwaltung aus, fast jede deutsche Behörde stand unter der Aufsicht einer entsprechenden französischen Dienststelle. Außer für Bahn und Post gab es keine zentralen Institutionen der Zone.

Saarland

Das Saargebiet war sofort von dem übrigen Besatzungsgebiet getrennt worden mit dem Ziel, es Frankreich anzuschließen. Im Dezember 1946 wurde die deutsch-französische Zollgrenze an die Grenze zwischen dem (jetzt so genannten) Saarland und der französischen Besatzungszone verlegt. Im Dezember 1947 verabschiedete der Saarländische Landtag eine Verfassung, in der „die politische Unabhängigkeit des Saarlandes vom Deutschen Reich" proklamiert wurde. Das Saarland gehörte damit nicht mehr zum Kontrollrats-Deutschland.

Sowjetische Zone

In der Sowjetischen Besatzungszone wurden schon im Juli 1945, noch
vor Beginn der Potsdamer Konferenz, Landesregierungen für Mecklen-
burg, Sachsen und Thüringen und Provinzialregierungen für die preußischen Provinzen Brandenburg und Sachsen-Anhalt eingesetzt. Noch im
selben Monat errichtete die Sowjetische Militäradministration in
Deutschland (SMAD) elf Zentralverwaltungen für ihre Zone, die das
Modell, wenn nicht den Kern einer gesamtdeutschen Verwaltung hätten
bilden können.

Berlin

Berlin sollte von den vier Besatzungsmächten gemeinsam besetzt und
verwaltet werden. Die Stadt war von der Roten Armee besetzt worden,
welche im Juli 1945 die für die drei Westmächte vorgesehenen Sektoren
räumte. Zuvor hatte die sowjetische Besatzungsmacht einen Magistrat
mit einem Oberbürgermeister an der Spitze eingesetzt. Der Magistrat
unterstand der Alliierten Kommandantur, die sich aus den vier Stadt-
kommandanten zusammensetzte.

Parteigründungen

Schon in den ersten Wochen nach dem Einmarsch der Alliierten fanden
sich an vielen Orten politisch Gleichgesinnte zusammen und bildeten
politische Zusammenschlüsse. Die frühesten waren die Antifa-Aus-
schüsse, die sich kurz nach dem Einmarsch der alliierten Truppen spontan auf lokaler oder Betriebsebene aus Widerstandszirkeln, zumeist ehemaliger SPD- und KPD-Mitglieder bildeten, die die NS-Herrschaft
überlebt hatten. Sie passten nicht in die Pläne der Alliierten, auch nicht
der Sowjets, welche die Wieder- oder Neugründung nur einiger weniger
Parteien aus dem Weimarer Spektrum vorsahen, und wurden daher alsbald aufgelöst.

   Die Sowjetische Militäradministration erlaubte schon am 10. Juni
1945 die Neugründung von Parteien (siehe S. 57 ff.). Am darauf folgenden Tag trat die KPD mit einem Gründungsaufruf an die Öffentlichkeit.
Noch im Juni folgten in Berlin die SPD und die CDU, im Juli die Libe-

raldemokratische Partei (LPD). Damit brachten die Sowjets die westlichen Alliierten in Zugzwang, so dass auch sie in der zweiten Hälfte des Jahres 1945 Parteigründungen zunächst auf örtlicher und regionaler Ebene erlaubten.

Die Aktiven der ersten Stunde hatten die NS-Zeit in der „inneren Emigration" überlebt, viele kamen aus den Konzentrationslagern und aus dem Widerstand. Ihre politische Prägung hatten sie in der Weimarer Zeit erfahren.

Sozialdemokratische Partei Deutschlands (SPD)

Die SPD, die traditionsreichste der deutschen Parteien, hatte in den Westzonen ihr Zentrum in Hannover. Dort hatte sich schon am 19. April 1945, wenige Tage vor dem Einmarsch der Amerikaner, Dr. Kurt Schumacher mit sozialdemokratischen Freunden getroffen, um die Gründung eines Ortsvereins der SPD vorzubereiten. Schumacher, ehemaliger Reichstagsabgeordneter, war kurz nach dem Verbot der SPD im Juli 1933 verhaftet worden. Er verbrachte fast die ganze NS-Zeit in Konzentrationslagern, davon acht Jahre in Dachau. Seine Gesundheit war zugrunde gerichtet, aber nicht gebrochen war sein Wille, die politische Zukunft Deutschlands an führender Stelle mitzugestalten. Auch an vielen anderen Orten war die SPD wiedergegründet worden, ohne dass die Zulassung politischer Parteien durch die Militärregierung abgewartet worden wäre. Das „Büro Dr. Schumacher" in Hannover koordinierte diese Neugründungen und entwickelte sich faktisch zur Zentrale der SPD in den drei Westzonen.

Für Schumacher gehörten Sozialismus und Demokratie zusammen. Daraus folgte die Enteignung von Großbanken, Großindustrie und Grundbesitz. Entschieden lehnte er aber, anders als zunächst viele andere Sozialdemokraten, die Aktionsbündnisse von Sozialdemokraten und Kommunisten gebildet hatten, eine Einheitsfront oder gar eine Verschmelzung von SPD und KPD ab. Die SPD habe keine Veranlassung, für die geschwächte KPD den „Blutspender" abzugeben. Er hatte das Zusammenspiel von Kommunisten und Nationalsozialisten in der Endphase der Weimarer Republik nicht vergessen, für ihn waren die Kommunisten „rotlackierte Nazis". Mit seinen Sozialisierungsforderungen lag er auf der Linie der SPD in Berlin und der SBZ unter Otto Grote-

Der SPD-Vorsitzende Kurt Schumacher war ein entschiedener Gegner von Bündnissen mit den Kommunisten. Schumacher (Mitte), gestützt auf seine Sekretärin Annemarie Renger, die spätere Bundestagspräsidentin, im Gespräch mit seinem Stellvertreter (und Nachfolger als SPD-Vorsitzender) Erich Ollenhauer im Jahre 1949.

wohl, in der Haltung zur KPD hätte der Gegensatz schärfer nicht sein können.

Im Oktober 1945 trafen in Wennigsen bei Hannover Delegierte aus den Westzonen und Vertreter des Berliner Zentralausschusses zusammen. Schumacher lehnte Grotewohls Vorschlag ab, den Berliner Zentralausschuss, durch Vertreter aus den Westzonen erweitert, als provisorische gesamtdeutsche Parteiführung einzusetzen. Beschlossen wurde schließlich, dass der Zentralausschuss als die Führung der SPD in der SBZ anzusehen sei, der „politische Beauftragte" in den Westzonen sei Dr. Schumacher. Die SPD hatte so schon im Oktober 1945 zwei Führungsspitzen, die Haltung zu den Kommunisten erwies sich als die Sprengkraft, die die innere Spaltung Deutschlands vorbereitete.

Im Mai 1946 wurde Schumacher auf dem ersten Nachkriegsparteitag der SPD fast einstimmig zum Vorsitzenden, Erich Ollenhauer zu seinem Stellvertreter gewählt. Die SPD hatte zu diesem Zeitpunkt in den Westzonen 700.000 Mitglieder. Kurt Schumacher sollte bis zu seinem Tode 1952 die zentrale Figur der SPD bleiben. Bei den ersten Landtagswahlen in den Jahren 1946/47 wurde die SPD stärkste Partei in Bremen, Hamburg, Berlin-West, Hessen, Niedersachsen und Schleswig-Holstein.

Christlich Demokratische Union (CDU)

Echte Neugründungen waren die Christlich Demokratische Union (CDU) und die Christlich-Soziale Union (CSU). Die Erfahrungen der Weimarer Republik mit ihrer Parteienzersplitterung und das Erlebnis des gemeinsamen Widerstandes katholischer und evangelischer Christen gegen die nationalsozialistische Gewaltherrschaft legten die Idee einer überkonfessionellen christlichen Sammlungsbewegung nahe. Der Name Union signalisierte die Abkehr von konfessions-, klassen- und interessenbezogenem Parteidenken, es sollte eine alle sozialen Gruppen der Gesellschaft umfassende Volkspartei gegründet werden. „Die Idee der Union lag in der Luft", sagte später Jakob Kaiser, einer ihrer Gründer. In der Tat ist bemerkenswert, dass es an vielen Stellen Deutschlands lokale Parteigründungen unter verschiedenen Namen mit denselben Grundüberzeugungen und politischen Zielen gab, ohne dass eine zentrale Stelle sie lenkte.

Die Initiativen gingen zumeist von Politikern der ehemaligen Zentrumspartei oder von ehemaligen christlichen Gewerkschaftern aus, aber auch von Anhängern liberaler und konservativer Parteien der Weimarer Zeit. Schwerpunkte waren Berlin, Köln, Düsseldorf, Dortmund und Frankfurt. Ein erstes „Reichstreffen" fand im Dezember 1945 in Bad Godesberg statt. Hier wurde der Name Christlich-Demokratische Union für die Parteigruppierungen in allen vier Besatzungszonen festgelegt. Die Christlich-Soziale Union blieb eine eigenständige Partei.

Das gesellschafts- und wirtschaftspolitische Programm wurde maßgeblich von dem anfangs starken Flügel christlicher Gewerkschafter bestimmt, die sich später in den Sozialausschüssen der CDU zusammenschlossen. Der Gründungsaufruf der Berliner CDU und die „Kölner Leitsätze" der CDU des Rheinlandes forderten einen christlichen Sozialismus und die Verstaatlichung der Bodenschätze und der Schlüsselindustrien. Angesichts der allgemeinen Not und des ökonomischen Desasters entsprachen diese Forderungen einer weit verbreiteten Stimmung unter den Deutschen. Das Ahlener Programm der CDU in der britischen Zone von 1947 forderte eine „gemeinwirtschaftliche Ordnung", wandte sich aber entschieden gegen einen „Staatskapitalismus", von einem christlichen Sozialismus war nicht mehr die Rede.

Konrad Adenauer war in der Partei kein Mann der ersten Stunde. Er trat ihr erst am 31. August 1945 bei, doch hatte er sich schon vorher aktiv für die Partei eingesetzt. Die Briten hatten ihn zugleich mit der Entlassung aus dem Amt als Kölner Oberbürgermeister mit einem politischen Betätigungsverbot belegt, so dass er nicht öffentlich auf Parteiveranstaltungen auftreten konnte. Er zog aber im Hintergrund die Fäden. Wenn er auch, jedenfalls im Rheinland, der bekannteste Politiker aus der Weimarer Zeit war, so war sein Aufstieg nicht selbstverständlich, er verdankte ihn klugem Taktieren und entschiedenem Zugriff. Am 1. März 1946 wurde Adenauer zum Vorsitzenden der CDU gewählt. Im Sommer hatte die CDU in der britischen Zone 300.000 Mitglieder. Bei den Landtagswahlen in den Westzonen wurde die CDU stärkste Partei in Baden, Nordrhein-Westfalen, Rheinland-Pfalz, Württemberg-Baden und Württemberg-Hohenzollern.

Christlich-Soziale Union (CSU)

Maßgebend bei der Gründung der CSU war der ehemalige christliche Gewerkschafter Adam Stegerwald, der in der Weimarer Republik zeitweise preußischer Ministerpräsident und in den Kabinetten der Reichskanzler Hermann Müller und Heinrich Brüning Reichsminister gewesen war. Er starb noch im Jahre 1945. Im Januar 1946 wurde die CSU von den Amerikanern als Landespartei in Bayern zugelassen. In der Folge kam es zu Auseinandersetzungen zwischen einer katholisch-konservativen „alt-bayerischen" Parteigruppierung um den amtierenden Ministerpräsidenten und späteren Bundesfinanzminister Fritz Schäffer und um Alois Hundhammer, die für eine Sonderstellung Bayerns in Deutschland eintraten, und einem „reichstreuen" liberal-konservativen Flügel um den aus dem Widerstand kommenden Münchener Rechtsanwalt Josef Müller, genannt „Ochsen-Sepp", der sich vor allem auf das protestantische Franken stützte. Der Streit führte zu einer Schwächung der Partei und

zu einem dramatischen Einbruch bei den Wahlen, nachdem 1948 eine
Konkurrenzpartei, die „Bayernpartei" gegründet worden war. Bei der
ersten Landtagswahl 1946 hatte die CSU 52,3 Prozent der Stimmen erhalten, 1950 bekam sie 27,4 Prozent.

Freie Demokratische Partei (FDP)

Ähnlich wie die CDU und die CSU entstand die spätere FDP spontan an
vielen Orten unter verschiedenen Namen, später bildeten sich regionale
Zusammenschlüsse, dann Landesverbände, bis 1948 die Bundespartei
gegründet wurde.

Zum ersten Mal in der Geschichte des deutschen Liberalismus waren
die unterschiedlichen Richtungen von den „demokratischen" Liberalen
oder Linksliberalen aus der Weimarer Deutschen Demokratischen Partei
(DDP) und den Nationalliberalen aus der Deutschen Volkspartei (DVP)
in einer Partei vereint. Der Schwerpunkt der Linksliberalen lag im Süd-
westen, wo der frühere Vorsitzende der württembergischen DDP, Reinhold Maier, der von den Amerikanern als Ministerpräsident von Württemberg-Baden eingesetzt worden war, und der ehemalige DDP-Reichs-
tagsabgeordnete Theodor Heuss die Demokratische Volkspartei gegründet hatten. Bei den ersten Landtagswahlen erhielt die Partei dort 20 Prozent der Stimmen. Der nationalliberale Schwerpunkt lag in Hessen und
in Nordrhein-Westfalen.

Im Juli 1945 war in Berlin die Liberal-Demokratische Partei (LDP)
gegründet worden. Das Streben der Berliner nach Gründung einer
Reichspartei unter Berliner Führung stieß im Westen auf wenig Gegenliebe. Ein loser Zusammenschluss Anfang 1947 wurde wieder gelöst, als
die LDP im Dezember am 1. Deutschen Volkskongress (siehe S. 76f.)
teilnahm.

Im Dezember 1948 gründeten die Liberalen in den Westzonen in
Heppenheim die Freie Demokratische Partei, Theodor Heuss wurde ihr
erster Vorsitzender. Die Liberalen waren die einzige Partei, die sich für
ein marktwirtschaftliches System einsetzte und Verstaatlichungen ablehnte.

Kommunistische Partei Deutschlands (KPD)

Die wiederbegründete KPD der Westzonen konnte auch in ihren Hochburgen nicht annähernd mehr die Wahlergebnisse der Weimarer Zeit erreichen. Immerhin erhielt sie in Bremen, Hamburg, Hessen und Baden-Württemberg über 10 Prozent der Stimmen, in Nordrhein-Westfalen sogar 14 Prozent, und stellte Minister in mehreren Landesregierungen. Keineswegs erfolglos war sie auch mit ihrer Einheitsfront-Taktik, in zahlreichen Orten und in Betrieben gab es Arbeitsgemeinschaften von Sozialdemokraten und Kommunisten. Die Zwangsvereinigung in der sowjetischen Zone und die bedingungslose Unterstützung der sowjetischen Politik durch die KPD ließen ihre Glaubwürdigkeit jedoch dahinschwinden und machte allen Volksfrontbestrebungen ein Ende. Als die KPD 1956 vom Bundesverfassungsgericht verboten wurde, war sie nur noch eine Splitterpartei.

Kleinere Parteien

Ein Teil der früheren Zentrumspolitiker schloss sich nicht der CDU an, sondern gründete im Oktober 1945 wieder ihre frühere Partei. Sie konnte bei den ersten Landtagswahlen in Nordrhein-Westfalen fast 10 Prozent der Wähler für sich gewinnen.

In Bayern entstand die partikularistisch geprägte Bayernpartei, die in den fünfziger Jahren bei Landtagswahlen bis zu 20 Prozent der Stimmen erhielt. Aufsehen hatte zuvor die Wirtschaftliche Aufbauvereinigung (WAV) des demagogisch talentierten Rechtsanwalts Alfred Loritz erregt, der alles und jedes versprach und bei den ersten Landtagswahlen 7,4 Prozent der Wähler für sich mobilisieren konnte.

In Niedersachsen hielt sich eine Regionalpartei länger, die konservative Niedersächsische Landespartei, später in Deutsche Partei (DP) umbenannt. Sie erhielt bei den ersten Landtagswahlen 17,8 Prozent.

Bizone

Die Stuttgarter Rede des amerikanischen Außenministers Byrnes im September 1946 (siehe S. 31) markierte das Ende der bisherigen destruktiven amerikanischen Besatzungspolitik. Sie wurde in der deutschen Öf-

fentlichkeit als ein Zeichen der Wende zu einer besseren Zukunft aufgefasst. Byrnes hatte seine Rede mit den Worten beschlossen: „Das amerikanische Volk will dem deutschen Volk helfen, seinen Weg zurückzufin-
den zu einem ehrenvollen Platz unter den freien und friedliebenden Nationen der Welt."

Konkret kündigte er die Verschmelzung der Wirtschaft der amerikanischen mit der der britischen Zone an und lud die beiden anderen ein,
sich der Vereinigung anzuschließen. Das Abkommen über das „Vereinigte Wirtschaftsgebiet", so der offizielle Name der Bizone, trat am 1. Januar 1947 in Kraft. Es wurden fünf Verwaltungsämter geschaffen, für
Wirtschaft, Ernährung und Landwirtschaft, Finanzen, Post und Fern-
meldewesen und für Verkehr.

Im Laufe des Jahres 1947 wurden die bizonalen Institutionen weiter
ausgebaut. Ein Wirtschaftsrat wurde geschaffen, eine Art Parlament,
dessen 52 Abgeordnete von den Landtagen der acht Länder entsprechend dem Parteienproporz gewählt worden waren. Je 20 Abgeordnete
gehörten der CDU/CSU (die Fraktionsgemeinschaft der beiden Parteien
wurde damals begründet) und der SPD an, die Liberalen hatten vier, die
KPD drei, die DP zwei und die WAV einen Abgeordneten. Der Wirtschaftsrat konnte Gesetze und Verwaltungsvorschriften erlassen. Koor-
dinierende Funktionen hatte der Exekutivrat, der aus je einem Mitglied
der Landesregierungen bestand. Schließlich traten an die Spitze der fünf
Verwaltungsräte Direktoren.

War die ursprüngliche Bizone noch primär ein wirtschaftliches Provisorium, das dem Beitritt der beiden anderen Zonen ausdrücklich offen-
stand, so bildeten sich ab Mitte 1947 Vorformen eines westdeutschen
Staates heraus mit einem Parlament (Wirtschaftsrat), einer Länderkam-
mer (Exekutivrat) und einer Regierung mit Ministern (Direktoren). 1948
wurde auch noch eine Zentralbank, die Bank deutscher Länder, und ein
Oberster Gerichtshof geschaffen.

Die Bizone war nicht sonderlich erfolgreich, ihre Behörden waren in
ihren Kompetenzen beschränkt, die Militärregierungen behielten sich
wichtige Entscheidungen vor; sie hatten sogar wichtige Teile der Wirtschaft in eigene Regie übernommen, so zum Beispiel den Außenhandel,
die Deutschen konnten nur den Mangel verwalten. Der Zusammenschluss der beiden Zonen, die sich in ihren Strukturen ergänzten, zu einem vereinigten Wirtschaftsgebiet, das 60 Prozent der deutschen Bevöl-

kerung umfasste, war jedoch die Voraussetzung für den wirtschaftlichen Aufschwung.

Marshallplan

Als der amerikanische Außenminister George C. Marshall am 5. Juni 1947 an der Harvard Universität in Anwesenheit Präsident Trumans in einer Rede die Grundzüge seines Programms „gegen Hunger, Armut, Verzweiflung und Chaos" umriss, ahnte wohl niemand, dass dies der Startschuss für ein beispiellos erfolgreiches internationales Hilfsprogramm war. Die Amerikaner hatten erkannt, dass die wirtschaftliche und damit auch politische Stabilisierung Westeuropas ohne eine Wiederbelebung der westdeutschen Wirtschaft nicht gelingen konnte. Daher war es unerlässlich, dass die drei westlichen Besatzungszonen in das Aufbauprogramm einbezogen würden, so schwer es vielen Westeuropäern fiel, dies zwei Jahre nach Kriegsende zu akzeptieren.

Das Programm unterschied sich grundlegend von den bisherigen Hilfslieferungen der USA, die zur Beseitigung von akuten Notlagen gedient hatten. Der amerikanische Außenminister forderte die Europäer auf, ein umfassendes gemeinsames Programm zur wirtschaftlichen Gesundung auszuarbeiten. Sechzehn europäische Länder gründeten daraufhin die „Organisation für wirtschaftliche Zusammenarbeit" (Organization for European Economic Cooperation = OEEC), die die Marshallplangelder verwalten sollte (und heute noch als internationale Entwicklungsagentur OECD existiert), und legten einen gemeinsamen Plan vor, das Europäische Wiederaufbauprogramm (European Recovery Program = ERP). Sie verpflichteten sich, Handelshemmnisse zu beseitigen und den Handel schrittweise zu liberalisieren.

Von 1948 bis 1952 erhielten die europäischen Länder 13 Milliarden Dollar, nach heutigem Wert ungefähr 50 Milliarden Euro. Auf Westdeutschland entfielen 1,4 Milliarden, das sind 10 Prozent. Hinzu kamen Hilfslieferungen vor allem von Lebensmitteln, die bereits kurz nach Kriegsende einsetzten, im Wert von 1,7 Milliarden Dollar. Anders als die übrigen Länder erhielt Deutschland diese Mittel nicht als Geschenk, sondern als Darlehen. 1953 wurde jedoch vereinbart, dass nur eine Milliarde zurückzuzahlen war, 2,1 Milliarden wurden erlassen.

In der Praxis funktionierte das Programm so: Die ERP-Lieferungen –
nach Deutschland anfangs vor allem Nahrungsmittel, Baumwolle, Saatgut und Düngemittel, später auch Industrieprodukte – gingen an Impor-
teure, die mit einheimischer Währung bezahlten. Die Verkaufserlöse, die
„Gegenwertmittel", wurden zu normalen Kreditbedingungen verliehen,
so dass sie sich im Laufe der Zeit ständig vermehrten. Bis heute wurden
150 Milliarden DM aus dem „ERP-Sondervermögen" an Krediten ver-
geben, davon 50 Milliarden seit 1990 in den neuen Ländern. Das ERP-
Sondervermögen beläuft sich heute auf 12 Milliarden Euro.

Die Sowjetunion und die osteuropäischen Länder waren ausdrücklich eingeladen, sich am Marshallplan zu beteiligen. Sie zeigten durchaus
Interesse daran. Molotow reiste mit einem großen Expertenstab zu der
ersten Konferenz nach Paris, wo die Modalitäten des Programms bera-
ten werden sollten. Als jedoch die USA die von ihm verlangte bilaterale
Kreditvergabe ablehnten, reiste er ab. Die Sowjetunion verbot der
Tschechoslowakei, die schon zugesagt hatte, und dem interessierten Po-
len die Teilnahme. Später organisierten die Sowjets eine großangelegte
Propagandakampagne gegen den Marshallplan, sie attackierten ihn als
Instrument des amerikanischen Imperialismus, mit dem die Souveränität
der europäischen Länder untergraben werden sollte. Damit rückte der
Marshallplan immer mehr in den Mittelpunkt der Auseinandersetzun-
gen zwischen Ost und West, des inzwischen voll entbrannten Kalten
Krieges.

In der wissenschaftlichen Diskussion ist strittig, worin die Wirkung
des Marshallplans für Westdeutschland bestanden hat. Bestritten wird
die These, das ERP sei so etwas wie die Initialzündung für das deutsche
„Wirtschaftswunder" gewesen. Dazu war das Volumen wohl auch zu
klein. In vier Jahren erhielt Westdeutschland 23 Dollar pro Kopf, dagegen Frankreich 71, Österreich 131 Dollar pro Kopf. Die ersten Marshall-
planlieferungen erreichten die Westzonen allerdings zeitgleich mit der
Währungsreform und trugen zu deren Gelingen bei. Noch 1949 bezahlte Westdeutschland ein Drittel seiner Einfuhren mit ERP-Geldern.

Gar nicht hoch genug zu veranschlagen sind die längerfristigen politischen Auswirkungen und nicht zuletzt die Wirkung auf die kollektive
deutsche Psyche. Für die verfemten Deutschen war der Marshallplan die
Einladung zur Rückkehr in die Staatengemeinschaft. Westdeutschland
wurde in ein System internationaler Zusammenarbeit einbezogen und

kehrte auf den Weltmarkt zurück. Vom Marshallplan gingen entscheidende Anstöße für die Westintegration der Bundesrepublik und für die europäische Einigung aus. Die Erfolgsgeschichte der Bundesrepublik begann mit dem Marshallplan.

Antifaschistisch-demokratische Umwälzung in der Sowjetischen Besatzungszone

Wenngleich die Sowjetunion sich die gesamtdeutsche Option offen hielt (siehe S. 26 f.), leitete sie in ihrer Zone sogleich „demokratische Reformen auf allen Gebieten des gesellschaftlichen Lebens, die antifaschistisch-demokratische Umwälzung" ein, so die offizielle DDR-Geschichtsschreibung, und: „Die antifaschistisch-demokratische Umwälzung war die erste Etappe eines einheitlichen Prozesses. Mit der Gründung der DDR konnte dieser Prozess in die sozialistische Revolution hinüberwachsen."
Das Führungspersonal, das diese Umwälzung ausführen sollte, wurde noch vor Kriegsende eingeflogen, drei Gruppen von Alt-Kommunisten, die Stalins Säuberungen unter den Emigranten in der Sowjetunion überlebt hatten. Die wichtigste war die Gruppe Ulbricht, die die Berliner Verwaltung, den Magistrat von Groß-Berlin, aufzubauen hatte. Nach der Direktive Ulbrichts, „Es muss demokratisch aussehen, aber wir müssen alles in der Hand haben", waren von den 16 Mitgliedern des Magistrats acht Kommunisten, die die Schlüsselstellungen besetzten, vor allem die Dezernate für Personal, Volksbildung und Polizeiangelegenheiten. Noch vor dem Eintreffen der Westalliierten in Berlin waren so vollendete Tatsachen geschaffen worden.

Von der KPD zur SED

Das Programm der neugegründeten KPD (siehe S. 47) hatte mit dem Programm, das die KPD in der Weimarer Republik und in der Illegalität vertreten hatte, kaum etwas gemein. Die Forderung nach einem „Sowjetdeutschland" war ausdrücklich fallengelassen worden: Es wäre falsch, hieß es, Deutschland „das Sowjetsystem aufzuzwingen", das entspräche nicht den „gegenwärtigen Entwicklungsbedingungen in Deutschland". Vielmehr gelte es, einen anderen Weg zu beschreiten, nämlich den „zur Aufrichtung eines antifaschistisch-demokratischen Regimes, einer par-

Überall in der SBZ inszenierten die KPD und die Befürworter der Vereinigung in der SPD Demonstrationen für den Zusammenschluss der beiden Parteien: Hier eine Kundgebung auf dem Theaterplatz in Dresden am 7. April 1946

Der historische Händedruck zwischen Wilhelm Pieck (KPD) und Otto Grotewohl (SPD) auf dem Vereinigungsparteitag am 21./22. April 1946 in Berlin

lamentarisch-demokratischen Republik mit allen demokratischen Rechten und Freiheiten für das Volk". Nicht einmal die Begriffe Sozialismus oder Sozialisierung kamen in dem Programm vor, statt dessen war die Rede von der „völlig ungehinderten Entfaltung des freien Handels und der privaten Unternehmerinitiative auf der Grundlage des Privateigentums".

Die wenige Tage später gegründete SPD gab sich ein viel radikaleres Programm. Der Zentralausschuss in Berlin unter Führung von Otto Grotewohl, einem früheren Reichstagsabgeordneten und SPD-Politiker aus Braunschweig, propagierte „Demokratie in Staat und Gemeinde, Sozialismus in Wirtschaft und Gesellschaft" und forderte die Verstaatlichung der Banken, Bodenschätze, Bergwerke und der Energiewirtschaft. Der Kampf um die Neugestaltung Deutschlands sollte „auf dem Boden der organisatorischen Einheit der deutschen Arbeiterklasse" geführt werden, mit anderen Worten vereint mit den deutschen Kommunisten.

Die Führung der KPD unter Walter Ulbricht, Mitglied des Zentralkomitees der KPD seit 1923, und Wilhelm Pieck, ebenfalls ZK-Mitglied und seit 1933 nomineller Führer der illegalen KPD, lehnte vorerst einen Zusammenschluss mit der SPD ab. Die organisatorische und ideologische Festigung der kommunistischen Kader und die Besetzung der Machtpositionen in den Verwaltungsapparaten hatten zunächst den Vorrang. Ende 1948 änderte sich die kommunistische Taktik. In realistischer Einschätzung der Haltung der Mehrheit der Bevölkerung, die die Kommunisten als Statthalter der Besatzungsmacht, als „Russenpartei" ansah, und angesichts der vernichtenden Niederlage der KP bei den Wahlen im November 1945 in Österreich (5,4 Prozent der Stimmen) und in Ungarn (16,9 Prozent) betrieb die KPD nun die Vereinigung.

In Teilen der SPD war die anfängliche Begeisterung für den Zusammenschluss merklich zurückgegangen, nicht zuletzt unter dem Eindruck der massiven Bevorzugung der KPD durch die Besatzungsmacht. Angesichts der strikten Ablehnung einer Vereinigung durch Kurt Schumacher (siehe S. 48) war überdies zu befürchten, dass ein Zusammenschluss allein in der SBZ die SPD spalten würde. Auf der anderen Seite gab es immer noch eine große Zahl von Befürwortern der Einheit, besonders in den Betrieben, auch drei der fünf Landesvorsitzenden gehörten dazu. Nun verstärkte die Besatzungsmacht den Druck. Einschüchterungen, Amtsenthebungen, Verhaftungen von Gegnern der Verschmelzung soll-

ten die SPD auf Einheitskurs zwingen. Schließlich schwenkten Grotewohl und die Mehrheit des Zentralausschusses um und stimmten der
Vereinigung zu. Ob man dies als „Zwangsvereinigung" bezeichnet oder
nicht, von einer freien Entscheidung konnte jedenfalls keine Rede sein.
Der Vereinigungsparteitag fand am 20./21. April in Berlin statt.

Eine Urabstimmung der SPD-Mitglieder konnte nur in den Westsek-
toren Berlins stattfinden. Von 32.000 SPD-Mitgliedern gaben 23.000 ihr
Votum ab, 19.000 (82 Prozent) stimmten gegen die sofortige Vereinigung,
62 Prozent bejahten, der vielbeschworenen Einheit der Arbeiterklasse zu-
liebe, die umständliche und suggestive Frage: „Bist Du für ein Bündnis,
welches gemeinsame Arbeit sichert und den Bruderkampf ausschließt?"

Bürgerliche Parteien

Als dritte Partei trat die CDU in Berlin an die Öffentlichkeit. Sie trat für
die Vergesellschaftung der Bodenschätze, jedoch für die Aufrechterhal-
tung des Privateigentums und für die Förderung des Mittelstandes und
des Bauerntums ein. Vorsitzender wurde Andreas Hermes, früherer
Reichstagsabgeordneter und Reichsminister, der nach dem 20. Juli 1944
zum Tode verurteilt worden war.

Die vierte Partei, die LDP, wurde im Juli gegründet. Sie trat für die
Erhaltung des Privateigentums und der freien Wirtschaft ein sowie für
die Beibehaltung des Berufsbeamtentums und einer unabhängigen Justiz. Vorsitzender wurde der LDP-Politiker und ehemalige Reichsminister Wilhelm Külz.

Die vier Parteien schlossen sich Mitte Juli 1945 zur „Einheitsfront der
antifaschistisch-demokratischen Parteien" (Antifa-Block) zusammen.
Ein Block-Ausschuß wurde aus je fünf Parteivertretern gebildet, seine
Beschlüsse waren einstimmig zu fassen. Damit ging nichts ohne oder gar
gegen die KPD.

Massenorganisationen

Der „Befehl Nr. 2", mit dem die Gründung von Parteien erlaubt wurde,
sah auch die Gründung von „Massenorganisationen" vor. Sogleich bildeten sich Einzelgewerkschaften, die sich im Juli 1945 zu einer Einheitsge-
werkschaft, dem „Freien Deutschen Gewerkschaftsbund" (FDGB) zu-

sammenschlossen. Die „Freie Deutsche Jugend" (FDJ) entstand aus den „Antifaschistischen Jugendausschüssen" im März 1946 als eine anfangs überparteiliche Organisation. Vorsitzender wurde Erich Honecker. Für die Kultur wurde der „Kulturbund zur demokratischen Erneuerung Deutschlands" zuständig, aus den Frauenausschüssen entstand der „Demokratische Frauenbund Deutschlands", die Bauernorganisation „Vereinigung der gegenseitigen Bauernhilfe" (VdgB) kandidierte sogar bei den ersten Landtagswahlen. Diese Massenorganisationen hatten die Aufgabe, das gesellschaftliche Leben zu kanalisieren. Da andere Verbände oder Vereine nicht zugelassen oder verboten wurden, hatten sie faktisch Monopolcharakter. Die Kommunisten spielten in ihnen von Anfang an eine dominierende Rolle, später wurden sie vollständig gleichgeschaltet und entwickelten sich zu Hilfstruppen der SED, zu Transmissionsriemen im Leninschen Sinne. Ihre Aufgabe war es, die Politik der SED in den jeweiligen Bevölkerungsgruppen durchzusetzen.

Gemeinde- und Landtagswahlen

Ein entscheidender Einfluss auf die künftige Politik der SED ging von den ersten Wahlen in der Sowjetischen Besatzungszone (Gemeindewahlen im September 1946, Landtagswahlen im Oktober 1946) sowie von den gleichzeitigen Wahlen zur Berliner Stadtverordnetenversammlung aus. Bei den Gemeindewahlen war die SED begünstigt, weil die anderen Parteien noch nicht überall Ortsgruppen gebildet hatten, ohne die sie nicht zur Wahl antreten konnten. Die SED erhielt 57,1 Prozent der abgegebenen gültigen Stimmen, die LDP 21,1 Prozent und die CDU 18,8 Prozent, die „Massenorganisationen" 3 Prozent. In den meisten Städten, auch solchen mit Arbeitermehrheiten, übertraf die Zahl der LDP- und CDU-Stimmen die der SED-Wähler. Bei den Landtagswahlen schnitten die bürgerlichen Parteien noch besser ab als bei den Gemeindewahlen. Die SED fiel auf 47,6 Prozent zurück, die CDU erhielt 24,5 Prozent, die LDP 24,6 Prozent und die „Massenorganisationen" 3,2 Prozent.

Umstrukturierung von Wirtschaft und Gesellschaft

Die Sowjetische Militäradministration in Deutschland (SMAD) setzte sofort eine tief greifende Umstrukturierung von Wirtschaft und Gesell-

schaft in Gang: Die Bodenreform schaltete die Großgrundbesitzer wirtschaftlich und politisch aus, die entschädigungslose Enteignung von tausenden von Industriebetrieben, von sämtlichen Banken und Versiche-
rungsunternehmen waren die ersten Schritte zur vollständigen Abschaffung des Privateigentums an Produktionsmitteln. Eine personelle Säuberung entfernte die NS-Eliten bis zur unteren Führungsebene aus Verwaltung, Justiz, Schule und Wirtschaft. In die freigewordenen Positionen
rückten in Schnellkursen ausgebildete zumeist junge Menschen ein, bevorzugt aus dem Arbeitermilieu. Die Neulehrer, Volksrichter, Volks-
staatsanwälte, die Angehörigen des Staatsapparates und das Leitungsper-
sonal in den Betrieben bildeten die neue systemloyale Elite.

Entnazifizierung

Die rigoroseste Entnazifizierung fand in der SBZ statt. Zwischen 1945
und 1948 verloren 520.000 Personen ihren Arbeitsplatz, vor allem in al-
len Sparten des öffentlichen Dienstes, aber auch in der Wirtschaft. Die
Hälfte aller Lehrer wurden entlassen, ebenso mehr als vier Fünftel aller
Richter und Staatsanwälte. Angehörige der SS, der Gestapo und des
Führerkorps der NSDAP wurden vor Gericht gestellt, fast 13.000 wur-
den verurteilt. Darüber hinaus wurde eine ungleich höhere Anzahl von
Personen ohne jedes Verfahren in „Speziallagern" in der SBZ interniert.
Es gab 10 solcher Lager, zumeist ehemalige NS-Konzentrationslager wie
Buchenwald und Sachsenhausen. Laut Angaben des sowjetischen Innen-
ministeriums vom Juli 1990 waren 122.671 Deutsche in diesen Lagern in-
terniert, von denen 42.889 ums Leben gekommen sind. Neuere Zählun-
gen kommen auf 154.000 Häftlinge, von denen 43.000 oder nach anderen
Angaben sogar 70.000 durch die unmenschlichen Lagerbedingungen zu
Tode kamen. 1996 nannte der Militärstaatsanwalt in Moskau die Zahl
von 256.000 „administrativ repressierten" Deutschen. Es waren zumeist
kleine Funktionäre, die höheren Chargen waren in den Westen geflohen
oder von den zuerst in weite Teile der späteren SBZ einmarschierten
Amerikanern und Briten verhaftet worden. Doch gerieten auch zahlreiche Unschuldige in die Lager, zum Beispiel „wehrwolfverdächtige" Jugendliche oder aufgrund von Denunziationen verhaftete Personen, später auch Sozialdemokraten, Kommunisten und Angehörige bürgerlicher
Parteien. Im Februar 1948 erklärte die SMAD die Entnazifizierung für

beendet. Die „Speziallager" wurden zum 1. März 1950 aufgelöst, 14.000 Gefangene wurden der DDR übergeben.

Bodenreform

Unter der Parole „Junkerland in Bauernhand" wurde im September 1945 die Bodenreform eingeleitet. Landwirtschaftliche Betriebe über 100 Hektar und der Besitz von „aktiven Nazis und Kriegsverbrechern", insgesamt 3,3 Millionen Hektar, wurden entschädigungslos enteignet – das waren 35 Prozent der landwirtschaftlichen Nutzfläche der SBZ. Auf dem Land wurden 119.000 Landarbeiter und 91.000 „Umsiedler", vertriebene Bauern aus den deutschen Ostgebieten, angesiedelt. Die durchschnittliche Betriebsgröße dieser „Neubauern"-Wirtschaften betrug 8 Hektar. Außerdem erhielten 126.000 „landarme Bauern" und Kleinpächter zusätzliches Land zur Aufstockung, „nichtlandwirtschaftliche Personen" erhielten kleine Parzellen. Ein Drittel des Bodens ging in Staatsbesitz über.

Die Bodenreform wurde natürlich von den Begünstigten begrüßt: Insgesamt waren es 560.000 Personen, die nicht wissen konnten, dass sie sich ihres Besitzes nicht lange würden erfreuen dürfen. Ihr stimmten alle vier Parteien zu, CDU und LDP unter mehr oder weniger starkem Druck der SMAD. Die CDU-Führung unter Andreas Hermes und Walther Schreiber erhob Widerspruch gegen die entschädigungslose Enteignung. Beide wurden daraufhin von der SMAD kurzerhand abgesetzt.

Verstaatlichung der Industrie

Im Oktober 1945 verfügte die SMAD die Beschlagnahme des Eigentums des deutschen Staates, der NSDAP, der Wehrmacht und der Betriebe von „Kriegsverbrechern und Naziaktivisten" sowie von „Personen, die von der SMAD durch besondere Listen oder auf andere Weise bezeichnet werden", was jeder Willkür Tür und Tor öffnete. Bis 1948 wurden fast 10.000 Industriebetriebe enteignet. Schon 1947 entfielen 56 Prozent der industriellen Bruttoproduktion auf volkseigene Betriebe (VEB) und auf Sowjetische Aktiengesellschaften (siehe S. 44). Der private Sektor umfasste nur noch 44 Prozent, meist Mittel- und Kleinbetriebe.

Um den Enteignungen einen legalen Anstrich zu geben, organisierte die
SED einen Volksentscheid in Sachsen, wo die Mehrzahl der enteigneten
Betriebe ihren Standort hatte. 77,6 Prozent der Teilnehmer an dem Referendum stimmten der Enteignung der Kriegsverbrecher und Naziaktivisten zu.

Bereits im Juni 1945 waren alle Banken und Sparkassen geschlossen,
ihre Bestände an Bargeld und Wertpapieren beschlagnahmt worden,
1947 wurden sie endgültig enteignet. Auch fast der gesamte Großhandel
wurde verstaatlicht.

Teilung Deutschlands

In den Jahren 1945 bis 1947 fanden insgesamt sechs Konferenzen des
„Rates der Außenminister" statt, der in Potsdam ins Leben gerufen wor-
den war, um Friedensverträge mit den ehemaligen Feindmächten vorzubereiten. Im Oktober 1946 waren schließlich Entwürfe für die Friedensverträge mit Italien, Rumänien, Ungarn, Bulgarien und Finnland fertig
gestellt. Sie wurden am 10. Februar 1947 von den jeweils beteiligten
Staaten unterzeichnet. Hingegen prallten in der Deutschlandfrage die
Gegensätze immer unverhüllter aufeinander. Schon auf der ersten
Außenministerkonferenz im Herbst 1945 war beschlossen worden, die
Ausarbeitung der Friedensverträge mit Deutschland und Österreich
vorerst zurückzustellen.

Am 5. März 1946 hatte Churchill in Fulton (Missouri) in Anwesenheit von Präsident Truman eine Rede gehalten, in der er der
Sowjetunion vorwarf, sie habe Europa gespalten und ihren Machtbereich durch einen „Eisernen Vorhang" von Stettin bis Triest vom übrigen
Europa abgetrennt. Er beschuldigte die Sowjetunion darüber hinaus, sie
versuche, ganz Deutschland dem Kommunismus zu unterwerfen. Auf
der Außenministerkonferenz im Sommer 1946 in Paris wurde deutlich,
dass es angesichts der Gegensätze zwischen den Westmächten und der
Sowjetunion, vor allem wegen der sowjetischen Forderungen nach Reparationen und Beteiligung an der Kontrolle des Ruhrgebietes, keine
Fortschritte in der deutschen Frage geben würde.

Die endgültige Entscheidung über die Teilung Deutschlands fiel 1947.
Seit Beginn dieses Jahres hatte sich eine grundlegende Wende der ameri-

kanischen Außenpolitik vollzogen. Während die USA bis dahin trotz der bestehenden Konflikte immer noch prinzipiell eine Kooperation mit der Sowjetunion anstrebten, gingen sie unter dem Eindruck vor allem des drohenden Verlusts Chinas an die Kommunisten, der von den Kommunisten manipulierten Wahlen in Polen und des von den kommunistischen Nachbarn unterstützten Bürgerkrieges in Griechenland zu einer Politik der „Eindämmung" (containment) des Kommunismus über. Ausdruck dieser Politik waren die Truman-Doktrin, die Griechenland und der Türkei Schutz gegen eine sowjetische Expansion zusicherte, und der Marshallplan (siehe S. 55 ff.).

Eine letzte Außenministerkonferenz im November/Dezember 1947 in London diente nur noch dem verbalen Schlagabtausch und wurde schließlich abrupt abgebrochen. Damit war die Vier-Mächte-Politik gegen Deutschland endgültig gescheitert.

Kalter Krieg

Die Frage der Schuld für den Zerfall der Kriegskoalition und die Entstehung des Ost-West-Konflikts, der bald als „Kalter Krieg" bezeichnet wurde – zuerst von dem amerikanischen Publizisten Walter Lippmann – war in der westlichen Forschung lange Zeit unumstritten. Als Ursache des Kalten Krieges wurde die sowjetische Expansionspolitik angesehen, die das freie Westeuropa bedrohte und die amerikanische Reaktion mit Truman-Doktrin und Marshallplan auslöste.

Die DDR-Geschichtsschreibung machte umgekehrt allein die „amerikanischen Imperialisten" für die Spaltung verantwortlich. Darin traf sie sich mit einer „revisionistischen" Historikerschule in den USA. Diese schrieb in den sechziger Jahren die Hauptschuld am Ost-West-Gegensatz der amerikanischen Außenpolitik zu, die von kapitalistischen Wirtschaftsinteressen bestimmt sei. Andere sehen die Ursache für die Ost-West-Konfrontation in einem Mechanismus von Missdeutungen des Handelns der anderen Seite, das jeweils als Beweis für die Aggression des Gegenspielers wahrgenommen wurde.

Der Streit ist wohl im Grunde müßig. Die Allianz der westlichen Demokratien mit der totalitären Sowjetunion war geschlossen worden, um den gemeinsamen Gegner, das totalitäre NS-Deutschland, zu besiegen. Als dieses Ziel erreicht war, zerbrach dieses reine Zweckbündnis. Es trat das ein, was Stalin schon im Frühjahr 1945 einer jugoslawischen Regierungsdelegation dargelegt hatte: „Dieser Krieg ist nicht wie in der Vergangenheit; wer immer ein Gebiet besitzt, erlegt ihm auch sein eigenes gesellschaftliches System auf. Jeder führt sein eigenes System ein, so weit seine Armee vordringen kann. Es kann gar nicht anders sein!"

Münchener Ministerpräsidentenkonferenz

Ein letzter Versuch auf deutscher Seite, der drohenden Spaltung entgegenzuwirken, war von vornherein ohne Chancen. Der bayerische Ministerpräsident Hans Ehard (CSU) lud die Ministerpräsidenten der Länder, die höchste deutsche politische Ebene, für den 7. Juni 1947 zu einer Konferenz nach München ein, „um ein weiteres Abgleiten des deutschen Volkes in ein rettungsloses wirtschaftliches und politisches Chaos zu verhindern."

Die Westmächte hatten an solchen gesamtdeutschen Aktivitäten kein Interesse. Die Franzosen verboten „ihren" Ministerpräsidenten unverblümt, über politische Fragen zu sprechen, nur wirtschaftliche Probleme durften diskutiert werden. Auch auf deutscher Seite gab es Widerstände. Die SPD-Führung bestritt den Ministerpräsidenten das Recht, über die künftige politische Struktur Deutschlands zu verhandeln, das sei Sache der Parteien. Schumacher legte die Ministerpräsidenten der britischen Zone darauf fest, nur über wirtschaftliche Probleme zu sprechen.

In der sowjetischen Zone war Ulbricht gegen das Treffen, eine Mehrheit im ZK der SED stimmte jedoch für die Teilnahme. Daraufhin setzte Ulbricht durch, dass die Ministerpräsidenten aus der SBZ den Antrag stellen sollten, als Punkt 1 der Tagesordnung zu behandeln: „Bildung einer deutschen Zentralverwaltung … zur Schaffung eines deutschen Einheitsstaates." Es war klar, dass die Westdeutschen nicht zustimmen konnten. Die Formel vom Einheitsstaat widersprach der Instruktion der westlichen Besatzungsmächte und auch ihrem föderalistischen Selbstverständnis. Weisungsgemäß verließen daraufhin die Ministerpräsidenten aus der SBZ die Konferenz in der Nacht zum 7. Juni, noch bevor sie offiziell begonnen hatte. Beide Seiten verfügten nicht über den Handlungsspielraum, der einen Kompromiss ermöglicht hätte. Die Spaltung war auf beiden Seiten längst eingetreten.

Währungsreform

Wichtigste Voraussetzung für die Wiedergesundung der Wirtschaft war die Beseitigung des inflationären Geldüberhangs und die Einführung einer stabilen Währung. Die Geldmenge war von 56,4 Milliarden Reichsmark zum Jahresende 1938 auf 400 Milliarden Reichsmark 1948 angewachsen. Die Grundzüge der Währungsreform waren von den Amerikanern ausgearbeitet worden, in Amerika war auch das neue Geld gedruckt worden. Die Deutschen erfuhren die Einzelheiten der Währungsumstellung erst zwei Tage vor dem Tag X, dem 20. Juni 1948. Jedermann erhielt eine „Kopfquote" von 40 DM, weitere 20 DM Monate später. Bargeld und Bankguthaben wurden im Verhältnis 100 Reichsmark zu 6,50 DM umgetauscht. Schulden mussten im Verhältnis 10:1 zurückgezahlt werden.

Die Währungsreform traf die Sparer besonders hart und begünstigte die Besitzer von Sachwerten, zum Beispiel von Haus- und Grundbesitz, von Aktien, Produktionsmitteln und von gehorteten Waren. Die Deutschen dieser Generation hatten zum zweiten Mal ihre Ersparnisse verloren.

Noch vor Inkrafttreten der Währungsreform verkündete Ludwig Erhard, der Direktor des Wirtschaftsrates der Bizone, dass Preisbindung und Zwangsbewirtschaftung aufgehoben würden. Auf Vorhaltungen der Alliierten, er dürfe die bestehenden Verordnungen nicht eigenmächtig verändern, erwiderte Erhard: „Ich habe sie nicht verändert, ich habe sie abgeschafft". Der Erfolg war durchschlagend. Die Läden waren am Morgen der Einführung des neuen Geldes mit Waren gefüllt, die von den Herstellern und dem Handel gehortet worden waren. Der Schwarzmarkt verschwand über Nacht.

Die SMAD zog sofort nach und verkündete eine Währungsreform für ihre Zone, die am 23. Juni 1948 in Kraft trat. Offenbar kam der Zeitpunkt der Währungsumstellung für sie überraschend, denn es waren keine neuen Banknoten vorhanden. Statt dessen mussten die Reichsmarkscheine mit schnell gedruckten Coupons beklebt werden, Spaßvögel tauften das neue Geld „Tapetenmark".

Die Bürger der SBZ erhielten ein „Kopfgeld" von 70 Mark. Bargeld wurde im Verhältnis 10:1 umgetauscht, Guthaben gestaffelt umgestellt (bis 100 RM 1:1, bis 1.000 RM 5:1, bis 5.000 RM 10:1). Der Währungsschnitt in der SBZ war somit weniger rigoros, er hatte allerdings auch

nicht die Auswirkungen wie im Westen, weil es keine gehorteten Waren
gab und das Zwangswirtschaftssystem beibehalten wurde.

Die getrennten Währungsumstellungen in Ost und West teilten
Deutschland in zwei Währungsgebiete. Die Spaltung Deutschlands wurde damit noch vertieft.

Spaltung Berlins

Nirgendwo prallten die Gegensätze zwischen Ost und West in Deutschland schärfer aufeinander, und traten ihre Auswirkungen deutlicher zu-
tage als auf dem Gebiet der ehemaligen Reichshauptstadt. Parallel zur
Spaltung Deutschlands vollzog sich die Spaltung Berlins. Einer Periode
halbwegs funktionierender Zusammenarbeit in der Alliierten Kommandantur folgte eine Zeit der Spannungen und mühsamen Kompromisse,
schließlich die Trennung. Anders als bei den Vorgängen im Vierzonen-
Deutschland, wo die Deutschen an den Auseinandersetzungen der Alliierten nicht beteiligt waren und deren Folgen nur passiv erlitten, war die
gesamte Berliner Bevölkerung – über die Teilung der Stadt in vier Sektoren hinweg – durch Wahlen am politischen Prozess beteiligt.

Die ersten (und letzten) freien Wahlen in Gesamt-Berlin am 20. Oktober 1946 brachten einen Sieg der nicht-kommunistischen Kräfte und
der SED eine schwere Niederlage. Die SPD erhielt fast 50 Prozent der
Stimmen, während die SED mit 19,8 noch hinter der CDU lag.

Im Juni 1948 spitzte sich die Lage in Berlin zu. Am 16. Juni verließen
die sowjetischen Vertreter die Alliierte Kommandantur. Am 23. Juni
wurde eine Sitzung der Stadtverordnetenversammlung an ihrem Sitz im
Ostsektor durch kommunistische Demonstrationen massiv gestört.
Nachdem die Währungsreform vom 20. Juni 1948 zunächst nicht auf
West-Berlin ausgedehnt worden war, versuchten die Sowjets, ihre neue
Ostmark in ganz Berlin einzuführen. Nun entschieden sich die West-
mächte, die D-Mark auch in West-Berlin in Umlauf zu bringen. Bis
März 1949 galten beide Währungen noch nebeneinander.

Bis zum Herbst wurde die Zuständigkeit des Gesamt-Berliner-
Magistrats für den Ostsektor schrittweise beseitigt. Am 6. September
wurde die Stadtverordnetenversammlung durch von der SED organisierte Störtrupps endgültig gesprengt, die Mehrheit ihrer Mitglieder tagte fortan in West-Berlin. Im Dezember 1948 verlegte der gewählte

Vor 300.000 Berlinern appellierte Oberbürgermeister Ernst Reuter am
9. September 1948 in einer Rede an die „Völker der Welt … Schaut auf
diese Stadt und erkennt, dass Ihr diese Stadt und dieses Volk nicht preisgeben dürft und nicht preisgeben könnt!"

Magistrat seinen Sitz ebenfalls in den Westen der Stadt. Im Osten konstituierte sich eine eigene Stadtverordnetenversammlung, eine eigene Stadtverwaltung wurde eingesetzt.

Blockade und Luftbrücke

Inzwischen hatte die Sowjetunion eine totale Sperre des Personen- und Güterverkehrs zwischen den Westzonen und West-Berlin verhängt und auch die Lieferungen von Lebensmitteln und elektrischem Strom aus ihrer Zone unterbunden. Durch diese Blockade versuchte sie, ganz Berlin unter ihre Herrschaft zu bringen. Überdies hoffte sie, die inzwischen eingeleitete wirtschaftliche und politische Vereinigung der Westzonen unterbinden zu können.

Der Entschluss, die Bevölkerung West-Berlins durch eine Luftbrücke zu versorgen, ist dem amerikanischen Militärgouverneur, General Lucius D. Clay, zu verdanken, der Präsident Truman davon überzeugte, dass man angesichts des einmütig bekundeten Freiheitswillens der Berliner die Stadt halten müsse. Darin war er von dem gewählten, von den Sowjets aber an der Amtsübernahme gehinderten Oberbürgermeister von Berlin, Ernst Reuter, bestärkt worden.

Die Lebensmittelvorräte reichten aus, um die zwei Millionen Einwohner 36 Tage lang zu versorgen, Kohle war für 45 Tage vorhanden. Zwei Tage nach dem Beginn der Blockade landeten die ersten Transportmaschinen, im Volksmund „Rosinenbomber" genannt, in Berlin. Insgesamt brachten die Alliierten in 213.000 Flügen mehr als 1,7 Millionen Tonnen Versorgungsgüter in die Stadt. Es war das größte Lufttransportunternehmen der Geschichte.

Politisch war die Blockade für die Sowjetunion ein eklatanter Fehlschlag. Der „brutale Versuch einer Massenaushungerung" (Clay) hatte das internationale Ansehen der Sowjetunion auf einen Tiefpunkt gebracht und die westdeutschen Politiker darin bestärkt, ihre Bedenken gegen die Gründung eines Weststaates aufzugeben. Er hatte die Position der Westalliierten in Berlin so gefestigt, dass alle künftigen Versuche, diesen „Vorposten der freien Welt" inmitten des sowjetischen Herrschaftsgebietes zu beseitigen, scheitern sollten. Die Haltung der Berliner Bevölkerung verschaffte Deutschland erstmals nach dem Zweiten Weltkrieg Sympathien in Amerika und Westeuropa.

Transformation des Parteiensystems in der SBZ

Bei der Gründung der SED hatten die Kommunisten den Sozialdemokraten weitgehende Zugeständnisse gemacht, die sie schon zwei Jahre später nicht mehr einhalten sollten: Die SED werde keine Nachfolgerin der KPD, sondern eine neue Partei sein, alle wichtigen Positionen würden paritätisch mit früheren SPD- und KPD-Mitgliedern besetzt werden, es werde einen „besonderen deutschen Weg zum Sozialismus" und keine Nachahmung des sowjetischen Modells geben.

SED – Partei neuen Typus

1948 begann die Entwicklung der SED zu einer „Partei neuen Typs", das heißt zu einer leninistischen Kaderpartei nach dem Vorbild der KPdSU. Die Parität der Ämterbesetzung wurde abgeschafft und eine Kampagne gegen den „Sozialdemokratismus" begonnen. Eine Säuberung schloss oppositioneller Regungen verdächtige Mitglieder, besonders ehemalige Sozialdemokraten, aus der Partei aus. Viele verloren ihre Ämter, etliche wurden verhaftet und verurteilt.

Das Organisationsprinzip der SED wurde der „demokratische Zentralismus": Danach wird die Partei von der Spitze aus geführt, die Beschlüsse übergeordneter Organe sind unbedingt verbindlich. „Fraktionsbildungen", das heißt Minderheitsmeinungen, sind verboten. Leitungspositionen in allen Bereichen der Gesellschaft werden von der Partei mit zuverlässigen Funktionären (Kadern) besetzt. Schließlich wurde auch die Struktur der KPdSU mit Politbüro, Sekretariat und Zentralkomitee übernommen.

CDU und LDP unter Druck

Um den Vormachtanspruch der SED durchzusetzen, musste der Einfluss der Blockparteien zurückgedrängt werden. Ende 1947 griff sogar die SMAD ein. Sie setzte den Vorsitzenden der CDU, Jakob Kaiser, und seinen Stellvertreter, Ernst Lemmer, kurzerhand ab, als sie sich weigerten, sich am Volkskongress zu beteiligen. Der Druck von SED und SMAD verstärkte sich 1948 immer mehr, weil beide Parteien vor allem in den Landtagen und Gemeindeparlamenten, wo sie teilweise über beachtliche

Mehrheiten verfügten, gegen die SED Front machten. Je mehr sie sich als Oppositionsparteien profilierten, desto rascher stiegen ihre Mitgliederzahlen an (1948 CDU: 231.000, LDP: 197.000).

Gründung der NDPD und der DBD

Um die beiden Parteien zu schwächen, rief die SED zwei neue Parteien ins Leben. Die Nationaldemokratische Partei Deutschlands (NDPD) sollte vor allem NS-Mitläufer und die Reste des konservativen Bürgertums an sich binden, die Demokratische Bauernpartei Deutschlands (DBD) Mitglieder und Wähler auf dem Lande finden, wo die SED schwach war. Die Vorsitzenden der beiden Parteien, Lothar Bolz und Ernst Goldenbaum, und weiteres Führungspersonal waren altgediente Kommunisten, die von der SED für diese Ämter abgestellt waren – unverhüllter konnte der manipulative Zweck dieser Parteigründungen gar nicht zum Ausdruck kommen.

Beide Parteien und der FDGB, später auch die anderen Massenorganisationen wurden in den „Block der antifaschistisch-demokratischen Parteien" (Antifa-Block) aufgenommen, so dass die SED und ihre Hilfstruppen in den verschiedenen Institutionen unbestritten dominierten.

Auf dem Wege zum Weststaat

Die unüberbrückbaren Gegensätze in der Deutschlandfrage zwischen den Westmächten und der Sowjetunion, die zum Abbruch der Londoner Außenministerkonferenz (siehe S. 65) geführt hatten, bestärkten die Amerikaner und Briten in dem Entschluss, nunmehr aus den westlichen Besatzungszonen einen Staat zu bilden.

Londoner Empfehlungen

Auf einer eilig einberufenen Konferenz in London arbeiteten die drei westlichen Besatzungsmächte und die Beneluxländer die Rahmenbedingungen für die neue politische Ordnung Westdeutschlands aus und kleideten sie in die „Londoner Empfehlungen" vom 7. Juni 1948. Diese bil-

deten den Kern der (drei) „Frankfurter Dokumente", die die Militärgouverneure den Ministerpräsidenten der westdeutschen Länder am 1. Juli
übergaben. Die Ministerpräsidenten wurden darin ermächtigt, eine
„Verfassunggebende Versammlung" einzuberufen und eine Neuordnung
der Ländergrenzen vorzuschlagen. Das dritte Dokument enthielt die
Grundzüge eines Besatzungsstatuts, das die Westmächte parallel zur
Staatsgründung erlassen wollten.

Ministerpräsidenten: Provisorium

Eine Konferenz der Ministerpräsidenten im Hotel Rittersturz bei Ko-
blenz nahm die Ermächtigung an, doch forderten die Ministerpräsidenten in Erkenntnis der Tragweite der ihnen abverlangten Entscheidung, alles zu vermeiden, „was dem zu schaffenden Gebilde den Charakter eines Staates verleihen würde". Es dürfe nur ein „Provisorium"
geschaffen werden, „bis die Voraussetzungen für eine gesamtdeutsche
Regelung gegeben sind und die deutsche Souveränität in ausreichendem
Maße wiederhergestellt ist".

Die Militärgouverneure erklärten die sehr weitgehenden Vorbehalte
für nicht akzeptabel. In den folgenden dreiwöchigen Verhandlungen der
Ministerpräsidenten untereinander auf Schloss Niederwald und mit den
Militärgouverneuren wurde schließlich der Durchbruch erzielt. Bei der
Entscheidung der Ministerpräsidenten für den Weststaat spielte der Berliner Oberbürgermeister Ernst Reuter eine wichtige Rolle. Er argumen-
tierte, die Spaltung Deutschlands resultiere nicht erst aus der Weststaat-
Gründung, sondern sei bereits eine Tatsache, die Konsolidierung im Westen diene auch der Sicherheit Berlins.

Parlamentarischer Rat

Die Ministerpräsidenten setzten sich jedoch gegen die Militärgouverneure in wichtigen Punkten durch:
- Ein „Parlamentarischer Rat", der von den Landtagen gewählt werden
  würde, nicht eine „Verfassunggebende Versammlung" sollte zusam-
  mentreten.
- Dieser sollte ein „Grundgesetz" ausarbeiten, der Begriff „Verfassung"
  wurde vermieden.

– Dieses sollte von den Landtagen ratifiziert, nicht einer Volksabstimmung unterworfen werden.

Zur Vorbereitung eines Entwurfs für das Grundgesetz berief die Ministerpräsidentenkonferenz einen Sachverständigenausschuss, den „Verfassungskonvent", der im August 1948 auf der Insel Herrenchiemsee tagte. Der hier ausgearbeitete Verfassungsentwurf enthielt bereits wesentliche Züge des Grundgesetzes.

Der Parlamentarische Rat begann seine Beratungen am 1. September 1948 in Bonn.

Grundgesetz

Die Prinzipien der neu zu schaffenden Verfassung waren unter den Mitgliedern des Parlamentarischen Rats unumstritten: Die Garantie der Grundrechte, die Gewaltenteilung, die parlamentarische Demokratie und der soziale Rechtsstaat wurden von allen bejaht (außer den zwei Kommunisten, die prinzipiell die Legitimation des Rates zur Ausarbeitung einer Verfassung bestritten).

Unterschiedliche Auffassungen gab es zum Grad des Föderalismus der künftigen Republik. Die SPD forderte, dass die Gewalt des Bundes der der Länder vorgehe, die Vertreter der CDU und der CSU verlangten die Gleichberechtigung von Bund und Ländern. Auch die Zusammensetzung der zweiten Kammer war umstritten. CDU/CSU wollten ein dem Bundesparlament gleichrangiges Organ der Länderregierungen, die SPD plädierte für einen Senat, und die Liberalen sprachen sich für ein gemischtes Organ aus Vertretern der Länderregierungen und der Länderparlamente aus. Nachdem hier ein Kompromiss gefunden worden war, brachen die Gegensätze erneut bei der Entscheidung über die Finanzverfassung auf, die die Kompetenz der Steuereinziehung und die Verteilung der Steuern auf Bund und Länder regelt. Erst als die Alliierten massiv zugunsten der Befürworter einer Stärkung der Länderhoheit eingriffen, gelangten die Parteigruppierungen zu einer Übereinkunft: Die Finanzhoheit über die verschiedenen Steuern wurde auf Bund und Länder aufgeteilt, für die steuerschwachen Länder ein Finanzausgleich vorgesehen.

Große Bedeutung für die Beratungen hatten die Erfahrungen aus der Zeit der Weimarer Republik. Unter allen Umständen sollten die Fehler der Weimarer Verfassung vermieden werden.

Auf die plebiszitären Elemente der Weimarer Verfassung (Volksentscheid) wurde mit der Begründung verzichtet, dass die Plebiszite von den radikalen Gegnern der Republik demagogisch missbraucht worden seien (Ausnahme: Neugliederung des Bundesgebietes Art. 29 und 118 GG).

Aufgrund der Erfahrungen mit dem Art. 48 der Weimarer Verfassung, der die Aushöhlung der parlamentarischen Regierungsform durch Präsidialkabinette bewirkt hatte, erhielt das Staatsoberhaupt keine Vollmachten für einen „Gesetzgebungsnotstand". Vollmachten für den Fall, dass im Bundestag eine Mehrheit den Bundeskanzler ablehnt, sich jedoch nicht auf einen anderen einigen kann und ein wichtiges Gesetz blockiert, erhielt der Bundesrat. Er kann dann dringliche Gesetze für 6 Monate in Kraft setzen (Art. 81 GG).

Damit das Parlament nicht wie in der Weimarer Republik den Kanzler stürzen kann, ohne sich auf einen neuen einigen zu können, wurde das „konstruktive Misstrauensvotum" eingeführt (Art. 67 GG).

Das Staatsoberhaupt, der Bundespräsident, wird im Unterschied zum Reichspräsidenten nicht direkt vom Volk gewählt, sondern von einem eigenen Organ, der Bundesversammlung. Die Amtsperiode ist auf 5 statt 7 Jahre begrenzt. Eine Wiederwahl ist nur einmal zulässig, statt unbeschränkt wie in der Weimarer Republik. Anordnungen des Bundespräsidenten müssen vom Bundeskanzler oder dem zuständigen Minister gegengezeichnet werden.

Der Bundespräsident hat im Wesentlichen repräsentative Funktionen (Art. 54–61 GG).

Anders als die Weimarer Verfassung legte das Grundgesetz das Wahlrecht nicht fest. CDU und CSU traten für die relative Mehrheitswahl ein, SPD und die kleineren Parteien für die Verhältniswahl. Schließlich wurde ein Bundeswahlgesetz verabschiedet, das ein modifiziertes Verhältniswahlrecht mit einer Relation von Direkt- und Listenmandaten von 60:40 und eine 5-Prozent-Sperrklausel vorsah. Dieses erste Wahlgesetz galt nur für die Bundestagswahl 1949. Es wurde später mehrfach modifiziert, jedoch trotz gelegentlicher Versuche nie grundsätzlich geändert.

Am 8. Mai 1949 wurde das Grundgesetz mit 53 Stimmen verabschiedet, 12 Mitglieder stimmten dagegen. Nachdem 10 der 11 Landtage
das Grundgesetz ratifiziert hatten (der Bayerische Landtag lehnte es als
zu zentralistisch ab), wurde es am 23. Mai vom Präsidenten des Parlamentarischen Rates, Konrad Adenauer, feierlich verkündet und trat damit
in Kraft. Damit war die Bundesrepublik Deutschland gegründet worden.

Gründung der DDR

Parallel zur Entstehung des westdeutschen Staates von den Anfängen der
Bizone bis zur Gründung der Bundesrepublik vollzog sich das Werden
des ostdeutschen Teilstaates. Die SMAD war sorgfältig darauf bedacht,
die einzelnen Schritte der Staatsgründung in ihrer Zone den jeweils entsprechenden Etappen der Weststaatgründung folgen zu lassen.

Volkskongressbewegung

Während der Londoner Außenministerkonferenz (siehe S. 67) organisierte die SED die Volkskongressbewegung. Am 6./7. Dezember 1947
tagte der „Deutsche Volkskongress für Einheit und gerechten Frieden"
in Berlin. Von den 2.215 Delegierten kamen 1.551 aus der SBZ und Berlin, 664 aus Westdeutschland. Der Versammlung fehlte die demokratische Legitimation. Ihre Mitglieder waren in der SBZ von Parteien und
Massenorganisationen sowie auf Betriebsversammlungen nominiert, im
Westen vor allem in von der KPD organisierten öffentlichen Versamm-
lungen gewählt worden.

Mit der Volkskongressbewegung versuchte die SED, das Verlangen
nach nationaler Einheit für ihre Politik zu nutzen. Nahziel war die Unterstützung der sowjetischen Position auf der Londoner Außenministerkonferenz; Fernziel war, vielleicht doch noch die Weststaatgründung
verhindern zu können. Die erste Zielsetzung scheiterte, weil die Delegation des Volkskongresses in London nicht einmal Zutritt zur Konferenz
erhielt. Sollte die SED ernsthaft geglaubt haben, sie könne in Westdeutschland eine Massenbewegung gegen die sich abzeichnende Weststaatgründung ins Leben rufen, so unterlag sie einer grotesken Fehleinschätzung der politischen Ansichten der Westdeutschen.

In der Folge nutzte die SED den Volkskongress als Forum für Propagandakampagnen unter nationalen Vorzeichen gegen die westdeutsche Staatsgründung. Zugleich verwandelte sich der Volkskongress in eine Art Vorparlament des entstehenden Oststaates. Der 2. Volkskongress trat im März 1948 zusammen. Die fast 2.000 Delegierten, darunter etwa 500 Westdeutsche, wählten einen ständigen Ausschuss, den Deutschen Volksrat mit 400 Mitgliedern, davon 100 Westdeutsche. Der Volksrat erklärte sich zur „berufenen Repräsentation für ganz Deutschland" und organisierte ein Volksbegehren für eine „Volksabstimmung über die Einheit Deutschlands". Der Adressat des Volksbegehrens wäre der Kontrollrat gewesen, der eine Volksabstimmung hätte genehmigen müssen. Als jedoch die Unterschriftensammlung beendet war, hatte der Kontrollrat seine Tätigkeit bereits eingestellt.

Verfassung

Der Verfassungsausschuss des Volksrats arbeitete inzwischen einen Verfassungsentwurf für den zu gründenden Oststaat aus, der weitgehend identisch war mit einem Entwurf der SED aus dem Jahre 1946. Der Verfassungsentwurf für eine „Deutsche Demokratische Republik" wurde im März 1949 vom Volksrat gebilligt.

Die Verfassung erhob wie das Grundgesetz den Anspruch, eine Verfassung für Gesamtdeutschland zu sein. Art. 1 begann mit dem Satz: „Deutschland ist eine unteilbare demokratische Republik". Sie enthielt einen umfassenden Grundrechtskatalog und ähnelte in Teilen der Weimarer Verfassung. Andererseits wurde schon „Boykotthetze" unter Strafe gestellt (Art. 6) und die Regierungsbildung nach dem Blockprinzip vorgeschrieben, eine Opposition war nicht vorgesehen.

Vom Volksrat zur Volkskammer

Der 3. Volkskongress wurde am 15./16. Mai 1949 gewählt. Die SED hatte sich entschlossen, ihn formell vom Volk wählen zu lassen, weil aus ihm die Volkskammer hervorgehen sollte. Sie wagte aber nicht, ihre Kandidaten einer echten Wahl auszusetzen. Stattdessen konnten die Wähler nur für oder gegen eine Einheitsliste stimmen. Trotz massiver Propaganda, Einschüchterung der Wähler und Manipulationen bei der Auszäh-

STIMMZETTEL

für den Stimmkreis 3 Land Sachsen-Anhalt zum 3. Deutschen Volkskongreß

Ich bin für die Einheit Deutschlands
und einen gerechten Friedensvertrag

Ich stimme darum für die nachstehende Kandidatenliste
zum Dritten Deutschen Volkskongreß

1. Prof.Agricola, Rudolf, SED Halle/Saale
2. Beck, Arnold, FDGB . . Halle/Saale
3. Biering, Walter, VdgB . . Sobesien
4. Bierka, Hans, SED . . . . Zschornewitz
5. Bininda, Robert, CDU . . Düben
6. Bock, Erich, LDP . . . . Halle/Saale
7. Böhland, Max, FDGB . . Merseburg
8. Büttner, Thekla, LDP . . Zeitz
9. Dr. Damerow, Erich LDP Halle/Saale
10. Dittmar, Karl, FDGB . . Halle/Saale
11. Diez, Käte, LDP . . . . Halle/Saale
12. Einicke, Ludwig, SED . . Halle/Saale
13. Prof.D.Pascher,Erich,CDU Halle/Saale
14. Feist, Gotth., FDGB . . . Halle/Saale
15. Feist, Margot, FDJ . . . Halle/Saale
16. Prof. Dr. Frank, Heinrich,
    SED . . . . Berlin
17. Freyhof, Theo, FDGB . . Schkopau
18. Fritzsch, Max, FDGB . . Halle/Saale
19. Gleß, Hans, SED . . . . Leuna
20. Göltng, Gerald, CDU . . Nietleben
21. Gutjahr, Karl, SED . . . Halle/Saale
22. Günther, Elfriede, SED . Merseburg
23. Gstach, Heinrich, CDU . . NaunDorf
24. Gysi, Klaus, KB . . . . . Berlin
25. Dr. Hauck, Kurt, NDP . . Weißenfels
26. Prof. Dr. Heumann, Adolf,
    NDP . . . . Halle/Saale
27. Herbert, Otto, Genossen-
    schaft . . . . Halle/Saale
28. Dr. Hertwig, Paula, DFD Halle/Saale
29. Dr. Herwegen, Leo, CDU . Halle/Saale
30. Prof. Hopp, Hanns, KB . . Halle/Saale
31. Horn, Richard, KB . . . . Halle/Saale
32. Jünger, Emanuel, SED . . Weißenfels
33. Kammerahl, Heinz, SED . Halle/Saale
34. Kampa, Otto, LDP . . . . Halle/Saale
35. Kern, Käte, DFD . . . . Berlin
36. Prof. Dr. Klemperer, Vik-
    tor, KB . . . . Halle/Saale
37. Knauf, Christa, LDP . . Dölau
38. Prof.Koenen,Bernard,SED Halle/Saale

39. Lahne, Gustav, FDGB . . Muldenstein
40. Dr. Lautz, Hermann, LDP Bitterfeld
41. Lehnig, Walter, SED . . . Halle/Saale
42. Lorenz, Ernst, LDP . . . Halle/Saale
43. Dr. Maaß, Hans, LDP . . Halle/Saale
44. Maier, Inge, SED . . . . Halle/Saale
45. Prof. Dr. Menner, Erich,
    KB . . . . Bitterfeld
46. Mertke, Willi, SED . . . Ammendorf
47. Menzel, Robert, FDJ . . Halle/Saale
48. Miller, Anton, CDU . . . Halle/Saale,
49. Mittelstädt, Bruno, LDP . Brenna
50. Mödersheim, Karl, SED . Leuna
51. Prof.Oppenheim,Hans,VVN Bitterfeld
52. Pessell, Willi, SED . . . Halle/Saale
53. Dr. Rexrodt, Wilhelm, LDP Halle/Saale
54. Richter, Richard, DBD . . Halle/Saale
55. Rühle, Else, NDP . . . . Halle/Saale
56. Rühle, Otto, NDP . . . . Halle/Saale
57. Saulich, Johannes, SED . Zeitz
58. Schäfer, Paul, CDU . . . Merseburg
59. Schneider, Alwin, FDGB . Delitzsch
60. Schiegel, Max, LDP . . . Lauchstädt
61. Dr. Schwarze, Kurt, LDP Halle/Saale
62. Schwarzer, Rudolf, SED . Halle/Saale
63. Schütze, Wolf, SED . . . Halle/Saale
64. Sellmann, Käte, SED . . Teltow/Potsdam
65. Siewert, Robert, SED . . Halle/Saale
66. Stascewski, Walter, SED . Bitterfeld
67. Stein, Richard SED . . . Kötzschen
68. Taube, Paul, SED . . . . Bitterfeld
69. Teller, Günter, SED . . . Halle/Saale
70. Tittmann, Walter, DBD . Burgwerben
71. Walther, Alfred, SED . . Weißenfels
72. Weidner, Fritz, LDP . . . Naumburg
73. Werner, Wilhelm, LDP . Naumburg
74. Wiesenthal, Hans, CDU . Zeitz
75. Prof. Dr. Winter, Ed. . . Halle/Saale
76. Dr. Wirth, Gustav, SED . Leuna
77. Prof. Dr. Zetkin, Maxim.,
    SED . . . . Berlin

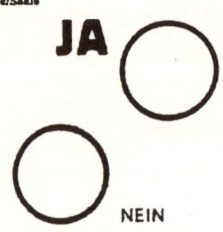

JA ◯

◯ **NEIN**

M (43) MDV Halle (5), Gr. Ulrichstr. 96   Z : MIN . 3 L.M . 6000

Stimmzettel mit der Einheitsliste für den 3. Volkskongress. Auf Platz 15 kandidierte Margot Feist, die spätere Ehefrau Honeckers.

Extra-Ausgabe

NEUES DEUTSCHLAND

ZENTRALORGAN DER SOZIALISTISCHEN EINHEITSPARTEI DEUTSCHLANDS

| Kostenlos | Berlin, Freitag, 14. Oktober 1949 | Kostenlos |

Telegramm

des Vorsitzenden des Ministerrats der UdSSR

J. W. Stalin

An den Präsidenten der Deutschen Demokratischen Republik,
Herrn Wilhelm Pieck

An den Ministerpräsidenten der Deutschen Demokratischen Republik,
Herrn Otto Grotewohl

Gestatten Sie mir, Sie beide und in Ihrer Person das deutsche Volk anläßlich
der Bildung der Deutschen Demokratischen Republik und anläßlich der Wahl
des Ersteren von Ihnen zum Präsidenten und des Letzteren zum Ministerpräsidenten der Deutschen Demokratischen Republik zu beglückwünschen.

Die Bildung der friedliebenden Deutschen Demokratischen Republik ist
ein Wendepunkt in der Geschichte Europas. Es unterliegt keinem Zweifel,
daß die Existenz eines friedliebenden demokratischen Deutschland neben dem
Bestehen der friedliebenden Sowjetunion die Möglichkeit neuer Kriege in
Europa ausschließt, die Blutvergießen in Europa beendet und die Versklavung
der europäischen Länder durch die Weltimperialisten unmöglich macht.

Die Erfahrung des letzten Krieges hat gezeigt, daß das deutsche und das
sowjetische Volk in diesem Kriege die größten Opfer gebracht haben, daß
diese beiden Völker in Europa die größten Potenzen zur Vollbringung großer
Aktionen von Weltbedeutung besitzen. Wenn diese beiden Völker mit gleicher
Anspannung der Kräfte ihre Entschlossenheit bekunden werden, für den
Frieden zu kämpfen, mit der sie den Krieg führten, so kann der Friede in
Europa als gesichert betrachtet werden.

Wenn Sie so den Grundstein für ein einheitliches, demokratisches und
friedliebendes Deutschland legen, vollbringen Sie gleichzeitig ein großes Werk
für ganz Europa, in dem Sie ihm einen festen Frieden gewährleisten.

Sie brauchen nicht daran zu zweifeln, daß Sie, wenn Sie diesen Weg einschlagen und den Frieden testigen, große Sympathien und die aktive Unterstützung aller Völker der Welt finden werden, darunter des amerikanischen,
englischen, französischen, polnischen, tschechoslowakischen, italienischen
Volkes, schon gar nicht zu reden vom friedliebenden Sowjetvolk.

Ich wünsche Ihnen Erfolg auf Ihrem neuen, glorreichen Wege.

Es lebe und gedeihe das einheitliche, unabhängige, demokratische, fried-
liebende Deutschland!

13. Oktober 1949.   J. Stalin

lung wies das Ergebnis nur 66,1 Prozent der gültigen Stimmen für die Einheitsliste aus, 33,9 Prozent hatten dagegen gestimmt (6,6 Prozent ungültig).

Der 3. Volkskongress bestätigte am 30. Mai 1949, sieben Tage nach der Verkündung des Grundgesetzes, die DDR-Verfassung und wählte den 2. Deutschen Volksrat, in dem keine Westdeutschen mehr vertreten waren. Der Volksrat konstituierte sich am 7. Oktober 1949 zur „Provisorischen Volkskammer der Deutschen Demokratischen Republik". Der 7. Oktober galt seither als Gründungstag der DDR.

Damit gab es zwei Staaten in Deutschland. Ihre einzige Gemeinsamkeit waren die Farben der Flagge: Schwarz-Rot-Gold.

GRÜNDERJAHRE
1949–1955

Konstituierung der Bundesrepublik Deutschland

Bundestagswahl 1949

Die Wahl zum Ersten Deutschen Bundestag fand am 14. August 1949 statt. Das erste noch vom Parlamentarischen Rat beschlossene Wahlgesetz galt nur für diese Wahl. 60 Prozent der 402 Abgeordneten wurden in den Wahlkreisen direkt gewählt, 40 Prozent der Mandate wurden nach dem Verhältnis der abgegebenen Stimmen auf die Parteien verteilt.

CDU/CSU lagen mit 31 Prozent der Stimmen (139 Sitze) knapp vor der SPD mit 29,2 Prozent (131 Sitze). Die FDP erhielt 11,9 Prozent (52 Sitze), die KPD 5,7 (15 Sitze), die Bayernpartei 4,2 (17 Sitze) und die Deutsche Partei 4,0 (17 Sitze). Von den restlichen 31 Mandaten erhielt die Wirtschaftliche Aufbauvereinigung (WAV) 12, die Zentrumspartei 10. Acht (1952: 19) Berliner Abgeordnete hatten kein Stimmrecht.

Beginn einer Ära

Der erste Bundeskanzler der Bundesrepublik Deutschland, Konrad Adenauer, hat die ersten anderthalb Jahrzehnte des neuen Staates in einem Maße geprägt, dass sie als „Ära Adenauer" bezeichnet werden. Sie begann mit seiner Wahl am 15. September 1949. Nach dem Grundgesetz ist zur Wahl des Bundeskanzlers die sogenannte Kanzlermehrheit erforderlich, die Mehrheit aller Abgeordneten. Dem Bundestag gehörten 402 Abgeordnete an. Adenauer wurde mit 202 Stimmen, genau der erforderlichen Mehrheit, im ersten Wahlgang gewählt. Die entscheidende Stimme war seine eigene, was in der Folge Anlass zu ironischen Kommentaren bot. Sich selbst zu wählen, ist aber bei einer demokratischen Wahl völlig korrekt. Im Übrigen hatten sich 44 Abgeordnete der Stimme enthalten, und angesichts der Mehrheitsverhältnisse wäre Adenauer im zweiten Wahlgang mit Sicherheit gewählt worden.

Regierungsbildung

Der Bundestag, ebenso der Bundesrat, konstituierten sich am 7. September. In den Unionsparteien gab es eine starke Strömung, die angesichts der gewaltigen, einer Lösung harrenden Probleme für eine Koalition mit der SPD eintrat. Adenauer konnte durch geschicktes Taktieren sein Konzept, eine Koalition mit der FDP (52 Mandate), die schon im Frankfurter Wirtschaftsrat bestanden hatte, schließlich durchsetzen. Am 20. September stellte Adenauer sein Kabinett vor.

Wahl des Bundespräsidenten

Noch vor der Kanzlerwahl hatte die FDP ein anderes hohes Staatsamt besetzt. Theodor Heuss, bis dahin der Vorsitzende der Partei, war am 12. September zum Bundespräsidenten gewählt worden. Damit waren vier Monate nach Inkrafttreten des Grundgesetzes die wichtigsten Verfassungsinstitutionen gebildet worden.

Außen- und deutschlandpolitische Weichenstellungen

Besatzungsstatut

Die soeben gegründete Bundesrepublik war kein souveräner Staat. Am 21. September 1949, dem Tag, an dem Bundeskanzler Adenauer bei den drei alliierten Hohen Kommissaren, die die Militärgouverneure abgelöst hatten, seinen Antrittsbesuch machte, trat das Besatzungsstatut in Kraft. Darin übertrugen die drei Mächte ihre bisher fast uneingeschränkte Gewalt auf die Bundesrepublik, behielten sich aber eine Reihe von Zuständigkeiten vor, darunter die Kontrolle des Außenhandels, der Abrüstung und Entmilitarisierung und die Sicherheit der Besatzungsstreitkräfte. Alle vom Bundestag erlassenen Gesetze bedurften der Gegenzeichnung durch die Hohen Kommissare. Sollte die Sicherheit nicht mehr gewährleistet, die demokratische Ordnung gefährdet sein oder die internationalen Verpflichtungen nicht eingehalten werden, behielten sich die drei Mächte vor, die Regierungsgewalt wieder zu übernehmen.

Schließlich war schon im April 1949 das Ruhrstatut in Kraft getreten. Es legte fest, dass eine Internationale Ruhrbehörde, bestehend aus Vertretern der drei Besatzungsmächte und der Benelux-Länder die deutsche Kohle- und Stahlproduktion überwachte und die Verteilung für den deutschen Verbrauch und den Export nach Westeuropa vornahm. Durch

das Ruhrstatut wurde der neuen Regierung die Verfügungsgewalt über
das Ruhrgebiet entzogen. Dies kam bei dessen überragender Bedeutung
einer Kontrolle der westdeutschen Wirtschaft gleich.

Westintegration oder Wiedervereinigung?

Obwohl die Bundesrepublik über ihre äußeren Angelegenheiten nicht
bestimmen konnte, ja nicht einmal über ein Außenministerium verfügte,

Adenauer verfolgte mit großer Hartnäckigkeit das Ziel, Westdeutschland zu
einem gleichberechtigten Partner der Westmächte zu machen. Als er am
21. September 1949 seinen Antrittsbesuch als Bundeskanzler im Hotel
Petersberg, ihrem Dienstsitz, abstattete, lag ein riesiger Teppich auf dem
Boden, auf dessen Ende die Hochkommissare standen. Adenauer und seinen Kabinettsmitgliedern wurde ein Platz jenseits des anderen Teppich-
endes zugewiesen. Adenauer erkannte sofort die beabsichtigte Distanzie-
rung und betrat wie selbstverständlich den Teppich, von wo er seine Ant-
wortrede hielt, eine Geste, die von allen Anwesenden verstanden wurde.

galt für sie in den ersten Jahren paradoxerweise der Primat der Außenpolitik. Um auch innenpolitisch freie Hand zu bekommen, musste es
Ziel (west-)deutscher Politik sein:
– die volle Souveränität zu erlangen,
– die Bundesrepublik als gleichberechtigtes Mitglied in die (west-)
  europäische Völkerfamilie zurückzuführen,
– die Wiedervereinigung der beiden deutschen Teilstaaten zu erreichen.

Über den Weg zur Erreichung dieser Ziele und über die Prioritäten be-
standen zwischen Regierung und Opposition tief gehende Meinungsver-
schiedenheiten, und bald kam es zu erbitterten Auseinandersetzungen.
Die unterschiedlichen Prioritäten der beiden Protagonisten Adenauer
und Schumacher lassen sich auf die Alternative reduzieren:
– Vorrang der Westintegration
  Adenauer wollte die Bundesrepublik eng an den Westen binden, um so
  Sicherheit vor der Bedrohung durch die Sowjetunion zu erlangen. Die
  Einbindung in den Westen sollte zugleich jede Schaukelpolitik
  („Deutschland als Brücke zwischen Ost und West") ausschließen. Erst
  eine fest in einem starken westlichen Bündnis verankerte Bundesrepu-
  blik konnte später daran gehen, die Wiedervereinigung zu erreichen.
– Vorrang der Wiedervereinigung
  Die Opposition unter Führung Kurt Schumachers hielt dagegen, dass
  die Westintegration die Wiedervereinigung auf Dauer unmöglich mache, weil die Sowjetunion kein Interesse daran haben könne, ganz
  Deutschland in die westliche Machtsphäre geraten zu lassen. Es müsse
  daher alles unterlassen werden, was dem Ziel der nationalen Einheit
  zuwiderlaufen könne.

Adenauer versuchte durch eine geduldige Politik der kleinen Schritte,
durch freiwillige Übernahme von Bindungen, gegebenenfalls durch Vor-
leistungen, die bald überholt sein würden, das immer noch bestehende
Misstrauen abzubauen und die Handlungsfreiheit der Bundesrepublik
zu vergrößern.
    Schumacher war weit davon entfernt, die von einem Deutschen er-
wartete Demut oder auch nur Konzilianz zu zeigen oder gar Vorleistun-
gen zu erbringen. Er war die personifizierte Widerlegung der These von
der Kollektivschuld der Deutschen („Wir saßen in Konzentrationsla-

gern, als andere Völker noch Bündnisse mit der Hitler-Regierung schlossen"). Daraus leitete er die Forderung nach sofortiger Gleichberechtigung Deutschlands ab.

Petersberg-Abkommen

Schon wenige Monate nach Inkrafttreten des Besatzungsstatuts trug Adenauers Strategie erste Früchte. Im Petersberg-Abkommen (auf dem Petersberg bei Bonn residierten die Hohen Kommissare), das am 22. November 1949 unterzeichnet wurde, verpflichteten sich die drei Mächte, die Demontagen nochmals erheblich zu reduzieren, in Berlin sogar völlig einzustellen. Außerdem gestatteten sie die Aufnahme konsularischer Beziehungen und gaben den Bau von größeren Seeschiffen frei.

Dafür erklärte die Bundesrepublik ihre Bereitschaft, der Ruhrbehörde und dem Europarat beizutreten. Die Opposition war vehement gegen den Eintritt in die Ruhrbehörde, weil dadurch das Ruhrstatut formell durch die Bundesrepublik anerkannt wurde, und gegen den Beitritt zum Europarat, weil zugleich das durch Frankreich aus dem deutschen Staatsverband ausgegliederte Saarland Mitglied wurde. Die Gegensätze zwischen Regierung und Opposition gipfelten in einer dramatischen Nachtsitzung des Bundestages, in der Kurt Schumacher Konrad Adenauer einen „Bundeskanzler der Alliierten" nannte.

Schumanplan/Montanunion

Für Adenauer war die Aussöhnung und möglichst enge Verbindung mit Frankreich der Kern der Integration Deutschlands mit dem Westen. Das Trauma der Niederlage von 1940 hatte in Frankreich Ressentiments gegen die Deutschen genährt und der Eindruck der deutschen Besetzung ein erhöhtes Sicherheitsbedürfnis hervorgerufen. Dies fand seinen Niederschlag in einer überaus restriktiven französischen Besatzungspolitik, in der hartnäckigen Obstruktion gegen den Zusammenschluss der Westzonen und in dem Bestehen auf der Kontrolle des deutschen Wirtschaftspotenzials an Ruhr und Saar. Umso sensationeller war der Vorschlag, den der französische Außenminister Robert Schuman am 8. Mai 1950 – einem sicher bewusst gewählten Datum – zuerst in einem persönlichen Handschreiben an Bundeskanzler Adenauer unterbreitete: Die französische und deutsche Kohle- und Stahlproduktion sollten zusammengeschlossen und einer gemeinsamen obersten Aufsichtsbehörde unterstellt werden. Andere europäische Länder sollten sich anschließen können. Die Kohle- und Stahl-Gemeinschaft würde die erste Stufe eines umfassenderen Zusammenschlusses sein.

Selbstverständlich stand hinter der Initiative Schumans auch die Absicht, das deutsche Industriepotenzial zu kontrollieren, aber diese Kontrolle würde unter dem Prinzip der Supranationalität stehen, die Entscheidungen der Hohen Behörde würden für alle Staaten verbindlich sein.

Adenauer sagte sofort zu, ohne das Kabinett unterrichtet zu haben. Für die Bundesrepublik eröffnete sich die Aussicht, dass das Ruhrstatut und die anderen Kontrollbefugnisse der Besatzungsmächte hinfällig würden. Die SPD lehnte den Plan ab. Schumacher bezeichnete die vorgesehene Gemeinschaft als „konservativ, klerikal und kapitalistisch".

Der Vertrag über die „Europäische Gemeinschaft für Kohle und Stahl" (EGKS), auch „Montanunion" genannt (unter Montanindustrie versteht man Unternehmen des Bergbaus und der Verarbeitung von Bergbauprodukten), wurde am 18. April 1951 unterzeichnet. Ein gemeinsamer Markt für Kohle und Stahl ohne Binnenzölle und mit einheitlichen Außenzöllen sollte geschaffen werden. Teilnehmer waren die Bundesrepublik Deutschland, Frankreich, Italien, Belgien, die Niederlande und Luxemburg. Der Vertrag trat am 25. Juli 1952 in Kraft. Das Ruhrstatut und die anderen Beschränkungen endeten am gleichen Tag. Die Montanunion war der erste Schritt zur (west-)europäischen Integration, der über die Europäische Wirtschaftsgemeinschaft (EWG) und die Europäische Gemeinschaft (EG) zur Europäischen Union (EU) führen sollte.

Streit um den Wehrbeitrag

Fünf Jahre nach dem Ende des Krieges konnte sich kaum ein Deutscher vorstellen, dass es bald wieder deutsche Soldaten geben würde. Die Erinnerung an die Schrecken des Krieges war zu frisch, und seine Folgen waren noch allzu gegenwärtig, überdies dauerte die „Entmilitarisierung" mit ihren Demontagen, Verboten und Beschränkungen immer noch fort.

In militärischen Kreisen des Westens wurde über einen deutschen Verteidigungsbeitrag spätestens nach der Zündung der ersten sowjetischen Atombombe im Herbst 1949 nachgedacht.

Wenn auch die Sowjetunion Atombomben besaß, würden sich die Atommächte gegenseitig in Schach halten. Damit wurden konventionelle Kriege wieder denkbar, und auf konventionellem Gebiet hatte die Sowjetunion ein erdrückendes Übergewicht. Im Frühjahr 1950 forderte Winston Churchill im Unterhaus einen deutschen Beitrag zur Verteidigung Westeuropas.

Bundeskanzler Adenauer, der Außenpolitik mit Interviews betrieb, hatte im Dezember 1949 in einem Gespräch mit dem Korrespondenten der amerikanischen Zeitung „Cleveland Plain Dealer" durchblicken lassen, dass er im Fall eines dringlichen Wunsches der Alliierten nach einem deutschen Beitrag zur Sicherung Europas bereit sei, „die Frage eines deutschen Kontingents im Rahmen der Armee einer europäischen Föderation zu überlegen". Das Interview erregte weltweit Aufsehen und entfachte in der Bundesrepublik einen Sturm der Entrüstung.

Diese – noch unverbindlichen – Überlegungen erhielten eine neue Qualität, als am 25. Juni 1950 nordkoreanische Truppen die Grenze zu Südkorea überschritten und in wenigen Wochen das ganze Land überrannten. Die Parallele zum geteilten Deutschland schien auf der Hand zu liegen, zumal in der Sowjetischen Besatzungszone schon im Juli 1948 die ersten paramilitärischen Verbände, die „Bereitschaften der Kasernierten Volkspolizei", aufgestellt worden waren. Sie hatten bis Mitte 1950 eine Stärke von 70.000 Mann erreicht. Ein Gefühl der Bedrohung, das seit der Blockade Berlins ohnehin latent vorhanden war, machte sich in der deutschen Bevölkerung breit.

Adenauers Sicherheitsmemorandum

Im August 1950 nahm die Beratende Versammlung des Europarats eine auf Initiative Churchills eingebrachte Resolution an, die eine Europaarmee mit deutscher Beteiligung forderte. Wenig später richtete Adenauer zwei Memoranden an die alliierten Regierungen. Im „Sicherheitsmemorandum" forderte er die Verstärkung der alliierten Streitkräfte auf deutschem Boden und die Aufstellung einer Bundespolizei in Stärke der Kasernierten Volkspolizei. Für den Fall der „Bildung einer internationalen

Westeuropäischen Armee" erklärte er die Bereitschaft, einen „Beitrag in der Form eines deutschen Kontingents" zu leisten.

In dem zweiten „Memorandum zur Frage der Neuordnung der Beziehungen der Bundesrepublik zu den Besatzungsmächten" forderte Adenauer die Beendigung des Kriegszustandes und die Ablösung des Besatzungsstatuts. Mit dem Angebot eines deutschen Verteidigungsbeitrages verband Adenauer somit zwei Ziele: die Stärkung der Sicherheit Westeuropas und die Erlangung der Gleichberechtigung und Souveränität der Bundesrepublik.

Heftige Kontroverse

Der Entschluss zum Verteidigungsbeitrag oder, wie die Gegner es nannten, zur Remilitarisierung, löste in der Bundesrepublik außerordentlich heftige und lang anhaltende Auseinandersetzungen aus. Das prominenteste evangelische Kabinettsmitglied, Bundesinnenminister Gustav Heinemann, trat zurück, weil der Bundeskanzler das Kabinett erst kurz vor der Übergabe des Sicherheitsmemorandums von seinem Inhalt unterrichtet hatte. Ein Teil der meinungsbildenden Presse bezog vehement Stellung gegen die Wiederbewaffnung. In der Bevölkerung, nicht zuletzt in der jungen Generation, breitete sich eine Stimmung aus, die durch die Parole „ohne mich" gekennzeichnet war. Unter dem Eindruck der sehr emotional geführten Diskussion begann die Zustimmung zu Adenauers Politik zu schwinden.

Die SPD-Führung, voran Kurt Schumacher, war nicht gegen einen deutschen Verteidigungsbeitrag. Schumacher warf Adenauer jedoch vor, er habe deutsche Soldaten angeboten, anstatt sich darum bitten zu lassen. Er forderte ein Konzept der Vorwärtsverteidigung, die Deutschen dürften nicht in die Lage geraten, den Rückzug der Alliierten decken zu müssen, nachdem Deutschland von den Angreifern aus dem Osten verwüstet und überrannt worden war. Mit seinem Konzept geriet er in Gegensatz zu großen Teilen seiner Partei, in der eher eine pazifistische oder auch neutralistische Grundströmung herrschte. Schumacher schwenkte später auf diese Strömung ein, nicht zuletzt in der Hoffnung, die SPD könne auf der Welle der Ohne-mich-Bewegung an die Macht kommen. Seit 1952 trat die SPD für ein „kollektives Sicherheitssystem" ein, ohne dass sich Chancen für dessen Realisierung abzeichneten.

EVG-Vertrag und Deutschlandvertrag

Anders als in den USA und in Großbritannien gab es in Frankreich die größten Vorbehalte gegen eine Wiederbewaffnung der Deutschen. Als die französische Regierung spürte, dass ihr Widerstand nicht durchzuhalten war, trat sie die Flucht nach vorn an. Premierminister René Pleven legte den Plan einer europäischen Armee aus Streitkräften der sechs Staaten der Montanunion vor, in der die nationalen Kontingente in Bataillonsstärke integriert sein sollten. Alle Teilnehmer, außer den Deutschen, sollten neben diesen integrierten Streitkräften nationale Truppen unterhalten, ebenso eigene Verteidigungsminister und Generalstäbe berufen dürfen.

Der Pleven-Plan wurde in langen Verhandlungen erheblich modifiziert, vor allem wurde die Diskriminierung der Deutschen beseitigt. Er mündete schließlich in den „Vertrag über die Europäische Verteidigungsgemeinschaft" (EVG-Vertrag), der am 27. Mai 1952 in Paris unterzeichnet wurde.

Parallel liefen Verhandlungen zwischen der Bundesregierung und den westalliierten Regierungen über die Ablösung des Besatzungsstatuts und dessen Ersetzung durch einen Vertrag über das Verhältnis von Bundesrepublik und Besatzungsmächten, der später „Deutschlandvertrag" genannt wurde. Der Deutschlandvertrag war an den EVG-Vertrag gekoppelt und wurde einen Tag vor diesem unterzeichnet. Die drei Mächte behielten sich eine Reihe von Rechten vor: „die Verantwortlichkeiten in Bezug auf Berlin und Deutschland als Ganzes einschließlich der Wiedervereinigung und einer friedensvertraglichen Regelung", das Recht zur Stationierung von Streitkräften und das Recht, „im Falle eines Angriffs von außen oder eines inneren Umsturzes entsprechende Maßnahmen zu ergreifen" (Notstandsrechte).

Die Sowjetnote vom 10. März 1952

Während die Sowjetregierung im Laufe des Jahres 1950 kein Interesse an einer Debatte über die Wiedervereinigung erkennen ließ, änderte sich diese Haltung, als die deutsche Wiederbewaffnung in den Bereich des Wahrscheinlichen zu rücken begann.

Im November 1950 richtete DDR-Ministerpräsident Grotewohl einen Brief an Bundeskanzler Adenauer, in dem er die Bildung eines pa-

ritätisch besetzten „Gesamtdeutschen Konstituierenden Rates" vor-
schlug. Es handelte sich um einen Propagandafeldzug der SED, der mit
der Parole „Deutsche an einen Tisch" arbeitete.

Die Bundesregierung und alle im Bundestag vertretenen Parteien
(außer den Kommunisten) forderten dagegen freie Wahlen als ersten
Schritt zur Bildung eines demokratischen Gesamtdeutschlands. Die gewählte Nationalversammlung sollte eine Verfassung ausarbeiten, dann
wäre ein Parlament zu wählen, aus dem eine Regierung hervorgehen
würde.

Nun schaltete sich die Sowjetunion direkt ein und richtete am
10. März 1952 eine Note an die drei Westmächte, in welcher der un-
verzügliche Abschluss eines Friedensvertrages unter Beteiligung einer
gesamtdeutschen Regierung vorgeschlagen wurde. Über die Bildung dieser Regierung wurde nichts ausgesagt. Deutschland solle als „einheitli-
cher Staat" wiederhergestellt werden und sich als „unabhängiger, demokratischer und friedliebender Staat" entwickeln können. Die „demokratischen Parteien und Organisationen" sollten sich frei betätigen können,
„Organisationen, die der Demokratie und der Sache der Erhaltung des
Friedens feindlich sind", sollten nicht erlaubt sein. Deutschland solle
sich keinerlei Bündnissen anschließen dürfen, also „neutralisiert" werden. Es solle „eigene nationale Streitkräfte" in begrenztem Umfang unterhalten dürfen.

Angebot oder Störmanöver?

Die Westmächte – hierin von der Bundesregierung unterstützt – sahen in
der Sowjetnote ein Störmanöver gegen den Prozess der europäischen Integration (die Ratifizierung des Vertrages über die Montanunion war
noch nicht abgeschlossen, der EVG-Vertrag nicht unterzeichnet). Sie
glaubten, die Sowjetunion wolle durch langwierige Verhandlungen Zeit
gewinnen und die Einbeziehung der Bundesrepublik in das westliche
Bündnissystem verhindern.

Aber selbst wenn das Angebot ernst gemeint sein sollte, wäre es für
die Westmächte schwerlich akzeptabel gewesen. Sie konnten kein Interesse an einem wiedervereinigten Deutschland haben, das zwischen den
Blöcken lavierte und womöglich in den Sog Moskaus geraten würde.
Ebenso wenig war für sie eine deutsche Nationalarmee hinnehmbar.

In dem auf die Note vom 10. März folgenden Notenwechsel, der sich bis zum Herbst hinzog, forderten sie freie Wahlen unter Aufsicht der Vereinten Nationen und die Bildung einer Regierung, der es freistehen müsse, Bündnisse einzugehen. Das war wiederum für die Sowjetunion inakzeptabel. Am Ende ging es nur noch um gegenseitige Schuldzuweisungen, und nach der Unterzeichnung des EVG- und Deutschlandvertrages hatte sich die Angelegenheit ohnehin erledigt.

Keine verpasste Chance

Die Note enthielt das weitestgehende Angebot, das die Sowjetunion zur Wiedervereinigung je gemacht hat. Es war zugleich das letzte Angebot. In den folgenden fast 40 Jahren stand die Wiedervereinigung nicht mehr auf der politischen Tagesordnung, ja sie schien in unabsehbare Ferne gerückt zu sein. Das erklärt, weshalb sich über die Einschätzung der „Stalinnote" eine ungewöhnlich scharfe, bis heute andauernde Kontroverse entwickelt hat.

Adenauer hatte unbeirrt an seinem Kurs der Westintegration festgehalten. Seine Gegner warfen ihm vor, keinen Versuch unternommen zu haben, den wirklichen Gehalt der sowjetischen Note „auszuloten". Das war für sie der Beweis, dass Adenauer die Wiedervereinigung gar nicht gewollt oder sogar bewusst verhindert habe.

Die Gegenposition lautet: Adenauer hat unbestreitbar die Wiedervereinigung gewollt, nur zu Bedingungen, die damals nicht zu haben waren, nämlich so, wie sie 1990 stattgefunden hat: Die Bundesrepublik ist politisch, wirtschaftlich und sozial so attraktiv, dass die Sowjetunion – in einem Moment der Schwäche – genötigt ist, ihren Separatstaat freizugeben – die berühmte „Magnettheorie", die Schumacher zuerst formuliert hat.

Inzwischen gilt nach Öffnung der Archive des sowjetischen Außenministeriums als erwiesen (wenn auch letzte Klarheit erst nach Öffnung der Archive des Politbüros zu gewinnen ist), dass 1952 eine Chance zur Wiedervereinigung nicht bestanden hat und somit von einer verpassten Gelegenheit nicht die Rede sein kann. Das sowjetische „Angebot" war weitgehend propagandistischer Natur, es sollte die westdeutschen „Friedenskräfte" im Kampf gegen die Adenauer-Regierung unterstützen, deren Sturz die Politik der Westintegration beendet hätte.

Bundestagswahl 1953

Bei den Wahlen zum 2. Deutschen Bundestag erzielten die Unionsparteien einen eindrucksvollen Erfolg. Auf sie entfielen 45,2 Prozent der
Stimmen, 14 Punkte mehr als 1949, und 243 Mandate. Mit dem CDU-
Abgeordneten, der über die Landesliste der Zentrumspartei gewählt
worden war, verfügten die Unionsparteien über 244 Mandate, die absolute Mehrheit. Es war vor allem ein Votum für Adenauer und seine Politik, wenn auch der Wirtschaftsaufschwung, für den Ludwig Erhard
stand, nicht wenig zum Wahlerfolg beigetragen haben mochte.

Die SPD, nach dem Tod Kurt Schumachers am 20. August 1952 von
Erich Ollenhauer geführt, kam nur auf 28,8 Prozent (151 Sitze), unwesentlich weniger als 1949. Die kleineren Koalitionsparteien profitierten nicht von den Erfolgen der Regierung, die FDP fiel auf 9,5 Prozent (48 Sitze), die DP auf 3,3 Prozent (15 Sitze) zurück. Das neue
Wahlgesetz mit seiner Sperrklausel (5 Prozent der Wählerstimmen oder
ein Direktmandat) verhinderte den Einzug der meisten kleineren
Parteien in den Bundestag. Lediglich die DP und das Zentrum schafften
es, wenn auch teilweise nur durch Listenverbindungen mit der CDU.
Doch konnte die 1950 gegründete Flüchtlingspartei „Gesamtdeutscher Block/Bund der Heimatvertriebenen und Entrechteten" (GB/
BHE) die 5-Prozent-Hürde überwinden, sie erhielt mit 5,9 Prozent
27 Sitze.

Die Koalition aus CDU/CSU, FDP, DP, GB/BHE verfügte über 334
(von 487) Mandate und damit über eine Zweidrittelmehrheit.

Pariser Verträge

In der Bundesrepublik Deutschland begann nach der Unterzeichnung
des EVG-Vertrages erneut eine heftige Auseinandersetzung um die Ratifizierung. Sie spielte sich vor dem Hintergrund bedeutsamer weltpoliti-
scher Veränderungen ab. Der Tod Stalins am 5. März 1953 weckte Erwartungen einer Auflockerung der sowjetischen Politik. In der Tat
schlug Stalins Nachfolger Malenkow zusammen mit Berija in der DDR
einen „Neuen Kurs" ein, der allerdings infolge des Volksaufstands vom
17. Juni 1953 nur kurzlebig war. Im Juli 1953 wurde schließlich der
Koreakrieg durch einen Waffenstillstand beendet.

Am 19. März 1953 wurden der EVG-Vertrag und der Deutschland-vertrag in dritter Lesung vom Bundestag verabschiedet. Mit ihrer Zwei-drittelmehrheit konnte die Regierungskoalition das Grundgesetz um Artikel zu Verteidigung und Wehrpflicht erweitern. Auch in Frankreich hatte es Auseinandersetzungen um den EVG-Vertrag gegeben. Da sich Großbritannien nicht an der Europäischen Verteidigungsgemeinschaft beteiligte, hätte von den Großmächten lediglich Frankreich wichtige Tei-le seiner Souveränität aufgeben sollen. Die Befürworter der EVG verlo-ren immer mehr an Boden. Schließlich wurde der Vertrag am 30. August 1954 in der Französischen Nationalversammlung zu Fall gebracht. Adenauer sprach von einem „schwarzen Tag für Europa".

Innerhalb weniger Wochen wurde eine neue Konzeption des west-lichen Verteidigungssystems unter Einschluss der Bundesrepublik ent-wickelt, die an die Stelle der gescheiterten EVG-Lösung treten sollte. Schon am 23. Oktober 1954 war eine Reihe von Vereinbarungen und Abkommen ausgearbeitet worden, die später als „Pariser Verträge" in die Geschichte eingingen:

1) Deutschlandvertrag
Bei der Neufassung des Vertrages vom 28. Mai 1952, der die Ablösung des Besatzungsstatuts und die Wiederherstellung der Souveränität der Bundesrepublik enthielt, war ein Artikel gestrichen worden, der eine gesamtdeutsche Regierung an die von der Bundesrepublik geschlossenen Verträge gebunden hätte. Weitere Verträge regelten unter anderem die Rechte und Pflichten der ausländischen Truppen, jetzt Stationierungs-streitkräfte genannt, und die Höhe des deutschen Verteidigungsbei-trages.

2) Westeuropäische Union (WEU)
Deutschland (und Italien) sollten dem Brüsseler Vertrag beitreten, einem ursprünglich gegen Deutschland gerichteten Bündnis Frankreichs, Großbritanniens und der Benelux-Länder, welches dadurch zu einem westeuropäischen Verteidigungspakt werden sollte.

3) Beitritt der Bundesrepublik Deutschland zur NATO
Die gesamten Streitkräfte der Bundesrepublik sollten, anders als die der übrigen Mitglieder, der NATO unterstellt werden, die Bundesrepublik verzichtete damit auch auf einen eigenen Generalstab.

4) Saarstatut
Das Saarland sollte bis zum Abschluss eines Friedensvertrages der Westeuropäischen Union unterstehen. Drei Monate nach Inkrafttreten war eine Volksabstimmung über das Statut vorgesehen. Am 23. Oktober lehnten bei einer Beteiligung von 97,5 Prozent der Wahlberechtigten 67,7 Prozent das Statut ab. So wurde das Saarland am 1. Januar 1957 als zehntes Land der Bundesrepublik eingegliedert.

Die Pariser Verträge traten am 5. Mai 1955 in Kraft: Die Bundesrepublik Deutschland war souverän, wenn auch nicht ganz. Die alliierten Mächte behielten sich ihre Rechte und die Verantwortung für Berlin und für Deutschland als Ganzes vor, ebenso wie die Notstandsrechte (siehe S. 152).

Wirtschaft und Soziales

Soziale Marktwirtschaft

Die Entscheidung für die Marktwirtschaft – angesichts der späteren Erfolge selbstverständlich erscheinend – war unter den Bedingungen der Jahre 1948/49 ein äußerst riskantes Experiment.

Ludwig Erhard, seit März 1948 Direktor der Verwaltung für Wirtschaft und damit „Wirtschaftsminister" der Bizone, war ein Anhänger der neoliberalen Schule der Volkswirtschaftslehre, auch „Freiburger Schule" genannt. Ihre Theorie war die Grundlage des Konzepts der Sozialen Marktwirtschaft, das Erhard als die Maxime der westdeutschen Wirtschaftspolitik durchsetzte. Der Begriff war von Professor Alfred Müller-Armack geprägt worden, der später Staatssekretär in Erhards Wirtschaftsministerium wurde.

Die Soziale Marktwirtschaft soll die Ziele Freiheit und Gerechtigkeit kombinieren. Zur wirtschaftlichen Freiheit gehören folgende Prinzipien:
– Konsumfreiheit (jeder Verbraucher kann Güter beliebiger Wahl kaufen),
– Gewerbefreiheit, freie Berufs- und Arbeitsplatzwahl, Freiheit der Eigentumsnutzung,
– Produktions- und Handelsfreiheit (die Unternehmer können selbst entscheiden, was sie produzieren und absetzen wollen),

– Wettbewerbsfreiheit (jedem Käufer und Verkäufer von Gütern oder
  Leistungen ist es frei, so günstig wie möglich zu kaufen und zu ver-
  kaufen).

Als „sozial" soll sich die Marktwirtschaft erweisen, indem sie möglichst
großen „Wohlstand für alle" schafft, wobei die Marktfreiheit Beschränkungen und Korrekturen erfährt, um gesellschaftlich unerwünschte Ergebnisse und unsoziale Auswirkungen zu vermeiden.

Der Staat soll zwar nicht direkt in den Wirtschaftsprozess eingreifen,
wohl aber durch Gesetze die Rahmenbedingungen vorgeben, unter denen
sich die Marktwirtschaft entfalten kann. Das geschieht beispielsweise
durch eine Steuergesetzgebung, die Anreize zu Investitionen schafft, oder
durch Gesetze zum Schutz des freien Wettbewerbs, um Machtkonzen-
trationen in der Wirtschaft (Monopole und Kartelle) zu unterbinden.
Ludwig Erhard begann dieses Konzept nach der Währungsunion konsequent zu verwirklichen. Unter seinem Einfluss ging die CDU nach der
Währungsreform von dem Ahlener Programm ab, das sich die Union in
der amerikanischen und französischen Zone ohnehin nie zu eigen gemacht hatte. Die „Düsseldorfer Leitsätze" zur Wirtschaftspolitik vom
15. Juli 1949 enthielten ein klares Bekenntnis zur Sozialen Marktwirtschaft.

„Wirtschaftswunder"

In der kollektiven Erinnerung der Deutschen oder zumindest in der Vorstellung der Nachgeborenen begann, so scheint es manchmal, unmittelbar nach der Währungsreform ein gewaltiger Wirtschaftsaufschwung,
und alsbald stellte sich der „Wohlstand für alle" ein. Tatsächlich war der
Start eher mühsam und wechselvoll, und die massive Kritik, die schnell
einsetzte, schien Recht zu bekommen. Adenauer und sein Wirtschaftsminister hielten im Vertrauen darauf, dass ihr Konzept längerfristig
erfolgreich sein würde, an ihrer Politik konsequent fest.

In rascher Folge wurden nach der Währungsreform Bewirtschaftung
und Preisvorschriften aufgehoben. Von den Lebensmitteln waren zuerst
Kartoffeln frei verkäuflich (Oktober 1948). Zuletzt wurde Zucker freige-
geben (April 1950). Wichtige industrielle Rohstoffe, öffentliche Versor-
gungsleistungen und Mieten unterlagen weiterhin staatlichen Kontrollen.

Nach dem Wunder der vollen Schaufenster und dem ersten Kauf-
rausch der Bevölkerung kam es bald zu problematischen Erscheinungen.
Preissteigerungen, die bis Dezember 1948 17% erreichten, ließen die Le-
benshaltungskosten emporschnellen. Die Arbeitslosigkeit stieg wegen
der Rückkehr zur Konkurrenzwirtschaft, die zur Rationalisierung
zwang, und vor allem durch den ständigen Zustrom von Flüchtlingen
und Vertriebenen rasch an: von 424.000 im Juni 1948 auf 963.000 im Januar 1949 bis zu einem Höchststand von mehr als 2 Millionen Arbeitslosen (Arbeitslosenquote: 12,2 Prozent) im Februar 1950. Die Regierung
sah sich genötigt, ein Investitionsprogramm aufzulegen, um die Konjunktur anzuregen. Ehe es noch greifen konnte, setzte schon in der zweiten Hälfte des Jahres 1950 ein Aufwärtstrend ein, der durch den beginnenden weltweiten „Korea-Boom" noch verstärkt wurde. Zunächst jedoch löste der Koreakrieg eine enorme Nachfrage nach Rohstoffen aus,
die die Weltmarktpreise nach oben trieb. Da die Bundesrepublik ein
Viertel ihres Rohstoffbedarfs und die Hälfte der Lebensmittel einführen
musste, waren ihre Devisenreserven Anfang 1951 erschöpft. Nicht einmal die Einfuhr von Kohle, die durch die unzureichende Produktion des
Ruhrreviers erforderlich war, konnte bezahlt werden. Es wurden wieder
Stromsperren verfügt. Die Krise nahm plötzlich ein Ende, als die Rohstoffpreise im Frühjahr 1951 umzukippen begannen.

Nun profitierte die deutsche Exportwirtschaft von der großen Nachfrage nach Investitionsgütern, eine anhaltende Hochkonjunktur bahnte
sich an. Die industrielle Produktion stieg, wenn man die des Jahres 1950
gleich 100 setzt, bis 1955 auf 176 und bis 1960 auf 248. Die jährlichen Zuwachsraten des Bruttosozialprodukts lagen zwischen 1950 und 1955 bei
9 Prozent, zwischen 1955 und 1960 bei 6 Prozent. Die Arbeitslosenquote ging bis 1955 auf 5,6 Prozent, bis 1960 auf 1,3 Prozent zurück. Der
Wert des Exports stieg von 8 Milliarden 1950 auf 26 Milliarden 1955 und
48 Milliarden 1960. Die Aufwärtsentwicklung sollte bis zur Mitte der
sechziger Jahre anhalten, 1966/67 gab es die erste Rezession.

Das sogenannte Wirtschaftswunder war natürlich kein „Wunder", es
hatte durchaus reale Ursachen!
– Es beruhte auf der richtigen Grundentscheidung für die Markt-
  wirtschaft.
– Die weltweiten Rahmenbedingungen waren günstig: Mit dem Korea-
  Boom begann eine anhaltende Hochkonjunktur der westlichen Wirt-

schaft. Die fortschreitende Liberalisierung des Welthandels begünstigte den Export. Die Struktur der westdeutschen Industrie wiederum
war auf die Bedürfnisse des Weltmarktes zugeschnitten, und sie konnte zu niedrigen Preisen liefern.

– Auch die Voraussetzungen im Inland waren vorteilhaft: Es gab ein
  großes Reservoir von gut ausgebildeten und hoch motivierten Arbeitskräften, das durch die Millionen Vertriebenen und Flüchtlinge aus den
  Ostgebieten und der SBZ/DDR ständig vergrößert wurde. Angesichts
  des Überangebots von Arbeitskräften konnten die Gewerkschaften
  zunächst nur sehr maßvolle Lohnforderungen stellen. Die Wirtschaftspolitik begünstigte Investitionen durch hohe Abschreibungs-
  möglichkeiten und niedrige Gewinnbesteuerung. Diese Art von Kapi-
  talbildung war allerdings unumgänglich, da zunächst so gut wie kein
  Fremdkapital zur Verfügung stand.

– Dadurch wurde allerdings die schon in der Währungsreform angelegte
  ungleiche Vermögensverteilung weiter verstärkt. Bestehende Vermögen vermehrten sich rasch, spektakuläre Erfolgskarrieren führten zur
  Bildung neuer riesiger Vermögen, während die Masse der Arbeitnehmer und vor allem die nicht am Arbeitsprozess Teilnehmenden in sehr
  bescheidenen Verhältnissen lebten.

Kriegsfolgelasten

Die Bundesrepublik übernahm das System der sozialen Sicherung, das in
seinen Grundzügen auf die Bismarcksche Sozialgesetzgebung zurückgeht. Seine Leistungen waren natürlich abhängig von dem Leistungsver-
mögen der Volkswirtschaft, und das war in den ersten Jahren nach der
Währungsreform noch sehr gering. Vor allem an den Alten und Invali-
den, die nicht mehr arbeiten konnten, an den Vertriebenen und Evaku-
ierten, für die es in ihren Aufnahmegebieten keine Arbeit gab, ging selbst
das bescheidene Wirtschaftswunder der ersten Jahre vollständig vorbei.
Millionen von Menschen lebten noch lange Jahre in bitterer Armut.
Durchgreifende Verbesserungen gab es erst in der dritten Legislaturperiode (1957–1961).

Zu den klassischen Aufgaben der Sozialpolitik mit ihren Instru-
menten der Kranken-, Unfall-, Alters-, Invaliden- und Arbeitslosenversicherung trat die Milderung der durch den Krieg und die national-

sozialistische Gewaltherrschaft verursachten Schäden und Härten, der Kriegsfolgelasten.

Kriegsopferversorgung

Als erstes wurde 1950 das „Heimkehrergesetz" verabschiedet, das den entlassenen Kriegsgefangenen Rechte und Vergünstigungen zusprach, darunter ein Entlassungsgeld von 150 DM und die bevorzugte Zuteilung von Wohnungen und Arbeitsplätzen. Es folgte das „Bundesversorgungsgesetz", das die bisherige, auf Länder- und Zonenebene geregelte Versorgung der Kriegsbeschädigten und Hinterbliebenen vereinheitlichte. Es handelte sich vornehmlich um Rentenzahlungen und kostenlose medizinische Versorgung. Die Renten wurden am 1. Januar 1970 dynamisiert, das heißt entsprechend der Lohnentwicklung jährlich erhöht.

131er-Gesetz

Ein Gesetz zu Art. 131 Grundgesetz gewährte den Angehörigen des öffentlichen Dienstes, die durch Wehrdienst, Vertreibung oder Entnazifizierung „verdrängt" worden waren, das heißt ihre Stellung verloren hatten, einen Anspruch auf Wiederverwendung und stellte auch ihre Versorgungsberechtigung wieder her. Das Gesetz wurde mit den Stimmen der Regierungsparteien und der SPD angenommen. Es betraf 430.000 Personen einschließlich der Versorgungsberechtigten und Hinterbliebenen, davon 150.000 von der Entnazifizierung Betroffene. Später ist das Gesetz kritisiert worden, weil es zu großzügig auch mit belasteten ehemaligen Nationalsozialisten verfuhr. Das Gesetz hat, kann man dagegen einwenden, sicherlich dazu beigetragen, dass die Beamtenschaft anders als in der Weimarer Republik loyal zum demokratischen Staat stand.

Lastenausgleich

Die Eingliederung von 12 Millionen Vertriebenen und Flüchtlingen stellt eine der herausragenden Leistungen der Bundesrepublik Deutschland dar. Der Lastenausgleich wurde geradezu zum Symbol für diese Integrationsleistung, wenn auch von einem wirklichen Ausgleich der Kriegsfolgelasten keine Rede sein kann.

Forderungen nach einem Lastenausgleich für die Vertriebenen, Aus-
gebombten und sonstigen Geschädigten wurden schon früh erhoben.
Gemeint war eine Umverteilung der Vermögen im Zusammenhang mit
der Währungsreform. Wegen der Eilbedürftigkeit der Währungsreform
war an die Koppelung zweier so komplizierter Vorhaben nicht zu denken. Eine erste gesetzliche Regelung verabschiedete schon der Wirtschaftsrat, das „Soforthilfegesetz", das im August 1949 in Kraft trat. Es
sah vor allem eine „Unterhaltshilfe" vor, die die bisherigen Fürsorgeleistungen ablöste, aber auch Hilfen zur Beschaffung von Hausrat, zum
Wohnungsbau und zur Existenzgründung.

Das eigentliche Lastenausgleichsgesetz trat im August 1952 in Kraft.
Da der Wiederaufbau der Wirtschaft absolute Priorität hatte, verboten
sich Eingriffe in die bestehenden Besitzverhältnisse von selbst. Stattdessen wurden die Mittel durch eine in 30 Jahresraten zu zahlende Abgabe
auf die Hälfte des Vermögens aufgebracht. Die Berechnung des Vermögens erfolgte nach dem sehr niedrigen „Einheitswert", es gab hohe Freibeträge, die Abgaben konnten von der Steuer abgesetzt werden. Die
tatsächliche Belastung betrug daher einen Bruchteil der angesetzten 50
Prozent und konnte in der Regel aus den Erträgen aufgebracht werden,
führte also nicht zu einer Minderung der Vermögen.

Von den Geschädigten erhielten die meisten nur eine kleine „Haus-
ratsentschädigung", Vermögensverluste wurden durch eine „Hauptent-
schädigung" ersetzt. „Kriegsschadensrenten" traten an die Stelle der Unterhaltshilfe aus dem Soforthilfegesetz. Die Gesamtausgaben des Lasten-
ausgleichs betrugen bis 1996 142,7 Milliarden DM. Auf die Hauptent-
schädigung entfielen nur 23 Prozent der Gesamtausgaben, dagegen entfielen 47 Prozent auf Rentenzahlungen, womit die regulären Sozialkassen entlastet wurden. Für die materielle Lage der Geschädigten spielte
der Lastenausgleich eine eher bescheidene Rolle, ungleich wichtiger war
ihre Teilhabe an dem allgemeinen Wirtschaftswachstum.

In der SBZ/DDR wurde zwischen 1946 und 1949 eine Soforthilfe für
bedürftige „Umsiedler" und Bombengeschädigte gezahlt, die die Leistungen des westdeutschen Soforthilfegesetzes sogar beträchtlich übertraf. Anfang der fünfziger Jahre wurden auch noch Wohnbedarfskredite
ausgegeben. Beide Leistungen betrugen je 400 Millionen Mark. Einen
Lastenausgleich gab es nicht, abgesehen von der Landzuteilung an Bauern im Zuge der Bodenreform (siehe S. 63). Nach der Wiedervereinigung

erhielten die 1,3 Millionen noch lebenden Vertriebenen in den neuen Ländern eine „Zuwendung" von je 4.000 DM.

Wiedergutmachung

Für Verfolgte des Nationalsozialismus gab es seit 1947 Entschädigungen. Das „Bundesergänzungsgesetz" von 1953, seit 1956 „Bundesentschädigungsgesetz" genannt, regelte die Wiedergutmachung an den aus politischen, rassischen und religiösen Gründen Verfolgten. Es sah Rückerstattungen oder Entschädigungen für Vermögensverluste, Rentenzahlungen, Kranken- und Hinterbliebenenversorgung vor. Die Wiedergutmachung wurde an Deutsche und Ausländer geleistet. Bis 1995 sind 95 Milliarden DM an individuellen Wiedergutmachungsleistungen gezahlt worden. Bis zum Auslaufen der Wiedergutmachung wird das Gesamtvolumen nach Schätzungen 124 Milliarden DM oder 62 Milliarden Euro erreicht haben.

Diese Entschädigungsleistungen gingen an individuelle Opfer oder ihre Hinterbliebenen. Die jüdischen Opfer des Holocaust konnten keine Ansprüche mehr geltend machen, und es gab zumeist auch keine Hinterbliebenen. Die israelische Regierung wandte sich daher 1951 an die vier Besatzungsmächte und forderte Schadensersatz für das gestohlene jüdische Eigentum und die Erstattung der Kosten für die Eingliederung der Überlebenden. Während die Sowjetunion die Note ignorierte und die DDR sich weigerte, irgendwelche Entschädigungen zu zahlen, sprach Bundeskanzler Adenauer in seiner Regierungserklärung vom 27. September 1951 von der moralischen Verpflichtung des deutschen Volkes gegenüber den Juden. 1952 wurden Verhandlungen aufgenommen, die von der Regierung Ben Gurion wegen der heftigen innerisraelischen Opposition gegen jeden Kontakt mit Deutschland geheimgehalten wurden. Sie endeten mit dem Abschluss eines Vertrages, der am 10. September 1952 von Adenauer, dem israelischen Außenminister Moshe Sharett und Nachum Goldmann (Jewish Claims Conference) in Luxemburg unterzeichnet wurde. Danach erhielt Israel 3 Milliarden DM in zwölf Jahresraten, weitere 450 Millionen wurden für die Unterstützung jüdischer Flüchtlinge außerhalb Israels gezahlt.

Ende der fünfziger Jahre wurden zwischen Verteidigungsminister Franz Josef Strauß und dem stellvertretenden israelischen Verteidigungsminister Shimon Peres unter strengster Geheimhaltung Waffenlieferungen der Bundesrepublik an das bedrohte Israel vereinbart. Bei dem berühmten Zusammentreffen von Bundeskanzler Adenauer mit dem israelischen Ministerpräsidenten Ben Gurion am 14. März 1960 im New Yorker Waldorf-Astoria Hotel sagte Adenauer eine langfristige Wirtschaftshilfe der Bundesrepublik für Israel zu.

Mitbestimmung

Im Laufe des Jahres 1945 bildeten sich allenthalben lokale Gewerkschaftsgruppen, anfangs von den misstrauischen Besatzungsbehörden eher behindert. Die ersten Zusammenschlüsse auf Länderebene gab es im Herbst 1946, auf Zonenebene im April 1947. Gegen die von vielen Gewerkschaftern bevorzugte Allgemeine Gewerkschaft setzte sich unter dem Einfluss der britischen Besatzungsbehörden und ihrer Berater aus dem britischen Gewerkschaftsverband in der britischen Zone das Organisationsprinzip der (damals 17) Industriegewerkschaften mit einem Dachverband durch. Die anderen Zonengewerkschaften übernahmen die Organisation des mit 60 Prozent der Mitglieder stärksten Zonenverbandes.

Im Oktober 1949 schlossen sich die Gewerkschaften der Bundesrepublik zum Deutschen Gewerkschaftsbund (DGB) zusammen, sein erster Vorsitzender wurde Hans Böckler. Auf dem Gründungskongress wurde in dem wirtschaftspolitischen Programm die „Überführung der Schlüsselindustrien in Gemeineigentum" und die „Mitbestimmung in allen personellen, wirtschaftlichen und sozialen Fragen" gefordert. Die Sozialisierung stand nicht mehr zur Debatte, seit die Militärregierungen den entsprechenden Artikel der hessischen Verfassung aufgehoben und die Sozialisierung des Kohlebergbaus im Ruhrgebiet verhindert hatten.

Montanmitbestimmung

Um die Mitbestimmung gab es heftige Auseinandersetzungen. Der DGB drohte mit Streik, seine Gegner warfen ihm vor, politische Streiks inszenieren zu wollen. Einen bedeutenden Erfolg konnten die Gewerkschaften mit der Mitbestimmungsregelung in der Eisen- und Stahlindustrie erzielen. Die britische Militärregierung hatte in den Unternehmen, die aus den „entflochtenen" Konzernen im Ruhrgebiet entstanden waren, eine weitgehende Mitbestimmung eingeführt. Bei der Neuregelung durch deutsche Gesetze drohte die Abschaffung dieser Ordnung. In den Streit schaltete sich schließlich Bundeskanzler Adenauer ein, dem wegen der bevorstehenden Verhandlungen über die Montanunion und die Westintegration überhaupt nicht an einer Konfrontation mit den Gewerkschaften gelegen sein konnte. In direkten Gesprächen mit DGB-Chef Hans Böckler vereinbarte er die Fortgeltung der „Montanmitbestimmung" und setzte diesen Beschluss gegen den heftigen Widerstand von Teilen seiner eigenen Fraktion und von FDP und DP durch. Das Montanmitbestimmungsgesetz wurde am 10. April 1951 vom Bundestag verabschiedet. Es legte eine paritätische Besetzung des Aufsichtsrates mit Vertretern der Arbeitgeber und Arbeitnehmer (in der Regel je 5) plus einem „neutralen", von beiden Seiten zu wählenden Mitglied fest.

Betriebsverfassungsgesetz

Die Ausdehnung der paritätischen Mitbestimmung auf die gesamte Industrie scheiterte. Das Betriebsverfassungsgesetz vom 19. Juli 1952 sah nur ein Drittel der Aufsichtsratssitze für die Arbeitnehmer vor. In jedem Betrieb mit mindestens 5 Arbeitnehmern war ein Betriebsrat zu bilden, der Mitwirkungsrechte in personellen und sozialen Fragen erhielt. In Betrieben mit mehr als 100 Beschäftigten wurden dem Betriebsrat überdies Informationsrechte in wirtschaftlichen Fragen eingeräumt. Das Gesetz blieb weit hinter den Forderungen der Gewerkschaften zurück. Auf längere Sicht hat jedoch diese Gesetzgebung zusammen mit dem Prinzip der Tarifautonomie (Gewerkschaften und Arbeitgeber handeln selbständig Löhne und Arbeitsbedingungen aus) zur Sicherung des sozialen Friedens beigetragen.

Konstituierung der Deutschen Demokratischen Republik

Regierungsbildung

Mit der Gründung der DDR als des zweiten Staates auf deutschem Boden war die staatsrechtliche Spaltung Deutschlands vollzogen. Sogleich wurden die verfassungsgemäßen Staatsorgane bestellt. Am 11. Oktober 1949 wählte die Provisorische Volkskammer Wilhelm Pieck (SED) zum Staatspräsidenten. Einen Tag später bestätigte die Volkskammer die Regierung. Otto Grotewohl (SED) wurde Ministerpräsident, stellvertretende Ministerpräsidenten wurden Walter Ulbricht (SED), Otto Nuschke (CDU) und Hermann Kastner (LDP). 6 der 14 Fachminister gehörten der SED an, darunter die Minister für Inneres, Justiz und Volksbildung.

Nicht gewählt wurde das höchste Staatsorgan, die Volkskammer, obwohl die Verfassung in Art. 51 vorschrieb, dass deren Abgeordnete „in allgemeiner, gleicher, unmittelbarer und geheimer Wahl nach den Grundsätzen des Verhältniswahlrechts" zu wählen seien. Wegen der zu erwartenden katastrophalen Wahlniederlage der SED hatten Stalin und die SED-Führung im Dezember 1948 beschlossen, die Wahlen zur Volkskammer und die ebenfalls anstehenden Landtags- und Kommunalwahlen auf das Frühjahr 1950 zu verschieben und dann über Einheitslisten abstimmen zu lassen.

Nationale Front

Noch vor der Gründung der DDR wurde die „Nationale Front des demokratischen Deutschland" ins Leben gerufen. Sie löste den Volkskongress ab, das Sekretariat der Volkskongressbewegung wurde zum Sekretariat der Nationalen Front. Zugleich wurde in der DDR eine organisatorische Struktur geschaffen. Sie reichte von Hausgemeinschaften über Orts-, Kreis- und Landesausschüsse bis zum Nationalrat. Den Kern bildeten die Parteien und Massenorganisationen, die SED bestimmte die politische Richtung. In der Bundesrepublik führte die Nationale Front ein Schattendasein, sie stellte ein bloßes Anhängsel der KPD dar.

Die Hauptaufgabe der Nationalen Front war die „Mobilisierung und Organisierung aller Deutschen für die Befreiung Deutschlands von den … angloamerikanischen Imperialisten" mit dem Ziel der „Schaffung eines einheitlichen, demokratischen, friedliebenden und unabhängigen Deutschlands". Für diese Zielsetzung sollte sie „nationale Kreise" in der Bundesrepublik gewinnen. Ihre aggressive Propaganda, deren Fantastereien von der „Versklavung" der Bevölkerung in der „amerikanischen Kolonie Westdeutschland" keinerlei Bezug zur Wirklichkeit hatten, stieß völlig ins Leere.

Volkskammerwahlen

Eine nützliche Rolle spielte die Nationale Front bei den Volkskammerwahlen, die schließlich zusammen mit den Landtags- und Kommunalwahlen am 15. Oktober 1950 stattfanden. Zur „Wahl" stand eine
Einheitsliste der Nationalen Front. Die Stimmabgabe erfolgte vielfach
offen. Das Ergebnis entsprach dem Muster von Wahlen im sowjetischen
Machtbereich. 98,44 Prozent der Stimmberechtigten hatten ihre Stimme
abgegeben, von ihnen hatten 99,72 Prozent für die Kandidaten der Nationalen Front gestimmt.

Die Zusammensetzung der Volkskammer hatte schon vorher festge-
standen. Die SED stellte 25 Prozent der Kandidaten und damit der Abgeordneten, CDU und LDP je 15 Prozent, NDPD und DBD je 7,5 Prozent. Der FDGB erhielt 10, den anderen Massenorganisationen waren
zusammen 20 Prozent der Mandate zugeteilt worden. Da die von den
Massenorganisationen entsandten Funktionäre fast durchweg zugleich
der SED angehörten, war das Übergewicht der SED gesichert.

Stalinisierung

Alleinherrschaft der SED

Nach der Staatsgründung wurde die Entwicklung der DDR zur Volksdemokratie nach dem Muster der osteuropäischen Satellitenstaaten weiter vorangetrieben. Die Macht lag in der Hand der SED-Führung, ihre
Weisungen wurden von dem hierarchisch gegliederten Parteiapparat auf
allen Ebenen bedingungslos befolgt. Jede innerparteiliche Demokratie
war ausgeschaltet. Die Volksvertretungen hatten keinerlei Befugnisse
mehr, sie waren zu bloßen Akklamationsorganen verkommen. Die Partei kontrollierte den Staatsapparat, die Justiz und ein riesiges Wirt-
schaftsimperium. Die Herrschaft über die Medien, die Kultur und das
Bildungswesen verschaffte ihr ein Meinungsmonopol.

Mit dem Marxismus/Leninismus vermeinte die Partei über eine „wis-
senschaftliche Weltanschauung" zu verfügen, die sie befähigte, objektive
Gesetze der Gesellschaftsentwicklung erkennen und daraus die Prinzipien einer neu zu errichtenden Gesellschaftsordnung ableiten zu können. Die totalitäre Anmaßung dieser Ideologie kam zum Ausdruck in

dem Refrain des 1950 auf dem III. Parteitag der SED erstmals gesungenen Liedes: „Die Partei, die Partei, die hat immer recht."

Blockparteien

In diesem System kam den Blockparteien keine eigenständige Rolle mehr zu. SED und sowjetische Besatzungsmacht betrieben ihre Gleichschaltung. Funktionäre und Mitglieder der CDU und der LDP, die im Verdacht oppositioneller Haltung standen, wurden abgesetzt und vielfach verhaftet, wenn sie nicht rechtzeitig in den Westen flohen. Vertrauensleute der SED wurden in beide Parteien eingeschleust, um sie, wie von Anfang an die Nationaldemokratische Partei und die Bauernpartei, auf SED-Kurs zu bringen. Bis Mitte 1950 sanken durch Ausschluss und Austritt die Mitgliederzahlen der CDU auf 155.000 und der LDP auf 170.000.

Schließlich waren sie für die Rolle präpariert, die ihnen die SED zugedacht hatte. Mit ihrer Existenz wahrten sie erstens den Schein einer formalen Mehrparteiendemokratie. Zweitens sprachen sie Bevölkerungskreise an, zu der die SED keinen Zugang hatte, die CDU zum Beispiel Christen, die LDP Reste des alten Bürgertums, private Handwerker und Freiberufler. Sie sollten die Politik der SED in diese Bevölkerungsgruppen hineintragen und sie für das Regime gewinnen.

Spätestens 1951 besetzten in der CDU und LDP nur noch solche Politiker Führungspositionen, die die Politik der SED offen unterstützten. 1952 erklärte der Hauptvorstand der CDU, die Partei erkenne „die führende Rolle der SED als der Partei der Arbeiterklasse vorbehaltlos an".

Stalinkult

Die Ausrichtung der SED-Herrschaft am sowjetischen Vorbild ging einher mit einer kultischen Verehrung Stalins, die immer bizarrere Formen annahm. Stalin wurde gepriesen als der „beste Freund des deutschen Volkes", als „großer Helfer im Kampf um die Einheit Deutschlands und einen gerechten Frieden" (1949). Er wurde als „genialer Lehrer und Führer" (1952) und als „genialer Feldherr Generalissimus Stalin" (1953) gefeiert. Die „Danksagung" des Dichters der DDR-Hymne und späteren

Kultusministers Johannes R. Becher anlässlich Stalins Tod 1953 enthielt
Verse wie diese: „Dort wirst Du, Stalin, stehen, in voller Blüte der Apfel-
bäume an dem Bodensee, und durch den Schwarzwald wandert seine
Güte und winkt zu sich heran ein scheues Reh".

Säuberungen der SED

Der Kampf gegen „Parteifeinde" und „Abweichler" und die hysterische
Furcht vor Spionen, Agenten und Saboteuren, seit Beginn charakteris-
tisch für das Sowjetregime, erlebten Ende der vierziger/Anfang der
fünfziger Jahre einen Höhepunkt in den osteuropäischen Satellitenstaaten. Anlass war der Austritt Jugoslawiens aus dem sowjet-kommu-
nistischen Lager. Im Zeichen des Kampfes gegen die „Tito-Clique"
fanden in Ungarn, Bulgarien, Rumänien und der Tschechoslowakei
Schauprozesse statt, bei denen hohe kommunistische Funktionäre der
absurdesten Verbrechen bezichtigt wurden und diese auch gestanden.
Ein solcher Prozess wurde auch in der DDR vorbereitet, unterblieb aber,
weil Stalin zuvor starb. Eine Reihe führender Altkommunisten, die im
westlichen Exil gewesen waren, wurden jedoch aus der Partei ausgeschlossen, verhaftet und verurteilt.

Zugleich fand eine Überprüfung aller Parteimitglieder statt, in deren
Verlauf alle möglichen „parteifeindlichen Elemente", ehemalige Sozialdemokraten, sogenannte „Trotzkisten", des „Zionismus" beschuldigte Juden, auch bloß passive Mitglieder, aus der SED ausgeschlossen wurden.
Viele traten freiwillig aus. In den ersten neun Monaten des Jahres 1951
ging die Zahl der SED-Mitglieder von 1.573.000 auf 1.252.000 zurück.

Politische Justiz

Die SED wusste, dass sie die Mehrheit der Bevölkerung nicht nur nicht
hinter sich, sondern sogar gegen sich hatte. Wollte sie ihre Ziele durchsetzen, musste die Bevölkerungsmehrheit eingeschüchtert, gegebenenfalls durch Terror gefügig gemacht werden.

Im Dezember wurde das Oberste Gericht der DDR errichtet, das
später als Instrument politischer Justiz Willkürurteile am Fließband fäll-
te. Zehntausende politischer Häftlinge saßen lange Haftstrafen in
berüchtigten Zuchthäusern wie Waldheim, Bautzen und Hoheneck ab.

Im Frühjahr 1950 wurde das Ministerium für Staatssicherheit (MfS) gebildet. Es unterstand faktisch allein dem Politbüro der SED. In der Folgezeit sollte sich die „Stasi" zu einem die ganze Republik überziehenden Spitzelsystem entwickeln, das jede Opposition aufzuspüren und im Keim zu ersticken hatte. 1950 hatte das MfS 1.000 hauptamtliche Mitarbeiter, 1955 schon 13.000.

Sozialistische Wirtschaft

Wirtschaftssystem nach sowjetischem Muster

Zum Zeitpunkt der Gründung der DDR war die Beseitigung des Privateigentums an Produktionsmitteln schon weit fortgeschritten. Damit waren die Voraussetzungen geschaffen für die Einführung eines Wirtschaftssystems nach sowjetischem Muster, das als Planwirtschaft oder zentrale Verwaltungswirtschaft bezeichnet wird.

Die entscheidenden Strukturmerkmale dieses Wirtschaftssystems sind das „sozialistische Eigentum" und die zentrale Planung. Alle wirtschaftlichen Einzeldispositionen werden über zentrale Pläne gelenkt und koordiniert. Die Planungsbürokratie mit der Staatlichen Plankommission an der Spitze schreibt den Betrieben bis ins Einzelne vor, was sie zu produzieren haben und welche Mittel (Arbeitskräfte, Rohstoffe, Halbfabrikate usw.) sie dafür einzusetzen haben. Bei „Übererfüllung" der Pläne gibt es Prämien. Das führt dazu, dass die Betriebe ihre Produktionskapazität möglichst niedrig ansetzen („weiche" Pläne), um das Plansoll auf jeden Fall zu erfüllen, möglichst aber zu überschreiten, um in den Genuss von Prämien zu kommen.

Auch der Preismechanismus einer Marktwirtschaft ist außer Kraft gesetzt. Die Preise werden durch Pläne festgelegt. Sie können entweder durch Subventionen des Staates künstlich niedrig gehalten sein, zum Beispiel für bestimmte Lebensmittel oder Verkehrstarife, oder, teils um ein Vielfaches, durch staatliche Abschöpfung erhöht sein, beispielsweise für hochwertige Verbrauchsgüter. Auch die Außenhandelspreise sind unecht. Exporte werden häufig subventioniert, um Devisen zu erhalten, Importe manchmal subventioniert (Energie), manchmal mit hohen Abschöpfungen belegt („Luxuswaren").

Der Anteil des „sozialistischen Sektors" der Volkswirtschaft war schon 1948 dominierend und wuchs ständig weiter. Aus Volkseigenen Betrieben (VEB) und Betrieben unter sowjetischer Regie (Sowjetische Aktiengesellschaften – SAG) kamen 1948: 61 Prozent der industriellen Bruttoproduktion, 1949: 68,6 Prozent, 1950: 76,1 Prozent, 1951: 79,6 Prozent, 1952: 81 Prozent. 1950 gab es noch 97.000 Privatbetriebe, aus denen ein Viertel der Industrieproduktion kam. Seit der Gründung der DDR fanden keine entschädigungslosen Enteignungen mehr statt, man setzte indirekte Methoden ein: Konfiskatorische Steuern wurden nachberechnet und die Eigentümer damit zur Aufgabe gezwungen, Wirtschaftsstraftaten wurden konstruiert, in anderen Fällen erhielten die Betriebe kein Material mehr. Übrig blieben vorerst solche Betriebe, die nicht in die Struktur der VEB passten.

Erster Fünfjahrplan

Im Juli 1950 beschloss der III. Parteitag der SED den ersten Fünfjahrplan für die Jahre 1951 bis 1955 und damit erstmals ein Konzept nach dem Muster sowjetischer Planwirtschaft: Im Zeitraum von fünf Jahren sollte die Industrieproduktion von 23 auf 45 Milliarden Mark verdoppelt werden, die landwirtschaftliche Erzeugung sollte um 25 Prozent und das Volkseinkommen um 60 Prozent erhöht werden, die Arbeitsproduktivität um 72 Prozent ansteigen.

Die Startbedingungen der Wirtschaft der DDR waren im Vergleich zu denen der Bundesrepublik weitaus ungünstiger. Demontagen, Reparationen aus der laufenden Produktion (siehe S. 44), die Zerschneidung gewachsener Wirtschaftsbeziehungen durch die Teilung Deutschlands und die Abtrennung der Ostgebiete sowie das Fehlen jeder Hilfe von außen stellten schwer wiegende Nachteile dar.

Andererseits befanden sich auf dem Gebiet der DDR besonders viele Zweige der deutschen Industrie, die vor dem Krieg moderne und hochspezialisierte Erzeugnisse hergestellt und zum Teil eine Weltspitzenstellung eingenommen hatten. Mit den revolutionären Produkten der mitteldeutschen chemischen Industrie (synthetisches Benzin und synthetischer Kautschuk) war Deutschland führend in der Welt. Dasselbe galt für zahlreiche mittlere Unternehmen in Sachsen und Thüringen, von denen Zeiss und Schott in Jena nur die bekanntesten Beispiele sind.

Vorrang der Schwerindustrie

Diese Strukturvorteile konnten nicht genutzt werden, weil die DDR-Wirtschaft in das rückständige Wirtschaftsgebiet des Ostblocks eingegliedert und ihre Entwicklung auf dessen Bedürfnisse zugeschnitten wurde. 1954 entfielen schon 75 Prozent des Außenhandels der DDR auf die Staaten des „Rates für gegenseitige Wirtschaftshilfe" (RGW), des östlichen Wirtschaftszusammenschlusses, dessen Mitglied die DDR seit 1950 war.

In einer enormen Kraftanstrengung wurde in kürzester Frist eine eigene Schwerindustrie aus dem Boden gestampft. Schon im September 1951 wurde in dem auf der grünen Wiese entstehenden Eisenhüttenkombinat Ost der erste Hochofen angeblasen. Mangels eigener Eisenerz- und Steinkohlevorkommen war die Stahlproduktion von Rohstofflieferungen aus der Sowjetunion und aus Polen abhängig. Der Ausbau der Schwerindustrie war kaum abgeschlossen, als in den traditionellen schwerindustriellen Zentren Westeuropas die ersten Krisenzeichen sichtbar wurden. Die Nachahmung des Vorbildes der Sowjetunion, wo in den zwanziger und dreißiger Jahren die Schaffung einer schwerindustriellen Basis sinnvoll gewesen war, erwies sich für die zweite Hälfte des 20. Jahrhunderts als ein Irrweg.

Erzwungener Konsumverzicht

Der Aufbau der Schwerindustrie verschlang so viele Mittel, dass während des Ersten Fünfjahrplans für Investitionen in andere Industriezweige kaum mehr etwas übrig blieb. In den Jahren 1951 bis 1955 gingen 62 Prozent aller Industrieinvestitionen in die Grundstoffindustrie. Die Produktion der anderen Industriezweige musste mit dem von Demontagen verschont gebliebenen, verschlissenen und oft nur notdürftig wieder instand gesetzten Maschinenpark aufrechterhalten werden. Selbst wenn die Steigerungsraten (vermutlich um ein Drittel) zu hoch angesetzt sind (1950: 21,8, 1951: 27,4, 1952: 13,2, 1953: 7,4, 1954: 10,1, 1955: 8,6 Prozent), ist dieser Erfolg ein Wirtschaftswunder für sich.

Ganz vernachlässigt wurde die Konsumgüterindustrie. Die wirtschaftlichen Erfolge wurden durch den erzwungenen Konsumverzicht der Bevölkerung ermöglicht. Es herrschte allenthalben Mangel. Die wenigen Konsumgüter waren von schlechter Qualität. Lebensmittel gab es zu erschwinglichen Preisen nur auf Karten. Die Aufhebung der Rationierung war für 1953 angekündigt worden, tatsächlich bestand sie jedoch bis 1958 fort. Die kargen Rationen mussten durch Zukauf auf grauen oder schwarzen Märkten aufgebessert werden.

1948 wurde die staatliche Handelsorganisation (HO) gegründet. Mit ihr schuf der Staat ein zweites Vertriebssystem, in dem sonst rationierte oder nicht erhältliche Waren – Lebensmittel und Güter des täglichen Bedarfs – frei verkauft wurden. Die Preise dieser Produkte waren anfangs enorm überteuert, sie wurden allmählich gesenkt, betrugen aber immer ein Vielfaches der Kartenpreise. Ein Kilogramm Butter kostete in den HO-Läden 1948 120 Mark (auf Karten 3,20 Mark), 1958 noch 20 Mark (4,20 Mark auf Karten). Schweinefleisch kostete 1948 82,50 Mark pro Kilogramm, 1958 11,20 Mark.

Das monatliche Durchschnittseinkommen eines Arbeiters lag 1950 bei 256 Mark, 1958 war es auf 354 Mark angestiegen. Rentner verfügten 1952 durchschnittlich über 91 Mark pro Monat. Die Kaufkraft der Löhne lag 1950 nach zwei unterschiedlichen DDR-Berechnungen bei 73 bzw. 51 Prozent der Kaufkraft von 1936. Angehörige der „Intelligenz" bezogen um ein Vielfaches höhere Einkommen, sie konnten bis zu 4.000 Mark verdienen. Damit sollten die unersetzlichen Fachkräfte zum Bleiben in der DDR gebracht werden.

Aufbau des Sozialismus

Mitte 1952 sah die SED-Führung den Zeitpunkt für gekommen, die Übertragung des sowjetischen Modells auf die DDR zu vollenden. Der Generalsekretär der SED, Walter Ulbricht, verkündete auf der 2. Parteikonferenz der SED im Juli 1956, dass nunmehr der „Sozialismus planmäßig aufgebaut" werde. Zur Begründung erklärte er, „dass die politischen und ökonomischen Bedingungen sowie das Bewusstsein der Arbeiterklasse und der Mehrheit der Werktätigen so weit entwickelt (sind), dass der Aufbau des Sozialismus zur grundlegenden Aufgabe in der Deutschen Demokratischen Republik geworden ist". Damit war die antifaschistisch-demokratische Phase auch offiziell beendet worden, die DDR war jetzt eine Volksdemokratie ebenso wie die anderen Ostblockstaaten.

Verschärfung des Klassenkampfes

Die SED-Führung war sich im klaren darüber, dass sie den Sozialismus gegen den Willen der Mehrheit der Bevölkerung würde aufbauen müssen. Auf dem II. Parteitag war daher vorsorglich verkündet worden, dass „die Verschärfung des Klassenkampfes unvermeidlich ist und die Werktätigen den Widerstand der feindlichen Kräfte brechen müssen". Die SED eröffnete die Kampfhandlungen gegen die feindlichen Kräfte sogleich an verschiedenen Fronten. Schon kurz vor der Proklamation des Aufbaus des Sozialismus hatte die DDR-Führung die Errichtung einer tief gestaffelten Sperrzone mit Wachtürmen, Stacheldraht und Minenfeldern an der „Staatsgrenze West" angeordnet.

Auflösung der Länder

Ende Juli 1952 wurden die 5 Länder aufgelöst, an ihre Stelle traten 14 Bezirke. Damit waren die Reste des Föderalismus beseitigt, die traditionellen Länder waren durch gesichtslose Verwaltungseinheiten ersetzt worden, die die Weisungen des zentralen Staatsapparates auszuführen hatten. Die Staatsmacht, laut II. Parteitag das „Hauptinstrument bei der Schaffung der Grundlagen des Sozialismus", wurde auch dadurch gestärkt, dass die „Bereitschaften der Kasernierten Volkspolizei" (siehe S. 88) in reguläre militärische Verbände mit Panzern und Artillerie, bald auch mit Luft- und Seestreitkräften, umgewandelt wurden.

Kirchenkampf

Ulbricht hatte auf der 2. Parteikonferenz die Evangelische Kirche ins Visier genommen. Ihr gehörten 80 Prozent der Bevölkerung an. Damit war sie – überdies als Teil der Evangelischen Kirche in Deutschland (EKD) mit gesamtdeutschen Verbindungen – die einzige Großorganisation in der DDR, die nicht von der SED kontrolliert wurde. Nun wurde der Religionsunterricht behindert und schließlich verboten, die Kirchensteuer nicht mehr eingezogen, Pfarrer und Laien verhaftet. Besonderen Unmut zogen die „Jungen Gemeinden" auf sich, die Jugendgruppen der Kirchengemeinden. Sie wurden als Konkurrenz zur FDJ empfunden. Es begann eine großangelegte Einschüchterungskampagne. Tausende von

Mitgliedern der Jungen Gemeinde wurden der Schule verwiesen, ebenso wurden zahlreiche Mitglieder der Studentengemeinden an den Universitäten relegiert.

Ähnlichen Schikanen waren auch die katholischen Christen ausgesetzt. Die SED-Führung vermied jedoch, die katholische Kirche direkt anzugreifen. Die Zahl der Katholiken war gering, sie machten nur 10 Prozent der Bevölkerung aus. Überdies scheute die DDR-Regierung wohl vor einer Auseinandersetzung mit dem Vatikan zurück.

Landwirtschaftliche Produktionsgenossenschaften

In einem sozialistischen Wirtschaftssystem konnte die Landwirtschaft natürlich nicht in privater Hand bleiben. Der „Aufbau des Sozialismus auf dem Lande" begann mit der Bildung von „Landwirtschaftlichen Produktionsgenossenschaften" (LPG), in die die Bauern zunächst „auf völlig freiwilliger Grundlage" eintreten sollten. Auch die Handwerker sollten ihre Selbständigkeit aufgeben und „Produktionsgenossenschaften des Handwerks" (PGH) beitreten.

17. Juni 1953

Alle diese Maßnahmen lösten in der Bevölkerung große Unruhe aus. Zum ersten Mal seit 1947 wurden da und dort auch noch die Lebensmittel knapp. 1952 war eine Missernte eingefahren worden, nicht zuletzt weil nach der Flucht vieler Bauern 750.000 Hektar, gleich 13 Prozent der Anbaufläche, nicht bestellt worden waren.

Das An- und das Abschwellen der Flüchtlingszahlen gab zuverlässig darüber Auskunft, wie kritisch die Bevölkerung die Situation einschätzte. Danach steuerte die DDR seit Mitte des Jahres 1952 auf eine schwere Krise zu. Waren von Januar bis Juni 1952 72.000 DDR-Bürger in den Westen geflohen, so waren es im 2. Halbjahr 110.000. Im 1. Halbjahr 1953 verdoppelte sich diese Zahl auf 225.000. Allein im März 1953 verließen 58.000 Menschen die DDR, mehr als bis 1961 jemals in einem Monat von Ost nach West übergewechselt waren.

Stalins Tod

Am 5. März 1953 starb Josef Wissarionowitsch Stalin. Die SED-Führung
war verunsichert. Wer würde die Nachfolge antreten, und welchen Kurs
würde Moskau einschlagen? Bei der Bevölkerung weckte die Nachricht
Hoffnungen auf eine Milderung des repressiven Herrschaftssystems und
eine Verbesserung der Versorgung. Sehr bald kamen aus Moskau Signale,
die auf eine Kurskorrektur hindeuteten. Es folgten gute Ratschläge an die
deutschen Genossen, den forcierten Aufbau des Sozialismus zurückzustellen und zunächst einmal den Lebensstandard anzuheben. Die SED-
Führung schlug den Rat in den Wind. Sie beschloss sogar neue einschnei-
dende Maßnahmen, die großen Teilen der Bevölkerung neue Lasten auf-
erlegten. Am 9. April wurden allen Selbständigen, Gewerbetreibenden,
Freiberuflern und Besitzern von Mietshäusern sowie allen in West-Berlin
arbeitenden Bürgern der DDR und Ost-Berlins die Lebensmittelkarten
entzogen. Diese zur „kapitalistischen Klasse" erklärten zwei Millionen
Menschen sollten fortan nur noch in den HO-Läden kaufen dürfen. Ihr
Lebensunterhalt verteuerte sich damit um das Dreifache.

Am 13. Mai beschloss das Politbüro die Erhöhung der Arbeitsnormen um mindestens 10 Prozent. Die Arbeitsnormen, die in einer bestimmten Zeiteinheit zu vollbringende Arbeitsleistung, waren in der Tat
niedrig, nach DDR-Angaben betrugen sie nur 70 Prozent der Vorkriegs-
normen. Niedrige Normen waren aber die Voraussetzung dafür, dass die
Arbeiter das Soll übererfüllen und ihren kargen Lohn durch Prämien
aufbessern konnten.

Neuer Kurs

Die sowjetische Führung war über den Ernst der Lage offenbar besser
informiert als das Politbüro der SED. Sie beorderte Ulbricht und Grotewohl für den 2. Juni nach Moskau, hielt ihnen ihre Fehler vor und verlangte eine Revision wesentlicher Beschlüsse der 2. Parteikonferenz. Am
11. Juni veröffentlichte das Politbüro eine Erklärung, in der die Fehler
detailliert aufgeführt und Maßnahmen angekündigt wurden, sie zu „kor-
rigieren und die Lebenshaltung der Arbeiter, der Bauern, der Intelligenz,
der Handwerker und der übrigen Schichten des Mittelstandes (zu) verbessern".

Der SED-Führung unterlief jedoch ein schwer wiegender Fehler. Sie hob zwar den Entzug der Lebensmittelkarten für die „kapitalistische Klasse" auf, sagte zu, die Wiedereröffnung geschlossener Geschäfte und Betriebe zu erlauben, verkündete eine Teilamnestie für Wirtschaftsvergehen, versprach, die Pressionen gegen die Evangelische Kirche zu beenden, und wollte den innerdeutschen Reiseverkehr neu regeln. Was sie nicht erwähnte, war die Erhöhung der Arbeitsnormen. Ausgerechnet die Arbeiterklasse, die führende Klasse, sollte allein eine Minderung des bisherigen Lebensstandards hinnehmen.

Der Aufstand

In den Betrieben entstand eine explosive Stimmung, es kam zu Protestversammlungen, vereinzelt auch zu Streiks. Die Bauarbeiter der Stalin-

Niederschlagung des Aufstandes am 17. Juni 1953: Vor sowjetischen Panzern flüchtende Demonstranten am Potsdamer Platz

allee, der „ersten sozialistischen Straße Deutschlands", beschlossen am
16. Juni, eine Delegation zu Grotewohl zu schicken, um eine Resolution
zur Rücknahme der Normerhöhung zu übergeben. Schließlich zogen
tausende Bauarbeiter zum Haus der Ministerien. Fritz Selbmann, der
Minister für Schwerindustrie, hatte allein die Courage, sich den aufge-
brachten Arbeitern zu stellen. Er wurde niedergeschrien.

Die Nachrichten von den Vorgängen in Berlin verbreiteten sich noch
am selben Abend über die ganze DDR. Am Morgen des 17. Juni mar-
schierten die Bauarbeiter der Stalinallee erneut zur Stadtmitte. Zehntausende Arbeiter anderer Betriebe schlossen sich an. Die Kasernierte
Volkspolizei stellte sich ihnen entgegen, es kam zu Straßenschlachten.
Schließlich verhängte der sowjetische Stadtkommandant für 13 Uhr den
Ausnahmezustand. Sowjetische Panzer walzten den Aufstand nieder.

Dasselbe Bild bot sich in Hunderten von Orten der DDR. Zentren
der Erhebung waren die Städte mit großen Industriebetrieben, zugleich
die Hochburgen der deutschen Arbeiterbewegung: Halle, Merseburg,
Bitterfeld, Leipzig, Magdeburg, Jena, Görlitz. Überall fanden Demonstrationen und Streiks statt, bald kam es zu Zusammenstößen mit der
Volkspolizei. Rathäuser, SED-Parteibüros und Stasi-Hauptquartiere
wurden besetzt, Zuchthäuser gestürmt und Gefangene befreit. In 167 der
217 Stadt- und Landkreise verhängten die sowjetischen Militärkomman-
danten den Ausnahmezustand, Streiks und Demonstrationen fanden in
500 bis 600 Orten statt. Noch im Juli flammten immer wieder Streiks in
Großbetrieben auf, so bei Buna in Schkopau und bei Carl Zeiss in Jena.

Ziel der Demonstranten war anfangs die Rücknahme von Normen-
erhöhungen und Lohnkürzungen. Schon am 16. Juni wurde aber auch
die Forderung nach freien Wahlen erhoben. Im Laufe des Aufstands traten politische Forderungen immer mehr in den Vordergrund: Rücktritt
der Regierung, Freilassung der politischen Gefangenen, Abschaffung der
Zonengrenzen, Einheit Deutschlands.

Die Erhebung wurde niedergeschlagen, als die sowjetische Besatzungsmacht eingriff. Angesichts der Wucht und der rasend schnellen
Ausbreitung des Aufstands, der innerhalb von Stunden wie ein Flächen-
brand die ganze DDR erfasst hatte, kann es als sicher gelten, dass ohne
das sowjetische Eingreifen die SED-Herrschaft die nächsten Tage nicht
überdauert hätte. Gegen die Anführer wurden Haftstrafen und Todesurteile verhängt.

Arbeiteraufstand oder Volksaufstand?

Hat am 16./17. Juni 1953 ein „Arbeiteraufstand" oder ein „Volksaufstand" stattgefunden? Darüber ist immer wieder gestritten worden. Die
maßgeblichen Akteure der Erhebung waren ohne Zweifel die Beleg-
schaften der Großbetriebe unter Führung ihrer Streikleitungen. Seit der
Öffnung der DDR-Archive wissen wir, dass die Basis des Protestes wesentlich breiter war als bisher angenommen und weit in bürgerliche und
bäuerliche Kreise reichte. Wegen der raschen Unterdrückung des Aufstands konnte sich dieser Protest nicht mehr artikulieren.

Der Westen am 17. Juni

Die DDR-Propaganda nannte den Aufstand einen faschistischen Putsch,
der von West-Berliner Provokateuren, wahlweise von ausländischen
Agenten, angezettelt wurde. Tatsächlich war man im Westen vollständig
überrascht. Als die ersten Meldungen von Demonstrationen und Streiks
durch den amerikanischen Sender RIAS, den „Rundfunk im amerikanischen Sektor" von Berlin, verbreitet wurden, übernahmen sie die anderen Medien nicht, weil man ihnen nicht glaubte. Abgesandte der Strei-
kenden, die beim RIAS erschienen, durften nicht über den Sender sprechen, nur ihre Forderungen wurden verbreitet, dabei jedoch das Wort
Generalstreik vermieden. Dennoch ließ der amerikanische Hohe Kommissar James B. Conant beim RIAS anfragen, ob man dort „vielleicht
den dritten Weltkrieg beginnen wolle". Der Bundesminister für gesamtdeutsche Fragen, Jakob Kaiser, ermahnte die Bevölkerung der
DDR, sich nicht zu unbedachten Handlungen hinreißen zu lassen. Auch
sonst kamen aus dem Westen nur beruhigende Töne, jede Unterstützung
der Aufständischen wurde peinlich vermieden.

Die Folgen

Paradoxerweise hat der Aufstand sehr wahrscheinlich das politische
Überleben Ulbrichts bewirkt. Es spricht vieles dafür, dass die sowjetische Führung Ulbricht absetzen wollte, diese Absicht aber nach dem
17. Juni fallen ließ, um nicht den Eindruck zu erwecken, sie würde sich
einer der Hauptforderungen der Aufständischen beugen. Stattdessen

wurden die Gegner Ulbrichts, die für einen moderaten Kurs eingetreten waren, aus dem Zentralkomitee und später aus der SED ausgeschlossen. 1954 folgte eine Säuberung der Partei. 20.000 Funktionäre, unter ihnen weit über die Hälfte der Mitglieder der Bezirksleitungen und der Kreissekretariate, verloren ihre Ämter und wurden ebenso wie weitere 50.000 einfache Mitglieder aus der SED entfernt.

Für die SED-Führung und das Funktionärskorps war der Aufstand der Arbeiter ein Schock. Er entlarvte den Anspruch der SED, die „Vorhut der Arbeiterklasse" zu sein und die „Arbeiter- und Bauernmacht" zu verkörpern, als Legende. Sie mussten erkennen, dass sie die Machterhaltung nur dem Einsatz sowjetischer Panzer verdankten.

Die Bevölkerung hatte erfahren, dass das Regime nicht zu verändern oder zu beseitigen war, solange die sowjetische Besatzungsmacht seine Existenz garantierte.

Außenbeziehungen

Sowjetische Kontrolle

Mit der Gründung der DDR wurde die SMAD aufgelöst, an ihre Stelle trat die „Sowjetische Kontrollkommission in Deutschland" (SKK) unter dem Vorsitz von Marschall Tschuikow, der bis dahin Chef der SMAD gewesen war und zugleich Oberbefehlshaber der sowjetischen Besatzungstruppen in der DDR blieb. Formal waren die Befugnisse der SKK geringer als die der Hohen Kommissare in der Bundesrepublik. Es gab auch kein Besatzungsstatut mit schriftlichen Festlegungen der Rechte der Kommission. Dennoch hatte die Kontrollkommission natürlich alles unter Kontrolle. Nach dem Tode Stalins wurde die SKK in eine „Hohe Kommission" umgewandelt, ohne dass sich viel änderte.

Souveränität

Am 25. März 1954 erklärte die Sowjetunion die DDR für souverän und räumte ihr das Recht ein, „nach eigenem Ermessen über ihre inneren und äußeren Angelegenheiten einschließlich der Beziehungen zu Westdeutschland zu entscheiden". Die Oberaufsicht über die DDR übte anstelle des Hohen Kommissare nunmehr der sowjetischen Botschafter aus. Die Souveränitätserklärung wurde anderthalb Jahre später, nachdem die Bundesrepublik souverän geworden war, durch einen förmlichen Vertrag zwischen der Sowjetunion und der DDR bekräftigt. Wie bisher behielt sich die Sowjetunion, ähnlich den entsprechenden Klauseln im Deutschlandvertrag, die Rechte und Pflichten vor, die sich aus den Vier-Mächte-Vereinbarungen ergaben.

Ostintegration

Die Ostintegration der DDR vollzog sich parallel zur Westintegration der Bundesrepublik, wenn auch weit weniger spektakulär. Es gab keinen Widerstand einer Opposition, keine erbitterten Parlamentsdebatten und keine gescheiterten Verträge.

Die Sowjetunion nahm sogleich diplomatische Beziehungen zur neu-gegründeten DDR auf, gefolgt von den anderen Ostblockstaaten. Im Gegenzug erkannte die DDR die bestehenden Grenzen an, zunächst ge-genüber der Tschechoslowakei und am 6. Juli 1950 im Görlitzer Vertrag die Oder-Neiße-Grenze gegenüber Polen.

Am 29. September 1950 trat die DDR dem „Rat für gegenseitige Wirtschaftshilfe" (RGW) bei. Der RGW war im Januar 1949 als Gegen-stück zu der durch den Marshallplan ins Leben gerufenen OEEC (siehe S. 55) gegründet worden, ohne angesichts des Rückstands der beteiligten osteuropäischen Volkswirtschaften dessen Bedeutung als Instrument der ökonomischen Integration zu erlangen. Komplettiert wurde der Integra-tionsprozess durch den Warschauer „Vertrag über Freundschaft, Zusam-menarbeit und gegenseitigen Beistand" vom 14. Mai 1955, den „War-schauer Pakt", der die DDR auch militärisch in den Ostblock einband. Die Kasernierte Volkspolizei wurde in „Nationale Volksarmee" (NVA) umbenannt.

Deutschlandpolitik

In seiner Grußadresse zur Gründung der DDR hatte Stalin den neuen Staat als „Grundstein für ein einheitliches, demokratisches und friedlie-bendes Deutschland" bezeichnet. Die DDR verstand sich – ebenso wie die Bundesrepublik – als „Kernstaat", aus dem nach der „Befreiung"

Westdeutschlands aus den Klauen der amerikanischen Imperialisten" ein geeintes Gesamtdeutschland unter kommunistischen Vorzeichen hervorgehen sollte. Die SED war mit ihrem Alleinvertretungsanspruch nur nicht so erfolgreich wie die Bundesregierung. Außerhalb des Ostblocks galt die DDR als Scheingebilde unter sowjetischer Kuratel, das jeder demokratischen Legitimation entbehrte.

Bis Mitte der fünfziger Jahre hielt die DDR-Führung an ihrem gesamtdeutschen Anspruch fest. Sie unternahm immer neue Vorstöße, um sich als Vorkämpferin der deutschen Einheit zu präsentieren. Inhalt und Form ihrer Vorschläge garantierten, dass sie von der Bundesregierung abgelehnt würden. So weit sie für die Öffentlichkeit der Bundesrepublik bestimmt waren, blieb ihnen auch da der Erfolg versagt. Für die meisten Westdeutschen und West-Berliner war die DDR die „Sowjetzone" oder einfach die „Zone", deren Regierung nannte man „Pankow", nach dem Ost-Berliner Stadtteil, in dem es eine Reihe von Regierungsinstitutionen gab. Was die eigene Bevölkerung von ihrer Führung hielt, sollte sich am 17. Juni 1953 erweisen und zeigte sich in der täglichen „Abstimmung mit den Füßen": Bis zur Hälfte der fünfziger Jahre verließen 1,2 Millionen Menschen die DDR, bis zum Mauerbau 1961 waren es 2,7 Millionen.

Im November 1950 wurde eine erste Offensive gestartet. In Prag trat eine Konferenz der Außenminister aller Ostblockländer zusammen und schlug vor, einen paritätisch besetzten „Gesamtdeutschen Konstituierenden Rat" zu bilden. Aus diesem sollte eine provisorische Regierung hervorgehen, mit der ein Friedensvertrag geschlossen werden sollte. Eigentliches Ziel dieses Vorstoßes war die Verhinderung der Wiederbewaffnung der Bundesrepublik, die gerade beschlossen worden war. Die DDR-Regierung unterstützte diese Forderungen mit einem Propagandafeldzug unter dem Motto „Deutsche an einen Tisch". 1952 ergriff dann die Sowjetunion mit der „Stalinnote" die Initiative (siehe S. 92 ff.). Noch auf dem IV. Parteitag der SED 1954 nannte Ulbricht die Wiedervereinigung eine „unumstößliche Gewissheit".

Sowjetunion: Zwei Staaten in Deutschland

Ein Wandel trat nach der Genfer Gipfelkonferenz ein. Die Sowjetunion hatte einen letzten Versuch unternommen, den Beitritt der Bundesrepublik zur NATO zu verhindern. Als die Regierungschefs der vier Siegermächte im Juli 1955 in Genf zusammentrafen, waren die Pariser Verträge schon in Kraft. Die Verhandlungen über einen gesamteuropäischen Sicherheitspakt, der NATO und Warschauer Pakt neutralisieren sollte, scheiterten. Auf der Rückreise von der Konferenz machten Parteichef Nikita Chruschtschow und Ministerpräsident Nikolaj Bulganin in Ost-Berlin Station und erklärten, von nun an sei „die Wiedervereinigung Deutschlands Sache der Deutschen selbst" und nur denkbar, wenn die „politischen und sozialen Errungenschaften der DDR" gewahrt blieben. Damit hatte die Sowjetunion die „Zwei-Staaten-Theorie" offiziell verkündet. Die SED-Führung konnte jetzt vollständig sicher sein, dass sie nicht vielleicht doch für ein neutrales Gesamtdeutschland geopfert werden würde. Von nun an war die Politik Moskaus auf die verstärkte Einbindung der DDR in den Ostblock und ihre internationale Aufwertung gerichtet.

KONSOLIDIERUNG UND KRISEN
1955–1969/1971

Deutschland- und Ostpolitik der Bundesrepublik

Wendepunkt der Deutschlandpolitik

Die Genfer Gipfelkonferenz stellte einen Wendepunkt dar zwischen der ersten Phase des Kalten Krieges, in der die deutschen Teilstaaten in die beiden Blöcke einbezogen worden waren, und der zweiten Phase, in der sich trotz fortdauernder Propaganda eine gewisse Entspannung abzuzeichnen begann. Die Konferenz wird als gescheitert bezeichnet. Sie war es insofern, als keine Fortschritte in der deutschen Frage zu verzeichnen waren. In Genf hatte sich jedoch ein neues Verhältnis zwischen den beiden Blöcken angebahnt. Beide Seiten schienen bereit, sich mit dem Status quo einzurichten und den Besitzstand der jeweils anderen Seite zu respektieren, wenn auch Chruschtschow drei Jahre später den Versuch machte, die drei Westmächte aus Berlin zu vertreiben. Auch atmosphärisch hatte sich etwas geändert, die Konferenz wurde als „Gipfelkonferenz des Lächelns" bezeichnet. Angesichts des atomaren Gleichgewichts sollten künftig Pläne für ein Auseinanderrücken der Machtblöcke (disengagement) und für eine kontrollierte Abrüstung diskutiert werden.

Für die deutsche Frage bedeutete dies, dass die Westmächte immer weniger Neigung zeigten, ihren in den Pariser Verträgen niedergelegten Verpflichtungen zur Unterstützung der Wiedervereinigung Deutschlands nachzukommen, so weit das über bloße Lippenbekenntnisse hinausging. Die Bundesregierung hielt demgegenüber daran fest, dass sie
– auf dem Recht auf Selbstbestimmung für das deutsche Volk besteht,
– durch das Grundgesetz verpflichtet ist, die Wiedervereinigung herbeizuführen und
– die einzige durch freie Wahlen legitimierte deutsche Regierung ist, die allein für alle Deutschen sprechen kann.

Adenauers Moskaureise

Es lag in der Logik der sowjetischen Zwei-Staaten-Theorie, dass die Sowjetunion Beziehungen auch zur Bundesrepublik aufnehmen wollte. Die sowjetische Führung lud daher Bundeskanzler Adenauer in die Sowjetunion ein. Die deutsche Delegation traf am 14. September 1955 in

Ihr Sohn wird endlich heimkehren. Eine Mutter bedankt sich bei Bundeskanzler Adenauer nach seiner Rückkehr aus Moskau.

Moskau ein. Die Sowjetführer waren nur an der Aufnahme diplomatischer Beziehungen interessiert. Adenauer wollte über die Wiedervereinigung reden und die Heimkehr der noch in der Sowjetunion festgehalte-
nen deutschen Kriegsgefangenen erreichen. Die Verhandlungen nahmen
einen dramatischen Verlauf, zeitweise erwog die deutsche Delegation, sie
vorzeitig abzubrechen. Schließlich wurde der Austausch von Botschaftern vereinbart, im Gegenzug versprachen die Sowjetführer, die Kriegsgefangenen freizulassen. Es waren noch Hunderttausende in der Sowjetunion vermutet worden, tatsächlich kehrten 9.626 zurück, ebenso 20.000
Zivilinternierte. Adenauer wurde zuhause triumphal empfangen, noch
1975, zwanzig Jahre später, ergab eine Allensbach-Umfrage, dass die
Heimholung der Kriegsgefangenen als Adenauers größtes Verdienst betrachtet wurde.

Hallstein-Doktrin

Die Sowjetunion war nun das einzige Land, das diplomatische Beziehungen zu beiden deutschen Staaten unterhielt. Der Anspruch der Bundesrepublik, allein für das deutsche Volk zu sprechen, war damit in Frage gestellt. Andere Staaten konnten sich ermutigt fühlen, ebenfalls Beziehungen zur DDR aufzunehmen. Die Bundesregierung verkündete daher, dass sie die Anerkennung der DDR als „einen gegen die Lebensinteressen des deutschen Volkes gerichteten unfreundlichen Akt" ansehen werde. Die Sowjetunion sei als eine der Siegermächte, die die Vier-Mächte-Verantwortung für Deutschland mittrage, eine Ausnahme. Diese Maxime wurde „Hallstein-Doktrin" genannt, nach dem Staatssekretär im Auswärtigen Amt Walter Hallstein; eigentlich war sie von dem Leiter der Politischen Abteilung im Auswärtigen Amt, Wilhelm Grewe, konzipiert worden. Mit ihr schaffte es die Bundesrepublik dank ihres politischen und wirtschaftlichen Gewichts, die internationale Anerkennung der DDR fast zwei Jahrzehnte zu verhindern. Dabei wurden abgestufte Maßnahmen angewandt, die diplomatischen Beziehungen wurden nur in zwei Fällen abgebrochen, zu Jugoslawien 1957 und zu Kuba 1963.

Die Hallstein-Doktrin ist später zunehmend kritisiert worden: Da die Bundesrepublik in den Staaten des Ostblocks außer der Sowjetunion diplomatisch nicht vertreten sei, habe sie dort politisch keinen Einfluss. Staaten der Dritten Welt erpressten mit der Drohung, die DDR anzuerkennen, Hilfsgelder von der Bundesrepublik.

Berlin-Krisen

Im Herbst 1958 ergriff die Sowjetunion die Initiative in der deutschen Frage, natürlich in der Absicht, das Deutschlandproblem in ihrem Sinne zu lösen oder zumindest den Status quo zu ihren Gunsten zu verändern. Ansatzpunkt war Berlin, wo der Westen am verwundbarsten war. Drei Jahre lang sollte Deutschland, letztmalig vor 1989, ins Zentrum der europäischen Politik rücken, bis der Bau der Mauer das Kapitel abschloss.

Staats- und Parteichef Chruschtschow kündigte in einer Note an die drei Westmächte den Vier-Mächte-Status Berlins auf und forderte von ihnen, ihre Truppen abzuziehen und West-Berlin den Status einer „entmilitarisierten Freien Stadt" zu geben. Wenn innerhalb von sechs Monaten keine Übereinkunft erzielt sei, werde die Sowjetunion ihre Rechte in Berlin einschließlich der Kontrolle der Zugangswege auf die DDR übertragen.

Da die Westmächte nicht sehr entschlossen reagierten, schob Chruschtschow neue Forderungen nach. Ein Friedensvertrag sollte mit beiden deutschen Staaten geschlossen werden. Über die eventuelle Wiederherstellung der Einheit Deutschlands, das jedenfalls neutralisiert und faktisch entmilitarisiert sein müsse, könnten sich die Deutschen selbst einigen.

Zur Lösung der Krise wurde wieder eine Außenministerkonferenz nach Genf einberufen. Sie tagte zwischen dem 11. Mai und dem 15. August 1959. Diesmal nahmen Delegationen beider deutschen Staaten als „Berater" ohne Einfluss auf die Verhandlungen daran teil – an „Katzentischen", spottete man. Der amerikanische Außenminister Christian Herter legte noch einmal und letztmalig einen umfassenden Stufenplan zur Wiederherstellung der Einheit Deutschlands vor. Anders als die bisherigen Pläne sah er als ersten Schritt freie Wahlen nur in Berlin vor, statt in ganz Deutschland. Im Verlauf der Konferenz rückten die Amerikaner und Briten immer mehr von der Zielsetzung der Einheit Deutschlands ab und ließen erkennen, dass sie nur an der Bereinigung der anormalen Lage in Berlin interessiert waren. Die Konferenz ging ergebnislos auseinander.

Bei einem Treffen in den USA vereinbarten die Führer der beiden Supermächte, Eisenhower und Chruschtschow, ein Gipfeltreffen im Mai 1960 in Paris. Dort sollte über eine neue Rechtsgrundlage der Präsenz der Westmächte in Berlin verhandelt werden – für Adenauer eine Horrorvorstellung. Zu seiner großen Erleichterung (Adenauer zu seinem Pressechef Felix von Eckardt: „Da haben wir nochmal fies Jlück jehabt.") ließ Chruschtschow die Gipfelkonferenz platzen, ehe sie noch begonnen hatte. Als Vorwand benutzte er den Abschuss eines amerikanischen Aufklärungsflugzeuges vom Typ U 2 über sowjetischem Territorium. Vielleicht glaubte er, bei dem demnächst zu wählenden Nachfolger von Präsident Eisenhower auf noch mehr Konzessionsbereitschaft zu stoßen.

Darin täuschte er sich, zumindest was West-Berlin anbetraf. Der neue Präsident John F. Kennedy verkündete am 25. Juli 1961 drei Grundbedingungen („three essentials"), an denen die Amerikaner unter allen Umständen festhalten würden:

1. Das Recht der Westmächte auf Anwesenheit in West-Berlin,
2. Der freie Zugang von der Bundesrepublik nach West-Berlin,
3. Die Sicherung der Lebensfähigkeit West-Berlins.

Ost-Berlin erwähnte Kennedy nicht. Drei Wochen später waren die Grenzen zu West-Berlin abgeriegelt (siehe S. 161 ff.).

Österreich-Lösung für die DDR?

Wenn also die Wiedervereinigung in weite Ferne gerückt war, musste man darüber nachdenken, wie die Lage der anderen Deutschen erträglicher gemacht werden konnte. Adenauer hat eine Reihe von Vorstößen unternommen, teilweise ohne dass die Zeitgenossen davon Kenntnis erhielten, um so etwas wie eine „Österreich-Lösung" für die DDR zu erreichen. Eine Österreich-Lösung bedeutete die Anerkennung der Eigenstaatlichkeit der DDR und die Garantie ihrer Neutralität im Austausch für politische Freiheiten und eine Erleichterung der Lebensbedingungen für die Bevölkerung. Dies sollte allerdings immer nur eine Zwischenlösung sein und nur für eine begrenzte Zeit gelten. Nach einer bestimmten Frist sollten die Deutschen das Selbstbestimmungsrecht in Anspruch nehmen und frei über ihre politischen Verhältnisse entscheiden können.

Erstmals brachte Adenauer das Österreich-Modell im März 1958 in einer Unterredung mit dem sowjetischen Botschafter Smirnow ins Spiel. Später wurden detaillierte Pläne ausgearbeitet, so der Globke-Plan 1959/60. Er sah die gegenseitige diplomatische Anerkennung der beiden deutschen Staaten vor. Innerhalb von fünf Jahren sollten eine Volksabstimmung für die Wiedervereinigung und freie Wahlen zu einer gesamtdeutschen Volksvertretung stattfinden. Diese sollte über die Zugehörigkeit zur NATO oder zum Warschauer Pakt entscheiden. Der Teil Deutschlands, der aus einem Pakt austritt, sollte neutralisiert werden. Berlin (West und Ost) würde eine Freie Stadt mit UN-Garantie. Ein letzter Vorstoß ist unter dem Namen „Burgfriedensplan" bekannt. Wiederum hatte Adenauer 1962 Smirnow eine Botschaft für Chruschtschow übergeben. Die Sowjetunion sollte den Status quo in der deutschen Frage für 10 Jahre unangetastet lassen, danach würde man weitersehen.

Offensichtlich war Adenauer weit weniger unflexibel, als seine Kritiker ihm vorwarfen. Vorschläge dieser Art liefen den politischen Prinzipien von Regierung, Opposition und Öffentlichkeit diametral entgegen. Beim Adressaten trafen sie nicht auf Gegenliebe. Letztlich konnte die Sowjetunion in ihnen keine angemessene Gegenleistung für das erkennen, was man ihr abverlangte. Die einzige adäquate Gegenleistung war für Moskau ein neutralisiertes, blockfreies Deutschland. Das wiederum war weder für Adenauer und seine Regierung noch für die große Mehrheit der Deutschen akzeptabel.

Europa und Westpolitik

Römische Verträge: EWG und Euratom

Nach dem Scheitern der Europäischen Verteidigungsgemeinschaft (siehe S. 94) und der Europäischen Politischen Gemeinschaft (EPG), die nach dem Inkrafttreten des EVG-Vertrages gegründet werden sollte, verlegten die sechs Mitgliedsländer der Montanunion ihre Integrationsbestrebungen wieder auf die Wirtschaft. Die „Europäer", die Protagonisten der europäischen Einigung unter den Staatsmännern, hofften, dass sich aus einer wirtschaftlichen Integration doch noch ein politischer Zusammenschluss ergeben würde.

Am 2. Juni 1955 beschlossen die Regierungschefs auf einer Konferenz in Messina den Zusammenschluss ihrer nationalen Wirtschaften. Knapp zwei Jahre später wurden die Verträge über die Europäische Wirtschaftsgemeinschaft (EWG) und die Europäische Atomgemeinschaft (Euratom) auf dem Kapitol in Rom feierlich unterzeichnet, daher „Römische Verträge" genannt. Ziel der EWG war die schrittweise Zusammenführung der beteiligten Volkswirtschaften zu einem einheitlichen Wirtschaftsgebiet, dem Gemeinsamen Markt. Als erste Stufe war eine Zollunion vorgesehen, in der die Zölle im gegenseitigen Warenverkehr abgebaut, schließlich abgeschafft und ein gemeinsamer Außenzoll erhoben werden sollte. Die Zollunion war am 1. Juli 1968 verwirklicht. Die Europäische Atomgemeinschaft (Euratom) sollte die Zusammenarbeit bei der friedlichen Nutzung der Atomenergie durch gemeinsame Forschung organisieren, gemeinsame Sicherheitsnormen festlegen und die umlaufenden Kernbrennstoffe kontrollieren.

Die Verträge sahen wie schon bei der Europäischen Gemeinschaft für Kohle und Stahl die Bildung supranationaler Institutionen vor, die heute noch als Organe der Europäischen Union bestehen. Der Ministerrat ist die Legislative der Gemeinschaft. Er erlässt die Verordnungen (Gesetze). Aus Ministern der Mitgliederstaaten bestehend, wacht er darüber, dass die Rechte der Einzelstaaten gewahrt bleiben. Das eigentliche Integrationselement ist die Kommission, die die Gemeinschaftsinteressen zu vertreten hat. Als eine Art Exekutive ist es ihre Aufgabe, die Bestimmungen des Vertrages anzuwenden und für die Durchführung der Beschlüsse des Ministerrates Sorge zu tragen. Eine „Gemeinsame Versammlung" hatte Vorläufer des Europäischen Parlaments als beratende Funktionen und Kontrollbefugnisse gegenüber der Kommission.

Für die deutsche Seite war wichtig, dass West-Berlin in die Verträge einbezogen wurde. Ebenso durfte der innerdeutsche Handel nicht berührt und gegenüber der DDR keine Außenzollgrenze errichtet werden. Die Partner stimmten dem zu. Die DDR war so bis zu ihrem Ende „stiller Teilhaber" der EWG. Für den Fall der Wiedervereinigung behielt sich die Bundesregierung das Recht vor, die Verträge zu überprüfen.

Die Römischen Verträge sollten für die Zukunft der Bundesrepublik und seit 1990 sogar für ganz Deutschland eminente Bedeutung gewinnen. Die Unterzeichnung des Vertragswerkes war sicherlich das herausragende außenpolitische Ereignis der Adenauer-Ära. Dafür war die öffentliche Aufmerksamkeit, die es erregte, bemerkenswert gering. Der Bundestag debattierte nur vier Stunden über die Verträge. Sie wurden am 5. Juli 1957 mit den Stimmen der Unionsparteien, der DP und der SPD angenommen, wegen deutschlandpolitischer Bedenken stimmten FDP und BHE dagegen.

Deutsch-französisches Verhältnis

Das Verhältnis zwischen der Bundesrepublik Deutschland und Frankreich hatte sich seit der Gründung der Montanunion immer positiver entwickelt. Die beiden Länder bildeten den Kern der Europäischen Gemeinschaft, ihr Zusammenwirken bestimmte Richtung und Intensität der Integration. Die Beziehungen sollten noch viel intensiver werden, seit Charles de Gaulle 1958 als Präsident der Republik in die französische Politik zurückgekehrt war.

De Gaulle hatte eine Vision. Er wollte Europa unter französischer Führung zu einer eigenständigen dritten Kraft neben den Supermächten machen. Dieses Europa sollte ein „Europa der Vaterländer" sein, ein Bund von Nationalstaaten, aber keine integrierte politische Union. Die Stoßrichtung gegen die amerikanische Hegemonie war eindeutig, sie wurde noch unterstrichen durch die Ausdehnung dieses Europas der Vaterländer „vom Atlantik bis zum Ural", was die Sowjetunion vage mit einschloss. Damit verstieß de Gaulles Konzeption gegen zwei zentrale Prinzipien der Außenpolitik der Bundesrepublik: die Bindung an Amerika als den Garanten ihrer Sicherheit und den hohen Stellenwert der europäischen Integration.

Für Adenauer aber war die Aussöhnung mit Frankreich nicht nur ein vorrangiges außenpolitisches Ziel, sondern zugleich ein Herzensanliegen. Auf der anderen Seite brauchte de Gaulle die Bundesrepublik, denn die Basis seines Staatenbundes musste eine enge deutsch-französische Kooperation sein.

De Gaulle lud Adenauer auf seinen Landsitz bei Colombey-les-Deux-Églises ein, eine Geste der Wertschätzung, die keinem anderen ausländischen Staatsgast jemals vorher zuteil geworden war. Aus dieser Begegnung am 14./15. September 1958 erwuchs ein enges persönliches Vertrauensverhältnis zwischen den beiden Staatsmännern. Höhepunkte dieser freundschaftlichen Verbindung wurden die Staatsbesuche Adenauers in Frankreich im Juli und de Gaulles in der Bunderepublik im September 1962. De Gaulle hatte den Besuch Adenauers als eine glanzvolle Demonstration der französisch-deutschen Versöhnung inszeniert. In der Kathedrale von Reims, der Krönungskathedrale der französischen Könige, wohnten die beiden Repräsentanten der einst so eng verbundenen und dann so lange verfeindeten Nachbarvölker zusammen dem feierlichen Hochamt bei, ein Akt von hoher Symbolkraft. Der Gegenbesuch de Gaulles in der Bundesrepublik geriet zum Triumphzug.

Im politischen Bonn sah man das alles mit gemischten Gefühlen: Die wenigen „Gaullisten" befürworteten ein enges Zusammengehen mit Frankreich. Die „Atlantiker" um Ludwig Erhard, es war die Mehrzahl, waren für die Anlehnung an die USA und für die Aufnahme Großbritanniens in die EWG. De Gaulle sah in Großbritannien ein „trojanisches Pferd" der Amerikaner. Wenige Tage vor der Unterzeichnung des deutsch-französischen Vertrages verkündete er in einer Pressekonferenz sein Veto gegen den britischen Beitritt.

Am 22. Januar 1963 unterzeichneten Adenauer und de Gaulle im Ély-
sée-Palast feierlich den „Vertrag über die deutsch-französische Zusammenarbeit". Darin wurden regelmäßige Treffen der Staats- und Regie-

Adenauer und de Gaulle beim Hochamt in der Kathedrale von Reims

rungschefs und der Minister für Auswärtiges, Verteidigung, Kultur und Jugend sowie Konsultationen bei allen wichtigen außenpolitischen Entscheidungen vereinbart. Ein Deutsch-Französisches Jugendwerk sollte die Begegnung der Jugend beider Länder fördern. Seit 1963 haben über fünf Millionen junge Deutsche und Franzosen an Veranstaltungen des Jugendwerkes teilgenommen.

Der Vertrag musste vom Bundestag ratifiziert werden. Die „Atlantiker" setzten durch, dass dem Vertrag eine Präambel vorangestellt wurde, die ein Bekenntnis zur Partnerschaft mit den USA, zur Fortentwicklung der EWG unter Einschluss Großbritanniens und zur NATO enthielt. Vordergründig betrachtet war der Vertrag damit substanzlos geworden.

Adenauer betrachtete den Vertrag als die Krönung seines politischen Lebenswerkes. Auf längere Sicht sollte die Entwicklung ihm recht geben. Der Vertrag, einzigartig im Verhältnis zwischen zwei Staaten, leitete eine nun schon vier Jahrzehnte während enge Verbindung zwischen den beiden Völkern ein. Seit den siebziger Jahren zeigen die Umfragen, dass Franzosen und Deutsche sich gegenseitig als ihre besten Freunde ansehen, und dies, nachdem sie sich als „Erbfeinde" betrachtet und in den 100 Jahren zuvor drei blutige Kriege gegeneinander geführt hatten.

Innenpolitische Entwicklungen

Bundestagswahl 1957

Bei der Wahl zum 3. Deutschen Bundestag errangen CDU und CSU einen sensationellen Erfolg. Sie erhielten 50,2 Prozent der Stimmen und 54,4 Prozent der Mandate (270 Sitze). Erstmals und einmalig in der Geschichte der Bundesrepublik hatte in einer freien Wahl eine Partei (genauer: eine in einer Fraktionsgemeinschaft verbundene Parteigruppierung) die absolute Mehrheit der Wählerstimmen erhalten.

Die Unionsparteien hatten den Wahlkampf unter der Parole „Keine Experimente" geführt. Später oft bespöttelt, traf sie offensichtlich die Stimmung der Mehrzahl der Wähler, die nach langen Jahren der Angst und Not endlich wieder festen Boden unter den Füßen spürten und das Erreichte nicht aufs Spiel setzen wollten. Zu dem Wahlsieg trug sicher-

lich die Rentenreform bei (siehe S. 143), die die bisher Benachteiligten an
dem allgemeinen Aufschwung teilhaben ließ. Die große Mehrheit der
Wähler bejahte auch die Einbindung in das westliche Bündnis, dessen
Notwendigkeit die brutale Niederwerfung des Ungarnaufstandes im
November 1956 nachdrücklich zu bestätigen schien.

Die SPD konnte ihren Stimmenanteil um 3 Prozent auf 31,8 Prozent
(169 Sitze) verbessern. Damit hatte sie die 30-Prozent-Hürde, wenn
auch knapp, übersprungen, von einer Aussicht auf Übernahme der Regierung war sie immer noch weit entfernt.

Über 5 Prozent kam nur noch die FDP. Sie hatte allerdings erneut
verloren und bekam mit 7,7 Prozent der Stimmen 41 Sitze. Die DP hatte
durch Absprachen mit der CDU sechs Direktmandate gewonnen. Nach
dem nochmals geänderten Wahlgesetz waren für den Einzug in den Bundestag 5 Prozent der Wählerstimmen oder drei Direktmandate erforderlich. Mit 3,4 Prozent verfehlte die DP die 5-Prozent-Grenze, kam aber
durch ihre Direktmandate mit 17 Sitzen nochmals in den Bundestag.

SPD: Godesberger Programm

Die SPD hatte die Erfahrung machen müssen, dass eine große Tradition
auch zur Last werden kann. Sie hatte 1945 ganz selbstverständlich dort
angeknüpft, wo sie 1933 gestanden hatte. Sehr viele ihrer damaligen Mitglieder waren noch da, wenn sie auch 12 Jahre älter geworden waren. Sie
bestimmten das Bild der Partei, das zunehmend antiquierter zu wirken
begann. Auch die überkommenen ideologischen Grundpositionen einer
sozialistischen Weltanschauungspartei waren erhalten geblieben, zumindest formal gültig war noch immer das Heidelberger Programm von
1925. Die SPD verstand sich als Arbeiterpartei, ihre programmatischen
Aussagen enthielten überholtes marxistisches Gedankengut.

Ein erster Anlauf zur programmatischen Erneuerung nach der Bundestagswahl von 1953 verlief im Sande. Eine 1955 eingesetzte Pro-
grammkommission erschöpfte sich in fruchtlosen Diskussionen. Die
dritte Niederlage bei einer Bundestagswahl 1957 gab schließlich den An-
stoß zu einer energischen Reformdiskussion, deren führende Köpfe
Herbert Wehner, Carlo Schmid und Fritz Erler waren. Sie schlug sich
nieder in einem Programmentwurf, der auf einem eigens einberufenen
Parteitag in Godesberg im November 1959 fast ohne Gegenstimmen an-

genommen wurde. Die Partei bekannte sich zu Freiheit, Gerechtigkeit und Solidarität, den Grundwerten des demokratischen Sozialismus, als dessen Wurzeln die christliche Ethik, der Humanismus und die klassische Philosophie bezeichnet wurden. In der Wirtschaftspolitik rückte das Programm von allen marxistischen Positionen ab und verkündete den freien Wettbewerb und die Unternehmerinitiative. Auch das Verhältnis zu den Kirchen und Religionsgemeinschaften wurde bereinigt, ihnen wurde Zusammenarbeit in freier Partnerschaft angeboten.

Von ihren außen- und deutschlandpolitischen Positionen trennte sich die Partei nur schwer. Sie hielt bis 1959 an ihrer Ablehnung der Westintegration fest. Den Kurswechsel vollzog Herbert Wehner im Juni 1960 mit einer viel beachteten Rede im Bundestag: Für die SPD sei das bestehende Vertrags- und Bündnissystem „Grundlage der Außen- und Deutschlandpolitik", sie bekenne sich zur Verteidigung der freiheitlich-demokratischen Grundordnung und bejahe die Landesverteidigung. Zugleich bot er der CDU/CSU an, mit der SPD ein Konzept für eine gemeinsame Außenpolitik zu entwickeln.

Die programmatische Erneuerung wurde durch eine personelle ergänzt: Zum Kanzlerkandidaten für die nächste Bundestagswahl wurde der Regierende Bürgermeister von Berlin, Willy Brandt (47), gewählt.

Staatsbürger in Uniform

Mit dem Inkrafttreten der Pariser Verträge war die Bundesrepublik Mitglied der NATO, verfügte aber über keinen einzigen Soldaten. Die organisatorischen Vorbereitungen für die Aufstellung von Streitkräften waren noch nicht sonderlich weit gediehen, von konkreten Maßnahmen gar nicht zu reden. Die Planer in der 1950 eingerichteten Dienststelle des „Beauftragten des Bundeskanzlers für die mit der Vermehrung der alliierten Truppen zusammenhängenden Fragen", Theodor Blank, hatten sich mehrfach auf neue Vorgaben einstellen müssen. Während des Koreakrieges sollte in großer Eile eine „Mobilmachungsarmee" aus ehemaligen Soldaten der Wehrmacht aufgestellt werden. 1951 begann die Planung für eine integrierte Europaarmee. 1955 lautete die Vorgabe, bis zum 1. Januar 1959, also binnen drei Jahren, ein aus zwölf Divisionen bestehendes Heer in Stärke von 370.000 Mann ausgerüstet und ausgebildet bereitzustellen. Bis 1960 sollte auch die Luftwaffe mit 80.000 Mann

Adenauer bei der ersten Einheit der neuen Streitkräfte in Andernach im
Januar 1955

und die Marine mit 20.000 Mann aufgestellt sein. Das war nicht zu leisten, Pannen und Krisen stellten sich unvermeidlich ein. Es waren nicht
einmal genug Kasernen vorhanden, um die 150.000 Freiwilligen aufzunehmen, die sich 1955 gemeldet hatten. Darüber stürzte nach kaum mehr
als einjähriger Amtszeit der Verteidigungsminister Theodor Blank, sein
Nachfolger wurde Franz Josef Strauß.

Genauso viel Wert wie auf die äußere Struktur der Streitkräfte legten
die Planer auf ihr „Inneres Gefüge" – so die Bezeichnung des einschlägi-
gen Referates in der Dienststelle Blank. Die Reformer um Wolf Graf
Baudissin entwickelten das Konzept der „Inneren Führung", um die
Streitkräfte in das demokratische System einzugliedern. Der Soldat als
„Staatsbürger in Uniform" sollte seine Pflichten aus innerer Überzeugung erfüllen. Seine Freiheit und seine staatsbürgerlichen Rechte sollten

nur insoweit eingeschränkt sein, als es der militärische Auftrag erforderte. Die neue Armee würde kein „Staat im Staate" sein, als welcher die Reichswehr in der Weimarer Republik noch angesehen wurde.

Das Konzept war zu idealistisch, als dass es immer der Wirklichkeit standgehalten hätte. Natürlich wurde es auch angefeindet, weil die „Altgedienten" unter den Militärs eine Einschränkung der militärischen Effizienz befürchteten. Ohne Frage ist im Ergebnis die Bundeswehr ein Teil der demokratischen Gesellschaft geworden.

Die „Wehrverfassung" trug dem neuen Leitbild Rechnung. Die „2. Wehrergänzung des Grundgesetzes", die am 6. März 1956 mit 390 gegen 20 Stimmen, also auch mit den Stimmen der SPD, verabschiedet wurde, legte die Unterordnung der militärischen Gewalt unter die zivile fest. Die Befehls- und Kommandogewalt über die Streitkräfte liegt im Frieden beim Bundesminister der Verteidigung, im Kriegsfall beim Bundeskanzler. Der Verteidigungsausschuss des Bundestages hat zugleich die Rechte eines Untersuchungsausschusses und übt die Kontrolle über die Bundeswehr aus. Das am selben Tage verabschiedete Soldatengesetz legte die Rechte und Pflichten der Soldaten fest, führte die Bezeichnung „Bundeswehr" ein und schrieb die allgemeine Wehrpflicht vor. 1957 wurde nach dem Vorbild des schwedischen Ombudsmanns das Amt des Wehrbeauftragten eingeführt. Er soll einschreiten, wenn Grundrechte der Soldaten verletzt werden, jeder Soldat kann sich direkt an ihn wenden.

Kampf dem Atomtod

Die ersten Freiwilligen der Bundeswehr rückten am 1. Januar 1956 in die Kasernen ein. Ehe nennenswerte Truppenverbände aufgestellt waren, gab es einen erbitterten innenpolitischen Streit um die Bewaffnung, genauer die Atombewaffnung der Bundeswehr.

Die Aufbauphase der Bundeswehr fiel zusammen mit einer Umorientierung in der strategischen Konzeption des westlichen Bündnisses. Es war immer deutlicher geworden, dass die NATO bezüglich der konventionellen Waffen dem Warschauer Pakt unterlegen bleiben würde. Daraus zog die NATO-Planung die Folgerung, dass die Unterlegenheit durch den Einsatz „taktischer Atomwaffen" auf dem Gefechtsfeld ausgeglichen werden müsse. Bundeskanzler Adenauer und Bundesverteidigungsminister Strauß forderten im April 1957, dass auch die Bundeswehr mit Trägersystemen für solche Waffen ausgerüstet werden müsse, die Verfügungsgewalt über die atomaren Sprengkörper sollte in amerikanischer Hand bleiben.

Dagegen wandten sich in der „Göttinger Erklärung" 18 führende deutsche Physiker. Sie wiesen darauf hin, dass taktische Atomwaffen die Zerstörungsgewalt einer Hiroshima-Bombe besäßen, und forderten, dass die Bundesrepublik auf den Besitz von Atomwaffen verzichte.

Im Dezember 1957 beschloss der NATO-Rat, die europäischen Armeen mit Mittelstreckenraketen auszurüsten, die Atomsprengköpfe tragen können. Dem stimmte der Bundestag im April 1958 nach einer leidenschaftlichen Debatte zu.

Die SPD hatte die Atombewaffnung im Bundestagswahlkampf 1957 zu einem ihrer zentralen Themen gemacht, offensichtlich ohne Erfolg. Nach dem Bundestagsbeschluss startete eine Protestbewegung, die von Pastoren, Professoren und Schriftstellern getragen und von SPD und DGB organisatorisch unterstützt wurde, eine Kampagne „Kampf dem Atomtod" mit Demonstrationen in zahlreichen Städten. Ihre Forderung nach einer Volksabstimmung scheiterte am Bundesverfassungsgericht. Bei der nordrhein-westfälischen Landtagswahl 1958 versuchte die SPD nochmals, die Atomfrage zu einem Wahlkampfthema zu machen. Da die CDU die absolute Mehrheit erhielt, zog sich die SPD daraufhin aus der Atomtod-Bewegung zurück. Deren Protagonisten wurden später in der Ostermarsch-Bewegung aktiv.

Ausklang der Ära Adenauer

Nach dem triumphalen Wahlsieg des Jahres 1957 stand Adenauer im Zenit seiner Macht und seines Ansehens. Auf die alle Jahre wiederholte Frage des Meinungsforschungsinstituts Allensbach, „Welcher große Deutsche hat Ihrer Meinung nach am meisten für Deutschland geleistet?", nannten 1957 zum ersten Mal mehr Deutsche Adenauer als den bisher führenden Bismarck. Der 81-Jährige übertraf an Vitalität, Führungskraft und Entscheidungskompetenz bei weitem das übrige politische Personal in Bonn. So nahm er zu Beginn dieser dritten Legislaturperiode unangefochten wieder die Zügel in die Hand. Doch viele Lorbeeren waren in diesen Jahren der Berlin-Ultimaten und der Stagnation der europäischen Integration nicht mehr zu ernten. Um die Mitte der Legislaturperiode begann die Autorität des großen alten Mannes zu schwinden. Dazu trugen vor allem eine Reihe teils schwer begreiflicher Fehlentscheidungen bei.

„Präsidentschaftskrise"

Es begann mit der sogenannten „Präsidentschaftskrise", die weder eine Krise war noch direkt etwas mit der Ablösung von Theodor Heuss im Amt des Bundespräsidenten zu tun hatte. Primär ging es um den Nachfolger Adenauers als Bundeskanzler. Für die CDU stand der Nachfolger fest: Ludwig Erhard, der populäre Wirtschaftsminister. Mit ihm als „Wahllokomotive" waren die nächsten Wahlen schon gewonnen. Adenauer schätzte die Fähigkeiten Erhards als Wirtschaftsminister hoch, hielt ihn aber für das Amt des Bundeskanzlers für völlig ungeeignet und war entschlossen, seine Kandidatur unter allen Umständen zu verhindern. Was lag näher, als Erhard für die Heuss-Nachfolge vorzuschlagen. Erhard zögerte und lehnte schließlich ab. Nun brachte sich der Kanzler selbst ins Spiel, offenbar in Überschätzung der politischen Wirkungsmöglichkeiten des Präsidentenamts. Er glaubte bestimmenden Einfluss auf die Wahl seines Nachfolgers als Bundeskanzler nehmen und in der Außenpolitik seine Vorstellungen durchsetzen zu können. Als er erkannte, dass nicht sein Wunschkandidat, Finanzminister Franz Etzel, sondern Erhard als Nachfolger nominiert werden würde, zog er seine Kandidatur zum Bundespräsidentenamt zwei Monate nach ihrer am 8. April 1959 erfolgten Bekanntgabe wieder zurück. Seine Begründung, die in der Tat bedrohliche außenpolitische Lage, nahm ihm niemand ab. Die Entrüstung in der Öffentlichkeit, aber auch in der eigenen CDU/CSU-Fraktion war gewaltig: Bedenkliches Spiel mit dem höchsten Staatsamt wurde ihm vorgeworfen. Erhard war nun als Bundeskanzler nicht mehr zu verhindern.

Eine herbe Niederlage musste der Kanzler auch im Fernsehstreit hinnehmen. Der Versuch, eine Fernsehanstalt unter Aufsicht des Bundes zu gründen, wurde vom Bundesverfassungsgericht als verfassungswidrig unterbunden.

Bundestagswahl 1961

Viel gravierender waren Fehler im Bundestagswahlkampf 1961. Die Wahl war auf den 17. September 1961 angesetzt. Fünf Wochen zuvor, der Wahlkampf war auf dem Höhepunkt, sperrte Ulbricht die Übergänge nach West-Berlin (siehe S. 161 ff.). Adenauer flog nicht nach Berlin, sondern setzte den Wahlkampf fort, verschärfte ihn sogar noch durch persönliche Angriffe auf seinen Gegenspieler Willy Brandt. Dieser sagte seine Wahlkampfauftritte ab. Als Regierender Bürgermeister von Berlin im Brennpunkt des Geschehens, konnte er Punkte sammeln.

Die Fehlentscheidungen kosteten die Union die fast schon sichere absolute Mehrheit. Sie fiel auf 45,3 Prozent zurück. Mit Willy Brandt konnte die SPD 4,4 Punkte zulegen und erhielt 36,2 Prozent. Die FDP unter ihrem neuen Parteivorsitzenden Erich Mende erzielte mit 12,8 Prozent das beste Ergebnis ihrer Geschichte. Es fiel sicherlich so hoch aus, weil sie sich auf eine Koalition mit der CDU/CSU, aber ohne Adenauer festgelegt hatte. An Adenauer kam die FDP nicht vorbei, wenn sie auch im Koalitionsvertrag durchsetzen konnte, dass Adenauer vor Ablauf der Legislaturperiode zurücktreten würde. Das wurde als „Umfall" gewertet, und seither leidet die FDP unter einem Umfall-Trauma.

Spiegel-Affäre

Die letzte dieser Pannen, Krisen und Affären in der Endzeit von Adenauers Kanzlerschaft war die aufsehenerregendste. Der „Spiegel", der Regierung Adenauer in tiefer Abneigung verbunden, hatte sich wegen der Atombewaffnung der Bundeswehr auf den Verteidigungsminister Franz Josef Strauß eingeschossen. Am 8. Oktober 1962 erschien im „Spiegel" ein Artikel unter dem Titel „Bedingt abwehrbereit", in dem die Verteidigungsbereitschaft der Bundeswehr als völlig unzureichend bezeichnet wurde. Daraufhin leitete die Bundesanwaltschaft mit einiger Nachhilfe aus dem Verteidigungsministerium ein Ermittlungsverfahren wegen des Verdachts auf Landesverrat gegen Bundeswehrangehörige ein, die dem „Spiegel" geheime Informationen zugespielt haben sollten. In einer dramatischen Aktion wurden die Redaktionsräume des „Spiegel" durchsucht und Herausgeber Rudolf Augstein und mehrere Redakteure verhaftet. Rechtlich war das Ermittlungsverfahren nicht zu beanstanden, doch die Begleitumstände, eine Reihe von Pannen, Ungeschicklichkeiten und Kompetenzüberschreitungen, ließen die Aktion als Angriff auf die Pressefreiheit erscheinen. Der Bundeskanzler sprach im Bundestag von einem „Abgrund von Landesverrat", obwohl noch nichts bewiesen war (und der Verdacht sich auch später nicht erhärtete). Innenminister Hermann Höcherl gab zu, man habe „etwas außerhalb der Legalität" gehandelt, aber er könne – eines der schönsten geflügelten Worte, die das politische Bonn hervorgebracht hat – „nicht den ganzen Tag mit dem Grundgesetz unterm Arm herumlaufen".

Das Ansehen der Bundesregierung hatte schweren Schaden genommen. Die öffentliche Empörung, die die Affäre ausgelöst hatte, wurde erstmals nicht nur von dem üblichen linken Protestpotenzial getragen, sondern reichte weit darüber hinaus. Schließlich folgte auch noch eine Regierungskrise. Der Bundesjustizminister Stammberger (FDP) war von der bevorstehenden Maßnahme gegen den „Spiegel" nicht informiert worden. Die FDP nahm dies zum Anlass, den Rücktritt von Verteidigungsminister Strauß zu fordern. Die fünf FDP-Minister traten zurück, und Adenauer musste eine neue Regierung bilden, sein fünftes Kabinett, ohne Franz Josef Strauß. Sie amtierte noch zehn Monate. Am 15. Oktober 1963 trat die letzte Regierung Adenauer zurück.

Kanzlerdemokratie

Die Ära Adenauer war nach 14 Jahren zu Ende gegangen. Der erste Bundeskanzler hat seine Zeit wie kein anderer nach ihm geprägt. Als er abtrat, hatte sich das Provisorium mit ungewissen Zukunftsaussichten in ein innenpolitisch stabiles, wirtschaftlich prosperierendes Gemeinwesen verwandelt. Aus dem besetzten Land unter der Kuratel der Siegermächte war ein geachtetes Mitglied der Völkerfamilie geworden.

Diese Verdienste wurden noch zu seinen Lebzeiten auch von seinen Gegnern nicht bestritten. Höchst umstritten hingegen war während und auch nach seiner Amtszeit seine Regierungsweise, für die sich die Bezeichnung „Kanzlerdemokratie" einbürgerte. Adenauer galt als eine autoritäre Persönlichkeit, im Umgang mit der Macht nicht „pingelig". Man warf ihm vor, er sei rüde mit der Opposition umgesprungen und habe seinen Ministern und seiner Partei nur eine dienende Rolle zugebilligt. Manche sahen darin eine Gefahr für die Demokratie.

Diese Charakterisierung ist natürlich so abwegig nicht, doch hat sich inzwischen eine differenziertere Betrachtung durchgesetzt. Die Kanzler-demokratie war in der Verfassung angelegt. Nach dem Grundgesetz be-stimmt der Kanzler die Richtlinien der Politik. Adenauer hat unbestreit-bar exzessiven Gebrauch davon gemacht.

Spätere Kanzler haben die Richtlinienkompetenz unterschiedlich an-gewendet, je nach den politischen Gegebenheiten und ihrem persönli-chen Führungsstil. Letztlich wurden sie an Adenauer gemessen, ob sie klare politische Ziele formulieren, ob sie sie in ihrer Fraktion und in der Koalition mehrheitsfähig machen konnten und ob sie die Zustimmung der Bürger in Wahlen zu gewinnen vermochten.

Wirtschaftsboom und Ausbau des Sozialstaates

Anhaltende Hochkonjunktur

Der Anstieg der Wirtschaftsleistung setzte sich auch in der Spätphase der Ära Adenauer und zu Beginn der Regierung Erhard fort. Zwischen 1955 und 1960 lagen die Zuwachsraten des Bruttosozialprodukts bei 6 Pro-zent jährlich (siehe S. 97), von 1961 bis 1965 betrugen sie durchschnitt-lich 5 Prozent. Das Bruttosozialprodukt war von 98 Milliarden DM im Jahre 1950 auf 458 Milliarden 1965 gestiegen; preisbereinigt, das heißt unter Ausschaltung des Preisanstiegs durch die Inflation, stieg es von 1950 = 100 auf 1965 = 291, es hatte sich mithin in 15 Jahren fast verdrei-facht. Die Industrieproduktion wuchs von 248 im Jahre 1960 (1958 = 100) auf 327 im Jahre 1965.

Angesichts des Wirtschaftsbooms und des zunehmenden Arbeits-kräftemangels hatten die Gewerkschaften ihre anfängliche Zurück-haltung bei den Lohnforderungen aufgegeben und beträchtliche Steige-rungen der Löhne durchsetzen können. Sie lagen zwischen 5,2 und 11,5 Prozent jährlich. Die Bruttostundenlöhne in der Industrie stiegen von 1,83 DM im Jahre 1955 auf 4,56 DM 1966.

Vollbeschäftigung

Während 1955 928.000 Personen ohne Arbeit waren (Arbeitslosenquote 5,2 Prozent), nahm die Zahl der Arbeitslosen bis 1960 auf 235.000 ab

(Arbeitslosenquote 1,2 Prozent). Ab 1961 sank sie auf 200.000, die Arbeitslosenquote lag fortan unter einem Prozent. Die Zahl der offenen Stellen überstieg die Zahl der Arbeitslosen um ein Mehrfaches, Arbeitskräfte wurden knapp. Dazu hatte das Versiegen des Flüchtlingsstromes nach dem Bau der Mauer ebenso beigetragen wie die Verkürzung der Arbeitszeit (von 1955 bis 1966 von 47,1 auf 41,8 Stunden).

Die Lücken füllten Gastarbeiter: Arbeitskräfte aus Italien, Spanien, Portugal, Griechenland, Jugoslawien und der Türkei. Der einmillionste traf 1964 ein.

Rentenreform von 1957

Stiefkinder des „Wirtschaftswunders" waren in den ersten Jahren alle, die nicht am Arbeitsprozess teilhatten. Mitte der fünfziger Jahre betrug die Altersrente kaum ein Drittel des vergleichbaren Arbeitseinkommens. Im Jahre 1955 begannen die Vorarbeiten für eine grundlegende Reform der Sozialversicherung. Die Neuregelung der Rentenversicherung für Arbeiter und Angestellte sowie für Bergleute trat rückwirkend zum 1. Januar 1957 in Kraft. Die laufenden Renten wurden ab diesem Zeitpunkt um 65 Prozent erhöht. Kern der Neuordnung war der Übergang von der statischen zur dynamischen Rente.

Bisher wurde die Rente aus einem allgemeinen „Grundbetrag" und einem von der erbrachten individuellen Beitragsleistung abhängigen Steigerungsbetrag ein für allemal berechnet und blieb während der gesamten Laufzeit auf dieser Höhe, es sei denn, das Rentenniveau wurde per Gesetz allgemein erhöht. Vor allem in Zeiten wirtschaftlichen Aufschwungs stiegen die Arbeitsverdienste ständig an, die Renten blieben immer weiter zurück. Nunmehr wurden die Renten der Entwicklung der Löhne und Gehälter angeglichen, die Neurenten automatisch bei der Rentenfestsetzung, die laufenden Renten (Bestandsrenten) jährlich durch Gesetz. Die Rentner wurden nun ebenso wie die Arbeitenden an der Entwicklung des Sozialprodukts beteiligt.

Die Standardrente sollte nach 40 Arbeitsjahren 60 Prozent des letzten Einkommens ausmachen. Die dynamische Rente basiert auf dem Prinzip des Generationenvertrages: Die Erwerbstätigen zahlen für die Renten der aus dem Arbeitsleben Ausgeschiedenen, in der Erwartung, dass die nächstfolgende Generation für ihre Renten aufkommen wird.

Die Dynamisierung der Rente war ohne Zweifel eine epochemachende sozialpolitische Neuerung, sie gilt als das wichtigste soziale Reformwerk seit der Bismarckschen Sozialgesetzgebung.

Das Gesetzeswerk wurde mit den Stimmen von CDU/CSU und SPD gegen die der FDP verabschiedet. Es war äußerst umstritten und wurde von Adenauer gegen den Widerstand des Wirtschafts- und des Finanzministers durchgesetzt. Die Kritiker warnten, dass das System der dynamischen Rente ein ständiges Wachstum der Wirtschaft voraussetze und dass es wegen des schon damals abzusehenden Anstiegs der Lebenserwartung irgendwann nicht mehr finanzierbar sein werde. Den dramatischen Einbruch bei den Geburtenzahlen in den siebziger Jahren konnte man 1957 nicht einmal ahnen.

Auch die übrigen Sozialleistungen wurden in der Folge dynamisiert, 1963 zuerst die Unfallversicherung. Durch das Bundessozialhilfegesetz von 1961 wurden die bisherigen Fürsorgeleistungen durch den Rechtsanspruch auf Sozialhilfe ersetzt.

Regierung Erhard 1963–1966

Volkskanzler

Einen Tag nach dem Rücktritt Adenauers, am 16. Oktober 1963, wurde Ludwig Erhard zum Bundeskanzler gewählt. „Mit seiner Wahl", sagte er in seiner Regierungserklärung, „hat er (der Kanzler) sich über alle Parteien hinweg als Sachwalter des ganzen deutschen Volkes zu fühlen und aus dieser Verantwortung zu handeln." So selbstverständlich dies eigentlich ist, hier brachte Erhard die Vorstellung seiner Rolle als „Volkskanzler" zum Ausdruck. Er wandte sich direkt an das Volk, seiner Meinung nach eine Gemeinschaft vernunftbegabter Individuen, die mit guten Argumenten auf den richtigen Weg gebracht werden konnten. Der richtige Weg, das hieß, die Macht der organisierten Interessen auszubalancieren, das inzwischen verbreitete Anspruchsdenken einzuschränken, kurz: Maß zu halten.

Später brachte er diese Überzeugungen in der Formel von der „Formierten Gesellschaft" zum Ausdruck, einer Gesellschaft, „die nicht mehr aus Klassen und Gruppen besteht, die einander ausschließende Ziele"

Der scheidende Bundeskanzler Konrad Adenauer und sein Nachfolger Ludwig Erhard beim Abschiedsbankett am 11. Oktober 1963 im Palais Schaumburg in Bonn

verfolgen, sondern „auf dem Zusammenwirken aller Gruppen beruht". Die Formel war nicht nur missverständlich und angreifbar, ihr lag auch eine Fehleinschätzung der Realität einer pluralistischen Gesellschaft zugrunde, in der die Verfolgung von Partikularinteressen legitim ist.

Außen- und Deutschlandpolitik: Bewegung, Annäherung, kleine Schritte

Der außenpolitische Teil der Regierungserklärung enthielt das Konzept des Außenministers Gerhard Schröder. Dessen „Politik der Bewegung" lief darauf hinaus, die Beziehungen zu den osteuropäischen Staaten – unterhalb der diplomatischen Anerkennung – enger zu gestalten, auch um

Menschenschlange vor einer Passierscheinstelle in West-Berlin am 19. Dezember 1963, dem ersten Tag des neuen Passierschein-Abkommens: Wer einen Passierschein ergattert hatte, war glücklich. 28 Monate nach der Sperrung der Grenzen konnte diese Frau wieder ihre Angehörigen in Ost-Berlin besuchen.

ihre Unabhängigkeit von Moskau zu verstärken, dabei aber die DDR auszuklammern und so zu isolieren. Langfristig sollte diese Politik dazu beitragen, die Spaltung Europas in zwei Lager zu überwinden. In der Folge wurden Handelsabkommen mit Polen, Ungarn, Rumänien und Bulgarien abgeschlossen und Handelsmissionen ausgetauscht.

Ein ganz anderes Konzept empfahl Egon Bahr, damals Leiter des Presse- und Informationsamtes des Landes Berlin und enger Vertrauter von Willy Brandt, in einer aufsehenerregenden Rede am 15. Juli 1963 in der Evangelischen Akademie in Tutzing. Er brachte es auf die Formel „Wandel durch Annäherung". Die kommunistische Herrschaft in Osteuropa könne nicht beseitigt, sondern nur verändert werden. Daher müsse man versuchen, die DDR durch Verhandlungen und Anerkennung ihrer Existenz, eben durch „Annäherung", zu Zugeständnissen zu bewegen, die das Leben ihrer Bürger erleichtern. Langfristig könne sich daraus ein „Wandel" der inneren Verhältnisse ergeben.

Ein erstes Ergebnis dieser „Politik der kleinen Schritte" war das Passierscheinabkommen, das der Berliner Senat mit der DDR-Regierung abschloss. Erstmals seit dem Mauerbau konnten West-Berliner zu Weihnachten 1963 ihre Verwandten im Ostteil der Stadt besuchen. Auch in den Jahren 1964 bis 1966 wurden solche Vereinbarungen über eine befristete Besuchserlaubnis getroffen.

Bundestagswahl 1965

Die Regierungserklärung Erhards war allseits positiv aufgenommen worden. Der neue Bundeskanzler schien schon in seiner Person ein liberales Kontrastprogramm zu Adenauers „Kanzlerdemokratie" zu verkörpern. Seiner Popularität als „Vater des Wirtschaftswunders" war es in erster Linie zu verdanken, dass die Union bei der Bundestagswahl im September 1965 gegenüber 1961 um 2,3 auf 47,6 Prozent zulegen konnte und die absolute Mehrheit nur um vier Mandate verfehlte. Die SPD verbesserte sich mit Willy Brandt als Kanzlerkandidaten ebenfalls und kam mit 39,3 Prozent (1961: 36,2 Prozent) nahe an die 40-Prozent-Hürde heran.

Kaum mehr als ein Jahr danach war Ludwig Erhard nicht mehr im Amt. Paradoxerweise scheiterte er in seinem ureigenen Fachgebiet, der Wirtschaftspolitik. Bei anhaltender Hochkonjunktur war, zumal angesichts herannahender Wahlen, die Versuchung groß, die Bürger mit

Wahlgeschenken zu beglücken. Tatsächlich wurde eine Fülle von Gesetzen beschlossen, die die Staatsausgaben beträchtlich ausweiteten. So wurden die Kriegsopferversorgung verbessert, das Kindergeld gleich zweimal nacheinander erhöht (1964 und 1965), das Wohngeld angehoben, die Einkommensteuer gesenkt.

Rezession

Ende 1965 brach der Aufwärtstrend der Konjunktur jäh ab und ging in eine Stagnation über. Zugleich beschleunigte sich der Preisauftrieb und erreichte im Frühjahr 1966 4,5 Prozent, allerdings bei Bruttolohnzuwächsen von 9,1 Prozent 1965 und 7,3 Prozent 1966. Um ihn zu dämpfen, erhöhte die Bundesbank den Diskontsatz. Im Bundeshaushalt 1966 klaffte eine Deckungslücke von mehreren Milliarden D-Mark, die durch Sparmaßnahmen ausgeglichen werden musste. Die verunsicherten Bürger übten sich ebenfalls in Kaufzurückhaltung, die Unternehmen kürzten die Investitionen. 1967 ging das Bruttosozialprodukt um 0,2 Prozent zurück. Die Zahl der Arbeitslosen stieg im Februar 1967 auf 638.000 (Arbeitslosenquote 2,5 Prozent).

Die Bürger, durch zwei Jahrzehnte beständigen Wirtschaftsaufschwungs verwöhnt, empfanden die Rezession, in der man auch eine Bereinigung der konjunkturellen Überhitzung sehen konnte, als bedrohliche Krise. Die Popularitätskurve Erhards ging rapide zurück. Die CDU verlor im Juli 1966 die Landstagswahl in Nordrhein-Westfalen. Erhard reüssierte nicht einmal mehr als Wahllokomotive.

Kanzlersturz

Das war der Anfang vom Ende der Regierung Erhard, die Diskussion um die Ablösung begann. Es war jedoch die FDP, die Erhards Sturz herbeiführte. Der Bundeshaushalt für 1967 wies bei einem Volumen von 74 Milliarden DM ein Defizit von 3,3 Milliarden DM auf. Um es auszugleichen, fasste die CDU/CSU auch Steuererhöhungen ins Auge. Die FDP, die sich gegen die Union profilieren musste, lehnte Steuererhöhungen kategorisch ab. Als die der FDP angehörenden Minister erkannten, dass auf Erhard eine Große Koalition folgen und die FDP auf die Oppositionsbänke verbannt werden würde, erklärten sie sich bereit, Steuererhöhungen in Betracht zu ziehen. Tags darauf meldete die Presse, ein „Umfall" der FDP stehe bevor. Der damit ausgelöste „Umfall-Reflex" ließ den FDP-Ministern gar keine Wahl: Sie traten zurück. Wenig später warf Ludwig Erhard, der einige Wochen eine Minderheitsregierung geführt hatte, das Handtuch. Die CDU/CSU-Fraktion hatte bereits einen Nachfolger nominiert.

Ludwig Erhard, erst spät CDU-Mitglied, besaß nicht den Machtinstinkt Adenauers. Er hatte keinen Zugang zur existierenden Parteiendemokratie. Den Vorsitz der CDU hatte er spät, im Frühjahr 1966, und nur widerwillig übernommen. Er verfügte, anders als die meisten seiner Minister, nicht über eine Hausmacht in der Partei, auf die gestützt er seine Politik hätte durchsetzen können. Er setzte auf die Macht der Vernunft. Wenn man nur an die Einsicht der Bürger appellierte, müsste die richtige Politik die Oberhand gewinnen. Erhard blieb der in die Politik verschlagene Wissenschaftler, der für die Niederungen der Politik zu idealistisch, ihnen jedenfalls nicht gewachsen war. Seine Verdienste als Wirtschaftsminister und „Vater des Wirtschaftswunders" bleiben ihm unbenommen.

Große Koalition 1966–1969

Motive von CDU/CSU

In der Endphase der Regierung Erhard lief alles auf eine Koalition von CDU/CSU und SPD zu, die sogenannte „Große Koalition". In beiden Parteien hatten maßgebliche Kräfte darauf hingearbeitet, aus unterschiedlichen Motiven.

In der Union wollten Adenauer, Bundespräsident Lübke und andere Erhard los werden, mit dem eine Große Koalition nicht zu machen war. Es gab auch sachliche Gründe für dieses Bündnis. Anstehende Reformen bedurften einer verfassungsändernden Mehrheit, die Union war damit auf die SPD angewiesen. Das waren vor allem die Notstandsgesetzgebung und die Änderung der Finanzverfassung. Anderen war die Einführung des Mehrheitswahlrechts nach englischem Muster wichtig, wofür sie die Stimmen der SPD brauchten. Die Sozialausschüsse schließlich fühlten sich der SPD mehr verbunden als der FDP, die den weiteren Ausbau des Sozialstaates immer wieder behinderte.

Alle diese Gründe wären nicht zwingend gewesen. Das Drängen nach einer Großen Koalition lässt wohl eher Rückschlüsse auf den Zustand der Union zu. Offenbar waren nach 18 Jahren Regierungsverantwortung ihre Kräfte erlahmt, so dass sie nach einem starken Partner Ausschau hielt. Im Nachhinein ist dieses Verlangen schwer nachvollziehbar, ebnete es der SPD doch den Weg zu einer von einem sozialdemokratischen Bundeskanzler geführten Regierung.

Motive der SPD

Genau dies war der eigentliche Grund für die SPD, in die Große Koalition einzutreten. Die lange CDU-Herrschaft schien den Beweis dafür zu liefern, dass die Opposition eine amtierende Regierung nicht ablösen könne. Man musste daher als Juniorpartner in die Regierung eintreten und sich so als „regierungsfähig" qualifizieren. Wehner gelang es, die Führungsgremien der SPD auf diese Linie einzuschwören.

An der Basis der SPD erhob sich ein Sturm der Entrüstung. In der veröffentlichten Meinung reichte das Spektrum von abwartender Skepsis bis zur wütenden Ablehnung. Einige prominente Intellektuelle entwarfen wahre Horrorszenarien. Durch die Große Koalition sei „die Demokratie selber abgeschafft" (Karl Jaspers), ein „verkappter Staatsstreich" habe „die Verfassung faktisch außer Kraft gesetzt" (Harold Rasch).

In der Bevölkerung stieß die neue Regierung sehr bald auf wachsende Zustimmung, sie wurde sogar sehr populär. Das hat sicher etwas mit dem Harmoniebedürfnis der Deutschen zu tun, war aber vor allem auf ihre unbestreitbaren Erfolge zurückzuführen.

Regierung Kiesinger/Brandt (1966–1969)

Die Unionsfraktion hatte unter mehreren Bewerbern den durch die Bonner Querelen unbelasteten baden-württembergischen Ministerpräsidenten Kurt Georg Kiesinger zum Kanzlerkandidaten gewählt. Er bildete eine Regierung aus zehn Ministern der CDU/CSU und neun der SPD, die am 1. Dezember 1966 vereidigt wurde. Vizekanzler und Außenminister wurde Willy Brandt, Wirtschaftsminister der Sozialdemokrat Professor Karl Schiller, Finanzminister Franz-Josef Strauß.

Überwindung der Krise

Vier Fünftel der Regierungserklärung waren innenpolitischen Problemen gewidmet. Damit waren die Prioritäten klar benannt. Hauptziel musste natürlich die Überwindung der Wirtschaftskrise sein. Es war vor allem das Verdienst der für Wirtschaft und Finanzen zuständigen Minister, dass es in erstaunlich kurzer Zeit gelang, das Vertrauen der Teilnehmer am Wirtschaftsleben wiederherzustellen und durch ein Bündel von Maßnahmen die Konjunktur wieder in Gang zu setzen, darüber hinaus die gesetzlichen Voraussetzungen für eine staatliche Globalsteuerung der Wirtschaft zu schaffen. Dem ersten Zweck dienten zwei Investitionsprogramme mit dem für damalige Verhältnisse bedeutenden Volumen von zusammen 7,8 Milliarden DM, die durch Kredite finanziert wurden. Das galt damals noch als außergewöhnlich.

Durch das „Gesetz zur Förderung der Stabilität und des Wachstums der Wirtschaft" sollten die vier Ziele einer gesunden Wirtschaftsentwicklung („magisches Viereck") erreicht werden: Preisstabilität, Wachstum, Vollbeschäftigung, Gleichgewicht im Außenhandel. In einer „Konzertierten Aktion" sollten Vertreter der Arbeitgeberverbände, der Gewerkschaften, des Wirtschafts- und des Finanzministeriums – beraten vom Sachverständigenrat („Fünf Weisen") – anhand von Orientierungsdaten der Regierung Tarifvereinbarungen und konjunkturpolitische Maßnahmen aushandeln.

In Zahlen ausgedrückt nahmen sich die Erfolge dieser Politik höchst eindrucksvoll aus. Das Bruttosozialprodukt stieg 1968 gegenüber dem Vorjahr um 7,3, 1969 um 8,2 Prozent. Die Arbeitslosenquote ging 1968 auf 1,5 und 1969 auf 0,8 Prozent zurück. Die Zahl der Gastarbeiter erhöhte sich auf 1,5 Millionen.

Die Konzertierte Aktion verlor bald an Wirksamkeit. Es stellte sich nämlich heraus, dass die Dynamik der Wirtschaft sich nicht an die Orientierungsdaten der Regierung hielt. Der Boom ließ die Gewinne gegenüber der Prognose auf das Doppelte ansteigen. Die Gewerkschaften bereuten ihre Zurückhaltung bei den Lohnforderungen und langten umso kräftiger zu. 1968 stiegen die Bruttolöhne um 6,2, 1969 um 9,2 und 1970 um 14,7 Prozent. Real, das heißt unter Berücksichtigung der Inflationsrate und nach Abzug der anteiligen Steuer- und Sozialabgaben, entsprachen dem 3,5, 5,3 und 8,7 Prozent.

Kein Mehrheitswahlrecht

Die Regierungserklärung hatte verkündet, dass ein neues Wahlrecht eingeführt werden sollte, das „klare Mehrheiten ermöglicht". Dieses Vorhaben schaffe „einen institutionellen Zwang zur Beendigung der Großen
Koalition". Es garantierte, dass die Große Koalition ein Bündnis auf Zeit
und nicht ein dauerhaftes Machtkartell sein würde.

Wäre das Mehrheitswahlrecht eingeführt worden, hätte dies höchst-
wahrscheinlich der FDP den Garaus gemacht und verhindert, dass neue
Parteien Aussicht gehabt hätten, in den Bundestag einzuziehen. Die
Wahlrechtsreform hatte auch in den Unionsparteien nicht nur Freunde.
Sie scheiterte letztlich aber an der Furcht der SPD, in einer strukturellen
Minderheitsposition zu sein, dass heißt, zumindest auf absehbare Zeit
nicht die Mehrheit der Mandate gewinnen zu können. Ein SPD-Partei-
tag vertagte die Reform auf 1970. Damit war, je nach Standpunkt, die
Chance vertan oder die Gefahr gebannt, in Deutschland ein Mehrheits-
wahlsystem nach britischem Muster einzuführen.

Notstandsgesetzgebung

Von vielen Befürwortern der Großen Koalition war die Dringlichkeit einer Notstandsgesetzgebung als das Hauptargument für das Bündnis der
beiden großen Parteien angeführt worden. Das Grundgesetz enthielt
keine Regelung für den Notfall, das heißt für den Verteidigungsfall sowie
für den Fall innerer Unruhen und Katastrophen. Der hierfür vorgesehene Artikel war noch im Parlamentarischen Rat gestrichen worden, vielleicht mit Blick auf den höchst problematischen Gebrauch des Artikels
48 der Weimarer Verfassung. Die Notstandsgesetzgebung war vor allem
erforderlich, um die volle Souveränität der Bundesrepublik zu erlangen.
Die Alliierten hatten sich im Deutschlandvertrag vorbehalten, im Kri-
senfall die oberste Gewalt in der Bundesrepublik zu übernehmen (siehe
S. 94), solange keine entsprechende deutsche Regelung existierte.

Einen ersten Entwurf hatte die Bundesregierung schon 1960 vor-
gelegt. Die SPD war nicht grundsätzlich gegen Notstandsgesetze. Ihr
gingen jedoch die vorgesehenen Regelungen, die die Exekutive mit umfassenden Vollmachten ausstatten wollten, zu weit. Ganz entschiedene
Gegner der Notstandsgesetzgebung waren die Gewerkschaften, vor al-

lem aus der Sorge heraus, die Bestimmungen könnten dazu missbraucht werden, Streiks zu unterdrücken.

Vehementer Protest

Noch vehementer war der Protest einer im Laufe der Debatte und der späteren parlamentarischen Behandlung sich ständig verstärkenden außerparlamentarischen Opposition. Sie wurde vom „Sozialistischen Deutschen Studentenbund" (SDS) und vom Kuratorium „Notstand der Demokratie" getragen, das aus zahlreichen Professoren, Schriftstellern und Pastoren bestand. Auf ihrem Höhepunkt im Mai 1968 veranstaltete sie einen Sternmarsch auf Bonn und gleichzeitig Protestdemonstrationen in mehreren Städten. Nach der Verabschiedung der Gesetze „spricht kein Mensch mehr davon", hatte Bundesjustizminister Gustav Heinemann vorausgesagt, und er behielt Recht.

Die schließlich verabschiedete Notstandsgesetzgebung wies gegenüber den früheren Entwürfen wesentliche Änderungen auf. Dafür hatte die SPD gesorgt, doch hat die Opposition der Gewerkschaften und die Protestbewegung sicherlich auch dazu beigetragen. Vor allem wurden gewisse Einschränkungen der Grundrechte zurückgenommen, das Parlament sollte nicht ausgeschaltet werden. Vielmehr sieht der neu eingeführte Artikel 53 a GG für den Notfall die Einsetzung eines Gemeinsamen Ausschusses aus 22 Bundestagsabgeordneten und 11 Mitgliedern des Bundesrates vor, der als eine Art Ersatzparlament fungieren soll. Für die Grundgesetzänderung stimmten am 30. Mai 1968 384 Abgeordnete, 100 waren dagegen, darunter die Abgeordneten der FDP und ein Viertel der SPD-Parlamentarier.

Außerparlamentarische Opposition

Generationskonflikt

Die Bildung der Großen Koalition und der damit einhergehende Funktionsverlust des Parlaments, noch mehr vielleicht der Protest gegen die geplante Notstandsgesetzgebung haben die Entstehung einer Bewegung begünstigt, die sich selbst als Außerparlamentarische Opposition (APO) bezeichnete. Die Wurzeln dieser Protestbewegung lagen aber tiefer. In ihr manifestierte sich ein Generationskonflikt, der fast unvermittelt und für die große Mehrheit der Bevölkerung überraschend ausbrach und unerwartet heftige Formen annahm. In den abgelaufenen zwei Jahrzehnten nach Kriegsende hatten sich die Überlebenden nach den Schrecken des Krieges und den Entbehrungen der Nachkriegszeit ganz auf den Wiederaufbau konzentriert und genossen nun den zunehmenden Wohlstand.

Ideologische Grundlagen

Gegen diese nüchterne Welt der technokratischen Industriegesellschaft mit ihren überlieferten Werten probten Teile der jungen Generation den Aufstand. Er richtete sich gegen das „Establishment", gegen den Kapitalismus, gegen „Konsumterror", gegen die ganze Gesellschaftsordnung der Bundesrepublik. Die Ziele reichten von der Forderung nach „Demokratisierung" aller Bereiche der Gesellschaft bis zur Ablösung der Demokratie durch ein marxistisches Rätesystem in einer „anderen Republik". Die ideologische Grundlage vermittelte die „Kritische Theorie" der „Frankfurter Schule" mit ihrer Kritik an der Leistungs- und Konsumgesellschaft und der Verheißung einer herrschaftsfreien Gesellschaft radikal selbstbestimmter Menschen.

Die Formen des Protests waren anfangs friedlich. Die Protestbewegung übernahm die phantasievollen Demonstrationstechniken der amerikanischen Bürgerrechtsbewegung: Umfunktionierung von Lehrveranstaltungen (teach-ins), Besetzungen (go-ins), Sitzblockaden (sit-ins). Später eskalierten sie in Gewalttaten und Brandstiftungen.

Ausgangspunkt der Aktionen war Berlin, Ansatz der Protest gegen das amerikanische Engagement in Vietnam. Träger war in erster Linie der Sozialistische Studentenbund Deutschlands (SDS), die frühere Studentenorganisation der SPD, von der sich die Partei 1960 getrennt hatte, weil sie das Godesberger Programm ablehnte. Einen ersten Höhepunkt erreichte der Konflikt, als bei einer Protestveranstaltung gegen den Besuch des persischen Schahs Reza Pahlevi am 2. Juni 1967 der Student Benno Ohnesorg von einem Polizeibeamten erschossen wurde. Die Demonstrationen griffen nunmehr auf die meisten westdeutschen Universitätsstädte über. Es kam zu schweren Ausschreitungen.

Attentat auf Dutschke

Am 11. April 1968, einem Gründonnerstag, wurde auf den bekanntesten
Wortführer des Berliner SDS, Rudi Dutschke, ein Attentat verübt, bei
dem er lebensgefährlich verletzt wurde. Während der Ostertage erlebte
die Bundesrepublik die schwersten Unruhen seit der Endphase der Weimarer Republik. Es gab zwei Tote und Hunderte von Verletzten.

Die „Osterunruhen" markierten den Kulminationspunkt der Protestbewegung. Die brutale Gewalt wirkte auf viele Sympathisanten abschreckend, die APO begann zu zerfallen. Eine Minderheit schloss sich
den kommunistischen K-Gruppen an. Einige beschritten später den Weg
in den Terrorismus. Die überwiegende Mehrheit begann, wenn sie sich
nicht aus der Politik zurückzog, den „langen Marsch durch die Institutionen" (Rudi Dutschke). Sie fanden ihre politische Heimat zumeist in
der SPD. Später wurden viele in den „neuen sozialen Bewegungen" und
dann in der Partei „DIE GRÜNEN" aktiv.

Außen- und Deutschlandpolitik

Vorrang der Ostpolitik

In der Regierungserklärung Kiesingers stand die „neue Ostpolitik" an
erster Stelle, vor den Beziehungen zu den USA und Westeuropa. Kiesinger bot den Staaten des Warschauer Pakts, voran der Sowjetunion, Ge-
waltverzichtsvereinbarungen an. Die Teilung Deutschlands könne nur
im Rahmen einer europäischen Friedensordnung überwunden werden.
Damit rückte die Bundesregierung von der bisherigen Linie ab, nach der
die Wiedervereinigung Voraussetzung für eine Entspannung sei. Mit der
Aufnahme diplomatischer Beziehungen zu Rumänien am 31. Januar
1967, die noch von der Regierung Erhard angebahnt worden war, wurde
der Alleinvertretungsanspruch (Hallstein-Doktrin) ausgehöhlt, wenn
die Bundesregierung auch formal daran festhielt.

Moskaus Bedingungen

Dagegen richtete sich die 1968 entwickelte „Breschnew-Doktrin", die
alle Warschauer-Pakt-Staaten auf eine gemeinsame Linie einschwor und

einen Alleingang Rumäniens nicht zuließ. Die Sowjetunion verpflichtete die übrigen Ostblock-Staaten, diplomatische Beziehungen zur Bundesrepublik erst dann aufzunehmen, wenn diese ein Maximalprogramm von Vorbedingungen erfüllt habe: Verzicht auf Atomwaffen, Anerkennung der DDR und der Oder-Neiße-Grenze, Zustimmung zur Umwandlung West-Berlins in eine „selbständige politische Einheit". In der Folge wurden nur noch die zehn Jahre vorher abgebrochenen Beziehungen zu Jugoslawien wieder aufgenommen, das als „blockfreier" Staat nicht an die Moskauer Linie gebunden war.

Die Verhandlungen zwischen Bonn und Moskau über ein Gewaltverzichtsabkommen wurden unterbrochen, als die Sowjetunion in Anwendung der Breschnew-Doktrin am 21. August 1968 durch den Einmarsch von Truppen des Warschauer Paktes dem „Prager Frühling" ein Ende setzte. Als Begründung musste die „Subversion des westdeutschen Imperialismus" herhalten, der die Prager Reformen angezettelt und eine Invasion der Tschechoslowakei geplant habe.

Die Niederschlagung des „Prager Frühlings" und der beginnende Wahlkampf für die Bundestagswahl im September 1969 führten dazu, dass die Gegensätze in der Ostpolitik wieder offen aufbrachen. Während große Teile der CDU/CSU sich in ihrer Skepsis bestätigt sahen, verstärkte sich in der SPD die Bereitschaft, die „Realitäten" anzuerkennen. Darin stimmte sie mit der neuen Führung der FDP überein, die sich anschickte, die SPD in der Deutschlandpolitik noch zu überholen.

Weichenstellungen für Machtwechsel

Wahl des Bundespräsidenten

Die Weichen für eine Koalition von SPD und FDP, die sogenannte sozial-liberale Koalition, wurden bei der Wahl des Bundespräsidenten am 5. März 1969 gestellt. Bundespräsident Lübke war gegen Ende seiner zweiten Amtszeit vorzeitig zurückgetreten. Um das Amt bewarben sich für die Union Bundesverteidigungsminister Gerhard Schröder und für die SPD Bundesjustizminister Gustav Heinemann. Die FDP-Führung mit Walter Scheel an der Spitze hatte die FDP-Mitglieder auf die Wahl Heinemanns verpflichtet. Er wurde im dritten Wahlgang mit denkbar knapper Mehrheit gewählt. Auf ihn entfielen 512 Stimmen gegen 506 für Schröder bei fünf Enthaltungen. Der neue Bundespräsident nannte seine Wahl „ein Stück Machtwechsel" und zog damit heftige Kritik auf sich. Jedenfalls hatte sich ein Machtwechsel angekündigt.

Bundestagswahl 1969

Den Wahlkampf für die Bundestagswahl führten SPD und FDP gegen die Unionsparteien. Ihre Wahlparolen zielten auf eine Image der Fortschrittlichkeit: „Wir schaffen das moderne Deutschland" (SPD), und: „Wir schneiden die alten Zöpfe ab" (FDP). Entscheidend für die künftige Regierungsbildung war, ob die rechtsradikale „Nationaldemokratische Partei Deutschlands" (NPD) den Sprung in den Bundestag schaffen würde. Sie war seit 1966 in sieben Landtage eingezogen, zuletzt 1968 mit 9,8 Prozent in den Landtag von Baden-Württemberg. Es war offensichtlich primär eine Reaktion auf die Rezession und die Große Koalition. Bis 1972 war die NPD aus sämtlichen Landtagen wieder verschwunden.

Bei der Bundestagswahl am 28. September 1969 erhielten CDU und CSU 46,1 Prozent der Stimmen (242 Mandate), die SPD 42,7 Prozent (224 Mandate) und die FDP 5,8 Prozent der Stimmen (30 Mandate). Die NPD blieb mit 4,3 Prozent unter der 5 Prozent-Hürde. Eine Koalition von SPD und FDP hatte somit eine Mehrheit von 12 Stimmen.

DDR: Ausbau des sozialistischen Systems

Ausschaltung der Opposition

Die berühmte „Geheimrede" Chruschtschows auf dem XX. Parteitag der KPdSU im Februar 1956, in der er mit Stalin und seinen verbrecherischen Herrschaftsmethoden abrechnete, erschütterte das „sozialistische Lager". Überall waren die Kader verunsichert. In Polen kam es zu schweren Unruhen, die Ungarn glaubten, die Herrschaft der Kommunisten abschütteln zu können. Für die Deutschen in der DDR war die Erinnerung an den 17. Juni 1953 noch zu frisch, um einen neuen Aufstand zu wagen. Ulbricht konnte daher die „Entstalinisierung" auf ein paar verbale Bekundungen beschränken. Immerhin wurden 21.000 Ge-

fangene, darunter mehrere tausend politische Häftlinge, per Amnestie
auf freien Fuß gesetzt.

Wenn sich auch die Arbeiter ruhig verhielten, so bekam Ulbricht es
mit oppositionellen Strömungen im Parteiapparat und unter den Intellektuellen zu tun. Spitzenfunktionäre wie Karl Schirdewan, Chef der
Kaderabteilung beim ZK der SED, Ernst Wollweber, Minister für Staatssicherheit, Fred Oelßner, zuständig für die Versorgung der Bevölkerung,
Fritz Selbmann, zuständig für Industrie und Verkehr, und Gerhart Ziller,
ZK-Sekretär für Wirtschaft, forderten – wenn auch nur intern und nicht
öffentlich – Reformen, vor allem mehr innerparteiliche Demokratie und
eine effizientere Wirtschaftspolitik. Diese Leute waren besser als alle anderen über die wirtschaftliche Lage der DDR informiert.

Unter jüngeren marxistischen Intellektuellen wurde über einen
„menschlichen Sozialismus" und über einen „Dritten Weg" zwischen
Kapitalismus und Sozialismus nachgedacht. Typisch für solche Zirkel
war eine Gruppe um den Philosophiedozenten Wolfgang Harich, der
Pläne für ein sozialistisches Gesamtdeutschland unter der Führung von
SPD und einer reformierten SED entwarf.

Solche abweichenden Meinungen konnte Ulbricht nicht dulden. Im
November 1956 wurden Harich und seine Freunde verhaftet und zur
Abschreckung zu hohen Zuchthausstrafen verurteilt. Für die Ausschal-
tung der Schirdewan-Wollweber-Gruppe brauchte Ulbricht länger. Im
Februar 1958 beschuldigte das ZK der SED sie der „Fraktionsbildung"
(siehe S. 71) und enthob sie ihrer Partei- und Staatsämter.

Ulbricht saß fester im Sattel denn je. Als Wilhelm Pieck 1960 starb,
wurde anstelle des Staatspräsidenten eine kollektive Staatsspitze, der
Staatsrat, geschaffen. Walter Ulbricht wurde zusätzlich zu seinen Funktionen als Parteichef (Erster Sekretär des Zentralkomitees der SED) und
als Vorsitzender des im Februar 1960 geschaffenen „Nationalen Verteidigungsrates" als Vorsitzender des Staatsrats so etwas wie der Staatschef.

Wirtschaftliche Fortschritte: Einholen und Überholen

Im Juli 1958 verkündete Ulbricht auf dem V. Parteitag der SED als „ökonomische Hauptaufgabe", die Wirtschaft der DDR bis 1961 so zu entwickeln, dass „die Überlegenheit der sozialistischen Gesellschaftsordnung … eindeutig bewiesen wird und infolgedessen der Pro-Kopf-Ver-

brauch unserer werktätigen Bevölkerung mit allen wichtigen Lebensmitteln und Konsumgütern den Pro-Kopf-Verbrauch der Gesamtbevölkerung in Westdeutschland erreicht und übertrifft". Das war die DDR-Variante der Chruschtschowschen Ankündigung, die Sowjetunion werde die USA einholen und bis 1980 überholen. Bei näherem Hinsehen zeigt sich, dass Ulbricht sein Ziel vorsichtiger formuliert hatte: In Vergleich gesetzt wurde der Pro-Kopf-Verbrauch der werktätigen Bevölkerung der DDR mit dem der Gesamtbevölkerung der Bundesrepublik. Dennoch war die Zielsetzung vollkommen unrealistisch, denn der Pro-Kopf-Verbrauch in der Bundesrepublik lag um 25 Prozent höher als in der DDR, die Arbeitsproduktivität in der Industrie um 30 Prozent. Der Vorsprung war innerhalb von drei Jahren keinesfalls aufzuholen.

Die ehrgeizige Prognose war durch eine recht günstige Entwicklung der DDR-Wirtschaft inspiriert. Der 1956 beschlossene 2. Fünfjahrplan hatte die Erhöhung der Industrieproduktion um 55 Prozent bis 1960 proklamiert. Tatsächlich stieg die Wachstumsrate der Industrieproduktion von 1956 bis 1959 von 7 über 8, 11 bis 12 Prozent. Der Lebensstandard der Bevölkerung erhöhte sich spürbar, vor allem das Angebot an Konsumgütern verbesserte sich. 1958 wurden endlich die Lebensmittelkarten abgeschafft.

Bis 1961 konnte die Stimmung der Bevölkerung zuverlässig an den Flüchtlingszahlen abgelesen werden. Danach war die Zufriedenheit 1959 am höchsten. Waren noch 1957 261.000 Bürger der DDR in die Bundesrepublik übergewechselt, sank die Zahl 1958 auf 204.000 und 1959 auf 144.000, den niedrigsten Stand seit der Gründung der DDR. Offenbar genügte schon eine Verlangsamung der Strukturveränderungen und eine mäßige Anhebung des Konsumniveaus, um eine Konsolidierung herbeizuführen.

Vollendung der sozialistischen Produktionsverhältnisse

Ein Jahr später steckte die DDR erneut in einer schweren Krise. Der V. Parteitag der SED hatte neben der „ökonomischen Hauptaufgabe" auch die „Vollendung der sozialistischen Produktionsverhältnisse" proklamiert. Die Produktionsverhältnisse waren immer noch sehr unterschiedlich. Der sozialistische Sektor hatte einen Anteil von 89 Prozent in der Industrie, im Einzelhandel machte er 75 Prozent und im Handwerk

22 Prozent aus. Bei der Verstaatlichung der privaten Industriebetriebe und des Handels ließ die SED sich Zeit. Den Inhabern wurden seit 1956 Kommanditverträge mit einer fünfzigprozentigen Staatsbeteiligung „angeboten", sie führten dann die Betriebe als Gesellschafter weiter. 1960 gab es 4.500 solcher halbstaatlichen Betriebe, die Zahl der rein privaten war von 12.300 auf 6.500 gesunken. Im Einzelhandel wurden vergleichbare Kommissionsverträge zwischen den staatlichen Handelsorganisationen und privaten Geschäftsinhabern abgeschlossen. Auf solche Kommissionshändler entfielen 1960 6,5 Prozent des Einzelhandelsumsatzes, der Umsatz des privaten Handels war von 30 Prozent auf 16 Prozent gesunken. Den überwiegenden Teil des Einzelhandelsumsatzes tätigten HO-Läden (s. Seite 109) und Konsumgenossenschaften.

Die Handwerker versuchte man dazu zu bewegen, „Produktionsgenossenschaften des Handwerks" (PGH) beizutreten. Hier musste man viel vorsichtiger vorgehen als bei der Industrie und Landwirtschaft. Die Vorzüge von Produktionsgenossenschaften etwa der Friseusen oder Klempner leuchteten nicht unmittelbar ein, und allzu starker Druck konnte das ohnehin unzureichende Dienstleistungsangebot weiter vermindern. Der Anteil der PGH an der Leistung des Handwerks stieg bis Ende 1960 lediglich auf 28 Prozent.

Zwangskollektivierung

Zum Jahresbeginn 1960 begann die SED-Führung eine überstürzte Kollektivierungskampagne. Sie ahmte Formen der sowjetischen Kollektivierung von 1930/31 nach, wenn sie auch nicht Millionen Todesopfer forderte. Brigaden von Agitatoren wurden aufs Land geschickt, die die Bauern durch Einschüchterung und Drohungen zum Eintritt in die Landwirtschaftlichen Produktionsgenossenschaften (LPG) zu bewegen suchten. Wer sich weigerte, riskierte, als Feind des Friedens und der Arbeiterklasse entlarvt, in die Mühlen der Klassenjustiz zu geraten. Auch vor Psychoterror schreckten die Agitatoren nicht zurück. Mit Lautsprecherwagen wurden renitente Dorfgemeinschaften oder einzelne Bauern „beschallt", bis sie endlich aufgaben. Es gab einen Wettbewerb der Bezirke um die erste Vollzugsmeldung. Sieger wurde der Bezirk Rostock, der am 4. März 1960 die Vollkollektivierung bekanntgeben konnte.

Innerhalb von fünf Monaten waren 9.000 neue LPG entstanden, 500.000 Bauern und Bäuerinnen waren ihnen beigetreten. Insgesamt bewirtschafteten Ende 1960 19.000 LPG 85 Prozent der landwirtschaftlichen Nutzfläche. Es gab drei Typen von LPG. Bei den Typen I und II wurde das Ackerland in die Genossenschaft eingebracht, die übrigen Betriebsteile, Wald, Vieh, Maschinen, Wirtschaftsgebäude, gar nicht oder nur teilweise. Beim Typ III ging das gesamte Betriebsvermögen in Genossenschaftseigentum über. Der Anteil der LPG vom Typ III stieg kontinuierlich an. In den siebziger Jahren wurde der Übergang zum vollkollektivierten Typ abgeschlossen.

Mauer: Weg zur entwickelten sozialistischen Gesellschaft

Massenflucht

Die überhastete Kollektivierung führte Ende 1960 zu einer drastischen Verschlechterung der Versorgungslage. Die Unzufriedenheit der Bevölkerung wuchs und mit ihr die Flüchtlingszahlen. Die SED reagierte mit einem härteren Kurs, zum Beispiel schweren Strafen für Fluchthelfer. Überdies hatten sich die internationalen Spannungen durch den Poker um Berlin (siehe S. 128 ff.) gefährlich verschärft. Im April 1960 und noch nachdrücklicher im Juni 1961 drohte Chruschtschow erneut mit dem Abschluss eines Separatfriedens mit der DDR und forderte die Umwandlung West-Berlins in eine Freie Stadt. Bei der Bevölkerung verdichtete sich der Eindruck, der Fluchtweg über Berlin werde nicht mehr lange offen bleiben. Von Januar bis Juli 1961 flohen weit über hunderttausend Menschen, vom 1. bis 13.8. wechselten 43.000 über die noch offene Grenze.

Absperrung der Grenze

In einem Interview mit der Korrespondentin der „Frankfurter Rundschau", Annamarie Doherr, am 15. Juni 1961 erklärte Ulbricht: „Ich verstehe Ihre Frage so, dass es in Westdeutschland Menschen gibt, die wünschen, dass wir die Bauarbeiter der Hauptstadt der DDR dazu mobilisie-

NEUES DEUTSCHLAND
ORGAN DES ZENTRALKOMITEES DER SOZIALISTISCHEN EINHEITSPARTEI DEUTSCHLANDS

„Ich verstehe Ihre Frage so, daß es in Westdeutschland Menschen gibt, die wünschen, daß wir die Bauarbeiter der Hauptstadt der DDR dazu mobilisieren, eine Mauer aufzurichten. Mir ist nicht bekannt, daß eine solche Absicht besteht. Die Bauarbeiter unserer Hauptstadt beschäftigen sich hauptsächlich mit Wohnungsbau, und ihre Arbeitskraft wird dafür voll eingesetzt.

Niemand hat die Absicht, eine Mauer zu errichten!"

Ulbricht am 15. Juni 1961

auf einer internationalen Pressekonferenz in Ostberlin

ren, eine Mauer aufzurichten. Mir ist nicht bekannt, dass solche Absicht besteht, da sich die Bauarbeiter in der Hauptstadt hauptsächlich mit Wohnungsbau beschäftigen und ihre Arbeitskraft voll eingesetzt wird. Niemand hat die Absicht, eine Mauer zu errichten."

Es kann zumindest nicht ausgeschlossen werden, dass die SED-Führung die Fluchtbewegung durch die Zwangskollektivierung und andere harte Maßnahmen bewusst verstärkt hat, um die zögernden Sowjets zum Einverständnis mit der Abriegelung der Grenze zu bewegen. Jedenfalls hat die SED-Führung nichts getan, um sie wie 1957 bis 1959 durch Erleichterungen einzudämmen.

Kennedy hatte am 25. Juli 1961 zu verstehen gegeben, dass die Westmächte nicht eingreifen würden (siehe S. 129 f.). Chruschtschow gab Anfang August grünes Licht. In der Nacht vom 12. zum 13. August begann-

Mauerbau 1961: Unter bewaffneter Aufsicht wurde eine Lücke in der Sperranlage geschlossen.

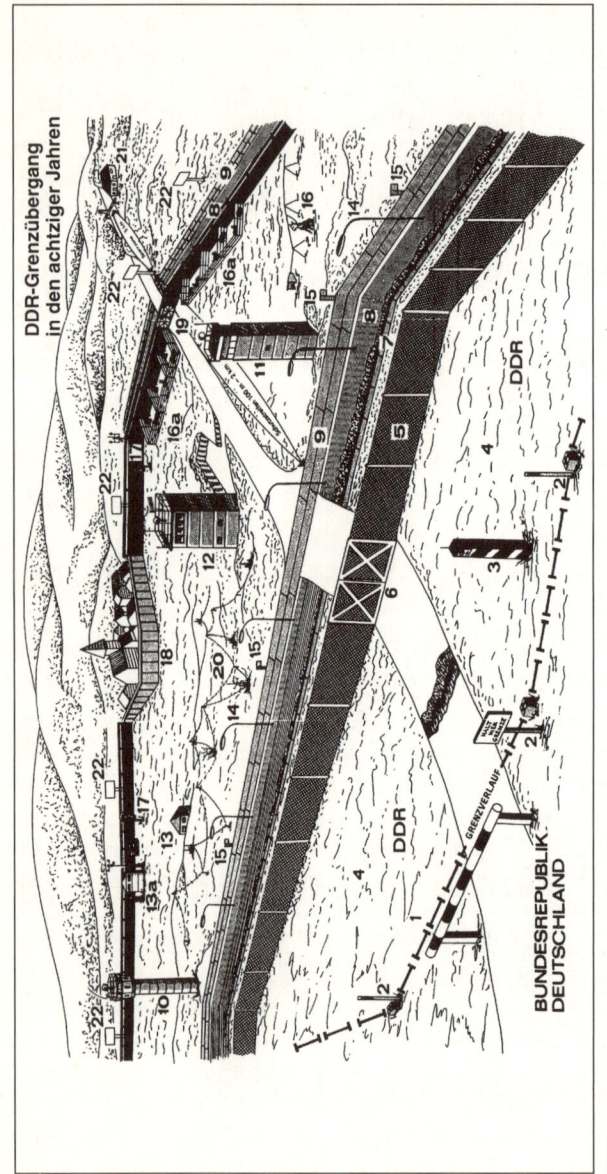

DDR-Grenzübergang in den achtziger Jahren

Erläuterungen:
1 Grenzverlauf mit Grenzsteinen; 2 Grenzhinweisschild bzw. -pfahl vor dem Grenzverlauf; 3 DDR-Grenzsäule (ca. 1,9 m hoch, schwarz-rot-gold mit DDR-Emblem;
4 Abgeholzter und geräumter Geländestreifen; 5 Einreihiger Metallgitterzaun (ca. 3,2 m hoch); 6 Durchlass im Metallgitterzaun; 7 Kfz-Sperrgraben (mit Betonplatte befestigt; 8 ca. 6 m bzw. 2 m breiter Kontrollstreifen (Spurensicherungsstreifen); 9 Kolonnenweg mit Fahrspurplatten (Lochbeton) („Begrenzung der vorderen Linie des
Einsatzes"); 10 Beton-Beobachtungsturm; 11 Beton-Beobachtungsturm und Anschluss; 12 Beton-Beobachtungsturm (2x2 m); 13 Beobachtungsbunker; 13a Beobachtungsbunker mit
Schalteinrichtungen, Rundumleuchte und Anschluss; 14 Lichtsperre; 15 Anschlußsäule für das erdverkabelte Grenzmeldenetz; 16 Hundelaufanlage; 16a Hundefrei-
laufanlage; 17 Modifizierter Schutzstreifenzaun mit elektronischen und akustischen Signalanlagen und Schalteinrichtungen; 18 Betonsperrmauer/Sichtblende;
19 Durchlaßtor im Schutzstreifenzaun mit Signaldrähten; 20 Stolperdrähte; 21 Kontrollpassierpunkt zur Sperrzone; 22 Hinweisschild auf Beginn des Schutzstreifens.

nen Volkspolizei, NVA (siehe S. 121) und Betriebskampfgruppen, Stacheldraht auszurollen und Steinwälle zu errichten. Die Bauarbeiter traten erst später in Aktion.

In der offiziellen Propaganda wurde die Mauer als „antifaschistischer Schutzwall" bezeichnet, der einen „Blitzkrieg gegen die DDR" verhindert habe. Diese absurden Schlagworte nahm niemand ernst. Die eigentliche Begründung, die so auch von der westdeutschen Publizistik und Geschichtsschreibung übernommen wurde, lautete, man habe den Flüchtlingsstrom stoppen müssen, um ein „Ausbluten der DDR" und damit den ökonomischen Zusammenbruch zu verhindern. Das ist natürlich richtig. Gibt es aber ein vernichtenderes Urteil über einen Staat und sein Gesellschaftssystem, als dies, er hätte nur dadurch überleben können, dass er seine Bewohner einsperrte? Die Mauer war das steingewordene Symbol des Versagens der SED-Führung, die es nicht vermocht hatte, sich in 15-jähriger Herrschaft die Loyalität ihrer Bürger zu sichern.

Stabilisierung der DDR

Aus der Sicht der SED-Führung war die Errichtung der Mauer ein Wendepunkt in der Geschichte der DDR, von dem aus sich eine Stabilisierung ihrer Herrschaft anbahnte. Man hat den 13. August 1961 sogar als den „heimlichen Gründungstag der DDR" bezeichnet. Die Bürger mussten sich mit dem System mehr oder weniger arrangieren, außer sie unternahmen einen der immer schwieriger und immer gefährlicher werdenden Versuche, dem Regime doch noch zu entkommen.

Laut DDR-Geschichtsschreibung war die DDR im Jahrzehnt von 1961 bis 1971, vom Mauerbau bis zur Absetzung Ulbrichts, auf dem Wege zur „entwickelten sozialistischen Gesellschaft". Die Umgestaltung von Wirtschaft und Gesellschaft war abgeschlossen, „in allen Bereichen der Volkswirtschaft dominierten sozialistische Produktionsverhältnisse". Vielleicht ließe sich die Systemkonkurrenz doch noch gewinnen. Jedenfalls musste die Entwicklung der Wirtschaft vorangetrieben werden, wenn die SED-Führung mit ihren Bürgern einigermaßen zurechtkommen wollte.

Wirtschaftsreform: NÖSPL

Auf dem VI. Parteitag der SED im Januar 1963 kündigte Ulbricht Reformen der Wirtschaftspolitik an, das „Neue Ökonomische System der Planung und Leitung" der Volkswirtschaft (NÖSPL). Das starre System der zentralen Planwirtschaft sollte flexibler und leistungsfähiger werden, indem die Verantwortung für die Durchführung der Pläne an die Betriebe delegiert wurde. Auch durch individuelle Leistungsanreize sollte die „materielle Interessiertheit" der Arbeiter und der Kader gefördert werden.

Das NÖSPL hatte tatsächlich positive Wirkungen auf die Entwicklung der Wirtschaft. Die Arbeitsproduktivität stieg 1964 um 7 Prozent und 1965 um 6 Prozent. Das Bruttosozialprodukt wuchs zwischen 1960 und 1970 um durchschnittlich 5 Prozent. Vor allem verbesserte sich die Ausstattung der Haushalte mit langlebigen Gebrauchsgütern ganz erheblich.

Rückkehr zur zentralen Steuerung

Schon 1967 wurde das NÖSPL modifiziert zum ÖSS, dem „Ökonomischen System des Sozialismus". Für wichtige Industriezweige galten nun wieder die zentral festgelegten Plankennziffern. 1970 wurde das Experiment endgültig abgebrochen. Den Funktionären war die Eigenmächtigkeit der Technokraten schon immer suspekt gewesen, die Reformer verzweifelten an der Starrheit des Apparates. Es ist wohl symptomatisch, dass der Initiator des NÖSPL, Erich Apel, seit 1958 Leiter der Wirtschaftskommission beim Politbüro, 1965 Selbstmord beging, ebenso wie sein Vorgänger Gerhart Ziller, 1953 bis 1957 ZK-Sekretär für Wirtschaft, der 1957 aus dem Leben geschieden war.

Festigung des Herrschaftssystems

Parteiprogramm der SED

In den Jahren nach dem Mauerbau ging die SED daran, ihr Herrschaftssystem zu festigen. Auf dem VI. Parteitag 1963 verabschiedete sie ein Parteiprogramm, das erste nach der Gründung. Sie bekannte sich darin zum Marxismus-Leninismus und dem Ziel der klassenlosen Gesellschaft sowie der Schaffung eines neuen Menschen. Nachdrücklich wurde der Führungsanspruch der Partei betont. Sie leite das „gesamte gesellschaftliche Leben der Republik", Parteibeschlüsse seien „unmittelbare Arbeitsgrundlage der Staatsorgane".

Verfassung von 1968

Den tatsächlichen Machtverhältnissen trug die neue Verfassung von 1968 (siehe S. 77) Rechnung, die die SED in einem Volksentscheid von der Bevölkerung annehmen ließ (94,5 Prozent stimmten dafür). In Art. 1 wurde die DDR als ein „sozialistischer Staat deutscher Nation" bezeichnet. Sie verwirkliche den Sozialismus „unter Führung der Arbeiterklasse und ihrer marxistisch-leninistischen Partei". Der Führungsanspruch der SED war erstmals in der Verfassung verankert.

Allgemeine Wehrpflicht

Die Staatsmacht wurde auch durch ganz konkrete Maßnahmen gefestigt. Im Januar 1962 wurde die allgemeine Wehrpflicht eingeführt. Hatte die Nationale Volksarmee bisher wegen des Arbeitskräftemangels nur schwer Freiwillige rekrutieren können, so stieg ihre Stärke von 100.000 (1961) auf 140.000 Mann. Das Offizierkorps bestand fast ausschließlich aus SED-Mitgliedern. Den Nachwuchs an „jungen sozialistischen Kämpferpersönlichkeiten" sicherte die 1952 gegründete und inzwischen zur Massenorganisation ausgebaute „Gesellschaft für Sport und Technik", der die vormilitärische Ausbildung übertragen war.

Neues Strafgesetzbuch

1968 wurde ein neues Strafgesetzbuch eingeführt. Damit waren die Reste der bisherigen Rechtseinheit in Deutschland beseitigt, doch ähnelten die Prinzipien des neuen DDR-Strafrechts in vielem der fast gleichzeitigen westdeutschen Gesetzgebung, zum Beispiel die Resozialisierung. Dagegen wurde das politische Strafrecht um zusätzliche Tatbestände erweitert und die ohnehin schon drakonischen Strafen noch verschärft. Delikte wie „Sammlung von Nachrichten" und „staatsfeindliche Hetze" wurden mit langen Freiheitsstrafen bedroht.

Ulbrichts „Sozialistische Menschengemeinschaft"

Die SED-Führung hielt für Widersetzliche ein Instrumentarium schärf-
ster Repressionen bereit, bemühte sich jedoch zugleich, zur Bevölkerung
ein erträgliches Verhältnis herzustellen. „Die Republik", verkündete Ulbricht 1963, „braucht alle, alle brauchen die Republik". Anlässlich des
15. Gründungstages der Republik am 17. Oktober 1964 wurde eine Amnestie erlassen, unter die auch politische Häftlinge fielen. 1967 proklamierte Ulbricht die „sozialistische Menschengemeinschaft", zu der die
„Klassen und Schichten in der DDR" zusammenwachsen sollten.

Außenbeziehungen

Der außenpolitische Spielraum der DDR blieb auch in den sechziger
Jahren begrenzt. Solange Bonn an der Hallstein-Doktrin festhielt, unterhielt die DDR diplomatische Beziehungen nur mit den 13 Staaten des sozialistischen Lagers. In einer Reihe von Ländern der Dritten Welt gab es
allerdings Konsulate (9) und Handelsmissionen (14).

Gegenüber der Bundesrepublik verfolgte die DDR eine Politik der
strikten Abgrenzung. Das ist ganz wörtlich zu nehmen: Entlang der
Grenze zur Bundesrepublik wurde 1964 ein 500 Meter breiter Schutzstreifen und ein Sperrgebiet von fünf Kilometern Tiefe eingerichtet. In
den folgenden Jahren wurde die Grenze immer undurchlässiger, wenn es
auch wieder und wieder Versuche gab, sie zu überwinden.

Auch rechtlich wurde die Trennung vertieft: Durch das „Staats-
bürgerschaftsgesetz" von 1967 wurde die gemeinsame deutsche Staatsbürgerschaft aufgekündigt.

Die praktischen Beziehungen der beiden deutschen Staaten glichen
einem Wechselbad. „Menschliche Erleichterungen" wurden gewährt,
dann wieder eingeschränkt oder zurückgenommen. 1963 gab es das erste
Passierscheinabkommen (siehe S. 147). Ab November 1964 durften
Rentner aus der DDR einmal im Jahr Verwandte im Westen besuchen.
Fast gleichzeitig wurde für Besucher der DDR aus dem Westen ein
Zwangsumtausch von zunächst fünf DM pro Tag eingeführt, der sich
1968 auf zehn DM, 1973 auf 20 DM und 1980 schließlich auf 25 DM erhöhte. Abschreckend auf Westbesucher sollte auch das abweisende bis
feindselige Verhalten der „Grenzorgane" wirken.

Ein Angebot Ulbrichts im April 1964, den Verkauf westdeutscher Zeitungen wie der „Zeit" oder der „Süddeutschen Zeitung" in der DDR zuzulassen, wenn im Gegenzug das SED-Zentralorgan „Neues Deutschland" in der Bundesrepublik verkauft werden dürfe, scheiterte an Bedenken der Bundesregierung. Dabei wären westdeutsche Zeitungen den Verkäufern aus der Hand gerissen worden, das „Neue Deutschland" hingegen wäre wie Blei liegen geblieben.

Ein für Juli 1966 geplanter Redneraustausch zwischen SPD und SED – ein SPD-Vertreter sollte in Karl-Marx-Stadt (Chemnitz) sprechen, ein SED-Vertreter in Hannover öffentlich reden – wurde von der SED, die wohl Angst vor der eigenen Courage bekommen hatte, abgesagt.

Ende der Ära Ulbricht

Ulbricht war zeit seines Lebens ein treuer Gefolgsmann der Sowjetunion gewesen. Gegen Ende seines Lebens entwickelte er eigenwillige Vorstellungen, die die Kremlherren irritieren mussten. Er begann die Sowjetführer zu belehren, dass eine „technisch-wissenschaftliche Revolution" notwendig sei, um den Rückstand des sozialistischen Lagers im Systemwettbewerb aufzuholen. Das hierfür nötige Selbstbewusstsein leitete er aus dem Wissen her, dass die DDR über die modernste Industrie und den höchsten Lebensstandard des Ostblocks verfügte, vermeintlich gar in der Weltrangliste der Industrieländer den Platz 9 einnehme.

Sogar den ideologischen Vorrang machte er der Sowjetunion streitig. Der Sozialismus sei eine „selbständige sozialökonomische Formation in der historischen Epoche des Übergangs vom Kapitalismus zum Kommunismus". Wenn das richtig sei, läge die DDR gleichauf mit der Sowjetunion, die doch behauptete, sie befinde sich seit 1936 in der Phase des Übergangs vom Sozialismus zum Kommunismus und sei damit allen anderen sozialistischen Staaten voraus. Noch mehr: Das System der DDR sei einer hochindustriellen Gesellschaft adäquat, daher sei die DDR „Modell" für „industriell hochentwickelte Länder".

Als Ulbricht auch noch gegen die sowjetische Außenpolitik querschoss – der Vertrag von Moskau war im August 1970 zwischen der Bundesrepublik und der Sowjetunion geschlossen worden (siehe S. 175) –, beschloss die Sowjetführung, den starrsinnigen Alten abzusetzen. Ulbrichts

Spaziergänger Ulbricht und Honecker 1966, links hinter Ulbricht Willi Stoph

„Kronprinz", der FDJ-Vorsitzende Erich Honecker, hatte vorher die Weichen gestellt. Am 3. Mai 1971 bat Ulbricht um Entbindung von der Funktion des 1. Sekretärs des ZK der SED. Er behielt das Amt des Staatsratsvorsitzenden und erhielt das neu geschaffene des Vorsitzenden der SED. Politischen Einfluss besaß er nicht mehr.

Walter Ulbricht war während der ersten Hälfte ihrer Existenz der mächtigste Mann der DDR. In seiner Person vereinigte er die höchsten Parteiämter (1950 bis 1953 Generalsekretär, 1953 bis 1971 Erster Sekretär des ZK) und schließlich auch Staatsämter (1960 bis 1973 Vorsitzender des Staatsrates und des Nationalen Verteidigungsrates). Er hat diese Periode in einem Maße geprägt, dass man von einer „Ära Ulbricht" sprechen kann. Ulbricht verkörperte wie kein anderer den Typus des Apparatschiks, wenn er sich auch in den letzten Lebensjahren als Landesvater zu gerieren versuchte. Er trägt die Hauptverantwortung für die Stalinisierung der DDR und für die Ausbildung des bürokratischen sozialistischen Zwangsregimes, das die DDR bis zu ihrem Ende geblieben ist.

MACHTWECHSEL: SOZIAL-LIBERALE KOALITION 1969–1982

ÄRA HONECKER SEIT 1971

Regierung Brandt-Scheel

Noch in der Nacht nach der Bundestagswahl am 28. September 1969 (siehe S. 157) bot Willy Brandt dem FDP-Vorsitzenden Walter Scheel eine Koalition an. Deren parlamentarische Basis war allerdings sehr schmal. Bei der Kanzlerwahl am 21. Oktober 1969 stimmten nicht einmal alle 254 Abgeordneten von SPD und FDP für Willy Brandt. Er erhielt 251 Stimmen, zwei mehr als die Kanzlermehrheit von 249 Stimmen.

Hochgespannte Erwartungen

Die Erwartungen, die sich an die neue Regierung richteten, waren hoch. Ihre Wähler sahen nach 20 Jahren Herrschaft von CDU-Kanzlern in dem Regierungswechsel einen Machtwechsel, der zu grundlegenden Änderungen auf allen Gebieten der Politik führen würde. Die Regierungserklärung trug den hochgespannten Erwartungen Rechnung. Sie war, mehr als alle anderen Regierungserklärungen in der Geschichte der Bundesrepublik, das Manifest eines Neubeginns, eines Aufbruchs zu neuen Horizonten. Sie enthielt brillante, die Anhänger mitreißende, die politischen Gegner herausfordernde Formulierungen: „Wir wollen mehr Demokratie wagen", hieß es am Anfang – und am Schluss: „Wir stehen nicht am Ende unserer Demokratie, wir fangen erst richtig an".

Programm innerer Reformen

Leitgedanke des innenpolitischen Teils der Regierungserklärung war die Partizipation, die „Mitbestimmung und Mitverantwortung in verschiedenen Bereichen der Gesellschaft". Angekündigt, wenn auch zumeist nicht konkretisiert, wurde ein umfangreiches Programm innerer Reformen in nahezu allen Bereichen der Politik und der Gesellschaft, angefangen von der Organisation der Regierungstätigkeit über eine Bildungsreform, eine Steuerreform, eine Reform des Strafrechts, des Ausbaus des Sozialsystems und des Umweltschutzes bis zur Gleichberechtigung der Frauen.

Neue Ostpolitik

Nicht weniger grundlegend war der Neuansatz in der Deutschland- und Ostpolitik. Erstmals wurde die staatliche Existenz der DDR anerkannt, wenn auch die völkerrechtliche Anerkennung abgelehnt wurde: „Auch wenn zwei Staaten in Deutschland existieren, sind sie doch füreinander nicht Ausland, ihre Beziehungen zueinander können nur von besonderer Art sein." Die Bundesregierung wolle versuchen, mit der DDR „über ein geregeltes Nebeneinander zu einem Miteinander zu kommen".

Moskauer Vertrag

Die erste außenpolitische Initiative galt jedoch der Sowjetunion. Ebenso wie für Adenauer lag für Brandt und seinen Berater Egon Bahr (siehe S. 147), der später als der „Architekt der neuen Ostpolitik" bezeichnet wurde, der Schlüssel zur deutschen Frage in Moskau. Das Konzept des Außenministers Gerhard Schröder, sich an der Sowjetunion und der DDR vorbei auf die Beziehungen zu den osteuropäischen Staaten zu konzentrieren (siehe S. 145 f.), hatte sich spätestens seit der Invasion der Tschechoslowakei im August 1968 als nicht erfolgversprechend erwiesen.

Im Januar 1970 begannen in Moskau die Verhandlungen zwischen Egon Bahr, jetzt Staatssekretär im Bundeskanzleramt, und Außenminister Gromyko über einen Gewaltverzicht. Sie waren im Mai 1970 abgeschlossen, ihr Ergebnis in einem Dokument, dem „Bahr-Papier", zusammengefasst, das die Grundlage für die offiziellen Verhandlungen der Außenminister Scheel und Gromyko bildete. Am 12. August 1970 wurde der Moskauer Vertrag zwischen der Bundesrepublik Deutschland und der Sowjetunion unterzeichnet.

Beide Staaten verpflichteten sich, ihre Streitfragen ausschließlich mit friedlichen Mitteln zu lösen. Sie verpflichteten sich ferner, „die territoriale Integrität aller Staaten in Europa in ihren heutigen Grenzen uneingeschränkt zu achten", also auch die Grenzen zwischen der Bundesrepublik und der DDR und die Oder-Neiße-Linie als polnische Westgrenze. Die Bundesregierung übergab den „Brief zur deutschen Einheit", in dem sie feststellte, dass der Vertrag nicht im Widerspruch zu dem Ziel des deutschen Volkes steht, in freier Selbstbestimmung die Einheit wiederzuerlangen.

Bundeskanzler Brandt kniet vor dem Denkmal der Gefallenen des Ghetto-Aufstandes in Warschau.

Warschauer Vertrag

Fast gleichzeitig mit den Verhandlungen in Moskau begannen auch Gespräche über einen Vertrag mit Polen, der am 7. Dezember 1970 in Warschau unterzeichnet wurde. Der Vertrag enthielt ebenfalls eine Anerkennung der Oder-Neiße-Grenze als „westliche Staatsgrenze Polens".

Bei seinem Aufenthalt in Warschau anlässlich der Unterzeichnung legte Bundeskanzler Brandt am Denkmal für die Opfer des jüdischen Ghetto-Aufstandes einen Kranz nieder. Dabei kniete er für eine Gedenkminute nieder, eine symbolische Geste, deren Bild um die Welt ging und ein außerordentlich positives internationales Echo fand. 1971 erhielt Willy Brandt als erster deutscher Staatsmann seit Stresemann den Friedensnobelpreis.

Vier-Mächte-Abkommen über Berlin

Von zentraler Bedeutung war für die Bundesregierung die Sicherung
West-Berlins. Wegen der Verantwortung der Vier Mächte für Berlin
wurden die Verhandlungen hierüber seit März 1970 von den Botschaftern der Westmächte in Bonn mit dem sowjetischen Botschafter in
Ost-Berlin geführt. Sie kamen nur schleppend voran. Als jedoch die
Bundesregierung in Moskau verlauten ließ, die Ratifizierung der Verträge von Moskau und Warschau sei abhängig von einer befriedigenden
Berlin-Regelung, lenkte die Sowjetunion ein. Das am 3. September 1971
unterzeichnete Abkommen garantierte den ungehinderten Verkehr auf
den Transitstrecken und bestätigte die Bindungen zwischen der Bundesrepublik und West-Berlin ebenso wie das Recht der Bundesrepublik,
West-Berlin in allen Belangen zu vertreten.

Kontroverse um Ostverträge

Die Ostpolitik der Regierung Brandt-Scheel löste einen erbitterten und
sich ständig verschärfenden Streit zwischen Regierung und Opposition
aus, der den Auseinandersetzungen um die Westbindung und Wiederbewaffnung des Landes in den frühen fünfziger Jahren in nichts nachstand,
nur dass er mit vertauschten Rollen geführt wurde. Ebenso wie die SPD
die Westbindung und Wiederbewaffnung schließlich akzeptierte, sollten
auch die Unionsparteien die Ostpolitik später fortsetzen.
Die CDU/CSU-Opposition warf der Regierung vor, sie habe
– sich selbst unter Zeitdruck und Erfolgszwang gesetzt,
– Rechtspositionen ohne Not aufgegeben, insbesondere die DDR als
  gleichberechtigten Staat anerkannt,
– zugelassen, dass die Verträge Mehrdeutigkeiten enthalten, weshalb die
  Gefahr einer Einmischung in deutsche Innenpolitik bestehe,
– die sowjetische Hegemonie in Ostmitteleuropa nicht nur akzeptiert,
  sondern legalisiert.

Die Bundesregierung wandte dagegen ein, sie habe
– objektiv unter Zeitdruck gestanden, da die bisherige Politik auch bei
  den Verbündeten zunehmend auf Widerspruch stieß,
– nur Positionen aufgegeben, die nicht mehr zu halten waren, aber das
  Selbstbestimmungsrecht und damit das Streben nach Einheit gewahrt,

– die Verträge in allen entscheidenden Punkten eindeutig ausgehandelt,
– einen Modus vivendi mit der Sowjetunion und den osteuropäischen
  Ländern erreicht.

Willy Brandt wird am Fenster des Hotels Erfurter Hof, von einer großen Menschenmenge begeistert begrüßt.

Ratifizierung der Ostverträge

Durch den Übertritt mehrerer Abgeordneter der Koalitionsparteien zur CDU verfügte die Bundesregierung über keine sichere Mehrheit mehr. Die Ratifizierung der Verträge war nicht gesichert. Eine Ablehnung hätte einen Eklat mit unkalkulierbaren Folgen für die internationale Position der Bundesrepublik heraufbeschworen. Insbesondere wäre auch das mit den Ostverträgen verknüpfte Vier-Mächte-Abkommen über Berlin gescheitert. Der Fraktionsvorsitzende Rainer Barzel versuchte, die CDU/CSU-Fraktion auf ein Ja festzulegen. Eine „Gemeinsame Entschließung" aller Bundestagsparteien sollte den Weg dazu ebnen. In ihr wurde bekräftigt, dass die Verträge „eine friedensvertragliche Regelung für Deutschland nicht vorwegnehmen" und dass durch sie „das unveräußerliche Recht auf Selbstbestimmung nicht berührt" wird. Die CDU/CSU-Fraktion beschloss mit Mehrheit, Stimmenthaltung zu üben. Eine kleine Minderheit stimmte gegen die Verträge. Der Moskauer und der Warschauer Vertrag wurden am 19. Mai 1972 mit den 248 Stimmen der Koalitionsparteien angenommen.

Prager Vertrag

Ein letzter Vertrag, mit der Tschechoslowakei, sollte die Ostverträge komplettieren. Er konnte erst nach mühsamem Tauziehen am 11. Dezember 1973 unterzeichnet werden. Dabei war es um die tschechoslowakische Forderung gegangen, das Münchener Abkommen von 1938 für „ungültig von Anfang an" zu erklären. Das konnte die Bundesregierung nicht zuletzt wegen der Folgen für die Staatsangehörigkeit der sudetendeutschen Bürger der Bundesrepublik nicht akzeptieren. Schließlich einigte man sich auf die Kompromissformel, beide Seiten betrachteten das Abkommen als „nichtig", die Staatsangehörigkeitsfrage sei hiervon jedoch unberührt.

Deutsch-deutsche Beziehungen

Die Bundesregierung hatte auch der DDR Verhandlungen angeboten. Ulbricht reagierte mit den bekannten Maximalforderungen. Bundeskanzler Brandt schlug ein Treffen mit dem Vorsitzenden des DDR-Ministerrates Willi Stoph vor. Das Gesprächsangebot war ein Zeichen guten Willens und sollte es der DDR erschweren, die laufenden Gespräche in Moskau zu stören.

Treffen in Erfurt und Kassel

Eine erste Begegnung von Brandt und Stoph fand am 19. März 1970 in Erfurt statt, eine weitere am 21. Mai 1970 in Kassel. In Erfurt wurde der Bundeskanzler von einer begeisterten Menschenmenge mit „Willy, Willy"-Rufen begrüßt, ein spontanes Bekenntnis zur Zusammengehörigkeit aller Deutschen, das der Bundeskanzler nur mit einer beschwichtigenden Geste beantworten konnte. Die Treffen blieben ohne Ergebnis.

Verkehrsvertrag

Ernsthafte Verhandlungen wurden erst gegen Jahresende 1970 aufgenommen, nachdem Ulbricht abgelöst worden war. Am 26. Mai 1972 wurde der „Verkehrsvertrag" unterzeichnet, der Rechtsfragen des Reiseverkehrs zwischen den beiden deutschen Staaten regelte.

Grundlagenvertrag

Endlich, am 21. Dezember 1972, wurde der „Vertrag über die Grundlagen der Beziehungen zwischen der Bundesrepublik Deutschland und der Deutschen Demokratischen Republik", kurz „Grundlagenvertrag", unterzeichnet. Beide Staaten verpflichteten sich, gutnachbarliche Beziehungen auf der Grundlage der Gleichberechtigung zu entwickeln und die Unabhängigkeit und Selbständigkeit des jeweils anderen Staates zu respektieren. Praktische und humanitäre Fragen sollten in Einzelverträgen geregelt werden. Vereinbart wurde der Austausch von Ständigen Vertretern, nicht von Botschaftern, wie von der DDR gewünscht.

Über den Grundlagenvertrag erhob sich erneut ein erbitterter Streit, der die beiden politischen Lager, die Koalition und die Unionsparteien, noch mehr polarisierte. Die Ratifizierung war wegen der neuen Mehrheitsverhältnisse nach der Bundestagswahl vom 19. November 1972 (siehe S. 182) nicht gefährdet.

Paraphierung des Vertrages über die Grundlagen der Beziehungen zwischen der Bundesrepublik Deutschland und der Deutschen Demokratischen Republik am 8. November 1972, von links: Staatssekretär Michael Kohl (DDR) und Staatssekretär Egon Bahr (Bundesrepublik)

Eine Klage der Bayerischen Staatsregierung gegen den Vertrag wurde vom Bundesverfassungsgericht zurückgewiesen, der Grundlagenvertrag stehe nicht in Widerspruch zum Wiedervereinigungsgebot des Grundgesetzes, er sei kein „Teilungsvertrag".

In der Urteilsbegründung stellte das Gericht fest, dass das Deutsche Reich nicht untergegangen sei, sondern fortexistiere. Die Bundesrepublik sei nicht Rechtsnachfolgerin des Deutschen Reiches, sie sei mit ihm identisch, räumlich allerdings teilidentisch. Die DDR sei für die Bundesrepublik nicht Ausland. Das Gericht bekräftigte: „Die Wiedervereinigung ist ein verfassungsrechtliches Gebot (...). Aus dem Wiedervereinigungsgebot folgt zunächst: Kein Verfassungsorgan der Bundesrepublik Deutschland darf die Wiederherstellung der staatlichen Einheit als politisches Ziel aufgeben, alle Verfassungsorgane sind verpflichtet, in ihrer

Politik auf die Erreichung dieses Zieles hinzuwirken – das schließt die Forderung ein, den Wiedervereinigungsanspruch im Innern wachzuhalten und nach außen beharrlich zu vertreten." Damit band es alle künftigen Bundesregierungen.

Gescheitertes Misstrauensvotum und Bundestagswahl 1972

Der Übertritt mehrerer Abgeordneter der Regierungsparteien, die die Ostpolitik der Bundesregierung nicht mittragen wollten, zur CDU/CSU hatte die Regierungsmehrheit von ursprünglich 12 Stimmen immer mehr abbröckeln lassen. Die CDU/CSU-Fraktion glaubte, im Bundestag über eine Mehrheit zu verfügen, und brachte den Antrag ein, Bundeskanzler Willy Brandt das Misstrauen auszusprechen und den Abgeordneten Rainer Barzel, den Vorsitzenden der CDU/CSU-Bundestagsfraktion, zu seinem Nachfolger zu wählen, ein „konstruktives Misstrauensvotum" nach Art. 67 GG.

Statt der erwarteten 249 erhielt der Antrag nur 247 Stimmen. Das Misstrauensvotum war gescheitert, die Sensation perfekt. Zwei „Abtrünnige" hatten nicht für Barzel gestimmt. Ein CDU-Abgeordneter gab später zu, mit 50.000 DM bestochen worden zu sein. Nach 1990 stellte sich heraus, dass das Geld vom Staatssicherheitsdienst der DDR stammte.

Einen Ausweg aus der Patt-Situation bot Kanzler Brandt mit der Vertrauensfrage, wodurch er Neuwahlen ermöglichte. Sie fanden am 19. November 1972 statt. Bei einer Rekordwahlbeteiligung von 91 Prozent wurde die SPD mit 45,8 Prozent der Stimmen erstmals stärkste Fraktion, CDU/CSU erhielten 44,9 Prozent, die FDP 8,4 Prozent. Die Regierung verfügte damit über eine komfortable Mehrheit von 271 Mandaten gegenüber 225 von CDU/CSU. Die Wahl war ein Plebiszit über die Ostpolitik mit eindeutigem Ergebnis.

Bilanz der inneren Reformen

Anders als das außen- und deutschlandpolitische Regierungsprogramm, das in einem atemberaubenden Tempo umgesetzt wurde, kamen die angekündigten inneren Reformen nicht recht voran. Das aktive Wahlalter wurde auf 18 Jahre, das passive auf 21 herabgesetzt, was nichts kostete. Die von den Gewerkschaften geforderte paritätische Mitbestimmung konnte nicht durchgesetzt werden, weil die FDP sie blockierte. Die meisten avisierten Reformen konnten in so kurzer Zeit nicht durchgeführt werden. Im Rechtswesen beispielsweise kam die Änderung des Abtreibungsparagrafen 218 erst nach einem Urteil des Bundesverfassungsgerichts 1976 zustande. Auch das „Gesetz zur Reform des Ehe- und Familienrechts", das die Scheidung vom Verschuldungs- auf das Zerrüttungsprinzip umstellte und das elterliche Sorgerecht neu regelte, konnte gegen den erbitterten Widerstand der Opposition erst 1976 verabschiedet werden.

Das soziale Netz wurde durch eine Fülle von Gesetzen, denen auch die Opposition meistens zustimmte, immer dichter geknüpft. Renten- und Krankenversicherung wurden für weitere Bevölkerungsgruppen geöffnet. Vor allem aber wurden alle Sozialleistungen beträchtlich erhöht. Die Finanzierung all dieser Reformen schien durch das stetige Wirtschaftswachstum gesichert zu sein. Die Sozialleistungsquote, das Verhältnis der Sozialausgaben zum Bruttosozialprodukt, stieg von etwa 20 Prozent im Jahre 1960 auf 26,2 Prozent 1970 und 1975 auf 33,3 Prozent. So erfreulich das für die Begünstigten war und ist, aus heutiger Sicht muss man wohl sagen, dass spätestens in diesen Jahren die Überforderung der Wirtschaft bzw. der arbeitenden Bevölkerung begann, die mit ihren Sozialabgaben diese Wohltaten bezahlen muss.

So sahen es auch die zuständigen Fachminister. Innerhalb von drei Jahren brauchte die Regierung Brandt/Scheel drei Finanzminister. Alex Möller trat im Mai 1971 zurück, weil er die Ausgabenfreudigkeit seiner Ministerkollegen nicht mitverantworten wollte. Daraufhin übernahm Wirtschaftsminister Karl Schiller auch noch das Finanzministerium, warf aber ein Jahr später nach schweren Auseinandersetzungen mit den anderen Kabinettsmitgliedern ebenfalls das Handtuch und trat sogar aus der SPD aus. Die Nachfolge als Doppelminister trat der bisherige Verteidigungsminister Helmut Schmidt an.

Rücktritt Willy Brandts

Am 6. Mai 1974 trat Willy Brandt zurück. Auslöser war die Guillaume-Affäre. Dem Staatssicherheitsdienst der DDR war es gelungen, einen Agenten in der nächsten Umgebung des Bundeskanzlers, als einen seiner drei persönlichen Referenten zu platzieren. Durch eine Kette von Fehlentscheidungen und Unterlassungen konnte der Agent seine Spionagetätigkeit noch fortsetzen, nachdem er entlarvt worden war. Verantwortlich für die Fehler, die schon bei der Einstellung begonnen hatten, waren hohe Beamte in der Umgebung des Kanzlers. Willy Brandt übernahm mit seinem Rücktritt die politische Verantwortung.

Die Guillaume-Affäre war der Anlass für den Rücktritt, aber nicht die Ursache. Die plötzliche Resignation hatte mehrere Gründe. Das Lebenswerk, die Ostpolitik, war abgeschlossen, eine vergleichbare Aufgabe stellte sich nicht mehr. Stattdessen musste sich der Regierungschef mit den Widrigkeiten des politischen Alltags herumschlagen. Seine Autorität begann seit Jahresfrist zu sinken. In seiner Partei lagen der linke und der rechte Flügel miteinander im Streit. Die Ölkrise (siehe S. 186 ff.) zeigte wie ein Menetekel die „Grenzen des Wachstums". In dieser Situation setzte die Gewerkschaft „Öffentliche Dienste, Transport und Verkehr" (ÖTV) eine Lohnerhöhung von 11 Prozent durch. Die SPD-Spitze begann die Führungsschwäche des Kanzlers zu kritisieren, allen voran Herbert Wehner, der „Zuchtmeister" der Partei. Mit der Guillaume-Affäre drohte nun auch noch sein Privatleben an die Öffentlichkeit gezerrt zu werden. Da zog der Kanzler den Schlussstrich.

Er hatte sein Amt nur viereinhalb Jahre innegehabt, ein Drittel der Kanzlerschaft Konrad Adenauers. Man kann daher wohl nicht von einer „Ära" sprechen, wenn seine Regierungszeit auch tiefe Spuren hinterlassen hat. Willy Brandts historische Leistung ist es, Adenauers Verdienst der Bindung der Bundesrepublik an den Westen durch die Öffnung nach Osten ergänzt zu haben. Er blieb bis zu seinem Tode 1992 die Symbolfigur der SPD.

Bundeskanzler Willy Brandt verabschiedet sich nach Entgegennahme seiner Entlassungsurkunde in der Villa Hammerschmidt am 7. Mai 1974 von seinem designierten Nachfolger, Bundesfinanzminister Helmut Schmidt.

Regierung Schmidt-Genscher

Als seinen Nachfolger hatte der zurückgetretene Kanzler Helmut Schmidt vorgeschlagen. Es lassen sich kaum unterschiedlichere Persönlichkeiten vorstellen als diese beiden sozialdemokratischen Kanzler. War Brandt der Visionär, der manchmal der Realität ein wenig entrückt erschien, galt Schmidt als „Macher", als Krisenmanager mit Fähigkeiten, die er erstmals 1962 als Innensenator bei der großen Sturmflut in Hamburg unter Beweis gestellt hatte.

Der Zufall wollte es, dass zeitgleich die zweite Symbolfigur der sozial-liberalen Koalition aus dem Amt schied: Walter Scheel wurde am 15. Mai 1974 zum Bundespräsidenten gewählt.

Einen Tag später leistete Helmut Schmidt seinen Eid als Bundeskanzler. Vizekanzler und Außenminister wurde der bisherige Innenminister Hans-Dietrich Genscher (FDP). Seine Regierungserklärung stellte der neue Kanzler unter das Motto „Kontinuität und Konzentration". Das hieß, die Reformpolitik sollte fortgesetzt werden, aber angesichts der ökonomischen Krise sei es geboten, sich auf die wichtigen Vorhaben zu konzentrieren. Mit der Reformeuphorie war es ohnehin vorbei, die Leute hatten andere Sorgen.

Krisenmanagement

Ende der Hochkonjunktur

Das Jahr 1974 markierte eine Wende in der wirtschaftlichen Entwicklung der Nachkriegszeit. Der Boom, der bis 1973 angehalten hatte, war abrupt zu Ende gegangen. Seit 1950 war das Bruttosozialprodukt, abgesehen von der Mini-Rezession 1967, ständig gewachsen. Die durchschnittliche Wachstumsrate der Jahre 1951 bis 1973 lag bei 6 Prozent. Ebenso günstig hatte sich die Beschäftigung entwickelt. Die Zahl der Erwerbspersonen stieg von 20 Millionen 1950 auf 26 Millionen 1973. Die Arbeitslosenquote hatte 1950 noch 10,4 Prozent betragen und war in den sechziger Jahren auf unter 1 Prozent gefallen, 1973 betrug sie 1,2 Prozent. Bis 1973 war die Zahl der offenen Stellen immer höher als die der Arbeitslosen gewesen. Dieses Verhältnis kehrte sich 1974 um.

Es sollte so sein, dass der Abgang des Reformkanzlers mit dem Ende des Wirtschaftsaufschwungs zusammenfiel. Helmut Schmidt war für das nun nötige Krisenmanagement unzweifelhaft der bessere Mann. Auch seine Fachkompetenz, die er in verschiedenen Ämtern, darunter als Wirtschafts- und Finanzminister bewiesen hatte, war unbestritten. Während ihrer ganzen Amtszeit sollte die Regierung Schmidt-Genscher mit Problemen der Wirtschaft als größter Herausforderung konfrontiert bleiben.

Ölschock und Rezession

Auslösender Faktor, wenn auch keineswegs alleinige Ursache des Abbruchs der Wachstumsphase, war die plötzliche Erhöhung der Ölpreise. Die arabischen Staaten drosselten nach dem Jom-Kippur-Krieg im Ok-

tober 1973, dem vierten Krieg zwischen Israelis und Arabern, ihre Erd-
ölproduktion, um die westlichen Länder für die Unterstützung Israels
zu bestrafen. Die von ihnen dominierte „Organisation Erdöl exportie-
render Länder" (OPEC) erhöhte den Rohölpreis, der 1970 1,40 Dollar
pro Barrel (158,8 Liter) betragen hatte und im Oktober 1973 bei
2,80 Dollar lag, auf knapp 12 Dollar. In DM stieg der Ölpreis um
172 Prozent. Für Öleinfuhren mussten 1974 23 Milliarden DM ausgegeben werden, gegenüber 9 Milliarden 1973. Das kam einer Abschöpfung von 2 Prozent des Bruttosozialprodukts gleich. Wegen Ölver-
knappung und Energieverteuerung verfügte die Bundesregierung Sonn-
tagsfahrverbote für den privaten Verkehr. Langfristig konnte durch
Energiesparprogramme und Erschließung neuer Energiequellen die
Abhängigkeit von den arabischen Ölländern ganz erheblich gemindert
werden.

Zunächst aber schlug die Preisexplosion der wichtigsten Ener-
giequelle unmittelbar auf den Einzelnen und auf die gesamte Volkswirtschaft durch. Der Zuwachs des Bruttosozialproduktes ging 1974 auf
0,5 Prozent zurück. 1975 fiel das Bruttosozialprodukt sogar um 1,2 Prozent unter das Niveau des Vorjahres. Die Zahl der Arbeitslosen stieg
1974 auf 580.000 gegen 270.000 im Vorjahr und verdoppelte sich 1975
nochmals auf 1.070.000. Sie sollte auch in den folgenden Jahren um eine
Million pendeln.

Strukturkrise

Die andauernde und später immer weiter steigende Arbeitslosigkeit
zeigt, dass die Wirtschaftskrise nicht in erster Linie auf die Ölpreiserhöhung zurückzuführen war. Vielmehr handelte es sich um eine Strukturkrise, die alle westlichen Industrieländer erfasst hatte. Die „alten Industrien", die auf Kohle und Eisen basierten und der Motor des Wirtschaftswunders gewesen waren, verloren zunehmend an Bedeutung.
Ganze Industriezweige, in denen Deutschland führend gewesen war,
beispielsweise Fototechnik, Optik und Unterhaltungselektronik, fielen
der fernöstlichen Konkurrenz zum Opfer. Die Textilindustrie hatte gegen die Importe aus den „Billiglohnländern" kaum noch Chancen. Die
Zahl der Erwerbstätigen im warenproduzierenden Gewerbe nahm von
1965 bis 1986 um 2,65 Millionen ab.

Der Zuwachs im tertiären Sektor der Dienstleistungen konnte die Arbeitsplatzverluste der Industrie nicht ausgleichen. Überdies nahm vor allem der unproduktive öffentliche Dienst zu. In den siebziger Jahren wurden hier eine Million neuer Stellen geschaffen.

Die Bundesregierung versuchte, durch allerlei kreditfinanzierte Konjunkturprogramme wie Investitionen in die Infrastruktur, Investitionsanreize für die Wirtschaft und Arbeitsbeschaffungsmaßnahmen (ABM) die Arbeitslosigkeit zu mindern, jedoch ohne großen Erfolg. Es erwies sich, dass in einer weltwirtschaftlichen Krisensituation nationalstaatliche Aktionen kaum Wirkung zeigen. Sie erhöhten vor allem die Staatsverschuldung. Die Schulden des Bundes stiegen zwischen 1970 und 1982 von 47 auf 309 Milliarden, die der gesamten öffentlichen Hand von 125 auf 615 Milliarden DM.

Trotz dieser negativen Entwicklungen stand die Bundesrepublik Deutschland im internationalen Vergleich immer noch gut da. Die Arbeitslosigkeit war in den großen Industrieländern höher als in der Bundesrepublik. Die Inflationsrate war geringer als die fast aller anderen Länder. Nach dem Einbruch von 1974/75 stiegen die Zuwachsraten des Bruttosozialprodukts wieder auf 4 Prozent an.

Zweite Ölpreiserhöhung

Nach der Islamischen Revolution im Iran im Jahre 1979 nutzte die OPEC die Turbulenzen auf dem Ölmarkt, um nochmals kräftig an der Preisschraube zu drehen. Der Ölpreis stieg auf 23 Dollar pro Barrel (1981: 34 Dollar). Die Folge war ein erneuter Konjunktureinbruch, der 1982 seinen Höhepunkt erreichte. Die Zahl der Arbeitslosen stieg 1982 auf 1.830.000, auch die Inflationsrate nahm wieder zu. Meinungsverschiedenheiten zwischen SPD und FDP über den Weg aus der Krise waren einer der Hauptgründe für den Bruch der sozial-liberalen Koalition im September 1982.

Sozialpolitik

In der Krisensituation gab es kaum noch Spielraum für die Sozialpolitik, doch wurde das Arbeitslosengeld von bisher 55 Prozent des letzten Nettoeinkommens auf 68 und die Arbeitslosenhilfe auf 55 Prozent erhöht. Dafür stieg der Beitrag zur Arbeitslosenversicherung von 2 auf 3 Prozent.

Spürbare Verbesserungen gab es für Familien mit Kindern, die bisher geradezu die Stiefkinder der Sozialpolitik gewesen waren. Seit 1975 wurde ein einheitliches Kindergeld gezahlt, erstmalig auch für das erste Kind (50 DM). Bis 1981 stieg das Kindergeld für das zweite Kind auf 120 DM und für das dritte und folgende auf 240 DM. Die Kinderfreibeträge bei den Steuern wurden dagegen gestrichen. Auch ein sechs Monate lang zu zahlendes Mutterschaftsgeld von 750 DM wurde eingeführt.

Auf der anderen Seite waren Einschnitte erforderlich. Vor allem wurde seit 1978 für die jährliche Erhöhung der Renten nicht mehr der Anstieg der Bruttoeinkommen, sondern der Nettoeinkommen der Erwerbstätigen zugrunde gelegt.

Innere Verhältnisse

Parteiendemokratie

In den siebziger Jahren erreichte die „Parteiendemokratie" des Grundgesetzes ihre höchste Ausformung. Weder vorher noch danach waren die Anziehungskraft, das Ansehen, wohl auch der Einfluss der Parteien größer. Das zeigt sich schon an den Mitgliederzahlen. Die der SPD überschritt 1976 die Millionengrenze. CDU und CSU hatten 1968 noch 361.000 Mitglieder, Ende der siebziger Jahre 850.000 (Höchststand 1983: 920.000). Die FDP war um ein Drittel auf über 80.000 angewachsen.

Noch interessanter ist die Differenz aus Zu- und Abgängen. Um 1980 waren bei der CSU vier von fünf Mitgliedern, bei der CDU und der FDP drei von vier und bei der SPD zwei von drei Mitgliedern im letzten Jahrzehnt beigetreten. Auch die Wahlbeteiligung war höher denn je. Bei den Bundestagswahlen 1972, 1976 und 1980 lag sie um 90 Prozent, der höchste Wert, der bei freien Wahlen in Deutschland je erzielt wurde. Fest etabliert war auch das Drei-Parteien-System: SPD, CDU/CSU und FDP erhielten 1972 und 1976 mehr als 99 Prozent der Stimmen. Auch 1980 kamen die drei Parteien noch auf 98 Prozent. Ursache war die Politisierung des öffentlichen Lebens nach 1968, vor allem die heftigen Kontro-

versen um die Ost- und Gesellschaftspolitik im Gefolge des Machtwech-
sels, welche die Mobilisierung der Anhänger beider Seiten bewirkten.

Bürgerinitiativen und Protestbewegungen

Das wachsende Interesse der Bürger an der Politik und die zunehmende
politische Beteiligung drückte sich aber nicht nur in den Mitgliederzahlen der Parteien aus. Die siebziger und die frühen achtziger Jahre waren
auch die große Zeit der Bürgerinitiativen und Protestbewegungen. Die
ersten Bürgerinitiativen bildeten sich auf lokaler Ebene, um bestimmte
Missstände zu beseitigen oder Forderungen durchzusetzen. Sie engagier-
ten sich beispielsweise für Kindergärten, kleinere Schulklassen, Ver-
kehrsberuhigung in Wohnvierteln, gegen Fahrpreiserhöhungen, Abriss
von Altbauten und Umweltzerstörung.

Später wurden Initiativen auch überregional aktiv und schlossen sich
zu verbandsförmigen Organisationen zusammen, zum Beispiel den 1972
gegründeten „Bundesverband Bürgerinitiativen Umweltschutz" (BBU).
Ziel des Protestes wurden zunehmend technische Großobjekte, vor
allem Kernkraftwerke und -anlagen wie Brokdorf, Gorleben, Kalkar,
Whyl, aber auch der Ausbau von Flughäfen (Startbahn West des Frankfurter Flughafens), Mülldeponien und andere.

In die Reihe der Protestbewegungen gehört auch die Friedensbewegung, die sich gegen den NATO-Doppelbeschluss richtete (siehe
S. 199 ff.).

Die Grünen

Aus den Reihen der Umweltgruppen bildete sich Ende der siebziger Jahre eine neue Partei. Zunächst stellten Bürgerinitiativen Kandidaten für
Kommunalparlamente auf, die unter verschiedenen Namen – „Alternative", „Grüne", „Bunte Liste" – auftraten. 1979 gelang den „Grünen"
zum ersten Mal der Einzug in ein Landesparlament. Bei der Wahl zur
Bremer Bürgerschaft erhielten sie 5,1 Prozent der Stimmen. 1980 konstituierte sich die Partei auf Bundesebene. Bei der Bundestagswahl 1980 erhielten Die Grünen 1,5 Prozent der Stimmen.

Bundestagswahl 1976

Die Bundestagswahl 1976 brachte der Union mit ihrem Kanzlerkandidaten Helmut Kohl, Ministerpräsident von Rheinland-Pfalz und seit 1973 Vorsitzender der CDU, mit 48,6 Prozent das beste Ergebnis seit Adenauers Wahlsieg von 1957. Da die FDP fest an der Seite der SPD stand, hätte nur eine absolute Mehrheit wie 1957 die CDU an die Regierung bringen können. Die aber verfehlte sie. Die SPD verlor 3 Prozent und kam auf 42,6 Prozent. Auch die FDP fiel leicht zurück und erhielt 7,9 Prozent der Stimmen. Die Koalition hatte nur noch eine Mehrheit von 10 Mandaten.

Bundestagswahl 1980

Bei der Bundestagswahl 1980 meldete der Bayerische Ministerpräsident Franz Josef Strauß den Anspruch auf die Kanzlerkandidatur der Union an. Strauß war eine charismatische Persönlichkeit. Wie kaum ein anderer polarisierte er. Seine Anhänger riss er zu Stürmen der Begeisterung hin, bei seinen Gegnern rief er tiefe Abneigung, ja Feindschaft hervor. Er konnte auf die Wahlergebnisse der CSU hinweisen, die bei den bayerischen Landtagswahlen seit 1970 nahe an die 60-Prozent-Grenze heranreichten oder sie sogar überschritten. Mit der Drohung, die Union zu spalten und eine bundesweite „Vierte Partei" zu gründen, setzte er seine Kandidatur durch und unterlag der sozial-liberalen Koalition mit 44,5 Prozent der Stimmen, dem schlechtesten Ergebnis der Union seit 1953.

Die SPD hatte sich mit 42,9 Prozent geringfügig verbessern können. Der eigentliche Wahlsieger war die FDP, die 10,6 Prozent erzielte. Offenbar hatten viele CDU-Wähler, die Strauß nicht als Kanzler sehen wollten, für die FDP gestimmt.

Terroristen

Mit einer völlig neuen Herausforderung sah sich der Staat in den siebziger Jahren durch die Aktivitäten einer kleinen Schar fanatischer Extremisten konfrontiert. Bombenanschläge, Geiselnahmen, Entführungen und sogar Morde hielten Regierung und Öffentlichkeit in Atem. Wochenlang tagten fast pausenlos kleine und große Krisenstäbe, zeitweise bestehend aus dem kompletten politischen Spitzenpersonal der Republik.

Die Anfänge reichten zurück in die Protestbewegung des Jahres 1968. In der Endphase war es zu schweren Ausschreitungen gekommen. „Gewalt gegen Sachen" zur Durchsetzung sozialrevolutionärer Ziele erschien vielen Akteuren und manchen ihrer Symphatisanten in Politik und Medien als legitim. Es gab Brandanschläge gegen Kaufhäuser, später Bombenattentate gegen Einrichtungen der Polizei und Justiz sowie der Amerikaner.

„Rote Armee Fraktion"

Der radikalste und aktivste Teil der Linksterroristen bezeichnete sich selbst als „Rote Armee Fraktion" (RAF). In der Öffentlichkeit wurde die RAF nach den beiden Führungsfiguren Andreas Baader und Ulrike Meinhof in einem eher komisch anmutenden semantischen Streit zwischen dem linken und rechten Spektrum beharrlich entweder als „Baader-Meinhof-Gruppe" oder „-Bande" bezeichnet. Ihr Ziel war die Beseitigung der Bonner Demokratie, die als „neofaschistisch", „kapitalistisch" und „imperialistisch" gebrandmarkt wurde.

1972 gelang es, die Führungskader der RAF zu verhaften. Sie setzten ihren Krieg gegen das „System" in der Haft fort. Mit medienwirksamen Aktionen wie Hungerstreiks protestierten sie gegen „Isolationsfolter", doch kommunizierten die in verschiedenen Gefängnissen einsitzenden Terroristen offenbar problemlos untereinander und mit den Gesinnungsgenossen im Untergrund, denen sie Befehle mit detaillierten Handlungsanweisungen erteilten.

Irrationale Gewalt

Wenn die Terroristen geglaubt hatten, für ihr Tun breite Unterstützung in der Bevölkerung zu erhalten, mussten sie bald erkennen, dass sie sich getäuscht hatten. Von da an ging es nicht mehr um ideologische Ziele, sondern nur noch um die Freipressung der Genossen und zunehmend um irrationale Gewaltanwendung um ihrer selbst willen.

Einen Höhepunkt erreichte die Terrorwelle 1974/75, nachdem der Terrorist Holger Meins an den Folgen eines Hungerstreiks gestorben war. Nach der Ermordung des Berliner Kammergerichtspräsidenten Günter von Drenkmann war das spektakulärste Verbrechen die Entführung des Berliner CDU-Vorsitzenden Peter Lorenz im Februar 1975. Die Entführer erpressten die Freilassung von Gesinnungsgenossen, die die Bundesregierung nach Süd-Jemen ausfliegen ließ. Wenig später drangen Terroristen in die Botschaft in Stockholm ein und verlangten die Freilassung von 26 Häftlingen. Diesmal ging die Bundesregierung nicht darauf ein, die Botschaft wurde gestürmt.

Höhepunkt Schleyer-Entführung

Die Terrorwelle steigerte sich 1977 zu bisher nicht vorstellbarer Brutalität. Im April wurde Generalbundesanwalt Siegfried Buback auf offener Straße erschossen, im Juli der Vorstandsvorsitzende der Dresdener Bank, Jürgen Ponto, in seinem Haus ermordet. Am 3. September wurde Arbeitgeberpräsident Hans Martin Schleyer entführt, sein Fahrer und drei Polizisten erschossen. Die Entführer forderten die Freilassung von 11 Terroristen, darunter der RAF-Gründer Andreas Baader, Gudrun Enßlin und Jan-Carl Raspe, die kurz vorher zu lebenslanger Haft verurteilt worden waren.

Es folgte ein sieben Wochen andauernder Nervenkrieg mit Ultimaten der Verbrecher und Gegenforderungen der Regierung. Schließlich entführten palästinensische Luftpiraten eine Lufthansa-Maschine mit 91 Menschen an Bord und drohten, sie in die Luft zu sprengen. Auf dem Flughafen Mogadischu in Somalia gelang es der Anti-Terror-Einheit GSG 9, das Flugzeug zu befreien. Wenige Stunden später erschossen sich Baader, Enßlin und Raspe in ihren Zellen im Gefängnis Stuttgart-Stammheim. Einen Tag später fand man die Leiche Schleyers im Kofferraum eines Autos.

Der Staat reagierte mit Anti-Terrorismus-Gesetzen, der Verschärfung des Strafrechts, des Strafprozess- und des Strafvollzugsrechts. Die enormen Anstrengungen der Fahnder führten schließlich zu zahlreichen Verhaftungen und zur Zerschlagung der Logistik. Eine Reihe von Terroristen setzten sich in die DDR ab und erhielten von der Staatssicherheit eine neue Identität, wurden jedoch nach der Wiedervereinigung aufgespürt. Es gab auch nach 1977 Terroranschläge, zuletzt 1994 auf den Chef der Treuhandanstalt Detlev Karsten Rohwedder, aber den Terroristen gelang es nicht mehr, das politische Geschehen der Republik zu paralysieren.

Deutsch-deutsche Beziehungen

Der Grundlagenvertrag bildete, wie der Name sagt, die Grundlage für die Beziehungen zwischen der Bundesrepublik und der DDR auf den verschiedenen Gebieten. Diese Beziehungen herzustellen erwies sich als ein mühsames Geschäft, weil die beiden Vertragspartner von verschiedenen Grundvoraussetzungen ausgingen: Die Bundesrepublik wollte das Netz der Bindungen zwischen den beiden Staaten möglichst dicht knüpfen, die DDR wollte den größtmöglichen Nutzen aus der Verbindung ziehen, sich dabei aber von der Bundesrepublik so weit wie möglich abgrenzen.

Abkommen

Im Juni 1974 wurden die im Grundlagenvertrag vorgesehenen Ständigen Vertretungen in Bonn und Ost-Berlin errichtet. Die unterschiedlichen Rechtsauffassungen von den Beziehungen kamen auch darin zum Ausdruck, dass die Ständige Vertretung der Bundesrepublik dem Bundeskanzleramt, die der DDR dem DDR-Außenministerium unterstand. In der Folge wurden in zähen Verhandlungen mehr als 30 Abkommen geschlossen, die die unterschiedlichsten Bereiche betrafen: Reiseverkehr, Post- und Telefonverbindungen, grenznahe Besuche, Zahlungsverkehr, Sport, Kultur, Gebietsaustausch. Ein Indiz für den Stand der Beziehungen war die Höhe des Zwangsumtausches für Besucher aus dem Westen (siehe S. 166).

Von entscheidender Bedeutung für die Beziehungen waren die Verbindungen zwischen dem Bundesgebiet und Berlin. Die waren technisch in einem miserablen Zustand. Die DDR erlaubte großzügig, dass die Bundesrepublik die Erneuerung der Autobahnstrecken Helmstedt-Berlin und Hof-Berlin, den Ausbau der Eisenbahnverbindungen, der Wasserwege und schließlich noch den Bau einer neuen Autobahn zwischen Berlin und Hamburg bezahlte.

Abgrenzung

Auf den sich abzeichnenden NATO-Doppelbeschluss (siehe S. 199 ff.) reagierte die DDR genauso wie die Sowjetunion mit einer Doppelstrategie von Lockung und Drohung, um nach erfolgter Beschlussfassung ein Paket mit Leistungen der Bundesrepublik zu vereinbaren, das die chronische Devisenknappheit der DDR ein wenig zu lindern versprach. Sogar ein Besuch des Bundeskanzlers in der DDR wurde in Aussicht gestellt, musste aber wegen der explosiven Lage in Polen verschoben werden.

Die kommunistische Herrschaft in Polen geriet ins Wanken, also war Abgrenzung angesagt. Die DDR wartete die Bundestagswahl vom 5. Oktober 1980 ab, um die Aussichten der sozial-liberalen Regierung nicht zu schmälern. Wenige Tage später verfügte sie eine drastische Erhöhung des Mindestumtausches von 13 auf 25 DM pro Tag für Besucher aus dem „nicht-sozialistischen Ausland", einschließlich der Rentner. Die Verordnung trat am 13. Oktober 1980 in Kraft.

Geraer Forderungen

Am selben Tage verkündete Honecker in Gera vier Forderungen, deren Erfüllung er zur Bedingung für weitere Fortschritte in den deutsch-deutschen Beziehungen machte:
– Anerkennung der DDR-Staatsbürgerschaft,
– Umwandlung der Ständigen Vertretungen in Botschaften,
– Festlegung des Grenzverlaufes auf der Elbe in der Flussmitte,
– Auflösung der „Zentralen Erfassungsstelle der Landesjustizverwaltungen" in Salzgitter (die Unrechtsurteile und Gewaltakte des DDR-Regimes registrierte).

Die beiden ersten Forderungen konnte keine Bundesregierung erfüllen, weil das Grundgesetz und das Urteil des Bundesverfassungsgerichts zum Grundlagenvertrag ihnen entgegenstand. Da Honecker das wusste, schien sich eine neue Eiszeit anzukündigen.

Treffen Schmidt-Honecker in der DDR

Tatsächlich reiste der Bundeskanzler im Dezember 1981 doch noch in die DDR, um sich mit Honecker in der Uckermark zu treffen. Das Ergebnis des Besuches war mager. Honecker lehnte es kategorisch ab, den Zwangsumtausch wieder zurückzunehmen. Lediglich geringfügige

Erleichterungen bei West-Reisen von DDR-Bürgern gestand er zu. Schmidt kam es darauf an, in der gespannten internationalen Lage den Gesprächsfaden nicht abreißen zu lassen. Daher brach er seinen Besuch auch nicht vorzeitig ab, als am letzten Tag in Polen das Kriegsrecht verhängt wurde.

Den wahren Zustand der deutsch-deutschen Beziehungen beleuchtete schlaglichtartig die gespenstische Szenerie in Güstrow, wo der Kanzler die Barlach-Gedenkstätten besucht hatte. Die Bevölkerung durfte mit dem Gast aus der anderen Welt nicht in Berührung kommen, nur die Polizei war präsent. Vor den Augen der Welt enthüllte das SED-Regime seinen wahren Charakter – den eines Polizeistaates.

Außenpolitik

Entspannung und Rüstungskontrolle

Die erste Hälfte der siebziger Jahre stand im Zeichen der Entspannung in den Ost-West-Beziehungen. Danach begannen sie zu stagnieren, bis der sowjetische Einmarsch in Afghanistan im Dezember 1979 und die Unterdrückung der Solidarność-Bewegung in Polen den Entspannungsprozess zu einem vorläufigen Ende brachten.

SALT I und SALT II

Verhandlungen über eine Begrenzung der Rüstung fanden auf verschiedenen Ebenen statt. Zwischen den USA und der Sowjetunion wurden seit 1969 „Gespräche zur Begrenzung strategischer Waffen" (Strategic Arms Limitation Talks = SALT) geführt. Die erste Runde endete 1972 mit dem SALT I-Abkommen, welches das Arsenal an Interkontinentalraketen auf dem derzeitigen Stand einfror. Eine zweite Runde sollte der Verminderung des strategischen Potenzials dienen. Das SALT II-Abkommen wurde 1979 unterzeichnet, aber unter dem Eindruck der sowjetischen Invasion in Afghanistan vom amerikanischen Senat nicht ratifiziert.

MBFR

Auf europäischer Ebene begannen 1973 zwei Konferenzserien. An der „Konferenz über beiderseitige ausgewogene Truppenreduzierungen" in Mitteleuropa (Mutual Balanced Forces Reduction = MBFR) nahmen sieben NATO-Staaten und vier Warschauer-Pakt-Staaten, darunter die Bundesrepublik und die DDR, teil, wobei die Bundesrepublik die treibende Kraft war. Die Verhandlungen wurden 1989 ohne Ergebnis abgebrochen. Sie scheiterten daran, dass die östliche Seite auf einer gleichmäßigen Reduzierung von Truppen und Waffen bestand, während der Westen angesichts der enormen Überlegenheit des Warschauer Paktes an konventionellen Waffen eine stärkere Reduzierung der Streitkräfte des Ostens forderte.

KSZE

Erfolgreicher war die „Konferenz für Sicherheit und Zusammenarbeit in Europa" (KSZE). An ihr nahmen 33 europäische Staaten einschließlich der Sowjetunion sowie die USA und Kanada teil. Ost und West gingen in die Verhandlungen mit unterschiedlichen Zielvorstellungen. Die Sowjetunion war primär an der Anerkennung des Status quo in Osteuropa interessiert, der Westen wollte vor allem den Menschenrechten auch in Osteuropa Geltung verschaffen. Die Verhandlungen hatten vier Schwerpunkte, auch als Körbe bezeichnet, weil die Vorschläge der Delegationen in Körbe sortiert worden waren.

Korb 1 enthielt u.a. die „Achtung der Menschenrechte und Grundfreiheiten" und die „Unverletzbarkeit der Grenzen" (nicht Unveränderbarkeit, so dass eine einvernehmliche Grenzänderung möglich blieb, wie sie 1990 erfolgte). Korb 2 vereinbarte Zusammenarbeit in Wirtschaft, Wissenschaft, Technik und Umwelt. Korb 3 sah einen verstärkten Austausch von Kultur und Informationen, menschliche Kontakte, verbesserte Reisemöglichkeiten, bessere Arbeitsbedingungen für Journalisten und Familienzusammenführungen vor.

Die KSZE-Schlussakte von Helsinki 1975 war kein völkerrechtlicher Vertrag, den man einklagen konnte. Immerhin konnte man sich auf sie berufen. Das taten immer mehr Dissidenten in den Staaten des sozialistischen Lagers. Es bildeten sich, sogar in der Sowjetunion, „Helsinki-

Bundeskanzler Helmut Schmidt und Staatsratsvorsitzender Erich Honecker trafen sich im Dezember 1981 zu einem Meinungsaustausch.

Gruppen", die die Einhaltung der Vereinbarungen forderten. Sie versetzten die Machthaber in Begründungszwang für ihre Maßnahmen, ein Effekt, den wohl niemand vorausgeahnt hatte.

NATO-Doppelbeschluss

Die Verhandlungen über Rüstungskontrolle SALT hatten die strategischen Atomwaffen zum Gegenstand, die MBFR zielten auf die konventionellen Streitkräfte. Niemand redete über Mittelstreckenraketen. Die Sowjetunion verfügte über Hunderte solcher Raketen und begann 1976, ihr Arsenal zu modernisieren. Sie stellte einen neuen Typ auf, die SS-20 mit je drei Sprengköpfen von großer Zielgenauigkeit und 5.000 km Reichweite. Die SS-20 konnte jeden Punkt in Westeuropa erreichen. Würden die Amerikaner einen Gegenschlag mit Interkontinentalraketen

Bei seinem Besuch in Güstrow hatten die DDR-Behörden die Bevölkerung
von der Straße verbannt.

führen und damit die Zerstörung ihres Landes riskieren? War nicht zu
befürchten, dass Westeuropa durch die Drohung mit einem sowjetischen
Atomschlag erpressbar würde?

Helmut Schmidts Initiative

Bundeskanzler Helmut Schmidt machte im Oktober 1977 in einer Rede
vor dem „Institute for Strategic Studies" in London als erster auf diese
Verschiebung im Kräfteverhältnis aufmerksam. Zwei Jahre später, die
Sowjets hatten inzwischen 140 SS-20 aufgestellt, fasste die NATO folgenden „Doppel-Beschluss": Ab 1983, nach Ablauf von vier Jahren,
sollten in der Bundesrepublik, in Großbritannien, Belgien, den Niederlanden und Italien 108 Pershing-II Mittelstreckenraketen und 464
Marschflugkörper (Cruise Missiles) aufgestellt werden, falls bis dahin

Verhandlungen über den Abbau aller Mittelstreckenraketen in Europa, die die NATO zugleich anbot, erfolglos blieben.

Solche Verhandlungen wurden erst im November 1981 aufgenommen. Sie waren überschattet von der rapiden Verschlechterung der Ost-West-Beziehungen im Gefolge des sowjetischen Einmarsches in Afghanistan und der Verhängung des Kriegsrechts in Polen im Dezember 1981.

SPD gegen Stationierung

Der NATO-Beschluss wurde von allen Parteien des Bundestages gutgeheißen. Als sehr bald deutlich wurde, dass der Verhandlungsteil des Doppelbeschlusses wenig Aussicht auf Erfolg hatte und dass es sehr wahrscheinlich zur „Nachrüstung", zur Stationierung amerikanischer Mittelstreckenraketen auf deutschen Boden, kommen würde, erhob sich zunächst Kritik auf dem linken Flügel der SPD. Nach und nach schwenkten immer größere Teile der SPD auf diese Linie ein. Bundeskanzler Helmut Schmidt versuchte vergeblich, die Partei in der Sicherheitspolitik auf seinen Kurs einzuschwören. Er drohte im Mai 1981 sogar mit seinem Rücktritt, falls die Partei nicht beide Teile des NATO-Doppelbeschlusses unterstütze. Neben der Wirtschafts- und Sozialpolitik war die Haltung der SPD zur Nachrüstung ein wichtiger Grund für das Auseinanderbrechen der sozial-liberalen Koalition.

Friedensbewegung

Viel spektakulärer als die Vorgänge in der SPD waren die Aktionen der Friedensbewegung. Sie setzte sich aus unterschiedlichen politischen und sozialen Gruppen zusammen. Ihr kleinster gemeinsamer Nenner war die Ablehnung der Nachrüstung. Sie weigerte sich, die Ratio der Abschreckung zu akzeptieren, dass das Gleichgewicht in der Rüstung beide Seiten von einem Angriff abhalte. Sie hielt dagegen, dass der Friede nicht durch fortgesetzte Anhäufung von Waffen gesichert werden könne und dass die Aufstellung von neuen Raketen, mit denen die Sowjetunion bedroht werden könne, einen auf Europa begrenzten Atomkrieg wahrscheinlich, ja fast unvermeidlich mache. Dann werde Deutschland als das Aufmarschgebiet der beiden Blöcke zum ersten Opfer dieses Krieges.

Die Angst vor dem Atomkrieg trieb viele Menschen um. Sie wurde auch bewusst als politisches Mittel eingesetzt, nicht zuletzt von der Sowjetunion, die durch Drohungen solche Angst schürte.

Bei zwei großen Kundgebungen mit 250.000 und 300.000 vor allem jugendlichen Teilnehmern am 10. Oktober 1981 und am 10. Juni 1982 in Bonn konnte die Friedensbewegung mehr Menschen mobilisieren als jede andere politische Zielsetzung. Die Proteste richteten sich gegen die USA, die sowjetische Rüstung war kein Thema. Der Bundeskanzler warnte davor, so zu tun, als wären sowjetische SS-20-Raketen, die auf Ziele in Deutschland gerichtet sind, weniger gefährlich als amerikanische Raketen, die es noch gar nicht gebe.

Koalitionswechsel

1982 zerbrach die sozial-liberale Koalition. Wie schon 1966 trat die FDP aus der Regierung aus. Einer großen Koalition bedurfte es diesmal nicht. Der „Machtwechsel", diesmal „Wende" genannt, erfolgte sofort. Zu den Parallelen gehört auch, dass der amtierende Kanzler Schmidt 1982 ebenso wie Erhard 1966, zunehmend den Rückhalt in seiner Partei verlor. Helmut Schmidt sah sich am 5. Februar 1982 zu dem in der Nachkriegsgeschichte einmaligen Schritt veranlasst, die Vertrauensfrage zu stellen, um sich der fortdauernden Zustimmung des Koalitionspartners und seiner eigenen Fraktion zu versichern.

Das Konjunkturtief und die leeren Kassen der öffentlichen Hand zwangen zu tiefen Einschnitten in das soziale Netz, zum Verdruss der SPD. Auch das Eintreten für den NATO-Doppelbeschluss verübelten dem Kanzler viele in seiner Partei und Fraktion. Die traditionellen Wähler der SPD waren irritiert. In den Umfrageergebnissen sanken die Sympathiewerte der Partei unter 30 Prozent. Auch bei den Landtagswahlen der Jahre 1981/82 waren die Ergebnisse für die SPD katastrophal.

Die FDP befürchtete, in den Niedergang der SPD hineingezogen zu werden und bereitete den Absprung vor. Bundeswirtschaftsminister Otto Graf Lambsdorff legte ein Konzept zur Belebung der Wirtschaft und Bekämpfung der Arbeitslosigkeit vor, das noch weit stärkere Kürzungen bei den Sozialausgaben und eine die Unternehmen begünstigende Steuerpolitik vorsah. Das war für die SPD unannehmbar. Bundeskanzler Helmut Schmidt bezeichnete das Lambsdorff-Papier als „Scheidungsbrief" und erklärte die Koalition für beendet. Die vier FDP-Minister traten zurück. Schmidt bildete eine Minderheitsregierung, die noch zwei Wochen amtierte.

Helmut Schmidt hat nicht die Chance gehabt, eine herausragende, das Geschick der Republik prägende Leistung zu vollbringen wie vor ihm Konrad Adenauer und Willy Brandt und nach ihm Helmut Kohl. Er war als Krisenmanager angetreten, und Krisenmanagement blieb die ganze Regierungszeit hindurch sein Geschäft. Er meisterte es mit bemerkenswertem Geschick und genoss bis zum Schluss hohes Ansehen, weit über die Anhängerschaft seiner Partei hinaus, auch nachdem ihm große Teile seiner Partei schon die Gefolgschaft gekündigt hatten.

DDR – der real existierende Sozialismus

Erich Honecker war am 3. Mai 1971 als Nachfolger Walter Ulbrichts zum 1. Sekretär des Zentralkomitees der SED gewählt worden. Der Saarländer war als Bezirksleiter des „Kommunistischen Jugendverbandes Deutschlands" 1935 verhaftet und vom Volksgerichtshof zu zehn Jahren Zuchthaus verurteilt worden. 1945 befreit, wurde er Mitbegründer der FDJ und war bis 1955 deren Vorsitzender. Seit 1958 war er Mitglied des Politbüros und dort zuständig für Sicherheitsfragen. Im August 1961 oblag ihm die Vorbereitung und Durchführung der Grenzabsperrung.

Eine neue Ära hatte begonnen. Die DDR-Geschichtsschreibung sprach von einer Wende. Honecker gebrauchte gern die Formel vom „real existierenden Sozialismus", um seine Version des DDR-Sozialismus zu charakterisieren. Wenige Wochen nach dem Amtsantritt Honeckers, im Juni 1971, fand der VIII. Parteitag der SED statt. Er bot dem neuen Vorsitzenden Gelegenheit, sein Programm vorzutragen.

Einheit von Wirtschafts- und Sozialpolitik

Für die Wirtschaft war Pragmatismus angesagt, von den hochfliegenden Plänen Ulbrichts nahm Honecker Abschied. Er verkündete: „Die Hauptaufgabe des Fünfjahrplans (1971 bis 1975) besteht in der weiteren Erhöhung des materiellen und kulturellen Lebensniveaus des Volkes".

Vorrang hatte jetzt die Erhöhung des Lebensstandards. Diese Wendung zum Konsum-Sozialismus wurde auf dem IX. Parteitag 1976 noch verstärkt, wenn als Leitlinie des neuen Fünfjahrplans (1976 bis 1980) die „Einheit von Wirtschafts- und Sozialpolitik" proklamiert wurde. Das hieß, dass die Mittel, die durch Wachstum erwirtschaftet wurden, unmittelbar der Verbesserung der Lage der Bevölkerung dienen sollten. Kernstück des sozialpolitischen Programms war eine massive Förderung des Wohnungsbaus, der lange vernachlässigt worden war. Bis 1990, so Honecker, sollte die Wohnungsfrage als soziales Problem gelöst sein.

Finanziert werden sollte das alles durch die Rationalisierung und Intensivierung der Produktion mittels Mechanisierung und Automatisierung. Um dieses ehrgeizige Programm zu finanzieren, reichten die Investitionsmittel nicht aus. Tatsächlich begann die DDR seit 1971, über ihre Verhältnisse zu leben.

Steigender Lebensstandard

Das Nationaleinkommen (das anders berechnet wurde als das Bruttosozialprodukt im Westen) stieg – zumindest nach DDR-Angaben – zwischen 1971 und 1982 um durchschnittlich 4,6 Prozent im Jahr, in den 12 Jahren also um 70 Prozent.

Im selben Zeitraum wurden 1,3 Millionen Wohnungen gebaut. Das war eine beachtliche Leistung, aber Mitte der siebziger Jahre stammten immer noch mehr als 75 Prozent der Wohnungen der DDR aus der Vorkriegszeit. Wegen der minimalen Mieten – sie bewegten sich um eine Mark pro Quadratmeter – konnten die privaten Eigentümer oder die öffentlichen Verwalter des ehemals privaten Hausbesitzes die Altbauten nicht instand halten. Ganze Wohnviertel, die den Luftkrieg überstanden hatten, verfielen. Teilweise wurde der Verfall bewusst gefördert, um die Häuser abreißen und an ihrer Stelle Neubauten in der üblichen Plattenbauweise errichten zu können. Der DDR-Witz nannte das „Ruinen schaffen ohne Waffen".

Das Durchschnittseinkommen erhöhte sich von 755 Mark 1971 auf 1.021 Mark 1980. Der Mindestlohn wurde 1976 auf 400 Mark erhöht. Die durchschnittliche Rente stieg von 200 Mark im Jahre 1970 auf 300 Mark 1976. Besondere Vergünstigungen wurden Müttern mit Kindern zuteil. Der Schwangerschaftsurlaub wurde auf 26 Wochen ausgedehnt. Nach der

Geburt des zweiten Kindes konnten Mütter ein Jahr lang bezahlten Mutterschaftsurlaub nehmen. Pro Kind wurde eine Geburtenbeihilfe von 1.000 Mark gezahlt. Junge Ehepaare erhielten zinslose Kredite, die bei Geburten teilweise erlassen wurden. Alle diese Maßnahmen hatten nicht zuletzt das Ziel, die ebenso wie in Westdeutschland dramatisch abgesunkene Geburtenzahl zu erhöhen – mit bemerkenswertem Erfolg.

DDR und Weltwirtschaftskrise

Die durch die Ölpreiserhöhung ausgelöste Krise in der Weltwirtschaft schlug auch auf die DDR durch. Zwar machte die Einfuhr aus dem „nicht-sozialistischen Ausland" in den siebziger Jahren nur 30 Prozent aus, die Ausfuhr dorthin lag bei 22 Prozent, doch auch die Sowjetunion verhielt sich entsprechend den Gesetzen des Marktes. Sie ging von dem bisher jeweils für fünf Jahre garantierten Festpreis für Erdöl ab und legte ihn jedes Jahr neu fest. Zwischen 1976 und 1982 stieg der Preis pro Tonne von 50 auf 136 Rubel. 1981 reduzierte die Sowjetunion sogar die Erdölexporte: Die DDR erhielt nur noch 17 statt 19 Millionen Tonnen, was eine ernste Krise in der Energieversorgung der DDR auslöste. Auf dem Weltmarkt waren die Rohstoffpreise geradezu explodiert. Bis 1974 erhöhten sie sich um 170 Prozent. Fertigwaren erzielten nur 60 Prozent höhere Preise. Zwischen 1975 und 1981 stiegen die Rohstoffpreise mit der zweiten Ölpreiserhöhung nochmals um 135 Prozent. Die DDR versuchte, die Importe zu drosseln, musste sich aber dennoch zunehmend verschulden. 1971 hatte sie nur eine Milliarde Dollar an Krediten aufgenommen. Bis 1981 stieg die Verschuldung auf über zehn Milliarden Dollar.

Führende Rolle der SED

Der IX. Parteitag der SED im Mai 1976 verabschiedete ein neues Parteiprogramm, welches das erste Programm von 1963 (siehe S. 166 f.) ablöste. Es sollte bis zum Ende der Partei gültig bleiben. Der Führungsanspruch der SED wurde gegenüber dem ersten Programm noch verstärkt, wenn es hieß, dass „deren Rolle im Leben der Gesellschaft ständig wächst".

Ebenso wie die Verfassung von 1974 (siehe S. 207) hob das Programm die führende Rolle der Sowjetunion hervor, sie wurde als „Hauptkraft der sozialistischen Gemeinschaft" bezeichnet. Während die sozialistische Staatengemeinschaft sich ständig fortentwickle, verschärfe sich die Krise des „sterbenden Kapitalismus". Ganz ähnlich hatte auch der XXV. Parteitag der KPdSU wenige Monate vorher festgestellt, dass der Sozialismus auf Kosten des Imperialismus immer mehr erstarke. Der Kommunismus blieb das Ziel, doch war der hochfliegende Optimismus des Chruschtschowschen Parteiprogramms von 1961 mit der Prognose einer Überflussgesellschaft in 20 Jahren verflogen. Die klassenlose Gesellschaft war in eine nebelhafte Ferne gerückt.

Ein neues Parteistatut bestätigte den hierarchischen Aufbau der SED nach dem Prinzip des „demokratischen Zentralismus". Honecker nannte sich jetzt „Generalsekretär". Im Oktober 1976 wurde mit 99,76 Prozent der Stimmen die Volkskammer neu gewählt. Honecker wurde zum Vorsitzenden des Staatsrates berufen und hatte damit ebenso wie seinerzeit Ulbricht die drei wichtigsten Partei- und Staatsämter inne.

Militarisierung der Gesellschaft

Als Mittel der Stabilisierung des Herrschaftssystems setzte die SED-Führung zunehmend auf die Militarisierung der Gesellschaft. Sie wurde unter Losungen wie „Erhöhung der Verteidigungsbereitschaft" oder „Verstärkung der revolutionären Wachsamkeit" propagiert und in allen Lebensphasen intensiv betrieben.

Die Indoktrination begann bereits im Kindergarten. Kleinkinder wurden zum Hass gegen die Feinde der DDR erzogen. „Die große Sowjetunion und andere sozialistische Länder sind unsere Freunde", hieß es in dem „Programm für die Bildungs- und Erziehungsarbeit im Kindergarten", „Feinde, die uns Schaden zufügen wollen, ... sind Ausbeuter und Faschisten wie zum Beispiel in der BRD". Später übernahmen die Schule und die „Jungen Pioniere" die ideologische Schulung und Wehrerziehung. Die Jungen Pioniere erfassten nahezu alle Kinder im Alter von 6 bis 10 Jahren als „Jungpioniere" und die Kinder von 10 bis 14 Jahren als „Thälmannpioniere". Die Pioniere trugen wie die FDJ eine Uniform mit Rangabzeichen, es gab Flaggenappelle und militärische Grußformen. „Wir sind ein Teil des werktätigen Volkes, und die revolutionären Kämpfer der Arbeiterklasse sind die Vorbilder der Jungen Pioniere", hieß es im 1. Pioniergesetz. Im Alter von 14 Jahren wurden die Pioniere in die FDJ überführt, in der sie bis zum 18. Lebensjahr blieben.

Die politisch-ideologische Erziehung geschah in der Schule vor allem in den Fächern Staatsbürgerkunde und Geschichte, aber auch in anderen Fächern sollten die Lehrer Beispiele aus dem militärischen Bereich verwenden.

Sozialistische Wehrerziehung

1978 wurde der obligatorische Wehrunterricht eingeführt. In der 9. Klasse (15-Jährige) beispielsweise bestand er aus einem theoretischen Teil zum Thema „Sozialistische Landesverteidigung" und der Praxis in einem Lager der „Gesellschaft für Sport und Technik" (siehe S. 230).

Die Anweisung des Ministeriums für Volksbildung von 1978 für den Wehrunterricht lautete: „Der Wehrunterricht dient der sozialistischen Wehrerziehung der Jugend und ist fester Bestandteil des Bildungs- und Erziehungsprozesses in der Schule. Er fördert die Entwicklung der Wehrbereitschaft und Wehrfähigkeit der Schüler." Ein Handbuch für Lehrer hatte schon 1974 als Ziel der Wehrerziehung in der Schule die Erziehung „zum Hass gegenüber der Bundeswehr, der US-Armee und anderen imperialistischen Armeen" formuliert.

Studenten mussten vor der Immatrikulation eine Erklärung unterschreiben: „Hiermit verpflichte ich mich, … aktiv an der militärischen Ausbildung für wehrdiensttaugliche Studenten bzw. an der Ausbildung in der Zivilverteidigung für wehrdienstuntaugliche und weibliche Studierende teilzunehmen."

Zwei Staaten – zwei Nationen

Internationale Anerkennung

Durch die Ostverträge hatte die DDR fast alles erreicht, was sie seit Jahrzehnten so heiß ersehnt hatte. Die Bundesrepublik hatte ihre Souveränität und Gleichberechtigung anerkannt. Die völkerrechtliche Anerkennung hatte sie ihr nicht zugestanden. Dafür beeilten sich zahlreiche Staaten, mit der DDR diplomatische Beziehungen aufzunehmen. Noch im Dezember 1972, wenige Tage nach Unterzeichnung des Grundlagenvertrages, hatten 20 Staaten die völkerrechtliche Anerkennung vollzogen.

Am Ende waren es 132, darunter 1974 die USA. 1973 wurde die DDR ebenso wie die Bundesrepublik Mitglied der Vereinten Nationen. 1980 wurde sie für zwei Jahre nichtständiges Mitglied des Sicherheitsrates.

Verschärfte Abgrenzung

Die Entspannungspolitik hielt die SED nicht davon ab, die Abgrenzung zur Bundesrepublik noch zu verschärfen. Sichtbaren Ausdruck fand dies in der Perfektionierung der Sperranlagen an der „Staatsgrenze West" und an der Berliner Mauer. Ein tiefgestaffeltes System von Gitterzäunen, Schutzstreifen, Spurensicherungsstreifen, Sperrgräben und Beobachtungstürmen machte die Grenze undurchdringlich. Anfang der siebziger Jahre wurden Selbstschussanlagen („Todesautomaten") eingebaut, später auch noch Minen verlegt. Dennoch gelang Wagemutigen immer noch die Flucht. Zwischen dem 13. August 1961 und Ende 1983 kamen 193.000 Menschen illegal über die Grenzen. 40.000 von ihnen überwanden als „Sperrbrecher" die Grenzbefestigungen. Ihre Zahl nahm immer mehr ab. 1978 gelang nur noch 462 „Sperrbrechern" die Flucht.

Verfassung von 1974

Ebenso wichtig war die ideologische Abgrenzung. Die DDR-Führung gab sich alle Mühe, eine eigene DDR-Identität zu schaffen. Es gab nunmehr zwei Nationen, die „bürgerliche" in der Bundesrepublik und die „Nation neuen Typus", die „sozialistische Nation" in der DDR. Zum 25. Jahrestag wurde die Verfassung in wesentlichen Punkten geändert.

In der Verfassung von 1968 (siehe S. 167) erstrebten die DDR und ihre Bürger noch „die Überwindung der vom Imperialismus der deutschen Nation aufgezwungenen Spaltung Deutschlands, die schrittweise Annäherung der beiden deutschen Staaten bis zu ihrer Vereinigung auf der Grundlage der Demokratie und des Sozialismus". Jetzt, 1974 waren alle Hinweise auf die deutsche Nation gestrichen. Auf die Frage, ob man in der DDR noch Deutscher sei, gab Honecker die Antwort: „Zwei Staaten – zwei Nationen – zwei Staatsbürgerschaften – eine Nationalität", nämlich deutsch.

Im öffentlichen Leben wurde überall „Deutschland" durch „DDR" ersetzt. So wurde aus dem „Deutschlandsender" die „Stimme der DDR".

Das gemeinsame internationale Autokennzeichen „D" wurde aufgegeben, jetzt hieß es „DDR". Die Nationalhymne mit der Zeile „Deutschland einig Vaterland" durfte nur noch gespielt, nicht mehr gesungen werden.

Wurden die Bindungen mit dem anderen deutschen Staat gelöst, so wurden sie zur Sowjetunion umso enger geknüpft und sogar in der Verfassung festgelegt. 1968 hatte es geheißen, die DDR erstrebe die Freundschaft mit der Sowjetunion und den anderen sozialistischen Staaten. Jetzt wurde proklamiert: „Die Deutsche Demokratische Republik ist für immer und unwiderruflich mit der Union der Sozialistischen Sowjetrepubliken verbündet … Die Deutsche Demokratische Republik ist untrennbarer Bestandteil der sozialistischen Staatengemeinschaft." Die ewige Bindung eines souveränen Staates an einen anderen war ein Novum in der Geschichte der Staaten.

Reisen von Deutschland nach Deutschland

Durch die Änderungen sollte die Verfassung „in volle Übereinstimmung mit der Wirklichkeit" gebracht werden. Das war die virtuelle Wirklichkeit der SED-Führung. Es gab noch eine andere Wirklichkeit – die der Menschen. Die Verbindungen zwischen den Deutschen in beiden Staaten waren seit den Verträgen enger und zahlreicher geworden. West-Berliner konnten 1972 zum ersten Mal seit Jahren nach Ost-Berlin und in die DDR reisen. Seit 1973 gab es Tagesaufenthalte für Westdeutsche in Ost-Berlin und den „kleinen Grenzverkehr" an der innerdeutschen Grenze. Das wurde eifrig genutzt. 1973 besuchten acht Millionen West-Berliner und Westdeutsche Ost-Berlin und die DDR.

In umgekehrter Richtung durften nur Bürger im Rentenalter reisen. Sie mussten jemanden im Westen haben, der ihren Aufenthalt bezahlte, denn DDR-Bürger durften pro Jahr nur 15 Mark der DDR in D-Mark umtauschen. Zwischen 1970 und 1982 stieg ihre Zahl von einer auf anderthalb Millionen pro Jahr. 1972 wurden erstmalig auch Reisen jüngerer Menschen „in dringenden Familienangelegenheiten" gestattet. Die Zahl blieb bis in die achtziger Jahre konstant bei ungefähr 40.000 jährlich. Der Ehepartner musste ausnahmslos zurückbleiben. Beneidet wurden „Reisekader", sorgfältig ausgesuchte Funktionäre, Künstler, Sportler, Wissenschaftler, die regelmäßig reisen durften.

Die Reisen von Ost nach West und von West nach Ost wirkten als eine permanente Subversion. Es war nicht einmal die glitzernde westliche Warenwelt, die in einem so augenfälligen Gegensatz zu dem Grauschleier im Osten stand. Die bloße Tatsache, dass die Westdeutschen unbegrenzte Freizügigkeit genossen, während ihre Landsleute im Osten in ihrem Staat eingemauert waren, musste immer unerträglicher werden.

Eine Folge des Reiseverkehrs war das Nebeneinander zweier Währungen in der DDR. Seit 1973 durften DDR-Bürger D-Mark besitzen. Damit wollte die DDR-Regierung eine neue Quelle der dringend benötigten Devisen erschließen. Der Nebeneffekt war, dass sich eine Zwei-Klassen-Gesellschaft bildete, D-Mark-Besitzer und -Nicht-Besitzer. Die ersteren hatten Verwandte oder Freunde im Westen und konnten mit dem Westgeld in den Intershops Westwaren oder anders nicht erhältliche DDR-Waren kaufen oder auch Dienstleistungen ohne Wartezeiten erhalten. Davon ausgeschlossen waren alle, die keine Verwandten im Westen hatten, und Parteifunktionäre, Staatsangestellte, Polizei- und NVA-Angehörige, denen als Geheimnisträger Westkontakte strikt untersagt waren.

Anfänge der Destabilisierung

Formen widerständigen Verhaltens

Wie in jeder Diktatur wies auch die Bevölkerung der DDR die ganze Spannbreite der Verhaltensmuster von aktiver Mitwirkung über Mittun, Anpassung, Resistenz, Verweigerung, Opposition bis hin zum offenen Widerstand auf. Aktiver Widerstand wurde nur von Einzelpersonen und kleinen Gruppen geleistet, vor allem in den ersten Jahren, als noch Hoffnung bestand, dass die SED-Herrschaft bald verschwinden würde. Der Grund dafür war, dass Gegner sich bis 1961 dem Regime ohne weiteres durch Flucht entziehen konnten. Danach war das Überwachungs- und Spitzelsystem so weit vervollkommnet, dass die Chancen, unentdeckt zu bleiben, fast gleich null waren.

Das typische Verhalten der DDR-Bürger, die dem Regime ablehnend bis feindlich gegenüberstanden, war der Rückzug in die Privatsphäre, in die „Nische", in der sie sich den Zumutungen der Herrschenden so weit wie möglich entzogen. In der Geschichte der DDR hat es jedoch immer wieder Phasen gegeben, in denen oppositionelles Verhalten sich in unterschiedlichen Formen manifestierte. Das reichte am 17. Juni 1953 und im Oktober 1989 bis zum offenen Aufruhr.

Ausreiseanträge

Nach der Unterzeichnung der Schlussakte der KSZE durch Honecker am 1. August 1975 nahm die oppositionelle Haltung die Form der Forderung nach Ausreise an. Der Text der KSZE-Vereinbarungen wurde im „Neuen Deutschland" veröffentlicht. Damit erhielten Regimegegner eine legale Möglichkeit, sich auf diese Vereinbarungen zu berufen. Die Zahl der Anträge im ersten Jahr nach Helsinki soll 100.000 überschritten haben, andere Schätzungen gehen von bis zu 200.000 Anträgen aus. Die Antragsteller ersuchten um Entlassung aus der DDR-Staatsbürgerschaft und um Ausreisegenehmigung.

Das Stellen eines Ausreiseantrages konnte nicht mehr unter Strafe gestellt werden, doch griffen die Behörden zu Mitteln massiver Diskriminierung und Repression, zum Beispiel dem Verlust des Arbeitsplatzes, Nachteilen bei der Vergabe von Wohnungen, Urlaubsreisen, Studienplätzen etc. Vielfach wurden die Anträge einfach nicht bearbeitet. Als illegal und strafbar galt die Weitergabe der Anträge und der Begründungen an Dritte oder an die Öffentlichkeit. Beachtung fand, auch in den Westmedien, eine Bürgerinitiative, in der sich 33 Bürger der Stadt Riesa zusammengeschlossen hatten, um gemeinsam in einer Petition an den Staatsrat der DDR die Ausreise zu verlangen. Nach diesem Muster organisierten sich später andere Gruppen ausreisewilliger DDR-Bürger. Die meisten Ausreiseanträge wurden abgelehnt. 1975 und 1976 gab es insgesamt 30.000 Übersiedlungen in den Westen, etwa 25 Prozent mehr als im Durchschnitt der Jahre 1972 bis 1983.

Regimekritische Schriftsteller

Mit den Schriftstellern, die nicht hundertprozentig auf der Parteilinie lagen, hatte sich die SED-Führung immer schwer getan. Unter Honecker schien sich das zu ändern. Er sicherte nach seinem Amtsantritt Schriftstellern die Freiheit des künstlerischen Ausdrucks zu, sofern sie nur prinzipiell auf dem Boden des Sozialismus standen. Es zeigte sich bald, dass nach wie vor bestimmte Bücher von DDR-Schriftstellern nur in der Bundesrepublik erscheinen konnten und gegen regimekritische Schriftsteller wie Reiner Kunze mit Methoden des Psychoterrors vorgegangen wurde. Schlagzeilen machte die Ausbürgerung des Liedermachers Wolfgang Biermann, dem während eines Aufenthaltes in der Bundesrepublik das „Recht auf weiteren Aufenthalt" in der DDR entzogen wurde. Das führte zu einer bisher beispiellosen Solidaritätsaktion. Zwölf der prominentesten Schriftsteller der DDR protestierten in einem offenen Brief gegen die Willkürmaßnahme. Mehr als 100 Künstler und Intellektuelle schlossen sich in den nächsten Tagen dem Protest an. Die SED-Führung reagierte mit Veröffentlichungsverboten sowie dem Ausschluss aus der SED und dem Schriftstellerverband. Hinfort wurde die Ausbürgerung, die Entlassung aus der DDR, die man dem gemeinen Mann nicht zugestehen wollte, zum gängigen Mittel, lästige Kritiker loszuwerden.

Marxistische Intellektuelle

Aufsehen erregten immer wieder Manifestationen einer systemimmanenten Opposition, die von einzelnen marxistischen Intellektuellen getragen wurde und auf Veränderungen des „real existierenden Sozialismus" zielte. Ihre Ideen wurden in kleinen Zirkeln diskutiert. Sie hatten keine Aussicht, innerhalb der verfestigten Herrschaftsstruktur der SED eine nennenswerte Anhängerschaft zu finden, geschweige denn, eine Massenbasis zu erlangen.

Zu den Protagonisten dieser Opposition gehörten der Naturwissenschaftler und Philosoph Robert Havemann und der Journalist und Ökonom Rudolf Bahro. Havemann wurde schon 1964 aus der SED ausgeschlossen und als Universitätsprofessor entlassen. Bahro wurde, nachdem sein Buch „Die Alternative" in der Bundesrepublik erschienen war, 1978 in der DDR zu acht Jahren Zuchthaus verurteilt und ein Jahr später in die Bundesrepublik abgeschoben.

Kirchen im Sozialismus

Die evangelische und die katholische Kirche waren die einzigen staatsfreien Institutionen in der DDR. Die katholische Kirche, der zur Zeit der Gründung der DDR etwa eine Million Menschen angehörten, verfolgte die Strategie des „Überwinterns" im atheistischen Staat. Sie verweigerte sich dem Dialog mit dem SED-Staat und beschränkte sich auf Proteste, wenn ihre Institutionen berührt waren oder wenn Katholiken in Bedrängnis gerieten.

Zur evangelischen Kirche gehörten im Stammland des Protestantismus in den achtziger Jahren noch ein Drittel der Bevölkerung. Sie war schon durch ihr Gewicht stärker mit dem atheistischen Staat und der Willkür seiner Organe konfrontiert. Es bildeten sich zwei unterschiedliche Strategien im Umgang mit der Staatsgewalt heraus. Die überwiegende Mehrheit der Kirchenleitungen definierte ihre Position mit der Formel „Kirche im Sozialismus" und versuchte, durch loyale Zusammenarbeit Konflikte zwischen Kirche und Staat abzubauen. In den Gemeinden, wo der totale Ideologieanspruch des Regimes sich in der Diskriminierung der Christen, vor allem in der Benachteiligung kirchlich aktiver Kinder und Jugendlicher konkretisierte, halfen Formeln nicht weiter. Es kam immer wieder zu Konflikten zwischen den Staatsorganen und kirchlichen Institutionen und zunehmend auch zwischen den Kirchenleitungen und den Pfarrern vor Ort. Zum Fanal dieses Konflikts wurde 1976 die Selbstverbrennung des Pfarrers Oskar Brüsewitz, der damit gegen das atheistische Regime und gegen das opportunistische Anpassertum der kirchlichen Obrigkeit protestierte.

1978 fand ein propagandistisch groß herausgestelltes Gespräch zwischen Honecker und dem Vorstand des 1969 in Abgrenzung gegen die EKD gegründeten „Bundes der Evangelischen Kirchen in der DDR" (BEK) statt, dessen Ergebnis als eine Art „Burgfrieden" zwischen Staat und Kirche stilisiert wurde. Tatsächlich gab es einige Zugeständnisse bei kirchlichen Bauvorhaben, bei Sendungen im Fernsehen und beim Erhalt kirchlicher Kindergärten.

Oppositionsbasis Friedensbewegung

Die Grenzen wurden deutlich, als wenige Monate später der Wehrunterricht eingeführt wurde und der kirchliche Widerspruch völlig wirkungslos blieb. Der Protest gegen die Militarisierung der DDR konzentrierte sich trotzdem in den evangelischen Kirchengemeinden, die nun auch zu Sammelpunkten für nicht kirchlich gebundene Jugendliche wurden.

Parallel zur Friedensbewegung in der Bundesrepublik bildete sich in der DDR eine Friedensbewegung, deren Symbol der Aufnäher „Schwerter zu Pflugscharen" nach einem Wort des Propheten Micha wurde. Sie wandte sich sowohl gegen die Aufrüstung im Westen als auch in den Staaten des Warschauer Pakts. Aus der DDR-Friedensbewegung gingen später Menschenrechts- und Umweltgruppen hervor, die eine wichtige Rolle in der friedlichen Revolution des Jahres 1989 spielen sollten.

WENDE IN BONN, DIE ÄRA KOHL

DIE DDR BIS ZUR FRIEDLICHEN REVOLUTION 1982–1989

CDU/CSU-FDP-Koalition

Konstruktives Misstrauensvotum

Nach dem Ende der sozial-liberalen Koalition am 17. September 1982 nahmen CDU/CSU und FDP sogleich Koalitionsverhandlungen auf. Sie wurden schnell abgeschlossen, so dass die beiden Fraktionen schon am 1. Oktober den Antrag einbringen konnten, Helmut Schmidt das Misstrauen auszusprechen und Helmut Kohl zum Bundeskanzler zu wählen. Der Antrag wurde mit 256 gegen 235 Stimmen bei 4 Enthaltungen angenommen. Das waren 7 Stimmen mehr, als zur Kanzlerwahl erforderlich waren. Es war das erste und bislang einzige erfolgreiche konstruktive Misstrauensvotum in der Geschichte der Bundesrepublik.

Regierung Kohl/Genscher

Helmut Kohl war 1969 Ministerpräsident von Rheinland-Pfalz geworden, mit 39 Jahren der jüngste Regierungschef eines Bundeslandes nach dem Krieg. 1976 unterlag er als Kanzlerkandidat Helmut Schmidt. Bis 1982 war er Vorsitzender der CDU/CSU-Fraktion im Bundestag gewesen. Hans-Dietrich Genscher wurde Außenminister und Vizekanzler wie schon 1974 bis 1982 in der sozial-liberalen Koalition.

Wie der „Machtwechsel" 1969 bedeutete die Wende 1982 eine Zerreißprobe für die FDP. Zwei Fünftel der FDP-Abgeordneten hatten nicht für Helmut Kohl gestimmt. Mehrere prominente FDP-Politiker traten in der Folge aus der FDP aus, einige von ihnen schlossen sich der SPD an.

Bundestagswahl 1983

Um eine sichere Mehrheit zu erlangen und den Koalitionswechsel einem Wählervotum zu unterwerfen, waren Neuwahlen erforderlich. Da das Grundgesetz keine Selbstauflösung des Bundestages vorsieht, stellte Bundeskanzler Kohl die Vertrauensfrage. Die Koalitionsabgeordneten enthielten sich verabredungsgemäß der Stimme, die SPD stimmte mit Nein. Bundeskanzler Kohl schlug dem Bundespräsidenten nunmehr vor, den Bundestag aufzulösen und Neuwahlen anzusetzen. Das Verfahren war verfassungsrechtlich nicht unbedenklich, doch wurde es vom Bundesverfassungsgericht wegen der außergewöhnlichen Situation nachträglich als verfassungskonform bezeichnet.

Die Bundestagswahl am 6. März 1983 brachte einen klaren Sieg der Koalition. CDU/CSU erhielten 48,8 Prozent (+ 4,3), die SPD, die nicht mehr mit Helmut Schmidt, sondern mit Hans-Jochen Vogel antrat, verlor 4,7 Prozent und bekam 38,2 Prozent, die FDP verlor ebenfalls und erhielt 6,9 Prozent (- 3,6). Die Grünen zogen mit 5,6 Prozent erstmals in den Bundestag ein.

Bundestagswahl 1987

Die Regierung Kohl-Genscher wurde bei der Bundestagswahl 1987 bestätigt. Die CDU/CSU verlor gegenüber 1983 4,5 Prozent und kam auf 44,3 Prozent. Auch die SPD, die Johannes Rau (1985 mit 52,1 Prozent der Stimmen eindeutiger Sieger der nordrhein-westfälischen Landtagswahl), als Kanzlerkandidaten aufgestellt hatte, musste 1,2 Prozent der Stimmen abgeben und bekam 37 Prozent. Gewinner waren die FDP mit 9,1 Prozent (+ 2,1) und die Grünen mit 8,3 Prozent (+ 2,7). Rechtsradikale spielten bei dieser Wahl keine Rolle. Die NPD erhielt nur 0,6 Prozent.

Neue Parteienkonstellation

Die idyllischen Zeiten der siebziger Jahre waren für die „etablierten" Parteien vorbei. An den Flügeln traten Konkurrenten auf, und ihr Ansehen schmolz dahin. Das Wort „Parteiverdrossenheit" kam auf. Das hatte zunächst einmal seine ganz konkreten Gründe in Affären, in welche auch zunehmend prominente Politiker verwickelt waren. Es ging um Parteispenden und Steuermanipulationen im Zusammenhang mit solchen Spenden, um Annahme von Geschenken und Leistungen, also um „Vorteilsnahme".

Das machten sich neue Parteien zunutze, deren Exponenten noch keine Gelegenheit gehabt hatten, in Affären verstrickt zu werden, und diesbezüglich noch eine weiße Weste hatten. Auf dem linken Flügel waren dies vor allem die Grünen. Sie verstanden sich als Anti-Partei und profitierten daher von dem Anti-Parteien-Affekt.

Ihre Wähler waren junge Menschen und solche Ältere, die sich von der traditionellen Werteordnung abgewandt hatten und sich an neuen „postmaterialistischen" Werten orientierten. Für sie hatte die Ökologie Vorrang vor der Ökonomie, die Basisdemokratie vor der repräsentativen Demokratie.

Auf dem rechten Flügel machten die Republikaner von sich reden, eine Gründung von CSU-Abtrünnigen, die sich über den von Franz Josef Strauß vermittelten Milliardenkredit an die DDR (siehe S. 221) empört hatten. Sie traten zunächst in Bayern auf, konnten aber 1989 in das Berliner Abgeordnetenhaus einziehen (7,5 Prozent) und gewannen bei der Europawahl 1989 7,1 Prozent der Stimmen.

Wirtschaftliche Konsolidierung

Haushaltssanierung

Die wichtigste Aufgabe der neuen Regierung war die „Haushaltssanierung", worunter in der gegebenen Lage die Reduzierung des Defizits der öffentlichen Haushalte zu verstehen war. Die Schere zwischen Einnahmen und Ausgaben hatte sich in den siebziger Jahren kontinuierlich geöffnet. Das entstehende Defizit wurde durch Kreditaufnahme ausgeglichen. Die „Nettokreditaufnahme" stieg von 6,49 Milliarden DM 1970 auf den Höchststand von 69,59 Milliarden DM 1981. Der Anstieg wurde in den achtziger Jahren gestoppt, die Kreditaufnahme konnte im Jahresdurchschnitt auf 45 Milliarden DM vermindert werden.

Einsparungen wurden durch insgesamt moderate Kürzungen bei verschiedenen Sozialleistungen erzielt, vor allem beim Kindergeld und bei der Ausbildungsförderung (BAföG), sowie durch die zeitweise Einstellung der Wohnungsbauförderung.

Auch die Kassen der Renten- und Krankenversicherung wurden entlastet, so durch Selbstbeteiligung an Krankenhaus- und Kurkosten sowie durch eine Verschiebung der Rentenerhöhung 1983 um ein halbes Jahr.

In den späten achtziger Jahren wurden neue Sozialleistungen beschlossen. 1986 wurde ein Erziehungsgeld eingeführt, zunächst für die ersten zehn Monate nach der Geburt eines Kindes, seit 1988 für ein Jahr, ebenso entstand ein Anspruch auf Erziehungsurlaub. Bei der Rente wurde ab 1986 Müttern pro Kind ein Erziehungsjahr („Babyjahr") angerechnet. Altersrente wurde ab 1984 schon nach fünf Jahren statt bisher fünfzehn Versicherungsjahren gewährt.

Neue Wirtschaftspolitik

Die letzten Jahre der sozial-liberalen Regierung waren durch wirtschaftliche Stagnation gekennzeichnet gewesen. 1982 war das Bruttosozialprodukt sogar um 1,1 Prozent gesunken. Die Wende setzte bald nach dem Regierungswechsel ein. Sicherlich löste, wie schon bei der Regierungsübernahme durch die Große Koalition, der Wechsel Erwartungen aus, die sich in einem Aufschwung niederschlugen.

Die neue Regierung betrieb aber auch eine neue „angebotsorientierte" Wirtschaftspolitik. Sie setzte auf die Stärkung der Angebotsbedingungen durch Steuerentlastungen für die Unternehmen, den Abbau von Investitionshemmnissen und die Verminderung von Staatseingriffen in die Wirtschaft. Dies bedeutete die völlige Abkehr von der bisher verfolgten Politik der „Globalsteuerung", die auf den englischen Nationalökonomen Keynes zurückgeht. Danach sollte der Staat eine antizyklische Finanzpolitik betreiben: bei Konjunkturaufschwung die Ausgaben kürzen und Rücklagen bilden, beim Abschwung die Ausgaben erhöhen und dafür die Rücklagen verwenden, eventuell auch Kredite aufnehmen. Das hatte nicht funktioniert, weil keine Rücklagen gebildet worden waren.

Anhaltendes Wirtschaftswachstum

Es setzte ein Wirtschaftsaufschwung ein, der acht Jahre anhalten sollte, zunächst verhalten mit Wachstumsraten des Bruttosozialproduktes von über 2 Prozent in den ersten fünf Jahren, die 1988 auf 3,7 und 1989 auf 4,2 Prozent anstiegen, um 1990 mit dem beginnenden Wiedervereinigungsboom 5,5 Prozent zu erreichen.

Für die Konjunkturbelebung sorgte zunächst die Inlandsnachfrage, ab 1984 begannen die Exporte kräftig zuzunehmen. Das war dem Anstieg des Dollarkurses zu verdanken, der vom Tiefstand 1980 mit 1,82 DM für einen Dollar auf 2,85 DM 1984 und 2,94 DM 1985 gestiegen war und deutsche Waren im Dollarraum stark verbilligte. Ein weiterer glücklicher Umstand kam der Volkswirtschaft und den einzelnen Verbrauchern zugute. Der Preis für das eingeführte Erdöl begann plötzlich ins Bodenlose zu fallen. Durch die neu erschlossenen Erdölfelder in der Nordsee war das Monopol der OPEC gebrochen, der fallende Dollarkurs tat ein Übriges. Hatte die Bundesrepublik noch 1984 und 1985 622 DM für die Tonne zahlen müssen, waren es 1986 noch 255 und 1988 nur 206 DM. Statt 40 Milliarden DM 1985 brauchte die Bundesrepublik 1986 nur noch 17 Milliarden DM für den Erdölimport aufzuwenden.

Zum Ende der achtziger Jahre bot die Wirtschaft der Bundesrepublik ein günstiges Bild. Der Export trug fast 30 Prozent zum Bruttosozialprodukt bei, die Exportüberschüsse waren so hoch wie nie zuvor. Die Inflationsrate tendierte gegen null. Die Realeinkommen waren kräftig gestiegen, nicht zuletzt durch eine große Steuerreform, die fast alle Einkommensbezieher entlastet hatte.

Hohe Arbeitslosigkeit

Das Bild wurde getrübt durch die hohe Arbeitslosigkeit. Sie hatte sich gegenüber den siebziger Jahren sogar verdoppelt und verharrte auf dem Stand von 2,2 Millionen. Erst 1989 sank sie auf 2 Millionen und 1990 auf 1,8 Millionen. Zwar waren zwischen 1982 und 1990 netto 1,75 Millionen Arbeitsplätze geschaffen worden, aber sie reichten nicht aus, um die geburtenstarken sechziger Jahrgänge und die zahlreichen Zuwanderer in den Arbeitsprozess einzugliedern.

Kontinuität in der Deutschlandpolitik

Die neue Bundesregierung setzte in den deutsch-deutschen Beziehungen zur Überraschung vieler auf Kontinuität: Beide Staaten waren bemüht, in der Phase der verschärften Ost-West-Konfrontation die negativen Auswirkungen auf das deutsch-deutsche Verhältnis zu begrenzen.

Die Bundesregierung ließ allerdings keinen Zweifel daran, dass sie am Wiedervereinigungsgebot des Grundgesetzes festhalte und dass Honeckers Geraer Forderungen (siehe S. 195) für sie unannehmbar waren. Sie erhob auch öffentlich immer wieder die Forderung, unhaltbare Praktiken wie den Schießbefehl und die Verletzung von Menschenrechten überhaupt zu beenden.

Deutsche Mark für „menschliche Erleichterungen"

In der praktischen Politik bemühte sie sich, die Folgen der Teilung für die Menschen zu mindern und durch die vielbeschworenen „menschlichen Erleichterungen" den Zusammenhalt der Deutschen zu stärken. Diese erkaufte sie sich mit ihrer harten Währung, der von der DDR-Regierung begehrten Deutschen Mark. In der zunehmend kritischer werdenden Lage der DDR-Wirtschaft (siehe S. 234 ff.), deren Ausmaß erst nach der Wiedervereinigung bekannt wurde, waren die Zahlungen der Bundesrepublik von der Transitpauschale über den zinslosen Überziehungskredit im innerdeutschen Handel bis zum Häftlingsfreikauf geradezu unerlässlich für das wirtschaftliche Überleben der DDR.

In die Schlagzeilen kam ein unplanmäßiger Transfer: Ausgerechnet Franz Josef Strauß vermittelte einen Bankkredit von einer Milliarde DM, für den die Bundesregierung die Bürgschaft übernahm. 1984 erhielt die DDR nochmals einen Milliardenkredit. Strauß erreichte als Gegenleistung dafür den Abbau der Selbstschussanlagen an der Grenze.

Honecker in Bonn

Im September 1987 kam Honecker zu einem offiziellen Besuch nach Bonn. Der Besuch war immer wieder verschoben worden, teils auf sowjetischen Druck hin, teils wegen irgendwelcher Irritationen im Verhältnis der beiden Staaten. Honecker wurde in Bonn protokollarisch fast wie ein ausländisches Staatsoberhaupt empfangen. In seiner Tischrede sagte Bundeskanzler Helmut Kohl: „Das Bewusstsein für die Einheit der Nation ist wach wie eh und je, und ungebrochen ist der Wille, sie zu bewahren ... Die Menschen leiden unter der Trennung, sie leiden an einer Mauer, die ihnen buchstäblich im Wege steht und die abstößt. ... Sie wollen zueinander kommen können, weil sie zusammengehören." Das mochte sehr vielen Zeitgenossen als bloße Rhetorik, wenn nicht als weltfremder Illusionismus erscheinen. Für Honecker müssen die Forderungen Kohls nach Achtung der Menschenrechte und Grundfreiheiten noch unangenehmer gewesen sein: „Friede beginnt mit der Achtung der unbedingten und absoluten Würde des einzelnen Menschen". Jeder konnte das mithören, denn der Bundeskanzler hatte zur Bedingung gemacht, dass die Tischreden vom Fernsehen beider Staaten direkt übertragen wurden.

Von Bonn aus reiste Honecker durch das Land und wurde von Ministerpräsidenten, Oppositionspolitikern und Wirtschaftsführern mit allen Ehren und Respekt empfangen. Das „Neue Deutschland" verkündete triumphierend: „Die Teilung hat sich vollendet". Das mochte so aussehen, aber es hatte sich noch etwas anderes verändert. Nach der großen Visite des Staatsratsvorsitzenden mussten die Abgrenzungsbemühungen seines Staates mit den Todesschüssen noch anachronistischer erscheinen als zuvor.

Außen- und Sicherheitspolitik

Doppelbeschluss: Stationierung

Der Bundestag beschloss am 22. November 1983 mit den Stimmen der Koalition gegen die fast aller SPD-Abgeordneten und der Grünen und bei Stimmenthaltung Helmut Schmidts und weiterer SPD-Abgeordneter, am NATO-Doppelbeschluss festzuhalten. Schon einige Wochen zuvor waren amerikanische Mittelstreckenraketen in Großbritannien aufgestellt worden. Ende 1983 begann die Stationierung von Pershing II-Raketen in der Bundesrepublik.

Sie wurde begleitet von heftigen Protesten der Friedensbewegung, einer Friedenswoche mit Großdemonstrationen in mehreren Städten, von Menschenketten und Blockaden amerikanischer Depots unter Beteiligung prominenter Schriftsteller.

Die Sowjetunion brach daraufhin die Genfer Verhandlungen über Mittelstreckenraketen ab. Im Frühjahr 1984 begann sie mit der Verlegung moderner Kurzstreckenraketen in die DDR und die ČSSR. Das Ende der Entspannung schien gekommen. Drohte ein neuer Kalter Krieg? Dafür sprach vieles.

USA: Politik der Stärke

In den USA hatte der neue Präsident Ronald Reagan am 20. Januar 1981 sein Amt angetreten. Er verstärkte massiv das amerikanische Rüstungsprogramm, das schon von seinem Vorgänger Carter in Reaktion auf den forcierten Ausbau der Sowjetflotte und die Expansion in der Dritten

Welt in Gang gesetzt worden war. 1983 kündigte er die Entwicklung eines lasergestützten Raketenabwehrsystems im Weltraum (Strategic Defence Initiative – SDI) an. Damit sollten sowjetische Raketen schon im Anflug zerstört werden. Wäre SDI jemals realisiert worden, hätte dies das System gegenseitiger atomarer Abschreckung außer Kraft gesetzt.

Viele Europäer verschreckte noch mehr Reagans Rhetorik. Er bezeichnete die Sowjetunion als das „Reich des Bösen" und versprach, die Russen „totzurüsten": „Entweder", sagte er, „kommt es zu einer nachweisbaren Abrüstung, oder sie werden sich in einem Rüstungswettlauf sehen, den sie nicht gewinnen können". Das war noch vor der Regierung Gorbatschow und enthielt schon die Alternative Abrüstung. In den USA wurde Reagan zu einem der populärsten Präsidenten des Jahrhunderts. 1984 wurde er mit überwältigender Mehrheit wiedergewählt.

Sowjetunion: Alte Herren und neuer Mann

In der Sowjetunion war Leonid Brechnew am 10. November 1982 nach einer längeren Phase des körperlichen und geistigen Verfalls gestorben. Seine Nachfolge trat Juri Andropow an, langjähriger Chef des Geheimdienstes KGB und 68 Jahre alt. Er starb schon zwei Jahre später. Andropows Nachfolger wurde Konstantin Tschernenko, 72 Jahre und krank. Ein Jahr darauf war auch er tot. Das Politbüro der KPdSU hatte drei Jahre lang nicht vermocht, eine überzeugende Führungsfigur zu präsentieren. Das muss den alten Herren wohl zu denken gegeben haben, denn sie wählten einen, der 20 Jahre jünger war als die meisten von ihnen: Michail Sergejewitsch Gorbatschow, 56 Jahre alt.

Gorbatschow: Umbau des Sowjetsystems

Gorbatschow leitete unverzüglich Strukturveränderungen in der Sowjetunion ein. Sein unter dem Namen „Perestroika" (Umbau) bekannt gewordenes Programm sollte das gesellschaftliche, wirtschaftliche und politische System der Sowjetunion erneuern und stärken, nicht aber es beseitigen. Grundlegende Reformen sollten in einem transparenten Prozess („Glasnost") vollzogen werden. Voraussetzung für die Modernisierung der maroden sowjetischen Wirtschaft war eine drastische Senkung der Rüstungsausgaben, die, wie Gorbatschow in seinen Erinnerungen mitteilt, 40 Prozent des Staatshaushalts verschlangen und nicht etwa nur 16 Prozent, wie der Haushaltsplan auswies.

Abrüstung: Null-Lösungen

Am Tage nach Gorbatschows Amtsantritt wurden die 1983 unterbrochenen Verhandlungen zur Verminderung strategischer Waffen (Strategic Arms Reduction Talks – START) wieder aufgenommen. Das war jedoch schon ein halbes Jahr zuvor, noch unter Tschernenko, bei einem Besuch des sowjetischen Außenministers Gromyko bei Präsident Reagan vereinbart worden. Im Oktober 1985 trafen Reagan und Gromyko zum ersten Mal in Genf zusammen und einigten sich über die Grundzüge eines Abkommens über den Abbau von Mittelstreckenraketen (Intermediate Nuclear Forces – INF) in Mitteleuropa, der Atomwaffen also, die zum NATO-Doppelbeschluss geführt hatten. Beim nächsten Gipfeltreffen in Reykjavik 1986 war das Abkommen schon reif zur Unterschrift. Dazu kam es allerdings nicht mehr, weil Gorbatschow das SDI-Programm ins Spiel brachte, welches für Reagan nicht verhandlungsfähig war. Der Gipfel in Reykjavik brachte dennoch den Durchbruch. Von da an überboten sich die Oberhäupter der beiden hochgerüsteten Weltmächte in immer neuen Vorschlägen und Konzessionen mit dem Ziel einer umfassenden Abrüstung.

Der INF-Vertrag wurde schließlich im Dezember 1987 von Reagan und Gorbatschow in Washington unterzeichnet. Im Mai 1988 reiste Reagan nach Moskau, um die Ratifikationsurkunden auszutauschen, der erste Besuch eines amerikanischen Präsidenten in der Sowjetunion seit 14 Jahren. Der Vertrag ging über die ursprünglichen Absichten weit hinaus. Nicht nur die Mittelstreckenraketen längerer Reichweite, die SS-20, sondern auch solche kürzerer Reichweite sollten vernichtet werden. Der Vertrag wurde daher als „doppelte Null-Lösung" bezeichnet. Von entscheidender Bedeutung war, dass erstmals eine „asymmetrische" Waffenreduktion vereinbart wurde. Die Sowjetunion verzichtete auf 857 Raketen mit je drei Atomsprengköpfen, die USA auf 429 mit einem Sprengkopf.

Die START-Verhandlungen führten zu Verträgen, die 1991 und 1993 von Reagans Nachfolger George Bush und Gorbatschows Nachfolger

Boris Jelzin unterzeichnet wurden. Auch sie gingen über den ursprünglichen Ansatz hinaus. Bis 2003 sollten zwei Drittel (statt die Hälfte) aller Interkontinentalraketen vernichtet werden.

Die revolutionären Veränderungen der Weltpolitik seit 1984, die all diese Verhandlungen und Verträge möglich machten, waren die Rahmenbedingungen für die Außenpolitik der Bundesrepublik und der DDR in den achtziger Jahren und vor allem in der kritischen Zeitspanne zwischen Herbst 1989 und dem 3. Oktober 1990.

Beziehungen zur Sowjetunion: Eiszeit bis Euphorie

Das Verhältnis zwischen der Bundesrepublik und der Sowjetunion hatte sich in den siebziger Jahren sehr zufriedenstellend entwickelt. Breschnew besuchte 1973 die Bundesrepublik als ersten NATO-Staat, 1978 und 1981 kam er nochmals. Helmut Schmidt war mehrmals in der Sowjetunion gewesen. Die Bundesrepublik war für die Sowjetunion der wichtigste Partner in Westeuropa. Ihr wichtigster Handelspartner war sie allemal. Der Handel zwischen beiden Ländern hatte sich von 1969 bis 1979 versechsfacht.

Der NATO-Doppelbeschluss leitete eine kurze Eiszeit ein. Die Bundesrepublik wurde das Hauptziel der Einschüchterungsversuche, mit denen die Sowjetunion die Stationierung zu verhindern suchte. Unter Gorbatschow sollte sich das wieder ändern, aber nicht gleich. Gorbatschow war in den ersten Jahren auf die andere Weltmacht fixiert. Als er sich für Westeuropa zu interessieren begann, hatten andere Staaten Priorität vor der Bundesrepublik, schon gar nach Helmut Kohls unglückseligem Vergleich des medienwirksamen Naturtalents Gorbatschow mit Propagandaminister Goebbels. Andere, Genscher, Weizsäcker und Strauß, mussten erst vermitteln. Im Oktober 1988 fuhr Kohl nach Moskau. Das Eis war gebrochen. In der Bundesrepublik wurde „Gorbi" im Juni 1989 mit einer euphorischen Begeisterung empfangen, die dem Enthusiasmus bei den Besuchen von Kennedy und de Gaulle in nichts nachstand. Kohl und Gorbatschow hatten im Verlaufe dieser Begegnungen ein bemerkenswert freundschaftliches Verhältnis entwickelt. Das sollte sich schon sehr bald auszahlen.

Beziehungen zu den USA: Vertrauensvolle Zusammenarbeit

Für die Bundesrepublik waren enge Beziehungen zu den USA von existenzieller Bedeutung. Sie basierten auf einer jahrzehntelangen vertrauensvollen Zusammenarbeit. Natürlich gab es immer wieder Querelen. Die reichlich sprunghafte amerikanische Politik unter Präsident Jimmy Carter irritierte Helmut Schmidt. Zwischen beiden kam es 1980 am Rande des Weltwirtschaftsgipfels in Venedig sogar zu einem handfesten Krach. Die antiamerikanischen Töne der Friedensbewegung und das negative Meinungsbild in der Bundesrepublik zum NATO-Doppelbeschluss weckten Befürchtungen in den USA, andererseits bewunderte man die Standfestigkeit Helmut Schmidts und Helmut Kohls in dieser schwierigen Situation.

Präsident Ronald Reagan besuchte im Juni 1987 anlässlich der 750-Jahr-Feier Berlin. Dort sagte er vor dem Brandenburger Tor: „Mr. Gorbatschow, öffnen Sie dieses Tor. Reißen Sie diese Mauer nieder." In Deutschland belächelte man ihn ob seiner Naivität. Am Vorabend der deutschen Vereinigung trat George Bush die Nachfolge Reagans an, ein Mann mit mehr internationaler Erfahrung als alle amerikanischen Präsidenten seit 1945. Zum Botschafter in Bonn ernannte er Vernon Walters, einen weltläufigen Diplomaten, der sich wunderte, dass niemand seine Ansicht teilte, die Wiedervereinigung stehe wahrscheinlich nahe bevor, sie werde jedenfalls noch in seiner Amtszeit stattfinden.

Europäische Integration: Fortschritte und Konflikte

Die europäische Integration war lange nicht über den Gemeinsamen Markt der sechs Gründungsmitglieder hinausgekommen. Die Erweiterung war am Veto de Gaulles gescheitert (siehe S. 131), die Vertiefung zur Politischen Union war in weite Ferne gerückt. 1969 schlug Bundeskanzler Willy Brandt erneut Aufnahmeverhandlungen mit Großbritannien und anderen Staaten vor. De Gaulles Nachfolger, Georges Pompidou, stimmte zu. 1973 wurden Großbritannien, Dänemark und Irland Mitglieder der EG. 1979 wurde erstmals das „Europäische Parlament" in den neun Mitgliedstaaten direkt gewählt, mit einer Wahlbeteiligung von immerhin durchschnittlich 61 Prozent. 1981 trat Griechenland der EG bei, 1986 folgten Spanien und Portugal.

1985 wurde ein neuer Anlauf unternommen, die Integration weiter voranzubringen. 1987 trat ein Bündel von Reformen, zusammengefasst in der „Einheitlichen Europäischen Akte" (EEA), in Kraft, die ersten seit den Römischen Verträgen von 1957. Sie sollten die Handlungsfähigkeit der Gemeinschaft stärken. So wurden Mehrheitsentscheidungen des Rates erleichtert und die Befugnisse des Europäischen Parlaments bei der Gesetzgebung erweitert. Vor allem legte die EEA die Verwirklichung des Europäischen Binnenmarktes mit freiem Waren-, Personen-, Dienstleistungs- und Kapitalverkehr zum Jahresende 1992 fest. Diese und andere Reformen, beispielsweise die Begrenzung der uferlosen Agrarausgaben, waren das Verdienst des Präsidenten der Europäischen Kommission, Jacques Delors, der auf die Unterstützung der Bundesrepublik und Frankreichs zählen konnte, teilweise gegen den heftigen Widerstand Großbritanniens.

Beziehungen zu Frankreich: Freundschaftliches Sonderverhältnis

Promotoren der europäischen Integration waren eindeutig Deutschland und Frankreich. Das deutsch-französische Verhältnis war seit den Tagen Adenauers und de Gaulles trotz gelegentlich unterschiedlicher Interessen unverändert gut. Das lag nicht zuletzt an dem ausgezeichneten persönlichen Verhältnis der Regierungs- bzw. Staatschefs.

Helmut Schmidt und den französischen Präsidenten Valéry Giscard d'Estaing verbanden freundschaftliche Beziehungen, die sich beim Krisenmanagement in den Turbulenzen nach der Ölkrise von 1973/74 bewährten. Die regelmäßigen Treffen der Staats- und Regierungschefs der wichtigsten Industrieländer, G 7-, heute unter Einbeziehung Russlands G 8-Treffen genannt, gehen auf ihre Initiative zurück.

Helmut Kohl und François Mitterrand setzten die freundschaftliche Zusammenarbeit fort, sie wurde noch intensiver. Gesten wie die Fahrt Kohls nach Paris wenige Stunden nach seiner Vereidigung als Bundeskanzler sind kennzeichnend für das deutsch-französische Sonderverhältnis.

SED-Herrschaft in den achtziger Jahren

Machtmonopol der SED

Von außen betrachtet, erschien die DDR in den achtziger Jahren stabil. Die SED verfügte über das uneingeschränkte Machtmonopol, die „führende Rolle" genannt. Ihre Herrschaft übte sie nach dem Prinzip des „demokratischen Zentralismus" aus. Beschlüsse höherer Organe waren für die unteren absolut verbindlich. Das höchste Organ war das Politbüro. Die Entscheidungen seiner 22 Mitglieder bestimmten Politik, Wirtschaft und Gesellschaft der DDR.

Ausgeführt wurden die Beschlüsse durch den Partei- und den Staatsapparat, die parallel aufgebaut waren. Die Parteiorgane waren den Staatsorganen übergeordnet, die Vorlagen kamen von den zuständigen Parteiinstanzen oder bedurften ihrer Zustimmung. In jeder Verwaltung, in Betrieben, Schulen, Kasernen traf die Partei die Entscheidungen und bestimmte die Abläufe. Auf der jeweils höchsten Ebene im Staatsrat, Ministerrat, Volkskammerpräsidium und Politbüro bestand Personenidentität: Die Inhaber der höchsten Staatsämter waren zugleich Mitglieder des Politbüros.

1989 gab es 2,3 Millionen Mitglieder der SED. Jeder sechste erwachsene Bürger der DDR gehörte ihr an. 350–400.000 von ihnen waren Funktionäre, DDR-amtlich „Kader" genannt, darunter 44.000 hauptamtliche Parteifunktionäre. Alle wichtigen Funktionen und Positionen in Partei, Staat, Wirtschaft und Gesellschaft waren nach sowjetischem Vorbild in der „Nomenklatur" aufgelistet. Über die Besetzung dieser Posten mit „Nomenklatur-Kadern" entschied die SED. Ende der achtziger Jahre gab es 320.000 Nomenklatur-Kader, das waren etwa 3 Prozent der erwachsenen Bevölkerung der DDR, die ungefähr 12 Millionen Bürger umfasste.

Blockparteien

In der Ära Honecker wurde die Rolle der Blockparteien gegenüber der vorangegangenen Zeit aufgewertet. Honecker selbst sprach von ihrem stabilen Platz im politischen System. Den Blockparteien war von der SED die Funktion zugewiesen, solche Bevölkerungskreise für das Regime zu gewinnen, die der SED-Ideologie fernstanden, und wenn dies nicht gelang, sie wenigstens formal einzubinden.

Dabei ergaben sich fundamentale Unterschiede zwischen einfachen Mitgliedern und Funktionären. Man trat einer Blockpartei bei, weil man als Gegner des Regimes nicht in die SED eintreten wollte oder weil man so das für viele berufliche Positionen geforderte „gesellschaftliche Engagement" nachweisen konnte oder weil sich durch die Mitgliedschaft Partizipationsmöglichkeiten auf der lokalen Ebene eröffneten. Die Blockparteien hatten, zumindest für die einfachen Mitglieder, eine Nischenfunktion.

Zwischen diesen Mitgliedern einerseits und den Parteileitungen und dem hauptamtlichen Funktionärskorps andererseits bestand eine Kluft. Letztere waren durch die SED korrumpiert, nicht zuletzt durch die üppige Ausstattung der Parteien mit Finanzmitteln, und bekannten sich stets zur Führungsrolle der SED. Die Basis in den Ortsgruppen kümmerte sich kaum oder gar nicht um die Vorgaben der Parteiführungen.

Die Mitgliederzahl nahm in den letzten Jahren der DDR nicht unerheblich zu. 1985 hatten alle vier Blockparteien 431.000 Mitglieder, im September 1989 491.000 (CDU 141.000, DBD 125.000, LDP 113.000, NDPD 112.000). Im Umbruch des Herbstes 1989 spielten die Blockparteien als Organisationen keine Rolle, viele ihrer Mitglieder haben natürlich wie andere Bürger an den Demonstrationen und Aktionen teilgenommen.

Massenorganisationen

Die Massenorganisationen hatten im SED-System als „Transmissionsriemen" (siehe S. 61) eine Hilfsfunktion. Durch ihre Schulungs- und Erziehungsarbeit leisteten sie ihren Beitrag zur Indoktrinierung ihrer Klientel mit der marxistisch-leninistischen Ideologie. Durch fortlaufende Mobilisierungskampagnen für alle möglichen Ziele setzten sie die SED-Politik in die Praxis um. Zugleich waren sie Monopolorganisationen mit Betreuungs- und Versorgungsfunktionen für ihre Mitglieder.

Der „Freie Deutsche Gewerkschaftsbund" (FDGB) beispielsweise, dem mit 9,6 Millionen Mitgliedern so gut wie alle Berufstätigen angehörten, organisierte sozialistische Wettbewerbe zur Steigerung der Arbeitsproduktivität und zur Erfüllung der staatlichen Pläne. Zugleich verwaltete der FDGB seit 1956 die Sozialversicherung und verteilte seit den siebziger Jahren Ferienreisen.

Der „Freien Deutschen Jugend" (FDJ) gehörten mit 2,3 Millionen Mitgliedern die überwiegende Mehrheit der Jugendlichen im Alter von 14 bis 25 Jahren an. Der FDJ unterstanden die Kinderorganisationen „Junge Pioniere" (6 bis 8 Jahre) und „Thälmann Pioniere" (10 bis 14 Jahre), denen fast alle Kinder dieser Altersgruppen angehörten (1,35 Millionen Mitglieder). Die FDJ war faktisch eine Staatsjugend, sie bildete die „Kampfreserve der Partei". Ihr Auftrag war die Erziehung zur „sozialistischen Persönlichkeit". Daneben hatte sie das Monopol auf die organisierte Freizeit. Eine normale schulische und berufliche Karriere war ohne die Mitgliedschaft in der FDJ nicht möglich.

Die „Gesellschaft für Sport und Technik" (GST) wurde als „sozialistische Wehrorganisation" 1952 gegründet. Ihre Aufgabe war die vormilitärische Ausbildung der 14- bis 18-Jährigen. Man lernte dort Schießen, Kradfahren, Fliegen und Fallschirmspringen und „Wehrkampfsport". Die GST hatte mehr als 600.000 Mitglieder. Mehr als 90 Prozent aller Wehrpflichtigen traten ihren Dienst bei der NVA mit einer abgeschlossenen militärischen Ausbildung der GST an.

Weitere wichtige Massenorganisationen waren die „Gesellschaft für Deutsch-Sowjetische Freundschaft" (DSF) mit 6,4 Millionen Mitgliedern, der „Demokratische Frauenbund Deutschlands" (DFD) mit 1,5 Millionen und der „Deutsche Kulturbund der DDR" (KB) mit 260.000 Mitgliedern.

Alle diese Organisationen lösten sich 1990 sang- und klanglos auf. Lediglich der FDGB versuchte einen Neuanfang, musste aber den neugegründeten DGB-Gewerkschaften weichen.

Staatssicherheit

Das Machtmonopol der SED sollte durch das Ministerium für Staatssicherheit (MfS) garantiert werden. Es war das wichtigste Herrschaftsinstrument der Partei. Der Staatssicherheitsdienst, allgemein „Staatssicherheit", kurz „Stasi" genannt, bezeichnete sich selbst als „Schwert und Schild der Partei". Zugleich war die Stasi mit der SED personell und strukturell eng verknüpft. So gut wie alle Offiziere waren SED-Mitglieder. Erich Mielke, seit 1957 Minister für Staatssicherheit, war Mitglied des Politbüros.

Das MfS war 1950 gegründet worden. Vorbild waren die sowjetischen Sicherheitsorgane, die 1917 ihren Anfang mit der Gründung der „Allrussischen Außerordentlichen Kommission zur Bekämpfung der Gegenrevolution und Sabotage", auf russisch „Tscheka" abgekürzt, genommen hatten. Die Stasi bekannte sich selbst zu dieser Tradition, ihre Mitglieder nannten sich deshalb „Tschekisten". Zählte das MfS 1950 1.000 hauptamtliche Mitarbeiter, so waren es 1957 17.000, 1973 schon 53.000 und 1989 mehr als 90.000. Dazu kamen 1989 173.000 „Inoffizielle Mitarbeiter" (IM) in der DDR und 20–30.000 in Westdeutschland. Letztere waren völlig freiwillig zu Spitzeln geworden. Drei von fünf DDR-Bürgern hatten Spitzeldienste abgelehnt.

33.000 Hauptamtliche zählte die Zentrale in der Normannenstraße in Berlin-Lichtenberg. Hierzu kamen 15 Bezirksverwaltungen und 211 Kreisdienststellen. Das MfS besaß eine eigene Verfügungstruppe, das „Wachregiment Felix Dzerzinskij", mit 11.700 Mann in Divisionsstärke, benannt nach dem Gründer und ersten Leiter der Tscheka. Der Apparat verschlang 4 Milliarden Mark pro Jahr.

Die enorme personelle Aufblähung des Apparates war eine Folge der uferlosen Ausdehnung seiner Aufgaben. Neben den klassischen Geheimdiensttätigkeiten – Spionage, Gegenspionage, Funkaufklärung – befasste sich die Stasi mit Post- und Telefonüberwachung, Passkontrolle, Beschaffung von Devisen, westlicher Technologie und so fort. Vor allem hatte das MfS das Land mit einem flächendeckenden engmaschigen Überwachungs- und Spitzelsystem überzogen, dessen ausgeklügelte Methoden bis zur „Zersetzung", der systematischen Zerstörung der Persönlichkeit von Regimegegnern, reichten.

Zum Schluss besaß das MfS 100.000 Meter Akten mit Dossiers über sechs Millionen DDR-Bürger und zwei Millionen Westdeutsche. Die schiere Masse dieser Informationen verbot eine sinnvolle „Auswertung". Im Fall innerer Unruhen und im Kriegszustand sollte das MfS Internierungslager für Regimegegner einrichten. Die ständig erneuerten entsprechenden Listen umfassten zuletzt 86.000 Personen. Dazu kam es dann nicht mehr. Die herrschende Staatspartei hatte den Glauben an sich selbst verloren, auch ihr Schwert blieb stumpf.

Bewaffnete Organe

Die DDR verfügte, wie alle sozialistischen Staaten über einen aufgebläh-
ten Apparat, der die äußere (und innere) Sicherheit gewährleisten sollte.
Die äußere Sicherheit garantierte vor allem die „Gruppe der Sowjetischen Streitkräfte in Deutschland". Sie bürgte auch für die innere Sicherheit, das heißt für den Bestand des SED-Regimes, allerdings nur so lange, bis Gorbatschow Ende der achtziger Jahre die Breschnew-Doktrin
aufgab.

Eingebunden in die unter sowjetischem Oberbefehl stehenden Streitkräfte des Warschauer Pakts war die Nationale Volksarmee (NVA). Im
Kriegsfall sollten die Truppen des Warschauer Pakts in 12 bis 16 Tagen
bis an den Atlantik vorstoßen. Das bedingte eine hohe Gefechtsbereit-
schaft. 85 Prozent der Soldaten mussten ständig präsent sein. Innerhalb
von zwei Stunden mussten die Heeresverbände marschbereit sein. Die

Die SED-Führung feiert den 10. Jahrestag der Mauer: Parade der Betriebskampfgruppen vor der versammelten DDR-Prominenz.

personelle Stärke der NVA belief sich zuletzt auf 173.000 Mann. Einen Zivildienst gab es nicht, es bestand jedoch die Möglichkeit, den Wehrdienst ohne Waffe als kasernierte „Bausoldaten" (zuletzt 3.000 Mann) abzuleisten. Solche Verweigerer mussten mit Diskriminierungen und Repressalien, beispielsweise mit Nicht-Zulassung zum Studium, rechnen.

Die Grenztruppen in Stärke von 50.000 Mann, deren Aufgaben in der Verhinderung von illegalen Grenzübertritten und im Kriegsfalle in der militärischen Sicherung der Grenze bestanden, rekrutierten sich ebenfalls aus Wehrpflichtigen.

Militärisch ausgebildet und kaserniert waren auch die VP-Bereitschaften (18.000 Mann), eine Bereitschaftspolizei zum Einsatz bei inneren Unruhen. Sie war ausgerüstet mit Schützenpanzern, Geschützen, Granatwerfern und schweren Maschinengewehren.

Der Transportpolizei oblag die Kontrolle der Reisenden und der Schutz des Eisenbahnverkehrs einschließlich der Militärtransporte. Ihre 8.000 Mann waren mit Maschinenpistolen und Granatwerfern bewaffnet.

Seit 1952 gab es die „Kampfgruppen", die „bewaffneten Organe der Arbeiterklasse". Ihnen gehörten 400.000 Mann an, die Mitgliedschaft war freiwillig. Sie sollte Aufstände unterdrücken, im Kriegsfall gehörten zu ihren Aufgaben der Objektschutz und logistische Dienste für die Streitkräfte.

SED und Perestroika

Die SED-Führung hatte die Führungsrolle der KPdSU immer als verbindlich anerkannt und war deren Kurs verlässlich gefolgt. „Von der Sowjetunion lernen, heißt siegen lernen", lautete die Devise. Gerade Honecker hatte sich von den ideologischen Eskapaden des späten Ulbricht (siehe S. 169 f.) distanziert und war wieder auf die sowjetische Parteilinie eingeschwenkt. Die Ankündigungen des neuen Generalsekretärs der KPdSU, er werde das Sowjetsystem umbauen, lösten bei der SED-Führung Irritationen aus.

Die Alte-Herren-Riege im Politbüro, deren jüngstes Mitglied (Egon Krenz) 51 Jahre und deren ältestes (Erich Mielke) 80 Jahre alt war – 8 von 22 waren über 70 (1987), hatte nicht die geringste Absicht, ihre Herrschaft durch Reformen zu gefährden. Auf dem XI. und letzten Parteitag der SED im April 1986 verlor Honecker über die Reform in der Sowjetunion kein Wort. In einem Interview mit der Illustrierten „Stern" vom April 1987 antwortete das für die Ideologie zuständige Politbüromitglied Kurt Hager mit einer Gegenfrage: „Würden Sie, wenn Ihr Nachbar seine Wohnung neu tapeziert, sich verpflichtet fühlen, Ihre Wohnung ebenfalls neu zu tapezieren?" Das Interview wurde im „Neuen Deutschland"nachgedruckt. Solcherart Affront konnte sich die SED-Führung jetzt leisten. Gorbatschow gab immer deutlicher zu verstehen, dass die sozialistischen Länder ihren eigenen Kurs steuern könnten. Auf einem Gipfeltreffen der RGW-Länder 1988 räumte er jeder Partei das Recht ein, über die Entwicklung ihres Landes zu entscheiden, und erklärte die Breschnew-Doktrin für ungültig.

Der Ostblock begann zu zerfallen. In Polen hatte die KP die Macht mit der oppositionellen Gewerkschaftsbewegung „Solidarność" teilen müssen, das Land stand unter der „Doppelherrschaft" der Partei und eines „Runden Tisches".

In Ungarn war der langjährige Parteichef János Kádár gestorben, die Alleinherrschaft der KP neigte sich dem Ende zu. Marktwirtschaftliche Elemente lösten die erstarrten planwirtschaftlichen Strukturen ab.

Die SED-Führung weigerte sich beharrlich, die Veränderungen in der Sowjetunion zur Kenntnis zu nehmen. Sie betonte, Reformen wie in der Sowjetunion seien in der DDR wegen ihres hohen Entwicklungsstandes nicht erforderlich, und proklamierte einen eigenen Weg zum Sozialismus, den „Sozialismus in den Farben der DDR". Um sich gegen ideologische Subversion abzuschotten, zum Beispiel der offenen Erörterung der Verbrechen Stalins und des Weltkommunismus, verbot sie kurzerhand die Auslieferung der deutschen Ausgabe der sowjetischen Zeitschrift „Sputnik". Das stieß in der Bevölkerung, selbst bei altgedienten Genossen, auf völliges Unverständnis.

Wirtschaftlicher Niedergang

„Ohne die Wiedervereinigung", sagte Günter Mittag, der ZK-Sekretär für Wirtschaft, in einem Interview im September 1992, „wäre die DDR einer ökonomischen Katastrophe mit unabsehbaren sozialen Folgen entgegengegangen, weil sie auf Dauer allein nicht überlebensfähig war." Der wirtschaftliche Niedergang der DDR hatte Anfang der achtziger Jahre begonnen. Seitdem war mehr verbraucht als produziert, mehr importiert als exportiert worden. Es war nur noch eine Frage der Zeit, bis die DDR zahlungsunfähig gewesen wäre.

Verschuldung

In einer „Analyse der ökonomischen Lage der DDR", die Egon Krenz Ende Oktober 1989 zur Vorlage im Politbüro bei den führenden Wirtschaftslenkern der DDR in Auftrag gegeben hatte, hieß es: „Es wurde mehr verbraucht, als aus eigener Produktion erwirtschaftet wurde zu Lasten der Verschuldung im NSW (= Nicht-Sozialistisches Wirtschaftsgebiet), die sich von 2 Milliarden VM (= Valutamark, entspricht der DM) 1970 auf 49 Milliarden 1989 erhöht hat. Das bedeutet, dass die Sozialpolitik seit dem VIII. Parteitag nicht in vollem Umfang auf eigenen Leistungen beruht, sondern zu einer wachsenden Verschuldung im NSW führte".

Um die Verschuldung nicht noch weiter ansteigen zu lassen, fährt die Analyse fort, müssten allein 1990 30 Milliarden Mark der DDR aufgewendet werden, nach Plan der Zuwachs des Nationaleinkommens von drei Jahren. Das würde eine Senkung des Lebensstandards um 25 bis 30 Prozent erfordern und die „DDR unregierbar machen". Selbst wenn man das der Bevölkerung zumuten könnte, gäbe es gar nicht genügend für den Export geeignete Güter, um 30 Milliarden Mark zu erlösen.

Der Niedergang der DDR-Wirtschaft zeigte sich auch darin, dass immer mehr Mark der DDR aufgewendet werden mussten, um Valutamark zu erwirtschaften. 1980 waren es 2,20, 1985 3,64, 1988 4,06 und 1989 4,40 DDR-Mark. Solange ein Produkt, das im Ausland eine DM kostete, für 4,40 DDR-Mark produziert werden konnte, galt das für die Ausfuhr der DDR noch als rentabel.

Spätere Berechnungen haben ergeben, dass die tatsächliche Westverschuldung der DDR wesentlich niedriger als 49 Milliarden gewesen ist. Die Bundesbank bezifferte sie für Mitte 1990 auf 27,4 Milliarden Valutamark. Wie hoch die Verschuldung auch immer gewesen ist, die DDR-Wirtschaft war auf dem Weltmarkt so wenig konkurrenzfähig, dass sie in den nächsten Jahren die für die Bedienung der Schulden erforderlichen Devisen nicht mehr hätte erwirtschaften können.

Fehlende Investitionen – Fehlinvestitionen

Die Produktivität der DDR-Wirtschaft wurde vor der Wiedervereinigung auf etwa 50 Prozent der Wirtschaft der Bundesrepublik geschätzt. Neuere Berechnungen haben ergeben, dass das Bruttosozialprodukt pro Kopf (der Bevölkerung) 1989 bei 33 Prozent des westdeutschen gelegen hat. Wenn man die viel höhere Erwerbsquote berücksichtigt, lag die Produktivität, das heißt das Bruttosozialprodukt pro Erwerbstätigen, nach verschiedenen Schätzungen zwischen 20 und 30 Prozent der Produktivität in der Bundesrepublik.

Das war in erster Linie eine Folge von fehlenden oder fehlgeleiteten Investitionen. Die Investitionsquote ging von 29 Prozent im Jahre 1970 auf 21 Prozent 1989 zurück. Noch viel schwerwiegender war es, dass der Rückgang ausschließlich Investitionen in die Industrie betraf, die Investitionsquote im „produktiven Bereich" sank von 16,1 Prozent 1970 auf 9,9 Prozent 1988. Dagegen blieben die Investitionen im „nichtproduzierenden Bereich" einschließlich des Wohnungsbaus mit 9 Prozent unverändert.

Die ohnehin viel zu knappen Investitionsmittel wurden bevorzugt in bestimmten Schwerpunktbereichen eingesetzt. Das war vor allem die Mikroelektronik, wo 1986 bis 1989 14 Milliarden Mark investiert wurden, ohne dass die DDR-Produkte „Weltniveau" erreichen konnten. Sie blieben ein oder zwei „Generationen" hinter den westlichen Produkten zurück. Ein anderer Schwerpunkt der Investitionen war der Abbau der Braunkohle. Die wurde gebraucht, um Erdöl zu ersetzen, dessen Lieferung von der Sowjetunion reduziert worden war. Das Erdöl benötigte man für die Herstellung von Mineralölprodukten, die mangels wettbewerbsfähiger Industrieprodukte zum wichtigsten Exportartikel geworden waren.

Nur ein Sechstel aller Investitionen wurde zwischen 1971 und 1989 für den Ersatz von Anlagen verwendet. Ein immer größerer Anteil der Beschäftigten in der Industrie verrichtete Instandsetzungsarbeiten. 1988 waren das 280.000 Personen, 9 Prozent aller Beschäftigten. Der Verschleißgrad der Industrieausrüstungen hatte sich von 47 Prozent im Jahre 1975 auf 54 Prozent 1988, im Verkehrswesen von 48 auf 52 Prozent erhöht.

Hohe Subventionen

Eine Fehlleitung der knappen Ressourcen stellte auch die extrem hohe Subventionierung der Preise von Waren und Dienstleistungen des Grundbedarfs dar. Die Aufwendungen dafür stiegen von 8,5 Milliarden Mark 1971 auf 51 Milliarden 1989. Die DDR-Wirtschaftsfachleute schlugen Ende 1989 die Erhöhung der Preise beispielsweise von Kinderkleidung um 90 Prozent, Elektroenergie um 120 Prozent, Arbeits- und Berufskleidung um 50 bis 240 Prozent und der Nahrungsmittel um durchschnittlich 80 Prozent vor. Das wären dann wohl kostendeckende Preise gewesen.

Zu einer enormen Verschleuderung von Volksvermögen führte ebenso die Wohnungsbaupolitik der DDR. Von 1971 bis 1990 wurden zwei Millionen Wohnungen gebaut. Der Bestand nahm in diesem Zeitraum um 946.000 Wohnungen zu. Somit sind mehr als eine Million größtenteils intakter Wohnungen unbewohnbar geworden und mussten aufgegeben werden. Die Mieten wurden massiv subventioniert. Die durchschnittlichen Ausgaben für die Wohnung beliefen sich auf 3 Prozent des Einkommens, was nur ein Viertel der Kosten deckte. Die Aufwendungen für Mietsubventionen stiegen von 2,1 Milliarden Mark 1971 auf 16,6 Milliarden 1989.

Milliarden aus dem Westen

Von großer Bedeutung für die Wirtschaft der DDR war der Devisenzufluss aus dem Westen, wenn auch die Summen im Vergleich mit den Transfers nach der Einheit bescheiden anmuten.

Mittelbar dazu gehört auch der innerdeutsche Handel. Die Bundesrepublik war nach der Sowjetunion der zweitgrößte Handelspartner der DDR. Für die Bundesrepublik machte der innerdeutsche Handel weniger als 2 Prozent des Außenhandelsvolumens aus, für die DDR waren es immerhin 15 Prozent. Wichtig war, dass der innerdeutsche Handel 40 Prozent ihres Handels mit dem „nicht-sozialistischen Wirtschaftsgebiet" ausmachte und die DDR hierfür keine Westdevisen zu bezahlen brauchte, sondern den Gegenwert in Waren aus eigener Produktion liefern konnte. Eine Besonderheit des innerdeutschen Handels war der „Swing", ein zinsloser Überziehungskredit, zuletzt in Höhe von 850 Millionen DM, den die Bundesrepublik der DDR einräumte.

Unmittelbare Devisentransfers ohne direkte Gegenleistungen in Waren oder Dienstleistungen werden für den Zeitraum seit den fünfziger Jahren bis 1989 auf 90 Milliarden DM veranschlagt. Bei mehr als zwei Dritteln dieser Summe handelte es sich um Leistungen von Bürgern der Bundesrepublik an Bürger der DDR, vor allem Geld- und Paketsendungen, Zahlungen der Kirchen im Westen an die Gemeinden im Osten und so fort. Der Staat profitierte von den Geldsendungen, wenn die Empfänger dafür DDR-Mark eintauschten oder DDR-Waren kauften.

Es gab auch direkte Geldtransfers von Bürgern der Bundesrepublik an den Staat DDR, nämlich durch den Mindestumtausch (siehe S. 168) und die Visagebühren. Sie machten zwischen 1971 und 1989 schätzungsweise fünf Milliarden DM aus. Dazu kamen noch Einkünfte durch Käufe westdeutscher Besucher in den Intershops und den Intertank-Tankstellen.

Der Staat Bundesrepublik leistete direkte und indirekte Zahlungen an Bürger der DDR, etwa das Begrüßungsgeld für Besucher aus der DDR und in Form von Steuerausfällen durch Freibeträge für private Geld- und Warensendungen.

Die für die DDR wichtigsten Transfers waren die direkten Zahlungen der Bundesrepublik an den Staat DDR. Hierunter fiel erstens die Straßenbenutzungspauschale von zuletzt 575 Millionen DM. Von 1971 bis 1989 belief sie sich insgesamt 8,3 Milliarden DM.

Zweitens verdiente die DDR direkt am Menschenhandel, dem „Freikauf" durch die Bundesrepublik (oder dem „Verkauf" durch die DDR) von politischen Häftlingen. Pro Kopf bezahlte die Bundesrepublik Anfang der siebziger Jahre durchschnittlich 40.000 DM, bei wichtigen Personen konnte der Preis viel höher liegen. Später stieg er dann auf 70.000 bis 100.000 DM an. Insgesamt kaufte die Bundesrepublik zwischen 1963 und 1989 31.000 politische Gefangene frei. 250.000 Personen übersiedelten im gleichen Zeitraum im Zuge der Familienzusammenführung. Auch dafür musste gezahlt werden, in den Achtzigern 4.500 DM pro Kopf. Insgesamt erlöste die DDR-Regierung aus diesen „Geschäften" 3,5 Milliarden DM.

Die direkten Transfers von Staat zu Staat beliefen sich danach auf 14 Milliarden DM. Wie hoch die Deviseneinnahmen des Staates DDR wirklich waren, ist unklar. So behauptete Alexander Schalck-Golodkowski, der Leiter des 1966 zum Zwecke der Devisenbeschaffung gegründeten „Bereichs Kommerzielle Koordinierung", auch „KoKo" genannt, er habe 41 Milliarden DM für die DDR eingenommen. Darin sind die 14 Milliarden enthalten, es verbleiben noch 27 Milliarden, die aus den direkten Geschäften der KoKo stammen.

Die jährlichen Deviseneinnahmen der DDR aus allen Transfers außerhalb der KoKo seit den späten siebziger Jahren belaufen sich auf mindestens 2 bis 2,5 Milliarden DM. Sie deckten damit fast den Bedarf an Devisen für die Bedienung der Auslandsschulden der DDR.

Verfälschte Statistik

Die SED-Führung hat sich alle Mühe gegeben, die eigene Bevölkerung und das Ausland über die wirkliche Lage der Wirtschaft im Unklaren zu lassen oder zu täuschen. Die statistischen Daten zur Wirtschaftsentwicklung wurden so aufgeführt, dass sie unvergleichbar und undurchschaubar waren, oder sie wurden sogar massiv gefälscht. So rangierte die DDR in internationalen Statistiken in der Rangfolge der Industrienationen auf Platz 10, und die Weltbank teilte mit, das Pro-Kopf-Einkommen in der DDR sei höher als das in Großbritannien.

In der Bundesrepublik hatten vor allem Wirtschaftswissenschaftler unter den DDR-Forschern den ökonomischen Niedergang der DDR weitgehend erkannt und offengelegt. In der westdeutschen Öffentlichkeit und im politischen Bonn nahm man diese Informationen nicht zur Kenntnis. Viele wollten es gar nicht wissen oder nicht wahrhaben.

DER WEG ZUR EINHEIT
1989/90

Krise des SED-Regimes

„Erich, ich sage Dir offen, vergiss das nie: Die DDR kann ohne uns, ohne die Sowjetunion, ihre Macht und Stärke, nicht existieren. Ohne uns gibt es keine DDR." Diese Mahnung richtete Breschnew an Honecker im August 1970 während des Ostblockgipfels in Moskau, bei dem die Ablösung Ulbrichts besprochen worden war.

Honecker hat das gewiss nie vergessen, aber Ende der achtziger Jahre gab es Breschnews Sowjetunion nicht mehr. Statt seiner war da Gorbatschow, der den Umbau des Systems proklamierte. In der DDR musste eine Übernahme der Perestroika das Machtmonopol der SED in Frage stellen und den SED-Herrschern den Boden unter den Füßen hinwegziehen. Der SED-Staat konnte nur so und nicht anders bestehen. Otto Reinhold, einer der führenden SED-Ideologen, brachte das auf die Formel: „Die DDR ist nur als sozialistische Alternative zur BRD denkbar. Denn welche Berechtigung würde eine kapitalistische DDR neben einer kapitalistischen Bundesrepublik haben? Keine natürlich."

Da musste man sich Mut zusprechen. Im Januar 1989 versicherte Honecker, die Mauer werde noch in 50 und auch in 100 Jahren bestehen, jedenfalls „so lange bleiben, wie die Bedingungen nicht geändert werden, die zu ihrer Errichtung geführt haben". Die Bedingungen bestanden unverändert fort, sehr viele Menschen wollten immer noch weg. Doch etwas hatte sich geändert: Immer mehr Menschen überwanden ihre Angst und begannen, sich zur Wehr zu setzen.

Opposition unter dem Dach der Kirche

Die Opposition formierte sich unter dem „Dach" der evangelischen Kirche. Sie bot den Raum, im übertragenen Sinne den gesellschaftlichen Freiraum und im praktischen Sinne die Versammlungsräume, in denen man sich mehr oder weniger gefahrlos treffen konnte. Hier kamen die verschiedenen „Basisgruppen", Menschenrechts- und Bürgerrechtsgruppen, Umwelt- und Friedensgruppen, zusammen. Hier konnten auch die Informationsschriften der Oppositionsgruppen, durch den Aufdruck „für den innerkirchlichen Gebrauch" geschützt, hergestellt und vertrieben werden.

Ins Blickfeld der Öffentlichkeit rückte die Oppositionsbewegung erstmals, als die Stasi im November 1987 in einer spektakulären Aktion die Umweltbibliothek in der Berliner Zionsgemeinde durchsuchte und Aktivisten verhaftete, um den Druck einer Untergrundzeitschrift zu unterbinden. Die Aktion war ein Fehlschlag, denn sie löste eine Fülle von Mahnwachen und Solidaritätsveranstaltungen in der ganzen DDR aus. Zahlreiche Solidaritätsadressen gingen aus der Bundesrepublik und aus Osteuropa ein.

Rosa Luxemburg-Demonstration

Der Stasi gelang es wenig später, eine geplante Demonstration der Opposition zu vereiteln. An dem alljährlich stattfindenden Aufmarsch anlässlich des Jahrestages der Ermordung von Rosa Luxemburg und Karl Liebknecht wollten sich am 17. Januar 1988 Oppositionelle mit Losungen wie dem Luxemburg-Zitat „Freiheit ist immer die Freiheit des Andersdenkenden" beteiligen. Am Morgen dieses Tages verhaftete die Stasi 160 potenzielle Teilnehmer, darunter zahlreiche Prominente. Eine Reihe von ihnen wurde im Schnellverfahren zu Haftstrafen verurteilt, mehr als 50 wurden in den Westen abgeschoben. Es war ein Pyrrhus-Sieg. Innerhalb und außerhalb der DDR gab es eine Welle von Protesten und Solidarisierungen, welche die Sympathiebekundungen anlässlich der Aktion gegen die Zionskirche noch weit übertrafen.

Kommunalwahl: Fälschungen

Eine Gelegenheit, die Staatsmacht herauszufordern, bot sich der Oppositionsbewegung mit der Kommunalwahl am 7. Mai 1989. Wahlen liefen in der DDR seit 1950 immer nach demselben Schema ab. Die Wähler bekamen einen Stimmzettel, der die Kandidaten der Einheitsliste der Nationalen Front enthielt. Sie hatten keine Wahl. Sie mussten den Stimmzettel zusammenfalten und in die Wahlurne werfen. Wer eine Wahlkabine, sofern überhaupt vorhanden, benutzen wollte, machte sich der Opposition verdächtig. Der DDR-Witz nannte das Verfahren „falten gehen". Wer sich erdreistete, die Teilnahme an der Prozedur zu verweigern, wurde massiv unter Druck gesetzt. Als Ergebnis dieser „Wahlen" wurde regelmäßig eine Prozentzahl von 99 und mehr der Stimmen für die Kandidaten der Nationalen Front verkündet.

Diesmal hatten die kirchlichen Basisgruppen zum Boykott der Wahlen oder zur Abgabe von Nein-Stimmen aufgerufen. Die Auszählung der Stimmen wurde in den Wahllokalen vieler Orte, besonders in drei Berliner Bezirken, durch Beobachter aus den Reihen der Opposition überwacht. Sie stellten fest, dass 10 Prozent und mehr Nein-Stimmen abgegeben worden waren. Wahlleiter Egon Krenz gab dagegen ein Ergebnis mit 98,85 Prozent Ja-Stimmen bekannt. Über die Westmedien erfuhr die Bevölkerung von dieser massiven Wahlfälschung.

Protestpotenzial

Die Opposition wurde nur von einer kleinen Minderheit getragen. Eine Zusammenstellung der „feindlichen, oppositionellen und anderen negativen Kräfte", die die Stasi-Mitte 1989 vorlegte, nennt 160 Gruppen mit 2.500 Mitgliedern. Die Wirkung dieser Opposition war ungleich größer, als diese Zahlen vermuten lassen. Das rührt daher, dass die Oppositionellen lediglich den harten Kern eines latenten Protestpotenzials Unzufriedener bildeten, denen das Risiko offener Auflehnung noch zu hoch erschien. Die Aktionen der Bürgerbewegung ermutigten aber immer mehr Menschen, ihre Angst zu überwinden und ihren Widerspruch manifest werden zu lassen.

Die Frage, weshalb die DDR-Opposition zahlenmäßig relativ viel kleiner war als die in Polen, Ungarn oder in der Tschechoslowakei, ist leicht zu beantworten: Potenziell aktive Dissidenten verließen ständig das Land, sei es als freigekaufte politische Häftlinge, sei es auf dem Wege der Abschiebung oder legalen Ausreise.

SED-Führung: Ausreisegenehmigungen

Diese Wege, das Protestpotenzial loszuwerden, wurden auch bewusst von der SED-Führung genutzt. Bis 1983 erhielten fast nur Personen im Rentenalter die Genehmigung zur Ausreise, pro Jahr um 10.000. 1984 wurden 35.000 DDR-Bürger aus der Staatsbürgerschaft entlassen, erstmals auch eine große Zahl jüngerer Leute. 1985 waren es 19.000, 1986 20.000 und 1987 11.000. 1988 gingen wieder 29.000 und im ersten Halbjahr 1989 sogar 39.000, wohl weil man sich im Vorfeld der Feiern zum 40. Gründungstag der DDR der Systemkritiker entledigen wollte.

1989 brachen alle Dämme: Vom 1. Januar bis zum 30. September wurden 161.000 Ausreiseanträge gestellt. Über die meisten brauchte nicht mehr entschieden zu werden. Inzwischen bedurfte es keiner Genehmigung mehr, um ausreisen zu können. Im Eisernen Vorhang war eine Öffnung entstanden.

„Wir wollen raus!": Massenflucht

Am 2. Mai 1989 verfügte die ungarische Regierung den Abbau der Grenzsperren zu Österreich. Damit war die Lawine losgetreten, welche die SED-Herrschaft überrollen sollte. Zunächst wiesen die ungarischen Grenzer DDR-Flüchtlinge noch zurück, wenn auch Hunderte über die grüne Grenze nach Österreich gelangten. Am 25. August gab Außenminister Gyula Horn in einem Gespräch mit Bundeskanzler Helmut Kohl die Zusage, DDR-Flüchtlinge ungehindert ausreisen zu lassen. In Ungarn, Polen und der Tschechoslowakei hielten sich in diesen Sommermonaten Zehntausende von DDR-Bürgern auf, die nach einer Gelegenheit zur Flucht Ausschau hielten. Als am 11. September die Grenze tatsächlich geöffnet wurde, strömten innerhalb von drei Tagen 15.000 DDR-Bürger nach Österreich. Ende September waren es über 30.000.

Zugleich hatten Tausende in der Ständigen Vertretung in Ost-Berlin und in den Botschaften der Bundesrepublik in Prag, Warschau und Budapest Zuflucht gesucht. Die hygienischen Zustände in den auf einen solchen Ansturm nicht vorbereiteten Botschaften waren katastrophal. Am 30. September verkündete Außenminister Hans-Dietrich Genscher unter tosendem Jubel den 6.000 Flüchtlingen im Prager Palais Lobkowicz, dass sie in die Bundesrepublik reisen dürften. Sie fuhren in Sonderzügen durch die DDR. Dort versuchten Bürger, auf die Züge aufzuspringen. Wenige Tage später kamen erneut Züge, denn die Botschaften in Prag und Warschau hatten sich sofort wieder gefüllt. Wieder versuchten Hunderte, die Züge zu stürmen.

Die Bilder dieser dramatischen Ereignisse gingen um die Welt. In der DDR konnte jeder allabendlich im Fernsehen miterleben, wie Mitbürger, überwiegend junge Menschen, zu Hunderten und Tausenden wie in Panik davonliefen. 344.000 „Übersiedler" sollten es 1989 werden. Die Staatsmacht war hilflos und reagierte konfus, sperrte die Grenzen, mach-

te sie dann wieder auf. Honecker war gekränkt: Man solle den Flüchti-
gen „keine Träne nachweinen". Immer mehr Menschen kamen zu der
Überzeugung, dass man dem SED-Staat keine Träne nachweinen sollte.

„Wir bleiben hier!": Massenprotest

Die Ohnmacht des Regimes, welches den Exodus seiner Bürger nicht
stoppen konnte, ermutigte jene, die nicht ausreisen, sondern im Lande
bleiben wollten.

Am 9. September konstituierte sich als politische Plattform zur Reformdiskussion das „Neue Forum". Ein Antrag zur Zulassung als politische Vereinigung wurde vom Innenministerium mit der Begründung abgelehnt, es sei „staatsfeindlich". Den Gründungsaufruf, der programmatische Festlegungen vermied, unterschrieben in der Folge 200.000 Bürger.

120.000 Demonstranten auf dem Karl-Marx-Platz in Leipzig am 16. Oktober 1989

Das Neue Forum war damit die stärkste Oppositionsformation. In den nächsten Wochen bildeten sich aus der Bürgerrechtsbewegung weitere Oppositionsgruppen: „Demokratie jetzt", „Demokratischer Aufbruch", „Vereinigte Linke", schließlich, durch den Traditionsnamen von den anderen unterschieden, die „Sozialdemokratische Partei der DDR" (SDP).

Das Bild der friedlichen Revolution dieses Herbstes wurde ganz entscheidend bestimmt durch die Montagsdemonstrationen in Leipzig, wo sich spontan nicht organisierte und führerlose Volksmassen gegen die Staatsmacht versammelten. Wie ein Seismograph zeigten die ständig ansteigenden Zahlen der protestierenden Menschen die Erschütterung des Machtgebildes SED-Staat an. Die Forderungen, welche die Demonstranten in Sprechchören skandierten, spiegelten den raschen Umschlag der Ziele von der Reform des sozialistischen Systems bis zur Einheit Deutschlands wider.

Entstanden waren die Demonstrationen aus dem Friedensgebet, das seit Mitte der achtziger Jahre jeden Montag in der Nikolaikirche stattfand. Erstmals bildete sich am 4. September 1989 im Anschluss an das Gebet ein Zug mit über tausend Teilnehmern. Sie forderten „Reisefreiheit statt Massenflucht!" und „Stasi raus!". Am 25. September waren es schon über 6.000. Am 2. Oktober gingen 20.000 auf die Straße, sie riefen trotzig „Wir sind das Volk!" und „Wir bleiben hier!".

Zu einer dramatischen Zuspitzung kam es am 9. Oktober. Ein großes Aufgebot von Polizei, NVA, Stasi und Kampfgruppen stand bereit. 70.000 Menschen versammelten sich und riefen „Keine Gewalt!" und „Freiheit, freie Wahlen!". Die SED-Bezirksleitung und prominente Bürger hatten am Nachmittag einen Aufruf zur Besonnenheit verbreitet. Die Sicherheitskräfte griffen, wahrscheinlich auf Weisung aus Ost-Berlin oder Moskau, nicht ein. Ähnlich kritisch war die Lage am 16. Oktober, als nun schon 120.000 zusammenkamen. Die SED-Führung schreckte vor einem Blutbad zurück. Die Montagsdemonstrationen wurden bis in den Dezember hinein fortgesetzt, mit weiter steigenden Teilnehmerzahlen. Am 30. Oktober kamen 300.000 Menschen zusammen. Seit Anfang Oktober fanden auch in zahlreichen anderen Städten der DDR machtvolle Demonstrationen statt, so in Berlin, Dresden, Plauen, Karl-Marx-Stadt (Chemnitz), Halle, Magdeburg, Potsdam, Jena, Arnstadt.

Die Parteichefs Gorbatschow und Honecker bei den Feiern am 7. Oktober
1989 zum 40-jährigen Bestehen der DDR, deren Uhr bald darauf abgelau-
fen war

Illusionen: 40. Jahrestag der DDR

Scheinbar unbeeindruckt von den Massenprotesten und der Massenflucht feierte die SED-Führung am 6./7. Oktober den 40. Jahrestag der
DDR-Gründung mit einem Fackelzug von 100.000 FDJlern und einer
Militärparade. Honecker bezeichnete die DDR-Gründung als einen
„Wendepunkt in der Geschichte des deutschen Volkes". Gorbatschow
mahnte als Gast der Feierlichkeiten Reformen an und sprach den
berühmt gewordenen Satz: „Wer zu spät kommt, den bestraft das Leben." In Berlin und in vielen anderen Städten kam es am Rande der offiziellen Feiern zu Demonstrationen. Vor allem in Berlin gingen Stasi und
Volkspolizei mit brutaler Gewalt gegen die Demonstranten vor.

Politbüro: Absetzung Honeckers

Sollte noch etwas zu retten sein, musste der starrsinnige Generalsekretär abgelöst werden. Egon Krenz, ehemaliger FDJ-Vorsitzender und „Kronprinz" Honeckers, und Günter Schabowski, Erster Sekretär der SED-Bezirksleitung Berlin, inszenierten mit dem Segen Gorbatschows eine Palastrevolution. In der Sitzung des Politbüros am 17. Oktober wurde Erich Honecker von seinen Funktionen entbunden. Sein Nachfolger wurde Egon Krenz. Er versprach, den Sozialismus demokratisch zu erneuern, aber niemand schien sich mehr dafür zu interessieren. Die Demonstrationen rissen nicht ab, sie erreichten in der ersten Novemberwoche sogar ihren Höhepunkt. In Berlin versammelten sich am 4. November mehr als eine halbe Million Menschen. Oder war es eine ganze Million? Niemand konnte sie zählen. In Leipzig waren es am 6. November auch 500.000, in Halle 60.000, in Karl-Marx-Stadt (bald wieder Chemnitz) 50.000, in zahlreichen anderen Städten waren es Zehntausende. Am 7. November trat die Regierung unter Ministerpräsident Willi Stoph zurück, am 8. November das Politbüro. Auch in den Gemeinden wurden immer mehr Amtsinhaber des Regimes zum Rücktritt gezwungen.

Ende der Diktatur

Die Mauer fällt

Das Ende der DDR wurde am Abend des 9. November 1989 auf einer Pressekonferenz besiegelt. Der neue ZK-Sekretär für Information, Günter Schabowski, teilte den versammelten Journalisten Einzelheiten des neuen Reisegesetzes mit, welches das ZK beschlossen hatte, um die anhaltende chaotische Flucht über die Tschechoslowakei und Ungarn zu stoppen. DDR-Bürger könnten ohne Vorbedingungen ins „Ausland" reisen, Pässe und Visa würden schnell und unbürokratisch ausgestellt. Auf die Frage, ab wann das gelte, antwortete Schabowski: „Sofort. Unverzüglich."

Noch in der Nacht strömten viele tausend Ost-Berliner zur Grenze, um den Wahrheitsgehalt dieser Nachricht vor Ort zu überprüfen. Die verunsicherten Bewacher gaben den Weg frei. Die Menschen konnten

Die historische Pressekonferenz Günter Schabowskis am Abend des 9. November 1989, welche die Mauer zum Einsturz brachte

das bisher Unvorstellbare kaum fassen: Die Mauer war gefallen. Im Bundestag stimmten viele Abgeordnete beim Eintreffen der Nachricht von der Grenzöffnung spontan die Nationalhymne an. In den nächsten Tagen kamen Millionen DDR-Bürger nach Westdeutschland und West-Berlin. Sie wurden überall mit großer Herzlichkeit empfangen.

Wenn die neue SED-Führung geglaubt hatte, sie könne mit der Gewährung der Reisefreiheit die Menschen für sich gewinnen und die DDR wieder stabilisieren, so hatten sie sich getäuscht. Die DDR konnte nur hinter einer Mauer existieren.

Regierung Modrow: Rettung der DDR

Alles was die SED-Führung jetzt noch unternahm, um ihre Herrschaft zu retten, kam zwangsläufig zu spät. Hans Modrow, bisher Erster Sekretär der SED-Bezirksleitung Dresden, wurde am 13. November neuer Ministerpräsident. Er galt als Reformer und Anhänger Gorbatschows. In seiner Regierungserklärung schlug er eine „Vertragsgemeinschaft" der beiden deutschen Staaten vor, wohl in der Hoffnung auf umfassende Hilfe der Bundesrepublik, ohne die die DDR nicht überleben konnte.

Unterdessen ging die Demontage der SED weiter. Fast täglich gab es neue Enthüllungen über das Wohlleben der Spitzenfunktionäre, welche die Bevölkerung in höchstem Maße aufbrachten. Noch größere Empörung löste die Aufdeckung der Machenschaften der Stasi aus, vor allem das Ausmaß der Bespitzelung der Bürger. Nun rebellierten auch SED-Mitglieder. Hunderttausende traten aus, bis Januar 1990 hatte die Partei die Hälfte der 2,3 Millionen Mitglieder verloren.

Am 1. Dezember strich die Volkskammer den Passus aus Art. 1 der DDR-Verfassung, in dem die führende Rolle der „Arbeiterklasse und ihrer marxistisch-leninistischen Partei" verankert gewesen war. Zwei Tage später traten Zentralkomitee und Politbüro der SED mit Krenz als Generalsekretär zurück. Zum neuen Vorsitzenden wählte ein außerordentlicher Parteitag den Rechtsanwalt Gregor Gysi. Der Name SED wurde durch den Zusatz „Partei des demokratischen Sozialismus" – PDS ergänzt. Im Januar wurde der alte Name abgelegt, die Partei nannte sich nun PDS. Die meisten Spitzenfunktionäre der früheren Partei- und Staatsführung, darunter Honecker, Mielke und Stoph wurden aus der SED/PDS ausgeschlossen.

Bürgerrechtsbewegung und Runder Tisch: Dritter Weg

In das Machtvakuum schob sich zunächst die oppositionelle Bürgerbewegung. Überall in den Städten der DDR entstanden nach polnischem Vorbild „Runde Tische". In Berlin konstituierte sich am 7. Dezember der „Zentrale Runde Tisch" für die ganze DDR. An den Runden Tischen nahmen Vertreter der „alten Kräfte" (SED, Blockparteien, FDGB etc.) und der „neuen Kräfte", Vertreter der Bürgerrechtsbewegung, Platz. Letztere verstanden sich als Kontrollorgane zur Überwachung der Regierungsarbeit. Ihre Tätigkeit sollte mit der Neuwahl der Volkskammer enden. Die Wahlen wurden auf den 18. März 1990 anberaumt. Zu den hervorstechenden Verdiensten des Zentralen Runden Tisches gehört es, die Auflösung des MfS und seiner Nachfolgeorganisation, des von

Modrow geschaffenen „Amtes für Nationale Sicherheit" (AfNS), durchgesetzt zu haben.

Die Bürgerrechtsbewegung, die sich so große Verdienste um die Ablösung der SED-Herrschaft erworben hatte, manövrierte sich jedoch immer mehr ins politische Abseits, weil sie an der Eigenständigkeit der
DDR festhalten wollte und einen „Dritten Weg" zwischen Kapitalismus
und Sozialismus suchte. Der Aufruf „Für unser Land", den führende Intellektuelle nicht zuletzt aus den Reihen der Bürgerrechtsbewegung am
28. November veröffentlichten, brachte diese Stimmung zum Ausdruck.
Die DDR sollte sich zu einer „sozialistischen Alternative zur Bundesrepublik" entwickeln, sonst drohe ein „Ausverkauf unserer materiellen
und moralischen Werte" und über kurz oder lang die Vereinnahmung
durch die Bundesrepublik. Der Appell wurde schließlich von einer Million Menschen unterzeichnet, darunter auch von Krenz und Modrow
sowie zahlreichen anderen SED/PDS-Mitgliedern. Die Oppositionsbewegung verlor dadurch viel von ihrer Glaubwürdigkeit. Um die letzten
Chancen bei den Wahlen brachten sich die Bürgerrechtler, als sie sich
Ende Januar 1990 dazu bereitfanden, mit Ministern ohne Geschäfts-
bereich in die Regierung Modrow einzutreten.

Mehrheit: Deutschland, einig Vaterland

Eine stetig anwachsende Mehrheit der DDR-Bürger wollte von sozialistischen Alternativen nichts mehr wissen. Von Mitte November an begannen die Demonstranten in Leipzig und anderswo, „Deutschland, einig Vaterland" – die Zeile, wegen der die Nationalhymne der DDR nur
noch ohne Text gespielt werden durfte – und „Wir sind ein Volk" zu
skandieren. Im November sprachen sich 75 Prozent aller Leipziger für
die Wiedervereinigung aus. Landesweit nahmen die Befürworter der
Wiedervereinigung von 48 Prozent im November 1989 auf 79 Prozent
im Februar 1990 zu.

Die Westdeutschen hatten die Revolution in der DDR, die allabendlich durch das Fernsehen frei Haus geliefert wurde, naturgemäß mit
großer Anteilnahme verfolgt, anfangs mit Besorgnis ob des Ausgangs,
dann mit zunehmender Freude über die sensationelle Wende in den für
unumkehrbar gehaltenen Verhältnissen.

Die Witwe des Regimekritikers Robert Havemann sitzt hinter dem „Vorgang Havemann", den die Stasi im Laufe der Jahre angelegt hatte.

Nicht wenige Politiker, Publizisten, Wissenschaftler und Schrift-steller meinten dagegen, vor einer Veränderung des Status quo warnen zu müssen. Ihre Argumente bezogen sie teilweise aus der Geschichte. Der deutsche Nationalstaat Bismarckscher Prägung sei eine Ausnah-meerscheinung in der deutschen Geschichte, normal sei die Existenz mehrerer deutscher Staaten gewesen. Für andere war die Teilung die ge-rechte Strafe für Auschwitz. Die Gegenwart hatte eine Argumentations-linie im Blick, die in einem vereinigten Deutschland eine untragbare Störung des Gleichgewichts in Europa und damit eine Gefährdung des Friedens sah. Alle diese Argumente waren bestenfalls kleinmütig. Auf die Bürger der DDR konnten sie nicht anders als zynisch wirken, denn die Lasten der Teilung hatten ja nicht die Verteidiger des Status quo, son-dern allein die Menschen in der DDR getragen.

Bundeskanzler: Zehn-Punkte-Programm

Die Bundesregierung hatte sich anfangs völlig zurückgehalten. Als die
Rufe nach Einheit zunahmen und Signale aus Moskau eine Zustimmung
zu Einheitsbestrebungen wenigstens vorstellbar machten, ging Bundeskanzler Helmut Kohl in die Offensive. Am 28. November trug er im
Deutschen Bundestag ein „Zehn-Punkte-Programm zur Überwindung
der Teilung Deutschlands" vor. Das Programm knüpfte an Modrows
Vertragsgemeinschaft an, die ein „immer dichteres Netz von Vereinbarungen in allen Bereichen und auf allen Ebenen" knüpfen sollte. In einem weiteren Schritt sollten „konföderative Strukturen zwischen den
beiden Staaten in Deutschland" entwickelt werden, um schließlich „eine

Am 19. Dezember 1989 wurde Helmut Kohl in Dresden als Kanzler der Einheit umjubelt. Die Dresdner riefen: „Wir sind ein Volk!" und „Deutschland,
einig Vaterland!".

bundesstaatliche Ordnung in Deutschland zu schaffen". Das politische
Ziel der Bundesregierung bleibe „die Wiedervereinigung, das heißt die
Wiedergewinnung der staatlichen Einheit Deutschlands".

Das Programm war von einem kleinen Kreis unter strikter Geheimhaltung ausgearbeitet worden. Nicht nur der Koalitionspartner
FDP und die SPD-Opposition waren überrascht. Selbst die Unionsfraktion war nicht eingeweiht. Auch die Verbündeten hatte man nicht
konsultiert, weil von dort Einwände oder Einsprüche zu befürchten waren. Lediglich die amerikanische Regierung, deren grundsätzliche Zustimmung vorausgesetzt werden konnte, war kurz zuvor informiert
worden. Der sowjetische Botschafter erhielt die Rede Kohls während
der Bundestagssitzung. Gorbatschow reagierte verärgert.

Die Regierung Modrow und die Führung der SED/PDS, denen in
erster Linie an dem Erhalt einer eigenständigen DDR lag, kommen-
tierten das Programm zurückhaltend. Sie waren vor allem an der an-
gebotenen „sofortigen konkreten Hilfe" interessiert. Modrow forderte
15 Milliarden DM Soforthilfe als „Solidarbeitrag". Die Bundesregierung
hatte kein Interesse daran, die DDR zu stabilisieren, und verweigerte
strikt jede baldige Zahlung.

Am 19./20. Dezember trafen Bundeskanzler Kohl und Ministerpräsident Modrow in Dresden zu Verhandlungen über die weitere Zusammenarbeit zusammen. Deren Ergebnisse waren eher bescheiden. Für
Kohl war der Besuch in Dresden dennoch ein Schlüsselerlebnis. Er war
von einer unübersehbaren Menge von Menschen unter einem Meer von
schwarz-rot-goldenen Fahnen mit „Helmut, Helmut" – und „Deutschland, Deutschland"-Rufen empfangen worden. Hatte er nach eigenem
Bekunden bis dahin geglaubt, dass es bis zur Einheit noch drei bis vier
Jahre dauern würde, so war ihm in Dresden klar geworden, dass es „keine Übergangszeit mehr gäbe und dass das Regime am Ende sei".

Dieser Einsicht musste sich auch Modrow beugen. Am 1. Februar
1990 stellte er in der Volkskammer ein Konzept vor, das im Titel „Für
Deutschland, einig Vaterland" den Wünschen und Hoffnungen der
überwiegenden Mehrzahl der Bürger seines Staates Rechnung trug. Es
sah eine Vereinigung der beiden deutschen Staaten in vier Schritten vor,
allerdings mit der – für die Bundesrepublik unannehmbaren – Bedingung der Neutralisierung Deutschlands.

Stationen des Einigungsprozesses

Wahlen zur Volkskammer

Während die Autorität der Regierung Modrow rapide verfiel, die staatlichen Institutionen sich auflösten und die wirtschaftliche Lage sich dramatisch verschlechterte, bereiteten sich die politischen Kräfte auf die ersten freien Wahlen in der DDR vor. Das Parteiensystem hatte sich weitgehend dem westdeutschen angeglichen. Die Blockparteien hatten ihre Führungen ausgewechselt und ihre Programme geändert, doch zögerten CDU und FDP lange, bevor sie sie als Partner akzeptierten. Keine Schwierigkeiten hatte die West-SPD mit der neugegründeten SPD im Osten.

Zur Wahl stellten sich die „Allianz für Deutschland", eine Verbindung von CDU, Deutscher Sozialer Union (DSU) – von der CSU unterstützt – und der Bürgerbewegung Demokratischer Aufbruch, welche für die sofortige Wiedervereinigung nach Art. 23 GG (Beitritt der Länder zum Geltungsbereich des Grundgesetzes) eintrat, ferner die SPD, die die Wiedervereinigung nach Art. 146 (Ausarbeitung einer neuen Verfassung) anstrebte, und der von der FDP gestützte „Bund Freier Demokraten". Sie alle traten prinzipiell für die Wiedervereinigung ein. Dagegen waren die SED/PDS, Grüne und Umweltgruppen, denen die westdeutschen Grünen Unterstützung gewährten, sowie das „Bündnis 90", ein Zusammenschluss von Bürgerrechtsgruppen.

Das Wahlergebnis war eine Sensation. Bei einer Wahlbeteiligung von 93,4 Prozent erhielt die Allianz für Deutschland 48,1 der Stimmen, die SPD 21,8 und der Bund Freier Demokraten 5,3 Prozent. Für die SED/PDS stimmten 16,3 Prozent, für das Bündnis 90 2,9 und für die Grünen 2 Prozent. Die beiden Blockparteien DBD und NDPD, die ohne Pendant im Westen waren, kamen auf 2,6 Prozent. Das Ergebnis war ein eindeutiges Votum für die rasche Wiedervereinigung und eine klare Absage an sozialistische Experimente.

Die Ost-SPD, der Anfang Februar noch die absolute Mehrheit vorausgesagt worden war, musste dafür büßen, dass Spitzenpolitiker der West-SPD sich gegen die Wiedervereinigung oder gegen die Wirtschafts- und Währungsunion ausgesprochen hatten.

75 Prozent der Wähler hatten sich für die Parteien der Einheit entschieden. Diese Parteien, die Allianz für Deutschland, die SPD und der

Bund Freier Demokraten, bildeten eine Regierung der Großen Koalition. Ministerpräsident wurde der CDU-Vorsitzende Lothar de Maizière.

Aufgabe dieser letzten DDR-Regierung war es, den Zusammenschluss der beiden deutschen Staaten herbeizuführen und dabei die bestmöglichen Bedingungen für die Bürger der DDR auszuhandeln.

Währungs-, Wirtschafts- und Sozialunion

Die Bundesregierung hatte schon im Februar der Regierung Modrow eine „Währungsunion", das heißt die Einführung der D-Mark in der DDR, angeboten. Die Verhandlungen darüber wurden mit der neuen Regierung beschleunigt fortgeführt, nicht zuletzt um die unverminderte Abwanderung aus der DDR zu beenden.

Strittig war in erster Linie der Umtauschkurs von DDR-Mark in DM. Die Bundesbank hielt einen Kurs von 3:1 für realistisch. Das löste in der DDR helle Empörung aus. Die Regierung de Maizière forderte einen Kurs von 1:1. Bundeskanzler Kohl hatte im Wahlkampf schon einen Kurs von 1:1 bis zu einer bestimmten Höhe zugesagt. Vereinbart wurde schließlich ein gestaffelter Kurs: Kinder bis zum 14. Lebensjahr konnten 2.000 M, Personen ab 60 6.000 M, alle übrigen 4.000 M im Verhältnis 1:1 umtauschen. Darüber hinausgehende Beträge wurden im Verhältnis 2:1 umgerechnet. Löhne, Renten, Mieten und alle anderen laufenden Zahlungen wurden 1:1 umgestellt. Faktisch wurde das gesamte Währungs-, Wirtschafts- und Sozialsystem der Bundesrepublik auf die DDR ausgedehnt. Der „Staatsvertrag über die Schaffung einer Währungs-, Wirtschafts- und Sozialunion" sollte am 1. Juli 1990 in Kraft treten. Volkskammer und Bundestag verabschiedeten in Ost-Berlin und Bonn zeitgleich den Vertrag. Ebenso nahmen sie mit großer Mehrheit eine vorher abgestimmte gleichlautende Resolution zur Endgültigkeit der Oder-Neiße-Grenze an.

Einigungsvertrag

Die Modalitäten des staatsrechtlichen Zusammenschlusses der beiden deutschen Staaten wurden geregelt im „Vertrag zwischen der Bundesrepublik Deutschland und der Deutschen Demokratischen Republik über die Herstellung der Einheit Deutschlands", kurz „Einigungsvertrag" ge-

nannt. Danach traten die fünf Länder der bisherigen DDR, Brandenburg, Mecklenburg-Vorpommern, Sachsen, Sachsen-Anhalt und
Thüringen, mit Wirkung vom 3. Oktober 1990 gemäß Art. 23 GG dem
Geltungsbereich des Grundgesetzes bei. Einen entsprechenden Beschluss fasste die Volkskammer am 23. August 1990. Die Ausarbeitung
einer neuen Verfassung hatte die Volkskammer am 26. April abgelehnt.
Damit war der Weg einer Vereinigung gemäß Art. 146 GG versperrt.

Bei der Ausarbeitung des Einigungsvertrages gab es eine Reihe von
Streitfragen, die zumeist durch Kompromisse gelöst werden konnten. So
sah man für den Schwangerschaftsabbruch eine Übergangslösung mit
unterschiedlichen Regelungen für die beiden Gebiete vor. Strittig waren
auch der Umgang mit den Stasi-Akten, den Parteivermögen, die Stim-
menzahl im Bundesrat, die Befugnisse der Treuhand u.a.

Das brisanteste Problem war die Regelung der Eigentumsfrage. In der
SBZ und später in der DDR waren Hunderttausende durch Unrechts-
maßnahmen um ihr Eigentum gebracht worden. Sie erwarteten die
Rückerstattung. Andererseits hatten in den vergangenen Jahrzehnten andere Menschen dieses Eigentum genutzt und sahen das als ein Gewohn-
heitsrecht an. Jede Regelung musste zu Ungerechtigkeiten führen.

Nach dem Einigungsvertrag sind die Enteignungen, die von der sowjetischen Besatzungsmacht vorgenommen worden waren (siehe S. 61 f.),
nicht rückgängig zu machen. Das sollte später zu schweren Auseinandersetzungen führen. Dabei ging es nicht zuletzt um die Begründung, dies sei eine Bedingung der Sowjetregierung für die Zustimmung
zur Einheit gewesen, was von den damaligen maßgeblichen sowjetischen
Verhandlungsführern bestritten wurde. Das Bundesverfassungsgericht
erklärte 1991 die Bestimmungen über die Enteignungen „auf besat-
zungsrechtlicher Grundlage" für rechtens. Das erst nach der Gründung
der DDR konfiszierte Eigentum sollte zurückerstattet werden, oder die
Eigentümer sollten entschädigt werden. Es sollte der Grundsatz gelten:
Rückgabe vor Entschädigung.

Der Einigungsvertrag wurde am 20. September von der Volkskammer
mit 299 gegen 80 Stimmen und vom Bundestag mit 440 gegen 47 Stimmen verabschiedet.

Ausland und Einheit

Im Ausland waren die Ereignisse des deutschen Herbstes mit großer Aufmerksamkeit verfolgt worden. Die Bilder der Menschen, die auf friedliche Weise eine Diktatur abschüttelten, lösten eine Welle der Sympathie aus. Die weit überwiegende Mehrheit beispielsweise der Amerikaner und Franzosen begrüßten im November 1989 die sich abzeichnende Wiedervereinigung. Die Zahl der Befürworter ging später, vor allem aufgrund der feindseligen Haltung vieler Medien, zurück, in den USA und Frankreich von 80 auf 60 Prozent, explizit dagegen waren aber auch dann nur 15 und 13 Prozent.

Ganz anders war die Stimmung der politischen Klasse. Die hatte sich mit der Teilung sehr gut eingerichtet. Das Wort des französischen Schriftstellers François Mauriac, er liebe Deutschland so sehr, dass er froh sei, dass es jetzt zwei davon gebe, war sehr vielen aus der Seele gesprochen. Zwar hatten sich die Westalliierten im Deutschlandvertrag verpflichtet, die Wiedervereinigung Deutschlands anzustreben, und diese Verpflichtung wiederholt bekräftigt, als aber Bundeskanzler Kohl auf eine entsprechende NATO-Erklärung von 1970 hinwies, rief die britische Premierministerin Margaret Thatcher aus, die Erklärung stamme doch aus einer Zeit, „als wir glaubten, sie (die Wiedervereinigung) würde niemals stattfinden".

Doch jetzt sah es so aus, als würde sie demnächst stattfinden. Was konnte man tun? Die Vorgänge in der DDR waren Teil eines revolutionären Prozesses, der das gesamte bisherige sowjetische Vorfeld in Ostmittel- und Südosteuropa erfasst und die kommunistischen Regime hinweggefegt hatte oder alsbald hinwegfegen sollte. Während jedoch andere ehemalige Ostblock-Länder ihre staatliche Existenz behielten, gab es für die DDR nach dem Fortfall der kommunistischen Herrschaft keine raison d'être, keinen Daseinsgrund mehr. Wenn die Sowjetunion die kommunistischen Herrscher in der DDR fallen ließ, konnte niemand verhindern, dass die DDR verschwand und die Deutschen wieder zusammenkamen.

USA: Volle Unterstützung

Im Gegensatz zu Frankreich und Großbritannien hatte die Weltmacht USA keine Furcht vor einem wiedervereinigten Deutschland. Präsident

George Bush und sein Außenminister James Baker hatten die Bundesrepublik 1989 zum bevorzugten Verbündeten („partner in leadership") in Europa auserkoren. Wenn die USA es auf dem Weg zur Einheit unterstützten, würde auch das wiedervereinigte Deutschland ein zuverlässiger Partner sein.

Großbritannien und Frankreich: Fügen ins Unvermeidliche

In Großbritannien und in Frankreich brachen alte Ängste wieder durch. Die Wiedervereinigung Deutschlands bedeutete überdies das Ende der Nachkriegsordnung von Jalta und Potsdam und führte damit zur Einbuße des Status einer „Siegermacht". Also versuchte man, die Vereinigung wenigstens zu verzögern, zumindest verbal mit der wiederholten Versicherung, sie stünde nicht auf der Tagesordnung (Margaret Thatcher). François Mitterrand stattete sogar der offenkundig in Agonie liegenden DDR noch vom 20. bis 22. Dezember 1989 einen Staatsbesuch ab, eine für den bedeutenden Staatsmann erstaunliche Fehleinschätzung.

Nicht zuletzt unter dem Eindruck der uneingeschränkten Unterstützung der deutschen Vereinigung durch die Amerikaner fügten sich Briten und Franzosen schließlich ins Unvermeidliche. François Mitterrand wurde das sicher erheblich dadurch erleichtert, dass Helmut Kohl einer Beschleunigung der europäischen Wirtschafts- und Währungsunion und der Initiative zur Überführung in eine Politische Union zustimmte.

Sowjetunion: Zögernde Zustimmung

Der Schlüssel zur deutschen Einheit lag natürlich in Moskau. Allein die Sowjetunion hatte etwas zu verlieren. Die Sowjetunion sollte ihren deutschen Satellitenstaat aufgeben, während der Westen seinen Bündnispartner – noch vergrößert – behielt. Die Deutschen haben es Michail Gorbatschow, daneben auch seinem Außenminister Eduard Schewardnadse, zu verdanken, dass die Sowjetunion der deutschen Einheit zustimmte. Das heißt nicht, dass sie die Wiedervereinigung, so wie sie sich 1990 vollzog, erwartet oder gar erstrebt hätten. Immerhin, eine „chinesische Lösung" war von dieser sowjetischen Führung nicht zu befürchten. Die Gemeinsame Erklärung des Bundeskanzlers und des sowjetischen

Staatschefs zum Abschluss des Staatsbesuches Gorbatschows in Bonn im Juni 1989 bekannte sich zum „Recht aller Völker, ihr Schicksal frei zu bestimmen" und „das eigene politische und soziale System frei zu wählen". Das bedeutete die Aufgabe der „Breschnew-Doktrin" von 1968, nach der jedes Abweichen eines Landes vom sozialistischen Weg durch eine militärische Intervention zu beenden sei. Die Breschnew-Doktrin wurde wenig später, im Abschlusskommuniqué einer Konferenz der Warschauer-Pakt-Staaten vom 13. Juli 1989, auch formell außer Kraft gesetzt.

Überdies strebte die sowjetische Führung eine Modernisierung der Sowjetunion an. Dazu brauchte man westliche Hilfe. Von den Deutschen war sie am ehesten zu erwarten. Bundeskanzler Kohl beeilte sich, den sowjetischen Erwartungen entgegenzukommen, mit umfangreichen Lebensmittellieferungen im Januar, mit einem fünf Milliarden-Kredit im Juni, mit Angeboten einer engeren Zusammenarbeit für die Zeit nach der Wiedervereinigung.

Bündnisfrage: Vereintes Deutschland in der NATO?

Zugleich wirkten die Amerikaner im Sinne der deutschen Vorstellungen auf die Sowjetführung ein. Beim Gipfeltreffen in Malta am 2./3. Dezember 1989 übermittelte Präsident Bush Staats- und Parteichef Gorbatschow die Prinzipien, nach denen die deutsche Vereinigung ablaufen sollte. Die wichtigste und für die Sowjetunion am schwersten akzeptable Bedingung war der Verbleib des vereinten Deutschland in der NATO. Die amerikanische Diplomatie hat einen wesentlichen Anteil daran, dass die Sowjetführung von ihrem ursprünglich schroffen Nein abrückte und die NATO-Zugehörigkeit schließlich hinnahm. Sie konnte dabei auf dem Vertrauensverhältnis aufbauen, das sich seit 1985 zwischen den beiden Mächten entwickelt und zu einer weitgehenden Abrüstung geführt hatte.

Am 10./11. Februar 1990 erzielten Bundeskanzler Helmut Kohl und Außenminister Hans-Dietrich Genscher in Gesprächen mit der sowjetischen Führung einen ersten Durchbruch. Gorbatschow gestand zu, dass die Deutschen eigenverantwortlich über ihre nationale Einheit entscheiden könnten, doch könne die deutsche Frage „nur im Zusammenhang mit der gesamteuropäischen Entwicklung und unter Berücksichtigung der Sicherheit und der Interessen der Nachbarn als auch der übrigen Staaten Europas und der Welt" gelöst werden.

Die deutsche Vereinigung mit den Interessen der Nachbarn, der übrigen europäischen Staaten und der Welt abzustimmen, war die Aufgabe einer internationalen Konferenz. In der Vergangenheit war die „Deutsche Frage" Gegenstand von Konferenzen der vier Siegermächte gewesen. Diese wollten die Sowjetunion und auch Großbritannien und Frankreich gern wieder beleben. Die Bundesregierung meldete entschiedenen Widerspruch an. Die Vier Mächte sollten nicht über die Köpfe der Deutschen hinweg über die Zukunft Deutschlands verhandeln. Die amerikanische Diplomatie fand die Formel „Zwei-plus-Vier". Dies bedeutete, dass die Verhandlungen vorrangig von den zwei deutschen Staaten und dann zusammen mit den vier ehemaligen Alliierten geführt werden sollten. Dem Auftakt in Bonn am 5. Mai 1990 folgten mehrere Konferenzen der sechs Außenminister und zusätzliche Treffen von Genscher und Schewardnadse.

Kohl und Gorbatschow im Juli 1990: Historischer Durchbruch

Der historische Durchbruch im deutschen Vereinigungsprozess wurde am 16./17. Juli 1990 in Gesprächen zwischen Bundeskanzler Kohl und Staats- und Parteichef Gorbatschow in Moskau und in Gorbatschows kaukasischer Heimat erzielt. „Das geeinte Deutschland", verkündete der Bundeskanzler auf einer gemeinsamen Pressekonferenz in Schelesnowodsk, „kann in Ausübung seiner vollen und uneingeschränkten Souveränität frei und selbst entscheiden, ob und welchem Bündnis es angehören will."

Es spricht viel dafür, dass die historische Chance, die Zustimmung der Sowjetunion zur deutschen Vereinigung und darüber hinaus zum Verbleib des vereinten Deutschland im westlichen Bündnis zu bekommen, nur einen kurzen Moment bestanden hat. Im Sommer 1990 war Gorbatschow in so großen Schwierigkeiten, dass er nicht die Kraft aufbrachte, sich der Vereinigung zu widersetzen. Er war auch dringend auf die Hilfe des Westens angewiesen, die er als Belohnung für seine Zustimmung zu erhalten hoffte. Andererseits war er nach seiner Wiederwahl zum Parteichef auf dem 28. Parteitag der KPdSU kurz vor dem Treffen mit Bundeskanzler Kohl in Moskau stark genug, um im Alleingang,

Bundeskanzler Helmut Kohl und Außenminister Hans-Dietrich Genscher bei Michail Gorbatschow im Kaukasus

ohne Politbüro, ZK oder Obersten Sowjet zu informieren, solche weitreichenden Entscheidungen treffen zu können.

Helmut Kohl gebührt das Verdienst, während des Niedergangs der DDR und des Prozesses der deutschen Vereinigung jeweils den rechten Augenblick abgewartet zu haben, um den erforderlichen nächsten Schritt zu tun. Egon Bahr, der Architekt der Ostverträge, urteilte rückblickend: „Die Einheit hat Gorbatschow ermöglicht, die Menschen in der DDR entschieden, und Kohl hat die Gelegenheit mit Mut und Augenmaß ergriffen."

Zwei-plus-Vier-Vertrag

Die Resultate der Moskauer Gespräche bildeten die Grundlage für den Zwei-plus-Vier-Vertrag, alle Vereinbarungen finden sich dort wieder.

Der Vertrag wurde am 12. September 1990 in Moskau unterzeichnet.
Deutschland verpflichtete sich, die bestehenden Grenzen in Europa als
unverletzlich anzuerkennen. Die Oder-Neiße-Grenze sollte in einem bi-
lateralen Vertrag mit Polen bestätigt werden. Ein solcher Vertrag wurde
am 14. November 1990 in Warschau unterzeichnet. Deutschland verpflichtete sich, „keine seiner Waffen jemals einzusetzen", außer in Übereinstimmung mit der Charta der Vereinten Nationen. Die deutschen
Streitkräfte wurden auf 370.000 Mann begrenzt, Deutschland verzichtete auf atomare, bakteriologische und chemische Waffen. Der Vertrag sah
ferner vor, dass die sowjetischen Streitkräfte auf dem Gebiet der DDR
bis Ende 1994 abgezogen würden. Bis dahin durften auf dem Gebiet der
DDR keine der NATO unterstellten deutschen Streitkräfte stationiert
werden, sondern nur nicht integrierte, also Einheiten der Territorialver-
teidigung.

Die Rechte und die Verantwortung der Vier Mächte für Berlin und
Deutschland als Ganzes wurden durch eine Erklärung ausgesetzt.

Sie sollten endgültig entfallen, sobald die letzte Ratifikationsurkunde

Die Außenminister der beiden deutschen Staaten und der vier ehemaligen
Siegermächte bei der Unterzeichnung des Zwei-plus-Vier-Vertrages am
12. September 1990

des Zwei-plus-Vier-Vertrages hinterlegt worden ist. Das geschah am 15. März 1991 mit der Hinterlegung der sowjetischen Ratifikationsurkunde. Damit war Deutschland endgültig souverän.

Unmittelbar vor der Unterzeichnung des Zwei-plus-Vier-Vertrages waren noch einige bilaterale Verträge zwischen Deutschland und der Sowjetunion ausgehandelt worden. Der „Vertrag über gute Nachbarschaft, Partnerschaft und Zusammenarbeit" vereinbarte – an die „guten Traditionen ihrer jahrhundertealten Geschichte" anknüpfend – eine enge Kooperation zwischen den beiden Ländern. Zwei weitere Verträge hatten die Bedingungen des Aufenthalts und des Abzugs der sowjetischen Truppen zum Gegenstand. Hier ging es vor allem um die Stationierungskosten bis 1994 und den Bau von Wohnungen für die zurückkehrenden Soldaten. Die sowjetische Seite verhandelte hart, selbst Gorbatschow schaltete sich ein. Schließlich wurde die Zahlung von 12 Milliarden DM und ein zinsloser Kredit von drei Milliarden vereinbart. Für mehr als die Hälfte dieser Summe wurden 45.000 Wohnungen samt der zugehörigen Infrastruktur für die zurückkehrenden Soldaten gebaut.

3. Oktober 1990 – Tag der Einheit

Die Volkskammer hatte als Tag der Vereinigung den 3. Oktober 1990 bestimmt. Mit diesem Tage hörte die DDR auf zu existieren, und die Länder Brandenburg, Mecklenburg-Vorpommern, Sachsen, Sachsen-Anhalt und Thüringen traten der Bundesrepublik Deutschland bei. Bundespräsident Richard von Weizsäcker verkündete in den ersten Minuten des 3. Oktober 1990 den Hunderttausend, die sich vor dem Reichstag in Berlin versammelt hatten, die Präambel des Grundgesetzes zitierend: „Die Deutschen haben in freier Selbstbestimmung die Einheit vollendet." Überall im vereinten Deutschland feierten in der Nacht zum 3. Oktober die Menschen die Überwindung der Teilung.

Die Nacht vom 2. zum 3. Oktober 1990 vor dem Reichstag in Berlin

DAS VEREINTE
DEUTSCHLAND

Wahlen und Regierungen ·

Einen Tag nach der Vereinigung, am 4. Oktober 1990, konstituierte sich der erste gesamtdeutsche Bundestag im Reichstagsgebäude in Berlin. Er setzte sich aus den 519 Abgeordneten des alten Bundestages und 144 von der Volkskammer delegierten Abgeordneten zusammen.

Am 14. Oktober wurden die Landtage der neuen Bundesländer gewählt. Die CDU wurde in vier Ländern die stärkste Partei, in Sachsen gewann sie die absolute Mehrheit. In Brandenburg wurde die SPD stärkste Partei.

Die erste freie Wahl in ganz Deutschland seit 1932 fand am 2. Dezember 1990 statt. Ihr Ausgang wurde durch die Einheit bestimmt, die von der Mehrheit der Anhänger aller Parteien begrüßt wurde. Die Regierungsparteien, denen der Gewinn der Einheit als Erfolg zugeschrieben wurde, erhielten 54,8 Prozent (CDU/CSU 43,8, FDP 11). Dagegen kam die SPD wegen ihrer zögernden Haltung zur Einheit nur auf 33,5 Prozent, die Grünen, in Sachen Einheit sprachlos, fielen im Westen unter die 5-Prozent-Hürde.

Für diese Wahl wurde aufgrund einer Entscheidung des Bundesverfassungsgerichts die Bundesrepublik in ein Wahlgebiet West und ein Wahlgebiet Ost aufgeteilt. Um in den Bundestag zu gelangen, musste eine Partei in einem der beiden Wahlgebiete 5 Prozent der Stimmen oder 3 Direktmandate erhalten. Die PDS bekam im Wahlgebiet Ost 11,1 Prozent, Bündnis 90/Grüne 6,2 Prozent. Beide Parteien zogen in den Bundestag ein, obwohl ihr gesamtdeutscher Stimmenanteil nur 2,4 bzw. 1,2 Prozent betrug.

Helmut Kohl wurde mit 378 gegen 257 Stimmen und 9 Enthaltungen zum ersten Bundeskanzler des wiedervereinigten Deutschlands gewählt. Er bildete ein viertes Mal eine Koalitionsregierung aus CDU/CSU und FDP.

Bei der Bundestagswahl 1994 war der Einheitsbonus aufgebraucht. Die Regierungskoalition konnte ihre parlamentarische Mehrheit nur noch knapp behaupten. Die Union erhielt 41,5 Prozent der Stimmen, die FDP 6,9 Prozent. Die SPD gewann gegenüber 1990 3 Prozent hinzu und kam auf 36,4 Prozent. Die Grünen – seit Mai 1993 mit den Bürgerrechtsbewegungen „Bündnis 90" zusammengeschlossen – bekamen 7,3 Prozent. Die PDS gewann vier Direktmandate und konnte daher trotz der nicht erreichten 5 Prozent in den Bundestag einziehen. Im Wahlgebiet

Ost hatte sie 19,8 Prozent, im Wahlgebiet West 1 Prozent, in ganz Deutschland daher 4,4 Prozent der Zweitstimmen erhalten.

Der Bundestag wählte Helmut Kohl zum fünften Mal zum Bundeskanzler. Er erhielt 338 Ja- und 333 Nein-Stimmen, nur eine Stimme mehr als zur Kanzlerwahl erforderlich, wie vor ihm schon Konrad Adenauer 1949 und Helmut Schmidt 1976. Die Koalition aus CDU/CSU und FDP blieb auch in dieser Legislaturperiode bestehen.

Hauptstadt Berlin

Der Parlamentarische Rat hatte Bonn zur vorläufigen Bundeshauptstadt gewählt. Der Bundestag bestätigte diesen Beschluss am 3. November 1949, verkündete jedoch feierlich: „Die leitenden Bundesorgane verlegen ihren Sitz in die Hauptstadt Deutschlands, Berlin, sobald allgemeine, freie, gleiche, geheime und direkte Wahlen in ganz Berlin und in der Sowjetischen Besatzungszone durchgeführt sind." Seitdem ist in zahlreichen Erklärungen immer wieder der Provisoriumscharakter Bonns betont worden. Es bleibe nur so lange Bundeshauptstadt, bis Berlin in der Lage ist, seine Funktion als Hauptstadt Deutschlands wieder auszuüben. Das war 1990 offenkundig der Fall, doch damit war die Angelegenheit keineswegs erledigt. Der Einigungsvertrag hielt die Entscheidung offen. Berlin ist die Hauptstadt Deutschlands, steht dort, doch erst nach der Herstellung der deutschen Einheit beschließen die gesetzgebenden Organe über den Sitz von Parlament und Regierung.

Im Vorfeld der Entscheidung gab es eine sehr emotionale öffentliche Auseinandersetzung und eine leidenschaftliche Bundestagsdebatte. Debatte und Abstimmung verliefen nicht entlang von Parteigrenzen. Es gab Berlin- und Bonn-Befürworter in allen Parteien. Helmut Kohl und Willy Brandt beispielsweise stimmten für Berlin. Das Ergebnis war denkbar knapp. 338 Abgeordnete stimmten für Berlin, 320 für Bonn.

Das Bonn-Berlin-Gesetz von 1994 bestimmte, dass Bundestag und Bundeskanzler mit zehn Ministerien nach Berlin umziehen. Neun Minister behielten ihren Dienstsitz in Bonn und erhielten einen zweiten in Berlin. Der Umzug wurde im Jahre 1999 vollzogen. Im Jahr 2000 verlegte auch der Bundesrat seinen Sitz nach Berlin. Zahlreiche Bundesbehörden zogen nach Bonn um.

Systemtransfer

Seit dem 3. Oktober 1990 war Deutschland staatsrechtlich wiederver-
einigt. Die innere Vereinigung stand noch bevor. Die Deutschen hatten
45 Jahre lang in zwei verschiedenen Welten gelebt. Sie hatten ein unter-
schiedliches Leben gelebt, unterschiedliche Erfahrungen gesammelt, waren von unterschiedlichen Eindrücken geprägt worden. Enorme Anstrengungen würden nötig sein, um wieder zusammenwachsen zu lassen,
was zusammengehörte (Willy Brandt am 10. November 1989).

Die Lasten waren ungleich verteilt. Den neuen Bürgern der Bundesrepublik wurde eine einzigartige psychische und physische Anpassungsleistung abverlangt. Ihnen wurde über Nacht ein völlig neues System übergestülpt, in dem sie sich sogleich zurechtfinden mussten. Aber
die Menschen in der DDR hatten die schnelle Vereinigung gewollt, es
gab auch keine realistische Alternative dazu.

Ein Aufschub der Vereinigung hätte eine sofortige Zuzugs- oder gar
Einreisesperre für DDR-Bürger erforderlich gemacht, um die Vereinigung nicht im Westen stattfinden zu lassen. Die Bevölkerung der DDR
hätte bis zu einer späteren Vereinigung, sofern sie überhaupt noch zu
haben gewesen wäre, mit einem selbst gegenüber 1989 drastisch abge-
sunkenen Lebensstandard vorliebnehmen müssen, weil eine substanziel-
le Finanzhilfe der Bundesrepublik, selbst im Umfang eines Bruchteils
der späteren Summen, für eine selbständige DDR undenkbar gewesen
wäre.

In der ersten Zeit war die Rede davon, dass beide Teile ihre Vorzüge
einbringen sollten und dass so etwas Neues entstehen würde. Auf Nach-
fragen kam aber wenig zum Vorschein, was einzubringen gewesen wäre.
Sieht man von der Arbeitsplatzgarantie und von den gegen null tendie-
renden Mieten ab, die mit der Marktwirtschaft nicht zu vereinbaren waren, blieb kaum mehr als die nicht unumstrittenen Kinderkrippen und
der grüne Abbiegepfeil an den Verkehrsampeln übrig.

So bedurfte es von Seiten der Bürger der alten Bundesrepublik keiner
Anpassungsleistung. Dort blieb alles beim Alten. Von ihnen wurde eine
andere Leistung gefordert: Sie mussten zahlen – 1.400 Milliarden sind es
bis Ende 1998 gewesen.

Wirtschaft – Ost

Große Erwartungen: Blühende Landschaften

Der Bundeskanzler hatte im Wahlkampf 1990 den künftigen Bürgern der Bundesrepublik im Osten „blühende Landschaften" versprochen. Dafür hat er viel Häme einstecken müssen. Viele der neuen Bürger der Bundesrepublik fühlten sich um die Einlösung dieses Versprechens betrogen.

Nun ist für jedermann sichtbar, dass die neuen Bundesländer im Vergleich zu DDR-Zeiten in vieler Hinsicht blühende Landschaften geworden sind. Es gibt fast flächendeckend ein erneuertes Verkehrsnetz, ein hochmodernes Telekommunikationsnetz, der Zerfall der Bausubstanz in den Städten und auf dem Land ist aufgehalten, zahllose Gebäude sind restauriert worden. Der katastrophale Raubbau an der Umwelt hat aufgehört, die schlimmsten Umweltschäden sind beseitigt worden.

Doch das oder jedenfalls das allein war wohl damit nicht gemeint gewesen, zumindest war es von den Adressaten nicht so aufgefasst worden. Sie hatten vielmehr erwartet, dass die Lebensverhältnisse der alten Bundesrepublik binnen kurzer Zeit auf die neuen Bundesländer übertragen werden würden. Dieser Illusion haben sich auch viele im Westen hingegeben. Es war die Rede von einer „Anschubfinanzierung", die bald ein sich selbst tragendes Wachstum auslösen würde. Das geschah nicht, und das hat Gründe, die schon damals voraussehbar, aber auch solche, die nicht vorherzusehen waren.

Zu ersteren gehört die Fehleinschätzung der Produktivität in der DDR. Der Einigungsvertrag unterstellte ein Produktivitätsniveau von 60 Prozent des westdeutschen, das Doppelte des tatsächlichen (siehe S. 236).

Mit der Wirtschafts- und Währungsunion waren die maroden DDR-Betriebe über Nacht der Konkurrenz der Weltmärkte ausgesetzt. Überdies wurden die Löhne und Gehälter im ersten Jahr nach der Wirtschafts- und Währungsunion um 65 Prozent erhöht. Damit öffnete sich die Schere zwischen Produktivität und Lohnkosten noch weiter.

Nicht vorauszusehen war auch, dass die Ostmärkte, die einen großen Teil der in der DDR hergestellten Industrieprodukte abgenommen hatten, vollständig wegbrechen würden. Die Länder des untergegangenen Rates für gegenseitige Wirtschaftshilfe importierten in diesen

Umbruchzeiten nur noch wenig, und was sie importierten, kauften sie im Westen.

Treuhand: Verkauf mit Verlust

Die Umstellung der sozialistischen Planwirtschaft auf die Markt-wirtschaft war die Aufgabe der Treuhandanstalt. Sie hat bis zu ihrer Auf-lösung Ende 1994 über 15.000 Unternehmen, Betriebsteile, Liegenschaf-ten und Immobilien veräußert, saniert oder stillgelegt, darunter 8.000 Volkseigene Betriebe und Kombinate.

Die Treuhandanstalt war auf Initiative der Bürgerrechtsbewegung noch von der Regierung Modrow gegründet worden. Sie sollte das volkseigene Vermögen verwalten, dessen Verkaufswert Mitte 1990 auf 800 bis 1.000 Milliarden DM geschätzt wurde, und es später an die Be-völkerung der DDR verteilen.

Im September 1990 schätzte die Treuhand den Wert noch auf 600 Mil-liarden DM, 1991 reduzierte sie die Schätzung auf 200 Milliarden. Tatsächlich erlöste die Treuhand aus Verkäufen 67 Milliarden DM. Um überhaupt private Interessenten zu finden, musste sie in vielen Fällen hohe Summen aufwenden, vor allem für die Ablösung von Schulden der Betriebe und für die Beseitigung von ökologischen Altlasten. Sie schloss daher 1994 bei ihrer Auflösung mit einem Defizit von 256,4 Milliarden DM ab. Faktisch mussten für jede DM, die von Privathand für den Kauf eines Unternehmens ausgegeben wurde, fast vier DM an öffentlichen Mitteln aufgewendet werden.

Niedergang: Keine Abnehmer

Selbst auf dem ostdeutschen Binnenmarkt waren auch konkurrenzfähige Waren aus der heimischen Produktion nicht abzusetzen, weil die Men-schen begierig auf die bisher nur aus der Fernsehwerbung und aus Päckchen bekannten Westerzeugnisse waren. Auch der Export in die al-te Bundesrepublik und in andere westliche Länder hörte schlagartig auf, weil die Waren nicht mehr zu Preisen exportiert werden konnten, die nur einen Bruchteil der Herstellungskosten deckten (siehe S. 235).

Fast die gesamte Produktion des verarbeitenden Gewerbes in den neuen Ländern brach zusammen. Gab es 1989 9,7 Millionen Erwerbs-

tätige, so waren es 1991 nur noch 7,6 Millionen. Die Zahl der Erwerbstätigen sank danach noch weiter, 1997 waren nur noch 6,1 Millionen Personen erwerbstätig.

Im Jahr 1991 waren 913.000 Arbeitslose gemeldet (Arbeitslosenquote
10,7 Prozent), 1997 waren es 1.354.000 (Arbeitslosenquote 17,4 Pro-
zent). Rechnet man zu den registrierten Arbeitslosen die „verdeckten"
Arbeitslosen hinzu, die Teilnehmer an Arbeitsbeschaffungsmaßnahmen
(ABM), an Fortbildungs- und Umschulungslehrgängen und die Vor-
ruheständler, das waren 934.000 Personen, so sind 1997 in den neuen
Ländern 2.288.000 Menschen offen oder „verdeckt" arbeitslos gewesen.
Die Arbeitslosenquote belief sich dann auf 27 Prozent.

Wenn man nur die immer noch sinkende Zahl der Erwerbstätigen
und die entsprechend steigende Zahl der Arbeitslosen betrachtet, ver-
stellt das den Blick auf positive Entwicklungen. Die verbleibenden Erwerbstätigen erwirtschaften ein zunehmendes Bruttoinlandsprodukt. Es
lag in den fünf neuen Bundesländern und Berlin 1991 bei 204 Milliarden
DM und 1995 bei 392 Milliarden DM.

Das Lohnniveau hat 1995 75 bis 100 Prozent des westdeutschen erreicht (durchschnittlich 82 Prozent), so dass nach wie vor eine große
Diskrepanz zwischen Produktivität und Lohnkosten besteht. Es gibt jedoch zahlreiche Unternehmen in den neuen Ländern, die das westdeutsche Produktivitätsniveau erreicht oder überschritten haben. So zählt
das Opelwerk in Eisenach zu den produktivsten in Europa. Im Jahr 1995
stellten dort 1.800 Beschäftigte 150.000 Autos her, jeder also 83. Vor der
Wende produzierten dort 10.000 Beschäftigte pro Jahr 80.000 Wartburg,
das entspricht einer jährlichen Produktionsrate von 8 Stück pro Mann.
Hochmoderne Werften sind in Wismar, Warnemünde, Stralsund und
Wolgast entstanden. Eine der modernsten Großraffinerien der Welt wird
im Raum Halle-Bitterfeld gebaut.

Zur Bruttowertschöpfung trug die Industrie 1995 nur 19,4 Prozent
bei (alte Bundesländer: 28,4 Prozent). Vor allem in Sachsen (Dresden,
Leipzig, Chemnitz, Plauen) und in Thüringen (Erfurt, Gera, Jena) sind
jedoch industrielle Kerne entstanden, die bei allgemein günstiger
Wirtschaftsentwicklung das Potenzial zur räumlichen Ausdehnung haben.

Transfer: Millionen Abnehmer

Aus eigener Kraft war der neue Teil der Bundesrepublik Deutschland nicht in der Lage, seinen Bürgern Lebensverhältnisse zu sichern, die denen in der alten Bundesrepublik annähernd glichen. Das war nur möglich durch Transfers öffentlicher Mittel von West nach Ost: 1991 betrugen diese 139 Milliarden DM. Die Summe stieg kontinuierlich an (1992: 152, 1993: 168, 1994: 168) und erreichte 1995 194 Milliarden, um in den Jahren 1996 und 1997 auf diesem Niveau zu verharren. 1998 waren 189 Milliarden DM aufzuwenden.

Bis Ende 1998 summierten sich die Transferleistungen somit auf 1.400 Milliarden DM. Davon sind die Steuereinnahmen in den neuen Ländern von etwa 350 Milliarden DM abzuziehen. Es verbleiben somit Nettotransfers von 1.050 Milliarden. Rechnet man die „Erblastentilgung", vor allem das Defizit der Treuhand, die Tilgung der Schulden der Wohnungswirtschaft der DDR und anderer „Nebenhaushalte" sowie die Zahlungen aus dem ERP-Sondervermögen hinzu, so kommt man wieder auf 1.400 Milliarden DM.

Der Löwenanteil sind Aufwendungen aus dem Bundeshaushalt, ein viel geringerer Teil kommt auch von den Ländern und Gemeinden. Auch die Sozialkassen transferieren enorme Summen in die neuen Länder. Die Bundesanstalt für Arbeit hat zur Finanzierung des Kampfes gegen die Arbeitslosigkeit in den neuen Ländern zwischen 1991 und 1995 96 Milliarden aufgewendet, bis Ende 1998 wurden 140 Milliarden geschätzt. Die Rentenversicherung kommt für denselben Zeitraum auf 42 Milliarden, bis 1998 ging man von 90 Milliarden DM aus.

Wenn das Bruttoinlandsprodukt in den neuen Ländern 1995 392 Milliarden DM betrug und 194 Milliarden transferiert wurden, so bedeutete dies, dass auf jede Mark, die in den neuen Ländern erwirtschaftet wurde, der westdeutsche Steuer- und Beitragszahler 50 Pfennig drauflegte.

1991 machten die Transferleistungen 5,2 Prozent des Bruttoinlandsprodukts in den alten Bundesländern aus, 1995 waren es 6,3 Prozent. Solche gigantischen Summen sind nicht aus den laufenden Einnahmen aufzubringen, zumindest nicht, wenn man davor zurückscheut, der Bevölkerung „Blut, Schweiß und Tränen" anzukündigen. Glücklicherweise war die Verschuldung der Bundesrepublik im internationalen Vergleich 1989 denkbar gering. Sie belief sich auf 929 Milliarden DM, das waren 42 Prozent des Bruttoinlandprodukts (Maastricht-Kriterium: 60 Prozent, siehe S. 277). Ende 1996 war die Verschuldung der öffentlichen Haushalte auf 2.129 Milliarden gestiegen, genau 60 Prozent. Der Anstieg ist jedoch nicht allein auf die Transferleistungen zurückzuführen, darin ist auch die laufende weitere Verschuldung der alten Bundesrepublik enthalten.

Wirtschaft – gesamtdeutsch

Die Beschreibung der insgesamt unbefriedigenden wirtschaftlichen Situation in den neuen Bundesländern sollte nicht verdecken, dass die Lage in der alten Bundesrepublik auch keinesfalls befriedigend ist. Die Wirtschaft in ganz Deutschland, nicht nur die im Osten, befindet sich in einem rapiden Strukturwandel, der gekennzeichnet ist durch eine rasch voranschreitende „Ent-Industrialisierung" und den Ausbau des Dienstleistungssektors, der die entstandene Lücke nicht ausgleichen kann.

Das Ergebnis ist eine ständig steigende Arbeitslosigkeit. Allein zwischen 1991 und 1994 gingen in Deutschland 24 Prozent der Arbeitsplätze in der Industrie verloren. In den neuen Ländern waren es ungefähr 60 Prozent, in der alten Bundesrepublik immerhin nur etwa 16 Prozent. Im selben Zeitraum machten Unternehmensgründungen im industriellen Sektor in den neuen Ländern nur 4,5 Prozent aller Gründungen aus, in der alten Bundesrepublik lediglich 1 Prozent. Ein positiver Aspekt des Arbeitsplatzabbaus ist die Rationalisierung, die offenkundig die Arbeitsproduktivität deutlich erhöht. Das erklärt wohl den Exportboom. Deutschland exportierte 1997 Waren im Wert von 887 Milliarden DM, gegenüber 1993 ist das eine Steigerung um 42 Prozent. Die neuen Länder sind am gesamtdeutschen Export nur mit 2 Prozent beteiligt.

In der alten Bundesrepublik gingen von 1991 bis 1996 1.191.000 Arbeitsplätze verloren. 1997 waren 3.031.000 Arbeitslose registriert (Arbeitslosenquote: 9,9 Prozent). Zusammen mit den „verdeckten Arbeitslosen" (1.020.000) waren 1997 4.051.000 Personen ohne Arbeit (Arbeitslosenquote: 12,9 Prozent). In Gesamt-Deutschland gab es 1997 4.385.000 registrierte und 1.954.000 „verdeckte" Arbeitslose, zusammen 6.339.000 (Quote: registrierte Arbeitslose 11,4 Prozent, registrierte und „verdeckte" 16,5 Prozent).

Als wichtigste Ursache dieser Entwicklung wird ein Phänomen aus-
gemacht, das mit dem unscharfen Begriff „Globalisierung" bezeichnet
wird. Darunter ist die weltweite Öffnung aller Märkte, in diesem Zusammenhang vor allem der Arbeits- und Dienstleistungsmärkte, bei
gleichzeitiger enormer Beschleunigung der Kommunikation und Vernet-
zung der Kommunikationswege zu verstehen. Sie erlaubt es, Produkti-
onsstätten und bestimmte Dienstleistungen aus hochindustrialisierten
Ländern mit hohen Löhnen in Niedriglohnländer zu verlagern.

Deutschland, bei den Lohnkosten in der Spitzengruppe der hochindustrialisierten Länder liegend und bei den Lohnnebenkosten die Spitzenstellung einnehmend, ist hiervon natürlich besonders betroffen.
Wenn aber andere hochindustrialisierte Länder, vor allem die USA, aber
auch beispielsweise die Niederlande, nicht nur keinen Arbeitsplatzab-
bau, sondern eine ständige Zunahme der Beschäftigung verzeichnen,
muss es noch andere Gründe für die deutsche Schieflage geben.

Dafür gibt es nicht wenige unterschiedliche Theorien und noch mehr
Lösungsvorschläge. Allgemein wird beklagt, dass wirtschaftliches Handeln durch ein Verordnungs- und Vorschriftenwesen behindert werde,
welches eine wuchernde Bürokratie im Laufe der Jahrzehnte immer
mehr perfektioniert hat. Andere sehen die Ursache in einer allgemeinen
Stimmung gegen zukunftsträchtige Technologien, gegen Innovationen
überhaupt, die neue Produktions- und Beschäftigungsmöglichkeiten
verbaue. Wieder andere plädieren für eine Abkehr von der bisherigen
Arbeitsmarktpolitik und für eine Umverteilung der vorhandenen Arbeit
durch Arbeitszeitverkürzung oder für die Schaffung eines öffentlichen
Beschäftigungssektors, der den Bedarf an gesellschaftlich notwendiger
Arbeit im Sozial-, Bildungs- und Umweltbereich decken soll, unter Ver-
wendung der Mittel, die bisher für die Finanzierung der Untätigkeit der
Arbeitslosen aufgewendet wurden.

Deutschland in Europa

In Europa begann am 1. Januar 1999 eine neue Epoche. Deutschland und
zehn weitere Nationen gaben freiwillig ein essentielles Merkmal eines
souveränen Staates auf, die eigene Währung. Das ist ein Vorgang ohne
Präzedenz.

Die gemeinsame Währung lag in der Logik der Entwicklung. Der EWG-Vertrag von 1957 hatte einen immer engeren Zusammenschluss der europäischen Völker vorgesehen. Die Integration war schließlich bis zum gemeinsamen Binnenmarkt gediehen (siehe S. 227), der zum Jahreswechsel 1992/93 vollendet war. Ein gemeinsamer Markt macht gemeinsame Wirtschafts- und Währungspolitik erforderlich. Die gemeinsame Währung war dann die Krönung der wirtschaftlichen Integration.

Maastricht: Europäische Union und Euro

Die Einführung einer gemeinsamen Währung und die Bedingungen, unter denen ein Land der Währungsunion beitreten kann, wurden auf einer Konferenz der Staats- und Regierungschefs in Maastricht 1991/92 beschlossen. Zu den Voraussetzungen für den Beitritt gehören vor allem: eine jährliche Neuverschuldung von maximal 3 Prozent, eine Gesamtverschuldung von 60 Prozent des jährlichen Bruttoinlandsprodukts, und eine Inflationsrate von höchstens 1,5 Prozent über dem Durchschnitt der drei Länder mit der niedrigsten Inflationsrate.

Außerdem wurden in Maastricht als Schritte in Richtung Politischer Union eine gemeinsame Außen- und Sicherheitspolitik sowie eine Zusammenarbeit in der Innen- und Rechtspolitik, insbesondere der Asyl- und Einwanderungspolitik und der Drogen- und Verbrechensbekämpfung beschlossen.

Der in Maastricht ausgehandelte „Vertrag über die Europäische Union" trat am 1. November 1993 in Kraft, nachdem alle 12 EG-Länder mit Deutschland als letztem ihn ratifiziert hatten. Das Inkrafttreten hatte sich gegenüber dem ursprünglichen Zeitplan verzögert. In drei Ländern, Frankreich, Irland und Dänemark, waren verfassungsgemäß Volksabstimmungen über den Beitritt abzuhalten. In Frankreich sprach sich eine hauchdünne Mehrheit für den EU-Vertrag aus. In Dänemark wurde der Beitritt in der ersten Abstimmung abgelehnt, erst eine wiederholte Abstimmung erbrachte 57 Prozent für den Vertrag. In Deutschland hatten Gegner des Vertrages das Bundesverfassungsgericht angerufen. Das Gericht wies die Verfassungsbeschwerde am 12. Oktober 1993 ab.

Die Währungsunion trat am 1. Januar 1999 in Kraft. Die gemeinsame Währung, der Euro, wurde zunächst als Buchgeld eingeführt, so stellten die Börsen auf Euro um. Die nationalen Währungen blieben noch im

Umlauf. 2002 wurden die Euro-Banknoten und -Münzen eingeführt.
Die nationalen Zahlungsmittel verloren ihre Gültigkeit.

In der Bundesrepublik Deutschland war die Zustimmung zur europäischen Integration bis 1990 traditionell hoch. Sie lag auch im vereinten
Deutschland immer über 50 Prozent und erreichte zeitweise mehr als
70 Prozent. Die Ablehnung lag immer unter 10 Prozent. Allerdings ging
die Zustimmung einher mit einer verbreiteten Unkenntnis des Politikbe-
reiches Europa. Sie war umso höher, je unbestimmter und unverbindli-
cher gefragt wurde.

Seit 1994 war die Zustimmung auf 38 Prozent (1997) zurückgefallen,
die Ablehnung stieg auf 15 Prozent (1997). Dies ist zweifelsohne vor
allem auf die massive Ablehnung des Euro oder wohl richtiger die Abschaffung der D-Mark zurückzuführen, eine sehr konkrete, jeden Einzelnen betreffende Maßnahme. Gegen den Euro sprachen sich von Anfang
an zwei Drittel der Befragten oder mehr aus. Von Januar bis Juni 1998
ging die Zahl der Gegner von 70 auf 56 Prozent zurück. Vorteile durch
die Mitgliedschaft in der EU wollten 1997 nur noch 33 Prozent der Deutschen erkennen, 44 Prozent sahen darin keine Vorteile. Das geht sicherlich an der Realität vorbei: Ein gemeinsamer Markt ohne Binnenzölle bie-
tet einem Exportland wie Deutschland enorme Vorteile. Schließlich gehen um 60 Prozent des deutschen Exports in die Mitgliedstaaten der EU.

Außenpolitik des vereinten Deutschlands

Der Zerfall des sowjetischen Imperiums in Osteuropa und die Auflösung der Sowjetunion markiert eine Zäsur der europäischen und der
Weltgeschichte. Das 1945 geschaffene weltpolitische System bestand
nicht mehr. Es war gekennzeichnet gewesen durch die Existenz zweier
Blöcke, die gegensätzliche ideologische Grundüberzeugungen verkör-
perten. Der Konflikt zwischen ihnen spielte sich als ideologische Konfrontation, als Kalter Krieg ab. Die Fähigkeit ihrer beiden Führungs-
mächte, sich gegenseitig zu vernichten, bewirkte ein Gleichgewicht des
Schreckens, das fast ein halbes Jahrhundert lang eine militärische
Auseinandersetzung zwischen den beiden Blöcken verhindert hat.

Die Einbindung in die Blöcke schloss Konflikte zwischen den Mitgliedern aus und ließ eine eigenständige Außenpolitik nur in engen Gren-

zen zu. Die Mitglieder unterwarfen sich der Blockdisziplin entweder freiwillig oder wurden dazu gezwungen. Das galt in besonderem Maße für die beiden deutschen Staaten, die Geschöpfe des Kalten Krieges waren. Es genügte, wenn sie loyale Partner in den verschiedenen Bündnissen und Zusammenschlüssen ihres Blocks waren. Die Bundesrepublik verfolgte – mit abnehmendem Eifer – darüber hinaus das Ziel, die deutsche Frage offen zu halten und die Chance der Wiedervereinigung zu erhalten.

Seit 1990 nimmt Deutschland – in seinen beiden Teilen bis dahin Außenposten an der Frontlinie des Kalten Krieges – wieder seinen traditionellen Platz in der Mitte Europas ein. Nach Russland ist es das bevölkerungsreichste Land in Europa, seine Wirtschaftskraft übertrifft die der anderen europäischen Staaten. Naturgemäß erwartete die Staatengemeinschaft, vor allem die Bündnispartner in der NATO und in der EG sowie die Vereinten Nationen, dass Deutschland die seinem Gewicht entsprechende Verantwortung übernehme. Die Gelegenheiten dazu ließen nicht lange auf sich warten.

Die Konfrontation im Kalten Krieg hatte manche Konflikte nur unterdrückt, jedoch keineswegs gelöst. Nach dem Fortfall der Disziplinierung kamen sie alsbald wieder zum Vorschein und führten zu Kriegen und Bürgerkriegen, wie im ehemaligen Jugoslawien oder den Nachfolgestaaten der Sowjetunion im Kaukasus und in Mittelasien. In unserer interdependenten Welt haben Krisen in einem Land unmittelbare Auswirkungen auf andere, selbst weit entfernte Länder. Es zeigte sich bald, dass bestimmte Krisen direkte Folgen für Deutschland hatten.

Aus dem Golfkrieg im Januar/Februar 1991 konnte sich Deutschland noch heraushalten, wenn auch zu einem hohen Preis: Der deutsche „Solidarbeitrag" zu den Kriegskosten belief sich auf 18 Milliarden DM. Wenig später brachen die alten ethnischen Konflikte im Vielvölkerstaat Jugoslawien wieder auf. Die Teilrepubliken Slowenien und Kroatien erklärten ihre Unabhängigkeit, der bisher latente Bürgerkrieg eskalierte zum offenen Krieg. Als erster Staat erkannte Deutschland die beiden Republiken an und hatte damit gegen die widerstrebenden EG-Partner und die USA die Vorreiterrolle übernommen. Später griff der Bürgerkrieg auf Bosnien über. Die unmittelbare Folge für Deutschland war der Zustrom von 300.000 bosnischen Flüchtlingen.

Innenpolitisch war die Aussicht, dass Deutschland wieder eine aktive Rolle in der Weltpolitik übernahm, dass gar deutsche Soldaten außerhalb des NATO-Gebietes an militärischen Aktionen teilnahmen, höchst umstritten. Am 12. Juli 1994 entschied das Bundesverfassungsgericht, dass humanitäre und militärische Einsätze außerhalb des NATO-Gebietes zulässig sind. Wenig später billigte der Bundestag mit großer Mehrheit den Einsatz der Bundeswehr bei der Durchsetzung des UN-Embargos gegen Rest-Jugoslawien, im Dezember 1995 dann auch die Teilnahme am NATO-Einsatz in Bosnien.

Die Bundesregierung hat den erweiterten Spielraum deutscher Politik nicht etwa zur „Renationalisierung" der deutschen Außenpolitik genutzt, wie manche im In- und vor allem im Ausland befürchtet hatten oder dies zumindest vorgaben. Nationale Alleingänge sind wegen der engen Einbindung in die verschiedenen Zusammenschlüsse ohnehin nicht mehr möglich. Die Bundesregierung hat nach der Wiedervereinigung die Verflechtung sogar weiter vorangetrieben. Die Initiative zur Schaffung der Europäischen Union kam in erster Linie aus Deutschland und Frankreich. Für Europa hat Deutschland sogar die D-Mark aufgegeben.

Deutschland ist heute mehr als alle anderen europäischen Staaten an der Stabilität der Länder Ostmitteleuropas interessiert. Daher ist es stärkster Befürworter der Osterweiterung der EU und der NATO. Zugleich hat sich die Bundesregierung darum bemüht, das Verhältnis zu Russland zu pflegen, wo Osterweiterungen westlicher Bündnisse und Gemeinschaften naturgemäß mit größten Vorbehalten betrachtet werden.

Ende der Ära Kohl

Mit der Bundestagswahl 1998 und der Wahl von Gerhard Schröder zum Bundeskanzler endete die Ära Kohl.

Helmut Kohl hat länger regiert als irgendein Kanzler seit Bismarck. Er ist lange von seinen publizistischen Gegnern, nicht den politischen, unterschätzt worden. Man hat ihm „Aussitzen" angeblich drängender Entscheidungen vorgeworfen. Das waren wohl vorwiegend solche, die er nicht als dringlich ansah. Seine Stunde kam 1989, und er nutzte entschlossen die Chance zur Wiederherstellung der Einheit der Nation. Ebenso entschieden trieb er die Einigung Europas voran. Der deutsche Nationalstaat sollte in Europa eingebettet sein. Beide Leistungen sichern ihm einen bedeutenden Platz in der Geschichte der Bundesrepublik Deutschland.

Ein Kanzler geht.

Der designierte neue Kanzler ist bereit.

ÄRA ROT-GRÜN
1998–2005

Anfänge

Am 27. Oktober 1998 wurde Gerhard Schröder zum Bundeskanzler gewählt. Schröder war von 1990 bis 1998 Ministerpräsident in Niedersachsen. Seine Kanzlerkandidatur hatten die Wähler in Niedersachsen entschieden. Dort hatte die SPD ein halbes Jahr vor der Bundestagswahl ein glänzendes Ergebnis erzielt, knapp 48 Prozent. So bekam Gerhard Schröder den Vorrang vor dem Mitbewerber Oskar Lafontaine. Bei der Wahl erhielt Schröder 351 Stimmen, sechs Stimmen mehr als die Zahl der Koalitionsabgeordneten, ein bisher einzigartiges Ergebnis bei der Wahl des Bundeskanzlers.

Regierungsbildung

Die Bundesregierung wurde von einer Koalition aus SPD und Bündnis 90/Die Grünen gebildet. Oskar Lafontaine, Vorsitzender der SPD, wurde Finanzminister. Er setzte durch, dass dem Finanzministerium wichtige Teile des Wirtschaftsministeriums zugeschlagen wurden. Jost Stollmann, parteiloser Jungunternehmer und Kandidat des Bundeskanzlers für das Wirtschaftsministerium, warf daraufhin das Handtuch. Außenminister und Vizekanzler wurde Joschka Fischer (Bündnis 90/Die Grünen), Innenminister Otto Schily (SPD; früher Grüne), Umweltminister Jürgen Trittin (Bündnis 90/Die Grünen). Damit war die Generation der Achtundsechziger in die Spitzenstellungen der Staatsmacht eingerückt. Die neue Bundesregierung manifestierte einen Generations- und Stilwechsel in der deutschen Politik.

Gerhard Schröder hatte den Wahlkampf mit dem nicht gerade konkreten Schlagwort der „Neuen Mitte" geführt. Es wurde ein wenig mit Inhalt gefüllt durch den Wahlslogan „Innovation und Gerechtigkeit". Damit sollten sowohl die traditionellen sozialdemokratischen Wähler als auch modernitätsorientierten Aufsteigerschichten angesprochen werden.

Rücktritt Lafontaines

Die Anfänge der neuen Regierung waren nicht sonderlich glücklich. Es erwies sich als Fehler, dass es zwei Machtzentren gab, den Bundeskanz-

ler und das Kanzleramt auf der einen, den Finanzminister und Parteivorsitzenden auf der anderen Seite, die eine unterschiedliche Politik verfolgten. Lafontaine stand für eine primär an sozialer Gerechtigkeit orientierte Politik, Schröder hingegen erklärte, eine wirtschaftsfeindliche Politik
sei mit ihm nicht zu machen. Ein Eklat beendete diese Situation. Oskar
Lafontaine trat am 11. März 1999, sechs Monate nach seinem Amtsantritt, von allen Ämtern zurück – als Bundesfinanzminister, als Parteivorsitzender der SPD und als Bundestagsabgeordneter. Sein Nachfolger als
Finanzminister wurde der frühere hessische Ministerpräsident Hans Eichel. Gerhard Schröder übernahm den Vorsitz der Sozialdemokratischen
Partei.

Der zurückgetretene Finanzminister Oskar Lafontaine als Privatmann:
Mit Sohn Carl-Maurice am 13. März 1999 auf dem Balkon seines Hauses in
Saarbrücken.

Die Koalitionsvereinbarung stand unter dem Motto „Aufbruch und Erneuerung". Eine Steuerreform mit erheblichen Entlastungen der Steuerzahler wurde zügig verabschiedet. Die Staatsfinanzen versuchte Finanzminister Eichel durch einen strikten Sparkurs zu sanieren. Grüne Vorstellungen fanden ihren Niederschlag in einer „ökologischen Steuerreform" mit Steuern auf Benzin und andere Energieträger. Ein grünes Symbolthema war auch der Atomausstieg, der nach allerlei Querelen zwischen den Koalitionspartnern schließlich im Juni 1999 vereinbart wurde.

Landtagswahl in Hessen

Auf heftigen Widerstand der CDU/CSU-Opposition stieß die Absicht der Koalition, die Einbürgerung von Ausländern zu erleichtern, indem ihnen die Beibehaltung ihrer bisherigen Staatsangehörigkeit gestattet werden sollte. CDU/CSU führten eine Unterschriftenaktion durch. Der Oppositionsführer im Hessischen Landtag, Roland Koch, bestritt den Wahlkampf der bevorstehenden Landtagswahl vornehmlich mit dem „Doppel-Pass"-Thema, woraufhin die rot-grüne Landesregierung abgewählt wurde. Die rot-grüne Koalition hatte damit wenige Monate nach ihrer Regierungsübernahme die Mehrheit im Bundesrat verloren. Bundeskanzler Gerhard Schröder musste wie sein Vorgänger in seinen letzten Regierungsjahren bei wichtigen Gesetzesvorhaben Kompromisse mit der Opposition oder mit Teilen der Opposition schließen, um sie durch den Bundesrat zu bringen.

CDU-Spendenaffäre

Ein Jahr nach ihrem Antritt waren die Umfrageergebnisse für die rot-grüne Bundesregierung katastrophal. Hilfe in der Not kam völlig überraschend und auch von unerwarteter Seite: Die CDU hatte eine Spendenaffäre. Zuerst traf es den langjährigen Schatzmeister der CDU, Walther Leisler Kiep. Er hatte von einem zwielichtigen Waffenhändler eine Million D-Mark erhalten und auf ein schwarzes Konto der CDU eingezahlt, ohne sie als Spende zu deklarieren. Wenig später erklärte Alt-Kanzler Helmut Kohl, er habe ebenfalls Millionenspenden angenommen. Er weigerte sich, die Namen der Spender zu nennen, mit der Begründung, er habe sein Ehrenwort gegeben, dass die Spender anonym blieben. Die CDU-Führung ging auf Distanz zu ihrem Ehrenvorsitzenden. Schließlich musste auch der CDU-Vorsitzende Wolfgang Schäuble bekennen, illegale Spenden angenommen zu haben, und trat zurück. Ein Untersuchungsausschuss des Bundestages wurde eingesetzt, der von Dezember 1999 bis Juni 2002 tagte, mit entsprechender Öffentlichkeitswirkung. Die CDU musste als Strafe für die illegalen Spendeneinnahmen 21 Millionen DM Wahlkampfkostenerstattung zurückzahlen. Später hatte auch die hessische CDU eine Spendenaffäre. Der frühere Bundesinnenminister Manfred Kanther und der CDU-Landesschatzmeister Casimir Prinz zu Sayn-Wittgenstein hatten schwarze Kassen mit illegalen Spenden unterhalten, die sie als Vermächtnis jüdischer Gönner deklarierten. Zur Nachfolgerin Schäubles als Parteivorsitzende wurde die bisherige Generalsekretärin Angela Merkel mit überwältigender Mehrheit gewählt. Damit stand zum ersten Mal eine Frau an der Spitze der CDU, noch dazu eine Frau, deren Biografie in nichts den Konventionen der CDU entsprach. Sie verkörperte glaubhaft einen Neuanfang.

Bundestagswahl 2002

In den Monaten vor der Bundestagswahl boten Bundesregierung und Kanzlerpartei ein schwaches Bild. Nur 31 Prozent der Deutschen waren mit der Arbeit der Bundesregierung zufrieden. Davon profitierten die Union und ihr Kanzlerkandidat Edmund Stoiber, obwohl sie ihrerseits auch keinen sonderlich attraktiven Eindruck vermittelten. Der Bundeskanzler versuchte, mit dem Thema Irak von den schlechten Umfrageergebnissen abzulenken. Er wandte sich heftig gegen die in Aussicht stehende militärische Intervention der USA im Irak. Das sollte die deutschamerikanischen Beziehungen nachhaltig verschlechtern, half ihm jedoch im Wahlkampf. Letztlich aber kam die Rettung durch die Flut. Als einen Monat vor der Wahl ein Jahrhunderthochwasser Elbe, Donau und ihre Nebenflüsse heimsuchte, erkannte der Bundeskanzler die Gunst der Stunde und nutzte sie. Sein tatkräftiges Krisenmanagement, medienwirksam der schockierten Bevölkerung vermittelt, kam an. Die beiden „Fernsehduelle" zwischen Amtsinhaber und Herausforderer taten ein Übriges, um die Waage zugunsten des Regierungsbündnisses zu neigen. Es wurde

Bundeskanzler Gerhard Schröder und der sächsische Ministerpräsident
Georg Milbradt am 14. August 2002 in der durch das Hochwasser ver-
schlammten Innenstadt von Grimma

dennoch ganz knapp. Union und SPD lagen gleichauf, doch die Grünen
hatten einen Vorsprung vor der FDP. Bundeskanzler Schröder und die
rot-grüne Koalition hatten das Mandat für vier weitere Jahre erhalten.

Außen- und Sicherheitspolitik

Deutschlands politisches und militärisches Engagement jenseits seiner Grenzen, das 1996 mit dem Einsatz der Bundeswehr im Rahmen der multinationalen Friedenstruppe in Bosnien begonnen hatte, setzte die rot-grüne Bundesregierung fort und weitete es noch aus, nicht ohne dass die Schmerzgrenze beim grünen Koalitionspartner immer wieder überschritten wurde.

Bundeswehr im Kosovo-Krieg

Nachdem das wiedervereinigte Deutschland die volle Souveränität erlangt hatte, so lautete die Argumentation der Bundesregierung, müsse es für die Sicherheit in der Welt Mitverantwortung übernehmen. Im Kosovo sei ein Völkermord im Gange, gerade Deutschland dürfe hier nicht tatenlos zusehen. Im Kosovo-Krieg beteiligten sich 1999 deutsche Soldaten an Kampfeinsätzen der NATO gegen Jugoslawien, der erste Kriegseinsatz seit dem Zweiten Weltkrieg.

Anti-Terror-Krieg

Am 11. September 2001 wurde erstmals ein NATO-Mitglied, die Vereinigten Staaten von Amerika, Ziel eines Angriffs von außen. Die NATO sah den Bündnisfall als gegeben an. Bundeskanzler Gerhard Schröder versicherte die USA der uneingeschränkten Solidarität Deutschlands. Wenig später kam der amerikanische Gegenschlag. Das Taliban-Regime in Afghanistan hatte sich geweigert, den Drahtzieher der Anschläge, Osama bin Laden, auszuliefern. Amerikanische und britische Luftstreitkräfte bombardierten Afghanistan. Deutschland konnte sich nicht heraushalten. Die Bundesregierung forderte vom Bundestag weitreichende Vollmachten für den Einsatz deutscher Soldaten im „Anti-Terror-Krieg". Dagegen regte sich Widerstand in den Koalitionsfraktionen.

Vertrauensfrage

Der Bundeskanzler sah sich gezwungen, die Abstimmung mit der Vertrauensfrage zu verbinden, ein bisher einmaliger Vorgang. Der Ausgang war denkbar knapp: 336 Abgeordnete der Koalition stimmten für den Antrag, zwei mehr als erforderlich.

Am Ende der Kanzlerschaft Gerhard Schröders waren 6500 Bundeswehrsoldaten im Auslandseinsatz, in acht Ländern und auf zwei Meeren, darunter größere Kontingente in Bosnien-Herzegowina, Serbien-Montenegro (Kosovo) und Afghanistan. Bundesverteidigungsminister Peter Struck hatte es auf die Formel gebracht: „Die Sicherheit Deutschlands wird auch am Hindukusch verteidigt."

Deutschland und die Vereinten Nationen

Deutschland trägt 9,8 Prozent des regulären Haushalts der Vereinten Nationen. Es ist damit nach den USA und Japan der drittgrößte Beitragszahler. Jährlich wendet Deutschland 256 Millionen Euro dafür auf. Darüber hinaus stellt Deutschland erhebliche Mittel für Friedensmissionen der UN und für humanitäre Hilfe zur Verfügung. Der Bundeskanzler und sein Außenminister meinten, dieser Beitrag sollte durch einen ständigen Sitz im Sicherheitsrat honoriert werden. Der Zeitpunkt für ein solches Ansinnen war jedoch nicht günstig gewählt, denn von den USA war angesichts der getrübten Beziehungen keine nachhaltige Unterstützung zu erwarten. Die Bundesregierung tat sich daher mit anderen Aspiranten auf einen ständigen Sitz, nämlich Brasilien, Indien und Japan, zusammen, um sich gegenseitig im Bemühen um einen solchen Sitz zu unterstützen. Die ständigen Mitglieder des Sicherheitsrates, die USA, Großbritannien, Frankreich, Russland und China, zeigten jedoch keinerlei Neigung, ihren exklusiven Klub durch weitere Mitglieder zu erweitern. Die Bemühungen verliefen im Sande.

Finanzen, Wirtschaft und Arbeit

Gerhard Schröder hatte im Wahlkampf vor der Bundestagswahl 1998 gesagt: „Wenn wir das in der nächsten Legislaturperiode nicht schaffen, die Arbeitslosigkeit zurückzuführen (…), dann haben wir es auch nicht verdient, wiedergewählt zu werden." Das war sicherlich kein bloßes Wahlversprechen. Er hat wohl wirklich geglaubt, die Arbeitslosigkeit „signifikant reduzieren" zu können, aber er konnte es nicht. Wahrscheinlich hätte es niemand gekonnt.

Massenarbeitslosigkeit

Die Arbeitslosigkeit stieg während seiner Amtszeit weiter an. Waren 1998 im Jahresdurchschnitt 4.100.500 Arbeitslose registriert, erreichte die Arbeitslosenzahl 2004 im Jahresdurchschnitt 4.381.000. Das ist eine Quote von 11,7 Prozent. Der höchste Stand wurde im Februar 2005 mit 5,22 Millionen erreicht. Der Jahresdurchschnitt 2005 dürfte den des Jahres 2004 um mehrere hunderttausend überschreiten. Die Zahlen für 2004 und für 2005 sind allerdings nicht ohne weiteres vergleichbar, weil im Zusammenhang mit dem Inkrafttreten von Hartz IV die Erfassung der Arbeitslosen und damit auch die Arbeitslosenstatistik verändert worden ist.

In dieser Statistik sind jedoch nur die registrierten Arbeitslosen erfasst; dazu kommen die „verdeckten Arbeitslosen". Das sind Arbeitslose in Arbeitsbeschaffungs- und Weiterbildungsmaßnahmen, solchen in „Ein-Euro-Jobs", ältere Arbeitslose ab 58, die nicht mehr zur Vermittlung zur Verfügung stehen, und Personen, die sich wegen fehlender Ansprüche nicht mehr arbeitslos melden. Das waren 2004 2,66 Millionen Menschen. Im Jahr 2004 gab es somit 7,04 Millionen Arbeitslose.

Steuerreform

Die Bundesregierung blieb keineswegs untätig. In der ersten Legislaturperiode versuchte sie, durch Steuersenkungen für mehr Investitionen, Wachstum und Beschäftigung zu sorgen. Im Juli 2000 verabschiedete sie eine Steuerreform, die man als größte Steuersenkung in der Nachkriegsgeschichte bezeichnen kann. Wesentliche Inhalte der Steuerreform waren die Senkung des Spitzensteuersatzes in drei Stufen von 51 auf 42 Prozent, des Eingangssteuersatzes in drei Stufen von 26 auf 15 Prozent, die Senkung des Grundfreibetrages und nicht zuletzt umfangreiche Entlastungen bei der Unternehmensbesteuerung. Das alles war für den einzelnen Steuerzahler und die Unternehmen erfreulich, doch trat der beabsichtigte Effekt nicht ein, nämlich die Zunahme der Beschäftigung und dadurch die Senkung der Arbeitslosigkeit. Die Zahl der Erwerbstätigen stagnierte bei 39 Millionen. Vor allem die Konzerne und großen Unternehmen streichen Stellen zu zehntausenden.

Die hohe Arbeitslosigkeit, das im internationalen Vergleich noch immer recht dichte soziale Netz und die daraus folgenden sozialen Kosten

waren und sind die Hauptursachen für die schwierige Situation der deutschen Wirtschaft und die katastrophale Lage der Staatsfinanzen. Es sind
die hohen Lohnzusatzkosten, exorbitante 42 Prozent Arbeitgeber- und
Arbeitnehmeranteil des Bruttolohns, die viele Arbeitsplätze nicht mehr
rentabel machen und zu einem immer weiteren Stellenabbau führen – 1950
waren es noch 20 Prozent. Neue Arbeitsplätze werden nicht in nennens-
wertem Umfang geschaffen, mit Ausnahme von gering bezahlten Arbeitsplätzen, die teilweise gut bezahlte ersetzen.

Staatsverschuldung

Das alles führt dazu, dass die Steuereinnahmen ständig hinter den Staatsausgaben zurückbleiben. Die Verschuldung von Bund, Ländern und Gemeinden hatte 2004 1.400 Milliarden Euro erreicht. Dafür mussten
68 Milliarden Euro Zinsen gezahlt werden. Der Bund gab für Zinszah-
lungen fast 38 Milliarden Euro aus, 15 Prozent der Ausgaben des Bun-
deshaushalts. Die Neuverschuldung, die nach dem Europäischen Stabi-
litätspakt maximal 3 Prozent des Bruttoinlandsprodukts betragen darf,
überschritt mehrfach diese Marke.

Das Bruttoinlandsprodukt nahm nicht mehr nennenswert zu. Es
wuchs von 1.929 Milliarden Euro im Jahr 1998 auf 2.177 Milliarden Euro
im Jahr 2004, ein Zuwachs von nur 12,9 Prozent. (Zum Vergleich: In den
sechs Jahren von 1991 bis 1997 stieg es noch um 24,7 Prozent.) Die Berechnung erfolgt in jeweiligen Preisen, das heißt ohne Berücksichtigung
der Inflationsrate. Würde man diese berücksichtigen, wäre der Zuwachs
fast gleich null.

Weiter erfreulich entwickelte sich dagegen der Export. Deutschland
war und ist Exportland Nummer eins in der Welt. Der Export wuchs
von 1998 mit 4.884 Milliarden auf 7.861 Milliarden Euro im Jahr 2005.
Der Ausfuhrüberschuss betrug im Jahr 2005 1.605 Milliarden Euro.

Hartz I–IV

Die rot-grüne Bundesregierung setzte in ihrer zweiten Amtsperiode eine
umfassende Reform der sozialen Sicherungssysteme in Gang. Eine
Kommission unter dem Vorsitz von Peter Hartz, Vorstandsmitglied der
Volkswagen AG, hatte im Jahr 2002 ein Bündel von Maßnahmen vorge-

schlagen, das den Arbeitsmarkt effizienter gestalten sollte. Diese Maßnahmen wurden in vier Stufen zwischen 2003 und 2005 umgesetzt
(„Hartz I–IV"). Zu den wichtigsten gehören die Umstrukturierung der
Bundesanstalt für Arbeit und der Arbeitsämter zu „Agenturen für Arbeit", um die Vermittlung von Arbeitsuchenden zu verbessern, die Ein-
richtung von „Ich-AGs" und von „Mini-Jobs" zur Zurückdrängung der
Schwarzarbeit und die Verschärfung der Zumutbarkeitsregeln für Arbeitslose. Als Hartz IV am 1. Januar 2005 in Kraft trat, war die ein-
schneidendste Maßnahme die Zusammenlegung von Arbeitslosenhilfe
und Sozialhilfe zum Arbeitslosengeld II unterhalb des bisherigen Niveaus
der Sozialhilfe. Das Arbeitslosengeld, eine Leistung aufgrund der in die
Arbeitslosenversicherung eingezahlten Beiträge, heißt jetzt „Arbeitslosengeld I" und wird nur noch ein Jahr, für Arbeitslose über 55 Jahren
18 Monate statt bisher zwei bzw. drei Jahre gezahlt. Arbeitslosengeld II
wird nur gewährt, wenn Ersparnisse und Rücklagen für das Alter ober-
halb von Freibeträgen verbraucht sind und das Einkommen der „Be-
darfsgemeinschaft" (Anspruchsberechtigter plus Ehepartner bzw. Le-
bensgefährte) nicht zu hoch ist.

Die Hartz-Reformen, vor allem die Gleichstellung von Arbeitslosen-
und Sozialhilfe, stießen auf heftige Kritik. Ein großer Teil, bis zu einem
Viertel der bisherigen Bezieher von Arbeitslosenhilfe, erhielt von nun an
keine Unterstützung mehr, noch mehr erlitten erhebliche Einkommens-
einbußen. Auf der anderen Seite kam ein ganz neuer Kreis zu unver-
hofften Einnahmen: Junge Menschen, die als Arbeitslose bisher bei den
Eltern gelebt hatten, konnten das Elternhaus verlassen und sich mit Zu-
schüssen aus den Sozialkassen eine eigene Bleibe suchen. Sie erhielten
fortan Arbeitslosengeld II. Im Jahr 2005 wurden mit insgesamt 25 Milliarden Euro 11 Milliarden Euro mehr für das Arbeitslosengeld II ausgegeben als man nach Vorausschätzungen veranschlagt hatte.

Neben der Senkung der Kosten der Arbeitslosigkeit zielten die Vorschläge der Hartz-Kommission in erster Linie darauf ab, die Vermittlung
der Arbeitslosen zu verbessern. Wegen des Mangels an Arbeitsplätzen
musste ihre Wirkung von vornherein begrenzt bleiben. Außer Betracht
blieben bei den Vorschlägen der Kommission Lösungsansätze, wie die
Nachfrage nach Arbeitskräften erhöht oder das Wirtschaftswachstum
gesteigert werden könne. Das war jedoch auch nicht ihre Aufgabe.

Agenda 2010

Im Jahr 2003 stellte die Bundesregierung das Konzept einer umfassenden Reform der Sozialsysteme vor, genannt Agenda 2010. Die Bezeichnung geht zurück auf einen Beschluss der europäischen Gipfelkonferenz in Lissabon aus dem Jahr 2000, Europa bis 2010 zur „wettbewerbfähigsten und dynamischsten wissensbasierten Region der Welt zu machen". In die Agenda 2010 flossen auch die Hartz-Reformen ein, insbesondere die unter der Bezeichnung „Hartz IV" firmierende Neuordnung der Vermittlung und Unterstützung von Arbeitslosen. Darüber hinaus wurde eine Gesundheitsreform in Angriff genommen. 2004 trat in diesem Bereich eine Teilreform in Kraft, die im Wesentlichen aus Kürzungen der Leistungen der Gesetzlichen Krankenversicherung (GKV) und aus Zuzahlungen der Versicherten („Praxisgebühr") bestand, wodurch der Durchschnittsbeitrag der GKV mittelfristig auf 13 Prozent des Einkommens reduziert werden soll. Eine umfassende Reform der Krankenversicherung steht jedoch noch aus. Hierfür gibt es unterschiedliche Modelle, die „Bürgerversicherung", die von der SPD und den Grünen vorgeschlagen wird, und die „Gesundheitsprämie" oder „Kopfpauschale", die von der Union favorisiert wird.

Die Agenda 2010 enthält weiter Reformansätze und Absichtserklärungen für verschiedene Gebiete, so etwa Änderungen der Handwerksordnungen, die Betriebsgründungen ohne Meisterbrief ermöglichen soll, Förderungen von Ganztagsschulen, Ausbau der Kinderbetreuung für Kinder unter drei Jahren und Steuervergünstigungen für Kinderbetreuung und Haushaltshilfen, letztere um die Beschäftigung im Bereich der Mini-Jobs zu erhöhen.

Ökologische Erneuerung

Die Initiativen zu all den Reformen des Arbeitsmarktes und der Sozialsysteme gingen vom Bundeskanzler und der SPD-Führung aus und wurden von ihnen vorangetrieben, teilweise gegen den heftigen Widerstand aus den eigenen Reihen. Der Koalitionspartner Bündnis 90/Die Grünen stimmte in der Regel zu, ohne sich sonderlich pro oder contra zu engagieren.

Das Feld der Grünen war die Politik der „ökologischen Erneuerung" und das der Gesellschaftspolitik. Im Vorfeld der Bundestagswahl 1998 hatte ein Parteitag der Grünen die Forderung nach Erhöhung des Benzinpreises auf fünf DM pro Liter erhoben und damit die Bürger verschreckt. Davon blieb in der ökologischen Steuerreform die Erhöhung der Steuern auf Benzin, Heizöl, Strom und Gas um jeweils einige Pfennige in drei Stufen übrig. Mit dem Erlös sollten die Beiträge zur Rentenversicherung gesenkt werden. Außerdem sollte so der Energieverbrauch eingeschränkt werden.

Atomausstieg

Die zweite Säule der ökologischen Erneuerung war der Ausstieg aus der Nutzung der Kernenergie. Für die Grünen war es Herzenssache: „Atomkraft, nein danke!", und zwar sofort. Beim Koalitionspartner, zumindest bei der Mehrheit des sozialdemokratischen Spitzenpersonals, rannten sie damit offene Türen ein. Viele aus dieser Generation hatten ihre politische Sozialisation in den Schlachten von Mutlangen und Gorleben erlebt. Der Bundeskanzler und auch der Bundeswirtschaftsminister Werner Müller, der eine Karriere in der Energiewirtschaft hinter sich hatte, bremsten jedoch den Eifer des Umweltministers Jürgen Trittin. Ein von der Regierung verordneter rascher Ausstieg hätte zu unabsehbaren Schadenersatzforderungen der Energieunternehmen führen können. Schließlich wurde in Verhandlungen mit der Industrie eine Vereinbarung erzielt, die die Nutzung der Kernenergie auf maximal 32 Jahre befristete.

Erneuerbare Energien

Als Erfolg konnten die Grünen das „Gesetz für den Vorrang Erneuerbarer Energien" für sich buchen. Es soll die Erzeugung erneuerbarer Energien vorantreiben, um die Abhängigkeit von fossilen Energien (Kohle, Erdöl) zu verringern und so den Ausstoß von Treibhausgasen zu vermindern. Dabei geht es in erster Linie um die Sonnenenergie, die für Solarstromanlagen genutzt wird, und den Wind, der Windkraftanlagen („Windmühlen") antreibt; in geringerem Maße auch um die Nutzung von Wasserkraft und Erdwärme. Da solche Anlagen nicht wirtschaftlich betrieben werden können, bestimmt das Gesetz, dass der so gewonnene

Strom in das Netz eingespeist wird und die Erzeuger den Marktpreis des
Stroms erhalten. Das Verfahren läuft auf eine massive Subventionierung
der Stromerzeugung aus regenerativen Quellen hinaus. Die Kosten werden auf den Energiepreis aufgeschlagen, somit von allen Stromabneh-
mern getragen. Heftig umstritten sind vor allem die Windkraftanlagen,
die vielerorts das Landschaftsbild nachhaltig verändern.

Gesellschaftspolitik

Staatsangehörigkeit

Die Koalitionsvereinbarung hatte vorgesehen, die Einbürgerung von
Einwanderern zu erleichtern und in Deutschland geborenen Kindern
von Einwanderern die deutsche Staatsbürgerschaft zu verleihen. Auf
heftigen Widerstand der Union stieß vor allem die Absicht, in beiden
Fällen eine doppelte Staatsbürgerschaft zuzulassen. Mit der „Doppel-
Pass"-Kampagne hatte die hessische CDU, wie erwähnt, im Februar
1999 die Landtagswahl gewonnen und die rot-grüne Landesregierung
abgelöst. Daraufhin zog die Regierung den Gesetzentwurf zurück. Die
FDP bot eine Kompromisslösung an, die schließlich von Bundestag und
Bundesrat verabschiedet wurde. Danach erhalten in Deutschland geborene Kinder von Ausländern neben der Staatsbürgerschaft der Eltern die
deutsche Staatsbürgerschaft. Bis zum 23. Lebensjahr müssen sie sich für
eine von beiden entscheiden.

Zuwanderung

Das Staatsbürgerschaftsrecht war indes nur ein Teilbereich der Ausländerpolitik. Die Bundesregierung strebte eine umfassende Neuordnung
der Zuwanderung an. Sie setzte eine Kommission unter Vorsitz der ehemaligen Bundespräsidentin Rita Süssmuth (CDU) ein, die im Juli 2001
einen Bericht vorlegte. Der Gesetzentwurf der Bundesregierung nahm
einige Vorschläge der Kommission auf, war aber hinsichtlich der Zuwanderung erheblich restriktiver. Der Bundestag verabschiedete das Gesetz
im März 2002. Im Bundesrat hing alles vom Abstimmungsverhalten des
Landes Brandenburg ab. Dort regierte eine Koalition von SPD und

CDU. In der Abstimmung gaben die beiden Vertreter Brandenburgs, die Minister Ziel (SPD) und Schönbohm (CDU), unterschiedliche Voten ab. Bundesratspräsident Klaus Wowereit befragte daraufhin Brandenburgs Ministerpräsident Stolpe, der zustimmte. Wowereit wertete das unter heftigem Protest der Union als Zustimmung des Landes Brandenburg. Die Entscheidung war höchst umstritten, weil nach dem Wortlaut des Grundgesetzes die Stimmen eines Landes nur gewertet werden dürfen, wenn sie einheitlich abgegeben werden. Mehrere CDU/CSU-geführte Landesregierungen reichten gegen die Entscheidung Klage beim Bundesverfassungsgericht ein, das die Abstimmung für ungültig erklärte. Damit war das Gesetz gescheitert.

Nach kontroversen Debatten in der Öffentlichkeit und im Bundestag wurde schließlich der Vermittlungsausschuss eingeschaltet. Am 1. Juli 2004 wurde schließlich eine Neufassung des Zuwanderungsgesetzes vom Bundestag und vom Bundesrat verabschiedet. Das Gesetz trat am 1. Januar 2005 in Kraft. Es steuert und begrenzt die Zuwanderung. Die verschiedenen Arten der Aufenthaltsgenehmigung wurden auf zwei reduziert: die stets befristete Aufenthaltserlaubnis und die unbefristete Niederlassungserlaubnis. Anders als bisher können als Flüchtlinge gemäß der Genfer Flüchtlingskonvention auch Personen anerkannt werden, die „nichtstaatlicher" oder „geschlechtsspezifischer Verfolgung" unterlagen. Die Integration aller Neuzuwanderer, die sich rechtmäßig in Deutschland aufhalten (Ausländer, Spätaussiedler, EU-Bürger), wird gefördert durch Deutschkurse (600 Stunden) und Orientierungskurse, die Kenntnisse über Staat, Gesellschaft und Geschichte Deutschlands vermitteln sollen (30 Stunden).

Lebenspartnerschaft

Die Grünen hatten schon in den achtziger Jahren gefordert, dass Homosexuelle eine bürgerliche Ehe eingehen können sollen. Die Bundesregierung brachte sehr bald einen entsprechenden Gesetzentwurf ein. Das „Gesetz über die Eingetragene Lebenspartnerschaft" wurde im November 2000 vom Bundestag mit den Stimmen von SPD und Bündnis 90/Die Grünen gegen die Stimmen von CDU/CSU, FDP und PDS verabschiedet. Damit das Gesetz nicht zur Gänze im Bundesrat scheiterte, wurde es in einen nicht zustimmungsbedürftigen Kern und einen zustim-

mungsbedürftigen Teil aufgespalten. Eine Reihe von unionsgeführten
Ländern erhob gegen die Aufspaltung Klage beim Bundesverfassungsgericht mit der Begründung, dass eine solche Aufspaltung eines Gesetzent-
wurfs im angelaufenen Gesetzesverfahren unzulässig sei und das Gesetz
im Übrigen dem nach Art. 6 GG gebotenen Schutz von Ehe und Familie
entgegenstehe. Sie scheiterten jedoch damit, und das Gesetz trat am
1. August 2002 in Kraft.

Auf Initiative der Grünen wurde 2004 eine Novelle zum bestehenden
Gesetz eingebracht. Darin wurden die Regelungen für Lebenspartner-
schaften konkretisiert. So wurde festgelegt, dass Lebenspartner wie Ehegatten im Güterstand der Zugewinngemeinschaft leben können, dass für
sie nach einer Trennung das Unterhaltsrecht ähnlich wie für Ehegatten
gilt, dass sie im Erbschaftsfall bei den Pflichtteilen wie Ehegatten behandelt werden, dass ihnen Hinterbliebenenversorgung wie Ehegatten zu-
steht und dass sie das leibliche Kind des Lebenspartners adoptieren können, wenn der andere leibliche Elternteil zustimmt. Besonders heftig
umstritten war die Adoption von Kindern des Lebenspartners (Stief-
kind-Adoption). Keine Chance hatte die noch weiter gehende Forderung, dass Lebenspartner Kinder anderer Eltern adoptieren können. Das
Lebenspartnergesetz in der Neufassung war nicht zustimmungsbedürf-
tig und trat am 1. Januar 2005 in Kraft.

Visa-Affäre

Um eine Art von Zuwanderung ging es auch in einer Angelegenheit, die
burlesker Züge nicht entbehrt und als „Visa-Affäre" in die Zeitgeschichte eingegangen ist. Ein Visum wird erteilt, wenn der Antragsteller glaubhaft machen kann, dass er in sein Heimatland zurückkehren werde, und
wenn er die finanziellen Mittel dafür nachweisen kann. Schon in den
neunziger Jahren setzte ein Strom von Besuchern vor allem aus der
Ukraine ein. Das führte zu unhaltbaren Zuständen in und vor der deutschen Botschaft in Kiew, aber auch bei anderen Auslandsvertretungen,
wie Priština im Kosovo und Tirana in Albanien. Das Auswärtige Amt
wies die deutschen Vertretungen in einem Runderlass – nach dem Staats-
minister im Auswärtigen Amt Ludger Volmer als Volmer-Erlass bezeichnet – an, bei der Visa-Vergabe großzügiger zu verfahren, vor allem
die Rückkehrbereitschaft nicht ohne weiteres in Zweifel zu ziehen. Das

führte zu einem erheblichen Anstieg der erteilten Visa und zu offensichtlichem Missbrauch. So konnten Visa für Gruppenreisen über ein Reisebüro beantragt werden. Solche Reisegruppen lösten sich vielfach bei Betreten des deutschen Staatsgebietes umgehend auf, und die Teilnehmer nahmen Schwarzarbeit in Deutschland oder in anderen Ländern der Europäischen Union auf oder gingen der Prostitution nach. Missbräuche gab es auch bei den sogenannten Reiseschutzversicherungen und Reiseschutzpässen. Durch sie konnten Risiken wie etwa Krankheit oder Rückreisekosten versichert werden. Laut Bundeskriminalamt erleichterten diese Versicherungen die Schleusung von Zwangsprostituierten und potenziellen Straftätern. All diese Erlasse stießen auf heftigen Widerstand der deutschen Diplomaten in den konsularischen Vertretungen, die von dem Ansturm der Visa-Bewerber förmlich überrollt wurden, und wurden schließlich aufgehoben. Ende 2004 wurde auf Antrag der CDU/CSU-Fraktion ein Untersuchungsausschuss eingesetzt. Die Auftritte der Akteure vor diesem Ausschuss, so etwa die zwölfstündige Aussage und Vernehmung von Außenminister Joschka Fischer, hatten teilweise beträchtlichen Unterhaltungswert. Wegen der vorgezogenen Bundestagswahl beendete der Ausschuss seine Tätigkeit vorzeitig.

Joschka Fischer vor dem Untersuchungsausschuss des deutschen Bundestages zur Visa-Affäre am 25. April 2005

Landtagswahl in Nordrhein-Westfalen 2005

In Nordrhein-Westfalen regierte seit 39 Jahren die SPD, von 1980 bis
1998 mit absoluter Mehrheit der Sitze im Landtag, zumeist auch mit absoluter Mehrheit der Stimmen. Seit der Landtagswahl 1995 bildete sie eine Koalition mit Bündnis 90/Die Grünen. Die Regierungskoalition lag
in Umfragen bis zum Frühjahr 2005 noch vor CDU und FDP. Danach
lagen letztere vorn. So war das Ergebnis am Wahlabend (22. Mai 2005)
auch keine Überraschung: CDU 44,8 Prozent, SPD 37,1 Prozent, Bündnis 90/Die Grünen 6,2 Prozent, FDP 6,2 Prozent. Doch die eigentliche
Überraschung hätte größer nicht sein können, ja es war geradezu eine
Sensation, als eine halbe Stunde nach Schließung der Wahllokale der
SPD-Vorsitzende Franz Müntefering und kurz danach Bundeskanzler
Gerhard Schröder erklärten, die 2006 anstehende Bundestagswahl auf
den Herbst 2005 vorziehen zu wollen. Der Bundeskanzler werde im
Bundestag die Vertrauensfrage stellen.

Bundestagswahl 2005

Eine Selbstauflösung des Bundestages ist im Grundgesetz nicht vorgese-
hen. Eine vorgezogene Neuwahl ist daher eigentlich nicht möglich. Die
SPD-Führung konnte jedoch auf den Präzedenzfall einer faktischen
Selbstauflösung des Bundestages hinweisen: Das war der Weg über die
Vertrauensfrage, den Bundeskanzler Helmut Kohl 1983 eingeschlagen
hatte (siehe S. 216 f.). Die Abstimmung erfolgte am 1. Juli 2005. Den
SPD-Abgeordneten war nahegelegt worden, sich der Stimme zu ent-
halten. In namentlicher Abstimmung stimmten 151 Abgeordnete mit
Ja, 296 mit Nein, 148 enthielten sich. Ein Abgeordneter von Bündnis 90/
Die Grünen und eine SPD-Abgeordnete erhoben gegen dieses Verfahren
Klage beim Bundesverfassungsgericht. Das Gericht wies die Klage je-
doch ab.
    Die CDU nominierte Angela Merkel als Kanzlerkandidatin. Die
FDP erklärte, sie würde eine Koalition mit der Union eingehen, wenn
die Mehrheitsverhältnisse dies erlaubten. Hingegen gingen SPD und
Bündnis 90/Die Grünen ohne eine Koalitionsaussage in den Wahl-
kampf. Unmittelbar nach der Landtagswahl in Nordrhein-Westfalen war

Oskar Lafontaine aus der SPD ausgetreten und hatte angedeutet, sich einem Linksbündnis der Wahlalternative „Arbeit & Soziale Gerechtigkeit" (WASG) und der später in „Die Linkspartei" umbenannten PDS zur Verfügung zu stellen.

Die Union ging mit einem enormen Vorsprung in den Wahlkampf. Nach der Landtagswahl in Nordrhein-Westfalen und der Vertrauensfrage Schröders lag sie mit bis zu 25 Prozentpunkten vor der SPD und reichte fast an die absolute Mehrheit heran. Am Wahlabend war davon ein Prozent übrig geblieben. Die SPD schien chancenlos, war demotiviert und ohne zündendes Wahlkampfthema. Die Trendwende hatte zwei Ursachen: Einerseits gelang es Bundeskanzler Gerhard Schröder in einer perfekten Ein-Mann-Show, die Selbstentmachtung nach der Wahlschlappe in Nordrhein-Westfalen vergessen zu machen und sich gegenüber der Herausforderin in einem einzigen Fernseh-„Duell" zu profilieren. Andererseits führte die CDU einen bemerkenswert unprofessionellen Wahlkampf. Anstatt die Regierung zu attackieren, deren Bilanz nicht gerade glänzend war, stellte sie sich als künftige Regierung mit einem detaillierten Programm dar und bot so Angriffsflächen. Am Ende hatte sie ihren Kompetenzvorsprung sogar in der Steuerpolitik vollständig eingebüßt.

Die Wahl ergab einen knappen Vorsprung von Schwarz-Gelb mit 45 Prozent gegenüber Rot-Grün mit 42,3 Prozent. Wegen des Einzugs der Linkspartei in den Bundestag verfehlten beide Lager die Mehrheit der Sitze. Der einzig realistische Weg in dieser Situation war eine Regierung, die niemand gewollt hatte, nämlich die einer Großen Koalition.

Sieben Jahre Gerhard Schröder und Rot-Grün

Gerhard Schröder ist es gelungen, die SPD zweimal zur stärksten Fraktion im Deutschen Bundestag zu machen. Das hat Willy Brandt 1972 nur einmal, Helmut Schmidt dagegen gar nicht geschafft. Nur Schröder konnte bei den Bundestagswahlen 2002 und 2005 die SPD aus einer fast aussichtslosen Lage herausführen. Das verdankt er seinen Fähigkeiten als „Medienkanzler", die ihm von Anhängern und Gegnern attestiert wurden. Damit ist sein lockerer Umgang mit den Medien gemeint, die er als Bühne für sich und seine Politik zu nutzen verstand.

Als Gerhard Schröder und Rot-Grün an die Macht gelangten, litt Deutschland unter einem „Reformstau", woran sie als Opposition mit Blockaden gegen die Vorgängerregierung nicht ganz unbeteiligt waren. Massenarbeitslosigkeit, nicht mehr bezahlbare Sozialsysteme, Staatsverschuldung auf Rekordstand, all das rief nach durchgreifenden Reformen. Anders als in früheren Zeiten bedeutete Reform in der Regel jetzt nicht mehr Verbesserung, sondern Verschlechterung. In seiner zweiten Amtsperiode packte Gerhard Schröder entschlossen Reformen des Arbeitsmarktes und der sozialen Sicherungssysteme an. Er nahm in Kauf, dass sie vornehmlich zu Lasten der eigenen Klientel gingen und zum Konflikt zumindest mit Teilen seiner Partei führten. Zu Belastungen aller führten manche von den Grünen durchgesetzten Maßnahmen der Umweltpolitik. Bundeskanzlerin Merkel hat Gerhard Schröder in ihrer Regierungserklärung „im Namen aller Deutschen" dafür gedankt, dass er mit seiner Agenda 2010 mutig und entschlossen eine Tür aufgestoßen hat, eine Tür zu Reformen, und dass er die Agenda gegen Widerstände durchgesetzt hat.

GROSSE KOALITION
2005–2009

Regierungsbildung

Am 22. November 2005 wurden Angela Merkel zur Bundeskanzlerin gewählt und die neuen Bundesminister ernannt. Damit hatte die Bundesrepublik nach der Regierung Kiesinger/Brandt (1966–1969) zum zweiten Mal eine Regierung der Großen Koalition. Die Koalitionsverhandlungen waren zügig verlaufen und konnten schon bald mit einem Koalitionsvertrag abgeschlossen werden. Dem Vernehmen nach war es vor allem das Zusammenspiel der Parteivorsitzenden Angela Merkel (CDU) und Franz Müntefering (SPD), das die schnelle Einigung beförderte. Der Koalitionsvertrag wurde durch Parteitage von Union und SPD mit großer Mehrheit gebilligt.

Koalitionsverhandlungen und Koalitionsvereinbarung fanden kaum sonderliche Aufmerksamkeit in der Öffentlichkeit. Nur die Erhöhung der Mehrwertsteuer von 16 auf 19 Prozent wurde heftig kritisiert. Aufsehen erregten indes personelle Entscheidungen und Veränderungen. Nach dem Amtsantritt der Bundesregierung wurde der von Franz Müntefering vorgeschlagene neue SPD-Generalsekretär in einer Kampfabstimmung im Parteivorstand nicht gewählt. Müntefering kündigte daraufhin an, nicht mehr als Parteivorsitzender kandidieren zu wollen. Er trat jedoch wie vorgesehen sein Amt als Vizekanzler und Bundesminister für Arbeit und Soziales an. Zum Parteivorsitzenden wurde der Ministerpräsident von Brandenburg, Matthias Platzeck, gewählt.

Auch die Union hatte ein Personalproblem. Der bayerische Ministerpräsident Edmund Stoiber sollte Bundesminister für Wirtschaft und Technologie werden. Ihm schwebte vor, seine Kompetenzen durch Teile des Bundesministeriums für Bildung und Forschung auszuweiten. Das scheiterte am Widerstand der Ressortministerin Annette Schavan. Mag das der Grund gewesen sein oder ein anderer, Stoiber entschied sich schließlich, doch kein Amt in Berlin anzunehmen, sondern bayerischer Ministerpräsident zu bleiben. Bundeswirtschaftsminister wurde statt seiner Michael Glos, bisher Vorsitzender der CSU-Landesgruppe im Bundestag.

Bei der SPD drehte sich das Personalkarussell auch im weiteren Verlauf der Legislaturperiode. Matthias Platzeck musste schon im April

2006 aus gesundheitlichen Gründen als Parteivorsitzender zurücktreten. Ihm folgte in diesem Amt Kurt Beck, Ministerpräsident von Rheinland-Pfalz. Der bodenständige Kurt Beck mag sich auf dem glatten Berliner Parkett nicht sonderlich wohl gefühlt haben. Dennoch galt er lange Zeit als Kanzlerkandidat der SPD. Als jedoch Außenminister Frank-Walter Steinmeier auf einem Sonderparteitag der SPD im Oktober 2008 zum Kanzlerkandidaten gewählt wurde, trat Kurt Beck als Parteivorsitzender zurück. Franz Müntefering war im November 2007 aus zwingenden familiären Gründen von seinem Amt als Vizekanzler und Bundesminister für Arbeit und Soziales zurückgetreten. Ein Jahr später kehrte er wieder auf die politische Bühne zurück und wurde als Nachfolger Becks zum Parteivorsitzenden gewählt.

Gegen Ende der Legislaturperiode, mitten in der Weltwirtschaftskrise, erlebte auch die Union noch eine Überraschung. Michael Glos kündigte im Februar 2009 an, sein Amt als Bundesminister für Wirtschaft und Technologie niederzulegen. Er tat das in einem Brief an seinen Parteivorsitzenden Horst Seehofer und nicht, wie es protokollarisch korrekt gewesen wäre, an die Bundeskanzlerin. Zu seinem Nachfolger wurde Karl-Theodor Freiherr von und zu Guttenberg ernannt.

Wahlen

Landtagswahlen sind für die Bundespolitik als Stimmungsbarometer interessant. Sie können aber auch einen direkten Einfluss auf die Bundespolitik ausüben, wenn das Ergebnis die Zusammensetzung des Landtags und der Landesregierung ändert, so dass eine Oppositionspartei in der Landesregierung in der Lage ist, das Abstimmungsverhalten im Bundesrat zu beeinflussen. Bundeskanzler Gerhard Schröder hatte es, wie andere vor ihm, lange Zeit mit einer oppositionellen Mehrheit im Bundesrat zu tun, die ihn zu Kompromissen bei der Gesetzgebung zwang. Bei einer Großen Koalition ist die Gefahr oppositioneller Mehrheiten im Bundesrat naturgemäß viel geringer. Außerdem hat die Föderalismusreform die Möglichkeiten einer Blockade von Gesetzen durch den Bundesrat deutlich eingeschränkt.

Bundeskanzlerin Angela Merkel umringt von überwiegend christdemokrati-
schen Ministerpräsidenten; v.l.n.r., vordere Reihe: Jürgen Rüttgers, Angela
Merkel, Ole von Beust, Roland Koch; mittlere Reihe: Peter Müller, Stanislaw
Tillich; hintere Reihe: Christian Wulff, Günther Oettinger (alle CDU), Klaus
Wowereit, Matthias Platzeck (beide SPD), Peter Harry Carstensen (CDU).

Bei den Landtagswahlen in der 17. Legislaturperiode des Bundestages, der Zeit der Großen Koalition, wurden fast alle bisherigen Landesregierungen im Amt bestätigt, wenn auch in einigen Fällen der kleinere
Koalitionspartner ausgetauscht wurde. Zwei Landtagswahlen riefen wegen der Begleitumstände und der Folgen mehr Aufsehen hervor als die
anderen.

Umwälzungen in Bayern

Unerhörtes trug sich in Bayern zu, wo die CSU seit 1962 allein an der
Regierung war. Noch bei der Landtagswahl 2003 hatte Ministerpräsident
Edmund Stoiber 60,7 Prozent der Stimmen und erstmalig zwei Drittel
der Sitze erhalten. Nach der Bundestagswahl 2005 sollte Stoiber Wirtschaftsminister im Kabinett Merkel werden, konnte jedoch seine Pläne
für ein „Superministerium" nicht durchsetzen und verzichtete nach eini-

gem Zögern auf das Amt. Sein Zaudern machte ihn angreifbar, seine Um-
fragewerte sanken. Als Speerspitze der Angriffe gerierte sich eine bis dahin zumindest außerhalb Bayerns völlig unbekannte Landrätin der eigenen Partei. Sie hätte sicherlich keinen Erfolg gehabt, hätten nicht ge-
wichtigere Kräfte hinter ihr gestanden, vor allem solche, denen Stoibers
Ämter verlockend erschienen. Im September 2007 kündigte Stoiber den
Rückzug von seinen Ämtern an. Sein Nachfolger als Parteivorsitzender
wurde Erwin Huber, als Ministerpräsident Günther Beckstein. Die
Landtagswahl ein Jahr später geriet zum Desaster. Die CSU verlor gegenüber 2003 17,3 Prozent der Stimmen und kam auf 43,4 Prozent. Um
eine neue Regierung bilden zu können, musste sie eine Koalition mit der FDP eingehen. Günther Beckstein und Erwin Huber traten
wenige Tage später von ihren Ämtern zurück. Nachfolger als Partei- und
Regierungschef wurde Horst Seehofer.

Hessische Verhältnisse

Fast noch bizarrer als die Ereignisse in Bayern waren die Vorgänge um
die Landtagswahlen in Hessen in den Jahren 2008 und 2009. Hessen war
immer sozialdemokratisches Stammland gewesen, es wurde auch das
„rote Hessen" genannt. Von 1956 bis 1999 mit der Ausnahme der Legislaturperiode 1987 bis 1991 führten die Sozialdemokraten die Regierung;
so war Georg August Zinn 18 Jahre lang hessischer Ministerpräsident.
1999 führte Roland Koch als Chef eines CDU/FDP-Kabinetts die Landesregierung. Bei der Landtagswahl 2003 erhielt die CDU 44,8 Prozent
der Stimmen und die absolute Mehrheit der Sitze und regierte fortan ohne den Koalitionspartner FDP. Entgegen vorheriger günstiger Mei-
nungsumfragen fiel die CDU bei der Landtagswahl am 27. Januar 2008,
wohl wegen Kochs sehr polarisierendem Wahlkampf, auf 36,8 Prozent
der Stimmen zurück, blieb aber mit einem Vorsprung von 0,1 Prozent
der Stimmen vor der SPD stärkste Partei. Weder CDU und FDP noch
SPD und Grüne hatten eine Mehrheit für die Regierungsbildung. Nach
der Hessischen Verfassung blieb die Regierung Koch im Amt, solange
keine neue Regierung gebildet wurde. Die Fraktionsvorsitzende und
Spitzenkandidatin der SPD, Andrea Ypsilanti, hatte vor der Wahl eine
wie auch immer geartete Zusammenarbeit mit der Partei Die Linke aus-

geschlossen. Nach der Wahl strebte sie eine rot-grüne Minderheitsregierung unter Tolerierung der „Linken" an. Das brachte ihr den Vorwurf
des Wortbruchs ein. Die Landtagsabgeordnete Dagmar Metzger kündigte an, aus Gewissensgründen nicht für eine von der „Linken" tolerierte
Regierung zu stimmen. Als schließlich der Termin für die Wahl Andrea
Ypsilantis zur Ministerpräsidentin auf den 4. November 2008 gelegt
wurde, erklärten drei weitere SPD-Landtagsabgeordnete, nicht für Ypsilanti stimmen zu wollen. Die Wahl der Ministerpräsidentin wurde abgesagt, der Landtag löste sich auf, um den Weg für Neuwahlen frei zu machen. Die Wahl fand am 18. Januar 2009 statt. Kochs CDU bekam 37,2
Prozent der Stimmen, nur unwesentlich mehr als ein Jahr zuvor, doch
die FDP kam auf 16,2 Prozent. Zusammen ergab das eine stabile Regierungsmehrheit. Die SPD erzielte mit ihrem in letzter Minute einge-
sprungenen Kandidaten Thorsten Schäfer-Gümbel das schlechteste Ergebnis ihrer Geschichte. Andrea Ypsilanti trat noch am Wahlabend als
Landes- und Fraktionsvorsitzende zurück.

Europawahl 2009

Das Interesse der Bürger Europas an der Europawahl 2009 war nicht
sonderlich groß. Die Wahlbeteiligung in den 27 Mitgliedsländern der
Europäischen Union lag bei 43,2 Prozent und damit unter der Wahlbeteiligung von 2004. Rechnet man jedoch die zwölf neuen Mitgliedsländer
heraus, die erst nach 1999 beigetreten sind, so ist die Wahlbeteiligung
2009 um zwei Prozent gestiegen. Die Wahlbeteiligung in Deutschland
lag mit 43,3 Prozent genau im europäischen Mittel, nach 43,0 Prozent in
2004. Die meisten Stimmen erhielt die CDU, nämlich 30,7 Prozent (gegenüber 2004 ein Verlust von 5,9 Prozent). Die SPD bekam 20,8 Prozent
(- 0,7 Prozent), die Grünen 12,1 Prozent (+ 0,2 Prozent), FDP 11 Pro-
zent (+ 4,9 Prozent), Die Linke 7,5 Prozent (+ 1,4 Prozent), CSU 7,2
Prozent (- 0,2 Prozent), Sonstige 10,7 Prozent.

  Im Europäischen Parlament hat sich die Europäische Volkspartei, zu
der auch CDU und CSU gehören, gut behauptet. Sie stellt 264 der 736
Abgeordneten (nach 288 Abgeordneten von insgesamt 785 bei der Wahl
2004), obwohl 2009 die bisher dazugehörenden britischen Konservativen (25 Abgeordnete) aus der Fraktion ausgeschieden sind. Große Ver-
liererin der Wahl ist die Linke (Sozialdemokratische Partei Europas), zu

der auch die deutsche SPD gehört. Sie stellt nur noch 161 Abgeordnete, nach 217 bei der Wahl 2004. Auch die Liberalen erlitten erhebliche Verluste. Auffällig ist die Zunahme kleinerer Gruppen, darunter einer Reihe von „euroskeptischen" Parteien.

Landtagswahlen Saarland, Sachsen, Thüringen

Bei einer Wahlbeteiligung zwischen 67,5 Prozent im Saarland, 56,2 Prozent in Thüringen und 52,2 Prozent in Sachsen verlor die CDU Ende August 2009 in allen drei Ländern, im Saarland und in Thüringen sogar die absolute Mehrheit der Sitze und damit auch die Regierungsmehrheit. Lediglich in Sachsen konnte der bisherige Ministerpräsident Stanislaw Tillich mithilfe der FDP sein Amt behalten. Die CDU blieb jedoch stärkste Kraft in allen drei Ländern, die SPD lag in Sachsen und Thüringen lediglich an dritter Stelle. Die Linke erzielte erstmals in einem westdeutschen Bundesland ein zweistelliges Ergebnis: 21,3 Prozent. Das verdankt sie Oskar Lafontaine, einem geborenen Saarländer und früheren Oberbürgermeister der Landeshauptstadt Saarbrücken, ihrem wohl bedeutendsten politischen Talent.

Wirtschaft und Arbeit

Wirtschaft im Aufwind

Die deutsche Wirtschaft begann sich in den ersten Jahren der Großen Koalition gegenüber der vorangegangenen Legislaturperiode deutlich zu erholen. Das Bruttoinlandsprodukt stieg von 2.243 Milliarden Euro im Jahr 2005 auf 2.423 Milliarden Euro im Jahr 2007, und zwar preisbereinigt, das heißt unter Ausschaltung der Inflationsrate. Nach 0,8 Prozent im Jahr 2005 waren das 3,0 Prozent 2006 und 2,5 Prozent 2007. Es wuchs auch noch im 1. Quartal 2008 um 1,5 Prozent, um danach abzunehmen, im 4. Quartal bereits um 2,1 Prozent. Im 1. Quartal 2009 fiel das BIP um 3,6 Prozent, im 2. Quartal nur noch um 0,1 Prozent. Im Jahr 2009 wird die Wirtschaftsleistung voraussichtlich um 5 Prozent zurückgehen.

Im Jahr 2008 war Deutschland zum sechsten Mal die weltweit größte Exportnation. Es exportierte Waren im Wert von 995 Milliarden Euro.

Der Ausfuhrüberschuss betrug 176 Milliarden Euro. Im Jahr 2007 hatte der Ausfuhrüberschuss mit 195 Milliarden Euro ein Rekordergebnis erzielt. Die deutsche Wirtschaft ist in einem hohen Maße exportorientiert und damit auch exportabhängig. Der Exportanteil macht 40 Prozent vom Bruttoinlandsprodukt aus, der Anteil der Importe 32 Prozent. Mehr als 20 Prozent aller Erwerbstätigen arbeiteten 2008 für den Export.

Arbeitslosigkeit

In den ersten drei Jahren der Großen Koalition ging die Arbeitslosigkeit, zweifellos als Folge der Hartz-IV-Reformen, deutlich zurück. Nach 4.573.000 im Jahresdurchschnitt 2005 sank sie auf 3.131.000 im Jahr 2008. Bemerkenswert ist, dass die Erwerbstätigkeit in diesem Zeitraum entsprechend zunahm, und zwar überwiegend durch Arbeitnehmer in Vollzeitstellen, also nicht in Teilzeitbeschäftigungen. 2005 gab es 38.749.000 Erwerbstätige, 2008 40.363.000 und damit 1.514.000 Stellen mehr. Das entspricht einer Steigerung um vier Prozent.

Zu den Erwerbslosen muss man allerdings die von der „verdeckten Arbeitslosigkeit" Betroffenen hinzurechnen (siehe dazu S. 291). Nach der Statistik der Bundesagentur für Arbeit (die als sogenannte „Stille Reserve" deutlich niedrigere Zahlen als die oben für 2004 genannten ausweist, weil bestimmte Gruppen von Nicht-Erwerbstätigen nicht erfasst sind), waren 2009 1,4 Millionen Personen „verdeckt arbeitslos".

Die Wirtschaftskrise hat bis zum Herbst 2009 noch nicht zu einem nennenswerten Anstieg der Arbeitslosigkeit geführt, weil sehr viele Arbeitnehmer Kurzarbeitergeld erhalten. Nach dieser Regelung zahlt die Bundesagentur für Arbeit für einen begrenzten Zeitraum, gegenwärtig 24 Monate, zwischen 60 und 67 Prozent des Nettolohns. Dadurch sparen die Unternehmen bei schlechter Auftragslage Personalkosten und brauchen keine Beschäftigten zu entlassen.

Weltwirtschaftskrise

Plötzlich war die Krise da. Sie hatte sich schon seit längerem angekündigt, aber niemand wollte oder konnte die Zeichen deuten. Am 15. September 2008 ging die amerikanische Investmentbank Lehman Brothers in Konkurs. Zuvor hatten US-Regierung und US-Notenbank in Not geratene Banken gerettet, Lehman Brothers ließen sie fallen. In den Folgetagen gerieten weltweit Banken in Not, die Geschäfte mit Lehman Brothers gemacht hatten. Begonnen hatte alles in den neunziger Jahren mit einer Gesetzesinitiative der Regierung Clinton, deren erklärtes Ziel es war, jedem Amerikaner den Traum vom eigenen Heim zu erfüllen. Die Banken wurden angewiesen, auch mittellosen Schuldnern großzügig Kredite, sogenannte „Ninja-Kredite", zu gewähren. („Ninja" steht für „no income, no job, no assets" = kein Einkommen, keine Arbeit, kein Vermögen.) Allein die beiden größten US-Hypothekenbanken, „Fannie Mae" und „Freddy Mac", die eine Art Staatsgarantie genossen, vergaben die Hälfte aller Hypothekenkredite. Ein beispielloser Bauboom setzte ein. Die Häuserpreise stiegen zwischen 2000 und 2006 um 45 Prozent, das Volumen der Hypothekenkredite wuchs enorm an. Das wurde ermöglicht durch eine Politik des billigen Geldes. Die US-Notenbank senkte den Leitzins so weit, dass er inflationsbereinigt negativ wurde. Die Hypothekenkredite an die weitgehend schlechten Schuldner wurden „Subprime-Kredite" genannt, zweitrangige Kredite. Um immer neues Geld aus dem In- und Ausland anzulocken, wurden die Kredite „verbrieft" und als Wertpapiere gehandelt. Sie warfen hohe Renditen ab. Die Gewinne brachten den Vorständen und Wertpapierhändlern der Banken enorme Bonuszahlungen ein und machten sie blind gegenüber den Risiken. Banken in aller Welt, darunter so gut wie alle wichtigen deutschen, kauften solche „Wertpapiere" im Wert von Hunderten von Milliarden Dollar. Die „Blase" platzte, als die US-Notenbank den Leitzins zwischen 2004 und 2006 kräftig anhob. Viele der neuen Hausbesitzer konnten die steigenden Hypothekenzinsen nicht mehr bezahlen. Der Subprime-Markt brach zusammen. Die verbrieften „Wertpapiere", inzwischen als „Giftmüll" bezeichnet, wurden unverkäuflich. Der Zahlungsverkehr zwischen den Banken kam weltweit zum Erliegen.

Schon viel früher hatte sich eine dramatische Veränderung im Verhalten der Amerikaner als Sparer bzw. als Konsumenten vollzogen. Sie geht zurück auf ein Gesetz, das Präsident Reagan 1982 erließ. Sein Ziel war, die bislang bestehenden Einschränkungen für Konsumentenkredite zu lockern. In den siebziger Jahren hatte die Sparquote 9 Prozent betragen. Die durchschnittliche Verschuldung der amerikanischen Haushalte lag bei 60 Prozent des Einkommens. 2008 war die Sparquote auf 0,5 Prozent gesunken, und die Verschuldung hatte sich auf 119 Prozent erhöht. Unter dem Eindruck der Krise ist die Sparquote im Mai 2009 auf 6,9 Prozent gestiegen. Das Haushaltsdefizit war schon unter Ronald Reagan und George Bush enorm angewachsen. Bill Clinton hatte sich mit Erfolg bemüht, es zu reduzieren, aber durch den Krieg in Afghanistan und den zweiten Irak-Krieg stieg die Staatsverschuldung schon vor der Weltwirtschaftskrise auf astronomische Höhen.

In Deutschland waren schon 2007 die IKB Deutsche Industriebank und die Sachsen LB (Sächsische Landesbank) in existenzbedrohende Krisen geraten, später auch die Bayern LB (Bayerische Landesbank) und die West LB (Westdeutsche Landesbank), schließlich auch die Hypo Real Estate (HRE) mit Sitz in München, eines der größten Immobilienfinanzierungsinstitute in Europa. Überall spannten die Notenbanken und Staaten „Rettungsschirme", um den Zusammenbruch des weltweiten Finanzsystems zu verhindern. Bundestag und Bundesrat verabschiedeten am 17. Oktober 2008 im Eilverfahren das Gesetz über die Errichtung eines „Finanzstabilisierungsfonds", das sofort in Kraft trat. Der Fonds kann Bürgschaften bis zu einer Höhe von 480 Milliarden Euro aussprechen. Allein die Hypo Real Estate erhielt Garantien bis zu 102 Milliarden Euro, die Commerzbank nahm 18,2 Milliarden Euro in Anspruch. Die HSH Nordbank, ebenfalls eine der Landesbanken, erhielt Garantien über 13 Milliarden Euro. Direkte Kapitalhilfe haben bislang die Hypo Real Estate und die Commerzbank erhalten, Landesbanken haben Kapital von den an ihnen beteiligten Bundesländern bekommen. Der Bundestag verabschiedete im Juli 2009 ein Gesetz nach amerikanischem Muster, das den Banken erlaubt, „toxische Wertpapiere" an „Zweckgesellschaften" (sogenannte „Bad Banks") zu übertragen. Anstelle der toxischen Papiere treten in der Bilanz Schuldverschreibungen der Zweckgesellschaften, für die der Staat garantiert.

Deutschland und Europa

Zu Beginn des 21. Jahrhunderts steht die Europäische Union vor großen Herausforderungen. Der EU gehörten seit 1995 15 Staaten an. 2004 sind zehn weitere Staaten beigetreten, neben Malta und Zypern acht Staaten

Mittel- und Osteuropas, Estland, Lettland, Litauen, Polen, Slowakei, Slowenien, Tschechien und Ungarn. 2007 folgten Bulgarien und Rumänien. Man spricht deshalb von einer Osterweiterung der EU. Die Zahl der Mitgliedsländer hat sich auf 27 erhöht. Der Beitritt von so vielen Ländern, die bis 1989/90 ein sozialistisches Wirtschaftssystem hatten und daher in ihrer Wirtschaftsentwicklung weit zurückliegen, wird enorme Kosten verursachen.

Der Haushalt der EU

Die Europäische Union finanziert sich zu etwa 20 Prozent aus Agrarabschöpfungen, das sind Preisaufschläge auf Agrarprodukte, die aus Ländern außerhalb der EU eingeführt werden, und Zöllen auf Waren aus Nicht-EU-Ländern. 80 Prozent stammen aus Beiträgen der Mitgliedstaaten in Höhe von etwa einem Prozent des Bruttoinlandprodukts. Der größte Anteil an den Ausgaben, nämlich 43 Prozent (2009), fließt in die Landwirtschaft (Agrarpolitik). Fast ebenso viel, 36 Prozent (2009), wird für strukturpolitische Maßnahmen ausgegeben, das sind Mittel, die die Wirtschaftsentwicklung zurückgebliebener Regionen fördern sollen.

2009 belief sich der EU-Haushalt auf 114 Milliarden Euro. Deutschland zahlte 19,7 Milliarden Euro, das ist die größte Summe überhaupt. Ein Teil der Mitgliedsländer erhält aus Mitteln der EU für Agrar- und Strukturpolitik mehr zurück, als sie eingezahlt haben („Netto-Empfänger"), ein Teil weniger („Netto-Zahler"). Deutschland hat immer am meisten eingezahlt und war immer der größte Netto-Zahler. Man sollte jedoch berücksichtigen, dass Deutschland als größtes Exportland besonders von der Wirtschaftsunion profitiert hat. Ungefähr 80 Prozent der deutschen Exporte gingen bis 2008 in die EU-Länder.

Vertrag von Nizza

Die EU – anfangs für sechs Mitgliedstaaten konzipiert – stieß schon mit 15 Mitgliedern an die Grenzen ihrer Handlungsfähigkeit. Angesichts der bevorstehenden Erweiterungen beschloss die Konferenz der Staats- und Regierungschefs im Jahr 2000 in Nizza eine Reform der Institutionen. Es lag nahe, die bisherigen Verträge, den EG-Vertrag und den EU-Vertrag, mit ihren zahlreichen komplizierten Bestimmungen, Protokollen und

Erklärungen in einem einzigen Vertrag zusammenzufassen. Eine Kommission arbeitete einen „Vertrag über eine Verfassung für Europa" aus, der 2004 in Rom unterzeichnet wurde.

Der Vertrag enthält eine Reihe von Änderungen gegenüber den bisherigen Zuständigkeiten, Verfahren und Entscheidungsabläufen. Der Europäische Rat soll einen Präsidenten erhalten, der von den Ratsmitgliedern auf zweieinhalb Jahre gewählt wird, mit der Möglichkeit der Wiederwahl. Der bisherige halbjährliche Wechsel von einem Staats- und Regierungschef zum anderen entfällt damit. Im Europäischen Rat soll künftig eine „doppelte Mehrheit" entscheiden. Einem Beschluss müssen künftig 50 Prozent der Mitgliedstaaten zustimmen, die zugleich 65 Prozent der Bevölkerung repräsentieren.

Eine weitere Änderung im Vertrag betrifft die Stärkung des Europäischen Parlaments, dessen Kompetenzen ausgeweitet werden sollen. Es soll über das Recht der Mitbestimmung in 92 statt in bisher 35 Politikbereichen verfügen und auch über alle Ausgaben der Union mitentscheiden, anders als bisher auch über die Agrarausgaben. Schließlich soll es den Präsidenten der EU-Kommission wählen. Der Kandidat soll allerdings vom Europäischen Rat vorgeschlagen werden, so dass es sich um eine bloße Akklamation handelt. Die Europäische Kommission sollte zahlenmäßig begrenzt und die Zahl der Kommissare ab 2014 von 27 auf 18 reduziert werden, jeder Mitgliedstaat sollte nur noch während zwei von drei Amtszeiten einen Kommissar stellen. Die Regelung musste auf Proteste der Mitglieder hin fallengelassen werden, es bleibt bei 27 Kommissaren.

Der „Vertrag über eine Verfassung für Europa" wurde von der Mehrheit der Mitgliedstaaten ratifiziert. In Frankreich fand eine Volksabstimmung statt, bei der 54,8 Prozent der Abstimmenden gegen die Verfassung votierten. Eine Volksabstimmung wenige Tage später in den Niederlanden ergab sogar 61,6 Prozent Neinstimmen. Damit war das Verfassungsprojekt vorerst gescheitert.

Vertrag von Lissabon

Ein neuer Anfang wurde mit dem Vertrag von Lissabon unternommen. Sein Inhalt entspricht weitgehend dem des Verfassungsvertrages, der Begriff „Verfassung" wurde aufgegeben. Stattdessen soll die Gemeinschaft

wie bisher auf den beiden gültigen Verträgen beruhen, dem EU-Vertrag
und dem EG-Vertrag. In die beiden Verträge wurde die Substanz des ab-
gelehnten Verfassungsvertrages eingearbeitet. Der Vertrag von Lissabon
wurde 2008 von den Iren in einem Referendum mit 53,8 Prozent Nein-
stimmen abgelehnt.

Es gilt als sicher, dass der Vertrag auch von den Bürgern einer Reihe
anderer europäischer Staaten, nicht zuletzt Deutschlands, abgelehnt
worden wäre, hätten sie nur die Möglichkeit gehabt, ihre Meinung in einer Abstimmung zu äußern. Das heißt keineswegs, dass die Völker Europas gegen Europa wären. Das Eurobarometer 2008, die in regelmäßigen Abständen wiederholte Meinungsumfrage zur Einschätzung der
EU, weist aus, dass 45 Prozent der Europäer ein positives Bild von Europa haben. Nur 15 Prozent der Voten sind negativ. Ausgerechnet in
Irland hatten 65 Prozent eine positive Meinung, die höchste Zustim-
mungsquote nach Rumänien (67 Prozent).

Inzwischen haben alle Mitgliedstaaten den Vertag ratifiziert, zuletzt
auch Irland und Tschechien. Er tritt am 1. Dezember 2009 in Kraft. In
einem Urteil vom 30. Juni 2009 hat das Bundesverfassungsgericht der Ratifizierung zugestimmt. Es hat jedoch festgelegt, dass den Mitgliedstaaten
ausreichender Raum für die Gestaltung der wirtschaftlichen, kulturellen
und sozialen Lebensverhältnisse bleiben muss. Die EU-Mitgliedstaaten
müssen die „Herren der Verträge" bleiben, daher ist es erforderlich, dass
die Volksvertretungen bei allen wichtigen Weiterentwicklungen der Verträge mitentscheiden. Das „Begleitgesetz" zur Ratifizierung muss von
Bundestag und Bundesrat neu gefasst werden.

Meinungsbild in Deutschland

In der Bundesrepublik Deutschland war die Zustimmung zur europäi-
schen Integration traditionell hoch. Sie lag auch im wiedervereinigten
Deutschland immer über 50 Prozent und erreichte zeitweise mehr als 70
Prozent. Im Jahr 2008 hatten 48 Prozent der Deutschen (45 Prozent der
Europäer) ein positives Bild von der Europäischen Union. 64 Prozent
der Deutschen (53 Prozent der Europäer) hielten die Mitgliedschaft ihres
Landes in der Europäischen Union für eine gute Sache.

Kritik an der EU

Die EU wird jedoch von weiten Teilen der Bevölkerung, nicht zuletzt von überzeugten Europa-Anhängern, als die unkontrollierte und übermächtige Bürokratie in Brüssel wahrgenommen, die immer mehr Kompetenzen an sich zieht, ohne das Prinzip der Subsidiarität hinreichend zu beachten. Das wird als „schleichender Souveränitätsverlust" (Alt-Bundeskanzler Gerhard Schröder) wahrgenommen. Alt-Bundespräsident Roman Herzog, ein ehemaliger Präsident des Bundesverfassungsgerichts, stellte 2007 fest: „Die institutionellen Strukturen der EU leiden in besorgniserregender Weise unter einem Demokratiedefizit (...) Der Verfassungsvertrag verfestigt die Defizite, die an den Grundfesten der Demokratie rühren (...) Es stellt sich sogar die Frage, ob man die Bundesrepublik Deutschland überhaupt noch uneingeschränkt als eine parlamentarische Demokratie bezeichnen kann."

84 Prozent der europäischen Rechtsakte kommen inzwischen aus Brüssel. 27 Kommissare und die dazugehörigen bürokratischen Apparate müssen ihre Existenzberechtigung nachweisen. Sie unterliegen keiner parlamentarischen Kontrolle und verkünden nicht selten fragwürdige Entscheidungen. Beispiele in jüngster Zeit sind das Verbot der Glühlampe und deren Ersetzung durch die Energiesparlampe oder die geplante Einführung des Verkaufs von Brötchen nach Gewicht. Der Europäische Gerichtshof, von dessen 27 Richtern 13 niemals Richter in ihrem Heimatland gewesen sind, stellt sich in Streitfällen in der Regel an die Seite der Brüsseler Organe.

Auch die immer weitere Ausdehnung der EU stößt an die Grenzen der Akzeptanz der Bevölkerung. 2005 sind Beitrittsverhandlungen mit Kroatien und der Türkei aufgenommen worden. Beitrittszusagen haben Makedonien, Bosnien-Herzegowina, Serbien, Montenegro und Albanien. Das Eurobarometer 2008 zeigt, dass nur 26 Prozent der Deutschen und 44 Prozent aller Europäer für eine weitere Ausdehnung der EU sind. Ein möglicher Beitritt der Türkei stößt, vor allem auch in Deutschland und Österreich, auf Ablehnung.

Festzuhalten ist: Das Jahrhundertwerk der europäischen Einigung, das Westeuropa Frieden, Freiheit und Wohlstand gebracht und durch die Osterweiterung die Spaltung Europas überwunden hat, darf nicht Schaden nehmen.

Innere Einheit

Wie steht es 20 Jahre nach der Vereinigung um die innere Einheit Deutschlands? Dazu sind seit 1990 zahlreiche Umfragen und sozialwissenschaftliche Untersuchungen vorgenommen worden, und ständig kommen neue hinzu. Nicht weniger zahlreich und recht unterschiedlich sind die Interpretationen der Ergebnisse dieser Umfragen.

Was ist überhaupt „innere Einheit"? Die Spannweite der Antworten reicht von der (möglichst vollständigen) Angleichung der materiellen Lebensverhältnisse bis zur Übereinstimmung in der Einstellung zum politischen, gesellschaftlichen und wirtschaftlichen System.

Die Angleichung der materiellen Lebensverhältnisse in Ost und West ist weit fortgeschritten. Immerhin hatten im Jahre 2005 Löhne und Gehälter 94,6 Prozent des westdeutschen Niveaus erreicht. Die Einkommen der Rentnerhaushalte sind durchschnittlich sogar höher als im Westen, weil in der DDR so gut wie alle Frauen ihr Leben lang gearbeitet haben und daher in der Regel zwei volle Renten zusammenkommen. Die Diskrepanz bei den Arbeitslosenquoten ist groß, aber der Unterschied zwischen Regionen mit hoher und mit niedriger Arbeitslosigkeit ist im Westen nicht geringer.

Ein hoher Prozentsatz der neuen Bundesbürger – 54 Prozent – gibt denn auch an, dass es ihnen besser geht als vor 1990, schlechter 21 Prozent, unverändert 25 Prozent (Forsa-Umfrage Dezember 2008).

Einstellung zum politischen System

Viel negativer als die Einschätzung der persönlichen Lebensverhältnisse ist in den neuen Bundesländern die Einstellung zum politischen System der Bundesrepublik. „Auf die Frage ‚Glauben Sie, die Demokratie, die wir in der Bundesrepublik haben, ist die beste Staatsform, oder gibt es eine andere Staatsform, die besser ist?', antworten seit rund vierzig Jahren regelmäßig drei Viertel der Westdeutschen, ihrer Ansicht nach sei die Demokratie die beste Staatsform. Die Zahl derer, die ein anderes System vorziehen würden, pendelt zwischen 4 und 18 Prozent. In den neuen Bundesländern ist die Meinung geteilt. Hier halten heute 36 Prozent die Demokratie der Bundesrepublik für die beste Staatsform, 24 Prozent glauben, dass es eine andere Staatsform gibt, die besser wäre." (Institut für Demoskopie Allensbach, Januar 2009). Die Marktwirtschaft wird von 48 Prozent der Bundesbürger als funktionstüchtig beurteilt. Während im Westen 51 Prozent dieser Meinung sind, glaubt im Osten nur jeder Dritte an das Wirtschaftssystem. Auf die soziale Sicherheit vertrauen im Westen 43 Prozent, im Osten 30 Prozent (Leipziger Institut für Marktforschung, April 2008).

Für die Ablehnung zentraler Werte des Systems der Bundesrepublik bei den Bürgern der neuen Länder gibt es zwei Erklärungen. Die eine sieht darin eine Reaktion auf die Abwertung der eigenen Vergangenheit. Es herrsche das Gefühl vor, fremd im eigenen Land geworden zu sein. Die Deutschen im Osten sehen sich als Bürger zweiter Klasse. Alle Erfahrungen, die sie bis 1990 gemacht hatten, seien unbrauchbar geworden – Ausbildung, Berufserfahrung und Qualifikationen scheinen entwertet.

Das Gefühl, Bürger zweiter Klasse zu sein, war unmittelbar nach der Vereinigung am stärksten (bis 90 Prozent), ging dann zurück, trifft aber immer noch für eine Mehrheit der Ostdeutschen zu. Inzwischen ist aber eine Differenzierung festzustellen: Rentner, Höhergebildete, 18- bis 29-Jährige, alle ökonomisch Bessergestellten fühlen sich weniger als Bürger zweiter Klasse als andere Gruppen. Gerade junge Menschen haben mehr Vertrauen in die Demokratie als ältere. Der Unterschied zwischen Alt und Jung ist im Osten noch viel größer als im Westen. So setzen im Osten 67 Prozent der 18- bis 29-Jährigen auf das Funktionieren der Demokratie, aber nur 38 Prozent der über 50-Jährigen, deren Anteil an der Bevölkerung weit größer ist und die deshalb auch das Stimmungsbild beherrschen.

Die andere Erklärung für das „Bürger-Zweiter-Klasse-Syndrom" ist die Enttäuschung darüber, dass sich die ökonomischen Verhältnisse fast 20 Jahre nach der Vereinigung noch immer nicht hundertprozentig denen im Westen angeglichen haben. Würden alle Arbeit haben und Westlöhne beziehen, verschwände das Gefühl, Bürger zweiter Klasse zu sein. Anzumerken ist, dass nur eine kleine Minderheit der Deutschen im Westen (ca. 10 Prozent), der Meinung ist, die Deutschen im Osten seien Bürger zweiter Klasse.

Wahlverhalten

Die zwiespältige Einschätzung des Systems der Bundesrepublik durch die Ostdeutschen wird auch im Wahlverhalten sichtbar. Die PDS, Nachfolgerin der SED, hat seit 1990 in Ostdeutschland ein Wählerpotenzial von 20 bis 25 Prozent, mit gelegentlichen Ausschlägen nach oben und unten. In Westdeutschland lag sie immer bei 1 bis 2 Prozent. Die Situation änderte sich, als im Jahr 2005 nach der Verabschiedung der Hartz-IV-Reformen und der Agenda 2010 vor allem enttäuschte Sozialdemokaten und Gewerkschafter eine neue Partei, die „Die Wahlalternative Arbeit & soziale Gerechtigkeit" (WASG) gründeten. PDS und WASG schlossen sich noch vor der Bundestagswahl 2005 zur Partei Die Linke zusammen. Die Partei erhielt bei der Bundestagswahl 2005 8,7 Prozent der Stimmen, davon in Westdeutschland 4,9 Prozent, in Ostdeutschland 26,4 Prozent. Offensichtlich hat sich damit eine Partei links von der SPD dauerhaft im politischen Spektrum etabliert. Bei der Meinungsumfrage im Mai 2009 kam Die Linke auf 9,5 Prozent, davon in Westdeutschland 6,0 Prozent, in Ostdeutschland 26,0 Prozent.

Verklärung der DDR?

In den letzten Jahren wird, gerade unter jungen Menschen in den neuen Ländern, die DDR zunehmend positiver bewertet, ja man kann von einer Art Verklärung des untergegangenen Staates sprechen. Das geht einher mit einer fundamentalen Unkenntnis der Geschichte der DDR und der deutschen Geschichte überhaupt. Untersuchungen haben ergeben, dass die DDR im Schulunterricht gerade in den neuen Ländern so gut wie nicht vorkommt. 80 Prozent der Schüler bleiben von der DDR-Geschichte unbehelligt. Ihr Wissen stammt von Eltern, Großeltern, Nachbarn. Es tritt ein Effekt ein, der schon nach dem Ende des NS-Regimes zu beobachten war. Man will sich sein Mitläufertum oder gar eine Schuld nicht eingestehen und vermittelt der nachgeborenen Generation ein geschöntes Bild des Unrechtsstaates. Bei den Nachkommen tritt ein Solidarisierungseffekt ein. Sie weigern sich, in ihren Eltern Anpasser oder gar Nutznießer der Diktatur zu sehen.

Trotz solcher negativen Befunde ist festzuhalten: Auf die seit 1990 gestellte Frage „Ist die deutsche Wiedervereinigung für Sie ein Anlass zur

Freude oder zur Sorge?" antworteten regelmäßig wenigstens doppelt so viele Befragte, sie sei Anlass zur Freude, wie solche, die Sorge bekundeten. Im September 2005 erklärten lediglich 15 Prozent der Ostdeutschen und 8 Prozent der Westdeutschen, sie seien unzufrieden mit der Einheit Deutschlands. Bei der jüngsten repräsentativen Umfrage in Ostdeutschland im November 2008 sagten 72 Prozent der Befragten, sie seien trotz aller Probleme froh, im vereinten Deutschland und in einer sozialen Marktwirtschaft zu leben. Nur 16 Prozent erklärten, die Mauer wäre besser nicht gefallen. 12 Prozent machten keine Angabe.

Demografie

Im Jahre 1964 wurden in Deutschland (West und Ost) 1.357.304 Kinder geboren. Das war die höchste Zahl seit 1946. Im selben Jahr starben 870.319 Menschen. Der Überschuss der Geborenen betrug 486.985. Das war der höchste Geburtenüberschuss seit 1946. Im Jahre 1972 wurden in Deutschland 901.657 Kinder geboren. In diesem Jahr starben 965.689 Menschen. Erstmals starben in Deutschland mehr Menschen als geboren wurden, seitdem ist kein Geburtenüberschuss mehr erreicht worden. Im Jahre 2008 wurden in Deutschland 682.524 Kinder geboren. Es starben 844.445 Menschen, 161.921 mehr als geboren wurden.

Der Rückgang der Geburtenrate ist vor allem der zunehmenden Kinderlosigkeit zuzuschreiben. 2008 hatten nach Angaben des Statistischen Bundesamtes (Mikrozensus 2008) 26 Prozent der 35- bis 39-Jährigen Frauen keine Kinder zur Welt gebracht. Bei den 40- bis 44-Jährigen waren es 21 Prozent, bei den zehn Jahre älteren 16 Prozent und bei den 20 Jahre älteren 12 Prozent. Auch die durchschnittliche Kinderzahl pro Frau ist ständig zurückgegangen. Die Jahrgänge 1933 bis 1938 hatten zu 25 Prozent ein Kind, zu 39 Prozent zwei Kinder und 35 Prozent drei oder mehr Kinder (kinderlos 11 Prozent). Bei den zehn Jahre jüngeren Frauen (Jahrgänge 1944 bis 1948) gab es deutlich mehr Mütter mit einem Kind (30 Prozent) oder zwei Kindern (45 Prozent) und nur noch 23 Prozent mit drei oder mehr Kindern (kinderlos 12 Prozent). Bei den jüngeren, zwischen 1949 und 1968 geborenen Frauen blieb die Verteilung der Kinderzahl weitgehend stabil. Etwa 30 Prozent der Mütter aus diesen

Jahrgängen haben ein Kind, fast die Hälfte 2 Kinder und etwa 20 Prozent
3 oder mehr Kinder. In den folgenden Jahrgängen stieg die Zahl der
Mütter mit nur einem Kind sehr stark an. Da die Frauen dieser Alters-
gruppe noch im gebärfähigen Alter sind, wird sich die Kinderzahl pro
Frau sicherlich noch erhöhen.

Auffällig viele Absolventinnen von Hoch- und Fachschulen (Akademikerinnen) in Westdeutschland sind kinderlos: 26 Prozent. Frauen mit
„mittlerer" Bildung (Abitur, duale Ausbildung) bleiben nur zu 16 Prozent kinderlos, solche mit „niedrigem" Bildungsstand (Real-, Hauptschulabschluss, ohne Abschluss) zu 11 Prozent. Ganz anders ist die Situation in Ostdeutschland. Nur 9 Prozent der Akademikerinnen haben
keine Kinder, 7 Prozent mit „mittlerer" Bildung und 12 Prozent mit
„niedriger" Bildung. Nicht nur der Bildungsstand, sondern auch die
Ortsgröße beeinflusst die Kinderzahl. Urbane Gemeinden (Städte) weisen den höchsten Stand an Kinderlosen auf. Bei den Jahrgängen 1959 bis
1973 sind es 25 Prozent, in den ländlichen Gemeinden nur 15 Prozent.
Die Jahrgänge 1974 bis 1983 sind in den Städten zu 62 Prozent kinderlos,
in ländlichen Gemeinden nur zu 47 Prozent. Von den zwischen 1974 und
1983 geborenen Frauen leben jedoch nur 12 Prozent in Landgemeinden
und 57 Prozent in (größeren) Städten.

Frauen mit „Migrationserfahrung", das sind im Ausland geboren
und nach Deutschland zugewanderte Frauen, sind viel seltener kinderlos
als in Deutschland geborene Frauen. In den Jahrgängen 1974 bis 1983
sind es nur 39 Prozent (gegen 61 Prozent der in Deutschland geborenen).
Bei den jüngsten Jahrgängen 1984 bis 1992 sind die Unterschiede deutlich geringer: ohne Migrationserfahrung 95 Prozent, mit: 86 Prozent.

Gründe für Kinderlosigkeit

Was sind die Gründe für die zunehmende Kinderlosigkeit und die ab-
nehmende Kinderzahl? Der Wunsch, Kinder zu haben, ist auch heute
noch sehr stark. Nach Umfragen wünschen sich auch heute 80 Prozent
der Deutschen Kinder, nur weniger als 10 Prozent halten Kinderlosigkeit
für erstrebenswert. Es gibt aber auch Untersuchungen, die zu anderen
Ergebnissen kommen. Vor allem Männer wünschen sich deutlich weniger Kinder als Frauen. Eine repräsentative Umfrage des Instituts für

Bevölkerungsforschung im Jahr 2005 fand heraus, dass 26,3 Prozent aller 20-bis 39-jährigen Männer keine Kinder haben wollten. Bei den Frauen waren es nur 14,6 Prozent.

Kaum eine Rolle spielt in der öffentlichen Diskussion der unerfüllte Kinderwunsch. Nach einer Allensbach-Erhebung gaben ein Drittel der kinderlosen Frauen an, dass es mit der Schwangerschaft nicht geklappt hat oder geben Unfruchtbarkeit als Grund an. Immer mehr Frauen schieben die Geburt ihres ersten Kindes hinaus, um zunächst berufliche Erfahrungen zu sammeln. So ist das Durchschnittsalter der Erstgebären-den inzwischen auf 30 Jahre angestiegen. Sehr viele von denen, die sich endlich entschließen, stellen am Ende fest, dass es für die Erfüllung des Kinderwunsches biologisch bereits zu spät ist.

Vom Wunsch zur Realisierung der Wünsche ist es ohnehin ein langer Weg. Voraussetzung ist vor allem eine feste Partnerbeziehung, sei es mit oder ohne Trauschein. Dem steht die zunehmende Tendenz entgegen, kurzfristige Verhältnisse einzugehen und immer öfter festen Bindungen auszuweichen. Eine weitere Voraussetzung sind gesicherte wirtschaftli-che Verhältnisse, das heißt ein fester Arbeitsplatz und ein sicheres Ein-kommen oder jedenfalls eine einigermaßen gesicherte berufliche Zu-kunft. Dagegen wird heute im Berufsleben gerade von jungen Menschen Flexibilität und Mobilität verlangt. Bei Frauen stellt sich die Frage von Vereinbarkeit von Berufsleben und Kindern in besonderem Maße. Je länger die Ausbildung und je höher die Qualifikation ist, desto größer naturgemäß das Bestreben, die erworbenen Fähigkeiten in einem Beruf unter Beweis zu stellen. Die Wirtschaft kommt solchen Bedürfnissen viel zu wenig entgegen. Es gibt nicht genügend Teilzeitarbeitsplätze, auch Betriebskindergärten sind die Ausnahme. Jede „Störung", wie die länger währende Krankheit eines Kindes oder auch ein Streik der Erzieherin-nen, wirft enorme Probleme auf. Hier kann ein verlässliches soziales Netzwerk (Verwandte, Freunde) helfen. Das drückt sich in der oben er-wähnten deutlich höheren Kinderzahl in ländlichen Gemeinden aus, wo solche Netzwerke noch am ehesten funktionieren.

Staatliche Maßnahmen

Was kann der Staat tun, um den Kinderwunsch zu erleichtern? Anfangs tat der Staat, die Bundesrepublik Deutschland, so gut wie gar nichts.

(Bundeskanzler Adenauer: „Kinder bekommen die Frauen sowieso.")
Eine bevölkerungspolitische Diskussion war wegen des hohen Stellen-
wertes der nationalsozialistischen Bevölkerungspolitik tabuisiert. 1949
wurde ein Steuerfreibetrag von 600 DM pro Kind eingeführt. 1954 gab es
erstmals Kindergeld: 25 DM für das dritte Kind. 1963 wurden die Kinderfreibeträge deutlich erhöht. 1975 wurden die Kinderfreibeträge abgeschafft und Kindergeld schon für das erste Kind und ein erhöhtes für das
zweite und folgende Kinder gezahlt. 1986 wurde pro Kind ein Jahr in der
Rentenversicherung angerechnet. Inzwischen ist das Kindergeld für das
erste und das zweite Kind auf 164 Euro, für das dritte Kind auf 170 Euro
und für weitere auf 190 Euro erhöht worden. Der Kinderfreibetrag, seit
2009 6.024 Euro für Ehepaare, wird wirksam, wenn dies für die Steuer-
pflichtigen günstiger ist als der Bezug von Kindergeld. Ein Elterngeld
von bis zu 67 Prozent des bisherigen Nettoeinkommens, maximal 1.800
Euro, wird für bis zu 14 Monate ausbezahlt (unter den Partnern frei auf-
teilbar). Ein Elternteil kann dabei höchstens 12 Monate für sich in Anspruch nehmen, zwei weitere Monate gibt es, wenn sich der Partner an
der Betreuung des Kindes beteiligt. Das Elterngeld begünstigt vor allem
Eltern mit hohem Einkommen. Bis 2013 sollen 25 Prozent der Kinder bis
zu drei Jahren einen Rechtsanspruch auf einen Betreuungsplatz haben.

Das Bundesverfassungsgericht hat allerdings das Unterhaltsrecht
2008 dahingehend geändert, dass nach Scheidungen künftig Kinder im
ersten Rang und Mütter erst im zweiten Rang bei der Unterhaltszahlung
behandelt werden dürfen. Damit werden geschiedene Frauen mit Kindern gezwungen, früher eine Arbeit aufzunehmen, bei den heutigen
Scheidungsraten für Frauen nicht gerade eine Ermunterung, Kinder in
die Welt zu setzen. Alleinerziehende, die Kinder großziehen, sind im
Übrigen steuerlich schlechter gestellt als Ehepaare ohne Kinder, weil diese in den Genuss des Ehegattensplittings kommen, das aus der Zeit
stammt, als der vornehmste Zweck der Ehe war, gemeinsam Kinder auf-
zuziehen.

Konsequenzen

Unter wirtschaftlichen Gesichtspunkten ist die Erziehung von Kindern
ohnehin ein Verlustgeschäft. Alle staatlichen Ausgleichszahlungen und
Steuererleichterungen decken die Aufwendungen nur unzureichend.

Aber in einer prosperierenden Volkswirtschaft wie der deutschen bleibt die Kinderzahl niedrig nicht wegen der Ausgaben für Kinder, sondern wegen der entgangenen Einkommen. Je höher die berufliche Qualifikation ist – in der Regel der Frauen –, desto höher sind die entgangenen Einkommen. Das schlägt sich dann in einer, im Vergleich mit den kinderlosen und berufstätigen Frauen, deutlich geringeren Rente nieder.

Vorausberechnungen

Die durchschnittliche Kinderzahl je Frau liegt gegenwärtig bei 1,37. Diese Zahl hat sich seit Jahrzehnten kaum verändert, und es spricht nichts dafür, dass sie in Zukunft ansteigen wird. Zur Bestandserhaltung ist eine Kinderzahl je Frau von 2,1 erforderlich. Eine Vorausberechnung des Instituts für Bevölkerungsforschung und Sozialpolitik, Bielefeld, kommt für die Bevölkerungsentwicklung nach unterschiedlichen Grundannahmen zu unterschiedlichen Varianten. Nach der mittleren Variante schrumpft die Bevölkerung mit deutscher Staatsangehörigkeit (ohne Berücksichtigung von Änderungen der Staatsbürgerschaft) von 71,5 Millionen im Jahr 2010 auf 49 Millionen im Jahr 2050. Der Anteil der unter 20-Jährigen schrumpft von 15 Millionen (2010) auf 9,7 Millionen (2050). Die 20- bis 60-Jährigen nehmen von 45,2 Millionen (2010) auf 30,4 Millionen (2050) ab. Hingegen wächst der Anteil der Personen über 60 Jahren von 26,3 Millionen (2010) auf 37,8 Millionen (2050). Der Anteil der zugewanderten Bevölkerung und ihrer Nachkommen steigt wegen der höheren Geburtenrate auf 19 Millionen (2050). Eine weiter zunehmende Einwanderung würde das Verhältnis von deutscher und zugewanderter Bevölkerung noch mehr verschieben.

Auswirkungen auf die sozialen Sicherungssysteme

Die gesunkene Kinderzahl, nach Herwig Birg der Ausfall einer ganzen Generation, hat gravierende Auswirkungen auf mehrere Lebensbereiche, allen voran die Systeme der sozialen Sicherung. Das umlagenfinanzierte Rentensystem geht davon aus, dass die arbeitende Bevölkerung, also die etwa 20- bis 60-Jährigen, die nachwachsende Generation, Kinder und Jugendliche, die etwa 0- bis 20-Jährigen und die Alten, die über 60- oder 65-Jährigen, versorgt. Wenn die Zahl der zu Versorgenden infolge des Anstiegs der Altenquote ständig ansteigt, muss der Beitrag zur ge-

setzlichen Rentenversicherung entsprechend erhöht oder das Rentenniveau gesenkt werden – oder die Versicherten müssen länger arbeiten.

Auch die Gesetzliche Krankenversicherung (GKV), in der 90 Prozent
der Bevölkerung versichert sind, ist nach dem Umlageverfahren organi-
siert und daher vom Anstieg der Zahl der Menschen im dritten Lebens-
alter betroffen. Anders als die Private Krankenversicherung (PKV) bil-
det die GKV keine Rücklagen, um den Beitragssatz konstant zu halten,
wenn die Gesundheitsausgaben durch die demografische Alterung stei-
gen. Es kommt noch hinzu, dass die Krankheitskosten durch den medi-
zinisch-technischen Fortschritt ständig ansteigen. Ebenso betroffen von
der demografischen Alterung ist die Pflegeversicherung. Gegenwärtig
wird die überwiegende Zahl der Pflegebedürftigen in den Familien, nicht
in Pflegeheimen versorgt. Wenn die Zahl der Kinderlosen ansteigt, werden immer mehr Pflegebedürftige auf fremde Hilfe, sei es ambulant, sei
es in Pflegeheimen, angewiesen sein.

Demografie als Standortfaktor

Die demografischen Veränderungen wirken sich auch als Standortfaktor
aus. Alljährlich wechseln 4 Millionen Menschen zwischen den 440 Stadt-
und Landkreisen. Bei dieser Binnenwanderung gibt es Gewinner und
Verlierer. Seit Jahrzehnten geht der Trend von Nord nach Süd und seit
1990 von Ost nach West. Zwischen 1990 und 2006 wanderten gut 2,8
Millionen Personen in den Westen und gleichzeitig 1,5 Millionen Personen in den Osten. Damit verlor Ostdeutschland per Saldo 1,3 Millionen
Einwohner durch Abwanderung. Die Abwanderung konzentrierte sich
im Laufe der Zeit immer stärker auf jüngere Altersgruppen. In diesen
Altersgruppen wanderten deutlich mehr Frauen als Männer ab. Gründe
für die Abwanderung sind die besseren Aussichten auf einen Ausbil-
dungs- oder Arbeitsplatz. Regional konzentriert sich die Abwanderung
vor allem auf ländliche und strukturschwache Regionen. Ein extremes
Beispiel ist Mecklenburg-Vorpommern. Dort gingen ein Fünftel der
Frauen zwischen 20 und 35 Jahren durch Abwanderungen verloren.

Bevorzugtes Zielgebiet sind die süddeutschen Länder. Bayern wies von
1990 bis 2006 595.000 Binnenzuzüge auf. Es folgen Rheinland-Pfalz mit
225.000 und Baden-Württemberg mit 208.000 Zuzügen. Da die meisten
Abwanderungen auf die jüngeren Altersgruppen entfallen, tritt ein demo-

grafischer und damit auch wirtschaftlicher Schrumpfungsprozess ein. In Dörfern und Kleinstädten veröden die Ortskerne. Die örtliche Schule wird geschlossen. Die Schulkinder müssen in die nächste größere Gemeinde transportiert werden. Der Dorfladen, die Kneipe, die Poststelle lohnen sich nicht mehr und werden geschlossen. Auch ihr Fehlen als Kommunikationszentren wird von den verbleibenden Einwohnern als schwerwiegender Mangel empfunden. In den Großstädten stehen Wohnungen leer. Sie werden abgerissen oder „rückgebaut". In Ostdeutschland soll es 2005 1,3 Millionen leerstehenden Wohnungen gegeben haben. In Frankfurt/Oder war jede fünfte Wohnung unbewohnt. Aber auch Görlitz, Schwerin und Halle liegen mit Leerständen von 12 bis 17 Prozent weit über dem Bundesdurchschnitt von 4 Prozent. Das gilt nicht nur für Ostdeutschland. Auch im Saarland und in manchen Ruhrgebietsstädten gibt es hohe Leerstände, ganze Wohnviertel werden abgerissen. Ein „Stadt-Umbauplan Ost" wurde 2002 in Kraft gesetzt. Er sieht vor, innerhalb von zehn Jahren 300.000 bis 400.000 leerstehende Wohnungen „vom Markt zu nehmen". Dafür stehen 2002 bis 2009 2,5 Milliarden Euro zur Verfügung. Es geht nicht nur um den Abriss von Wohnungen, vorzugsweise „Plattenbauten", sondern auch im die nachhaltige Aufwertung und Stabilisierung von Stadtquartieren.

Für immer mehr Gemeinden stellen sich Fragen: Gibt es ein ausreichendes Angebot an Ausbildungs- und Arbeitsplätzen? Wie weit ist das nächste Krankenhaus entfernt, womöglich mit einer Geburtsstation? Gibt es Kinderbetreuung für junge Familien? Wie lange müssen die Kinder morgens fahren, um zur Schule zu kommen (und nachmittags wieder zurück)? Welche Freizeitangebote gibt es für Familien, aber auch für kinderlose Erwachsene und alte Menschen?

Migration – Integration

Wie viele Personen mit „Migrationshintergrund" gibt es eigentlich in Deutschland? Wie viele haben einen Arbeitsplatz, wie viele sind arbeitslos? Wie ist ihr Bildungsstand? Aus welchen Ländern oder Regionen kommen sie?

Bisher war man für die Antworten auf diese Fragen auf Schätzungen und Vermutungen angewiesen. Seit Anfang 2009 gibt es eine Studie des

„Berlin-Instituts für Bevölkerung und Entwicklung", die auf den Daten des Mikrozensus 2005 beruht, teilweise fortgeschrieben bis zum Jahr 2007. Die Studie hat den treffenden Titel „Ungenützte Potentiale".

Nun wissen wir, dass es in Deutschland 15,4 Millionen Menschen mit „Migrationshintergrund" gibt (2007). Nach der Definition des Statistischen Bundesamts haben einen Migrationshintergrund: ausländische Staatsbürger, Zugewanderte, die eingebürgert worden sind, die Kinder dieser beiden Gruppen, wenn mindestens ein Elternteil zu einer dieser Kategorien gehört, Deutsche, die nicht in Deutschland geboren sind, das sind weit überwiegend „Statusdeutsche" = Aussiedler, die automatisch die deutsche Staatsbürgerschaft erhalten. Die Studie gliedert die Migranten nach ihrer Herkunft in acht Gruppen:

Aussiedler (Polen und Nachfolgestaaten der ehemaligen
Sowjetunion): 4 Millionen
Türkei: 2,8 Millionen
Südeuropa (Italien, Spanien, Portugal, Griechenland): 1,5 Millionen
übrige Länder der EU-25: 1,9 Millionen
ehemaliges Jugoslawien: 1,1 Millionen
Ferner Osten: 790.000
Naher Osten: 540.000
Afrika: 500.000

Personen mit Migrationshintergrund sind im Allgemeinen weniger gebildet, häufiger arbeitslos und öfter kriminell als Einheimische. Zu diesem Ergebnis kommt die Studie des Berlin-Instituts und ebenso andere Untersuchungen. Kann es sich Deutschland mit seiner schrumpfenden Bevölkerung leisten, diesen wichtigen Teil seiner Einwohner abseits stehen zu lassen, ihr Potenzial nicht zu nutzen? Was ist zu tun, um das zu ändern?

Aussiedler

Zunächst gilt es, zu differenzieren. Es mag manchen überraschen, dass die Aussiedler die größte Migrantengruppe bilden. Über sie ist bisher wenig bekannt, weil sie sofort die deutsche Staatsbürgerschaft bekommen und daher statistisch nicht zu identifizieren waren. Der Mikrozensus macht es möglich. Sie sind, anders als es in der öffentlichen Wahrnehmung manchmal den Anschein hat, gut integriert. Vor allem die Aussiedler aus der ehemaligen Sowjetunion haben einen hohen Bildungsstand, der sich in der zweiten Generation noch deutlich verbessert. Diese Gruppe weist sogar bessere Werte auf als die Einheimischen. 28 Prozent von ihnen haben einen Hochschulabschluss, nur 3 Prozent sind ohne Schulabschluss. Sie haben auch keine Probleme auf dem Arbeitsmarkt, nur dass nicht wenige unter ihrem Qualifikationsniveau arbeiten, weil manche ausländischen Abschlüsse nicht anerkannt werden. Aussiedler werden auch leicht integriert. 67 Prozent der zweiten Generation haben einen einheimischen Ehepartner.

Türkei

Die ersten Zuwanderer aus der Türkei kamen schon in den sechziger Jahren als Gastarbeiter nach Deutschland. Alle aus der Türkei stammenden Migranten pauschal als Türken zu bezeichnen, ist nicht korrekt. Unter ihnen sind zahlreiche Minderheiten, deren zahlenmäßig stärkste 500.000 Kurden sind. Wenigstens zu erwähnen ist eine religiöse Minderheit, die Aleviten. Das sind Moslems, die jedoch nicht zur sunnitischen Mehrheit gehören; ihr Status in der Türkei ist überaus prekär. Deshalb sind viele nach Deutschland ausgewandert, und es gibt hier prozentual sehr viel mehr Aleviten (12 Prozent) als in der Türkei. Die aus der Türkei stammenden Migranten schneiden bei der Bemessung des Integrationserfolges mit Abstand am schlechtesten ab. Als Gastarbeiter kamen sie zumeist ohne jeden Schul- oder Bildungsabschluss. Unter den Zuwanderern aus der Türkei gab es kaum Angehörige der Bildungselite des Landes, die als Vorbilder oder Brückenbauer zur Mehrheitsgesellschaft hätten dienen können. Solche gibt es natürlich in den Nachfolgegenerationen. Allerdings lassen die Nachfolgegenerationen, inzwischen schon die dritte und vierte, im Durchschnitt wenig Bildungsmotivation erkennen. Nicht zuletzt ist die Erwerbslosigkeit unter jungen Menschen besonders hoch. Nur 5 Prozent der aus der Türkei gekommenen Migranten ohne deutsche Staatsbürgerschaft haben einen nicht-türkischen Ehepartner. Bei solchen mit deutschem Pass, das sind 32 Prozent, verdoppelt sich die Quote. Die mangelhafte Integration ist nicht zuletzt auf die Größe der Gruppe zurückzuführen. Weil sie vor allem in Großstädten und dort wiederum in bestimmten Vierteln leben, fällt es ihnen leicht, unter sich zu bleiben. Entgegen landläufiger Auffassung liegen sie beim Bezug öffentlicher Leistungen mit 16 Prozent im Mittelfeld.

Die überwiegende Mehrheit aller Einwanderer fühlt sich in Deutschland wohl. Nach einer Studie des Instituts für Demoskopie Allensbach Anfang 2009 leben 69 Prozent gern in Deutschland, fast 80 Prozent sind mit ihrer Arbeits- und Wohnsituation zufrieden. Das gilt so nicht für die Migranten aus der Türkei. 61 Prozent sagten, sie fühlten sich weniger anerkannt als jemand, der aus Deutschland stammt. 24 Prozent fühlen sich vollkommen fremd. 42 Prozent fürchten, dass ihre Kinder schlechtere Bildungschancen haben. 51 Prozent glauben, dies sei auch im Berufsleben der Fall. 97 Prozent halten es für unerlässlich, für die eigene Integration die deutsche Sprache zu lernen.

Südeuropa

Die Einwanderer aus Südeuropa schneiden überraschend mittelmäßig ab, obwohl sie aus Ländern mit einer alten europäischen Kultur kommen. Recht gut haben sie im Erwerbsleben Fuß gefasst. Viele sind selbstständig, vor allem in der Gastronomie, eben als „der Italiener" oder „der Grieche" um die Ecke. Nur 12 Prozent sind arbeitslos. Schwachpunkt ist die Bildung. Die Hälfte der in Deutschland Geborenen hat nur einen Hauptschulabschluss oder gar keinen Abschluss, bei den Zugewanderten sind es sogar 76 Prozent. Das liegt wohl nicht zuletzt daran, dass die Hälfte der Südeuropäer aus dem Gastarbeitermilieu stammt. Nur 18 Prozent besitzen die deutsche Staatsbürgerschaft, der niedrigste Wert unter allen Zuwanderergruppen. Sie fühlen sich mehr als alle anderen mit der alten Heimat verbunden. Aus welchen Gründen auch immer sind in dieser Gruppe die Spanier die große Ausnahme. 51 Prozent von ihnen haben das Abitur, 27 Prozent sind Hochschulabsolventen. Sie machen allerdings nur ein Zehntel der gesamten Gruppe aus.

Übrige Länder der EU-25

Die Einwanderer aus der EU-25 (außer Bulgarien und Rumänien) sind die drittgrößte und wohl heterogenste Migrantengruppe in Deutschland. Die meisten kommen aus Polen, Österreich, den Niederlanden und Frankreich. Sie sind vielfach ein Teil der europäischen Wanderungselite. In ihrem Bildungsniveau übertreffen sie die Einheimischen. Über die Hälfte hat das Abitur, ein Drittel hat einen akademischen Abschluss. Auf

dem Arbeitsmarkt schneiden sie besser ab als die anderen Zuwanderergruppen. Viele von ihnen haben die Staatsbürgerschaft des Herkunfts-
landes beibehalten. Offenbar sind viele nur für zeitlich begrenzte Be-
schäftigungsverhältnisse oder zur Weiterbildung nach Deutschland gekommen und beabsichtigen, wieder in ihr Heimatland zurückzukehren.
Von den übrigen hat die überwiegende Mehrheit die deutsche Staatsbürgerschaft, 61 Prozent der Verheirateten haben einen einheimischen Partner. Von ihnen wird wahrscheinlich die Mehrheit in Deutschland bleiben. Hier nur als Anmerkung: Deutschland ist eines der „übrigen" EU-
25-Länder. Ein Teil der besagten Wanderungselite ist deutsch und wandert eben aus Deutschland aus. 2006 sind 156.000 deutsche Staatsan-
gehörige aus Deutschland fortgezogen, das ist die höchste Zahl von
deutschen Auswanderern seit 1954. Sicherlich gehörten nicht alle zur
Bildungselite.

Ehemaliges Jugoslawien

Die fünftgrößte Migrantengruppe kommt aus dem ehemaligen Jugosla-
wien. Sie kamen zu unterschiedlichen Zeiten und aus unterschiedlichen
Gründen. In den sechziger und siebziger Jahren wurden in Jugoslawien
Gastarbeiter angeworben. Zwischen 1991 und 1995 kamen Hunderttausende als Bürgerkriegsflüchtlinge aus dem zerfallenden Jugoslawien.
Diese Einwanderer und ihre Nachkommen weisen nach denen aus der
Türkei die schlechtesten Werte bei der Assimilation und sogar noch
schlechtere bei der Bildung auf. 14 Prozent haben überhaupt keine
Schulbildung oder Berufsausbildung. Auch auf dem Arbeitsmarkt sind
ihre Chancen schlecht. 19 Prozent sind arbeitslos, 18 Prozent sind von
öffentlichen Leistungen abhängig. Unter diesen Einwanderern gibt es
den geringsten Anteil deutscher Staatsbürger: 19 Prozent, davon nur 9
Prozent durch Einbürgerung, die anderen von Geburt an. Sie weisen
auch den geringsten Anteil aller Migrantengruppen bei Ehen mit Einheimischen auf. Das alles liegt wohl vor allem daran, dass die Bürgerkriegsflüchtlinge unter ihnen nicht die Absicht hatten, auf Dauer in Deutschland zu bleiben, sich jedoch wegen der prekären Wirtschaftslage in den
Nachfolgestaaten des auseinandergefallenen Jugoslawien zum Bleiben
entschlossen haben.

Ferner Osten

Unter den Zuwanderern aus dem Fernen Osten – die Unterteilung des Berlin-Instituts zählt Afghanistan, Pakistan und Indien dazu – sind Frauen in der Überzahl. Ein Grund dafür ist die „Heiratsmigration". Deutsche Männer haben eine Frau aus Asien, vor allem aus Thailand, geheiratet. 31 Prozent der Einwanderer aus Fernost haben einen einheimischen Ehepartner, davon 81 Prozent Frauen. Viele Frauen sind überdies gekommen, um in legalen oder illegalen Dienstleistungsberufen zu arbeiten. Vor allem unter den Männern ist ein großer Teil als Asylsuchende nach Deutschland gelangt. Der Bildungsstand dieser Gruppe ist relativ hoch. Zwar haben 18 Prozent keinen Bildungsabschluss, vor allem Frauen, die zur Heirat nach Deutschland gekommen sind und in der Regel aus niedrigeren Bildungsschichten stammen. Die Akademikerquote liegt dagegen bei 41 Prozent, mehr als doppelt so hoch wie bei Einheimischen. In der zweiten Generation haben bereits 68 Prozent das Abitur. Auf dem Arbeitsmarkt allerdings sind ihre Chancen gering – 17 Prozent sind arbeitslos.

Ein Sonderfall sind die Vietnamesen in den neuen Bundesländern, ihre Zahl beträgt etwa 140.000, ein Fünftel aller Zuwanderer aus dem Fernen Osten. In den neuen Bundesländern, in denen nur 5 Prozent der Bevölkerung Migranten sind, stellen sie die größte Migrantengruppe überhaupt. Die Vietnamesen sind als Arbeitsimmigranten aufgrund von Verträgen zwischen der DDR und Vietnam gekommen. Die Verträge sahen vor, dass sie nach einer gewissen Zeit in ihre Heimat zurückkehren und durch andere ersetzt werden. Familiennachzug war nicht gestattet. Frauen, die ein Kind erwarteten, mussten sich für eine Abtreibung entscheiden oder das Land verlassen. Kurz, sie waren vollkommen rechtlos. Die Nachkommen dieser rechtlosen Gastarbeiter, deren sozialer und beruflicher Status auch heute noch nicht sehr hoch ist, widerlegen deutlich das Klischee, die soziale Herkunft der Eltern bestimme den Bildungserfolg der Kinder. In Brandenburg besuchen 74 Prozent der jungen Vietnamesen ein Gymnasium, ähnlich viele in Sachsen und Sachsen-Anhalt. Die Studie des Berlin-Instituts trennt nicht nach Volkszugehörigkeit. Es ist aber zu vermuten, dass der außerordentlich hohe Bildungsstand der Zuwanderer aus dem Fernen Osten – 62 Prozent der zweiten und dritten Generation erlangen die Hochschulreife, 43 Prozent haben einen akademischen Abschluss –

weitgehend dem hohen Bildungsniveau der Nachkommen der Vietnamesen zuzuschreiben ist. Sie machen den niedrigen Bildungsstand der asiati-
schen Ehefrauen und Dienstleistungskräfte statistisch mehr als wett. Von
ihnen besuchen schon mehr Mädchen als Jungen das Gymnasium.

Naher Osten

Die größte Gruppe unter den Einwanderern aus dem Nahen Osten
stammt aus dem Iran (22 Prozent). In den letzten Jahren kamen auch
sehr viele Asylsuchende aus dem Irak. Damit sind wahrscheinlich Zahlen und Prozentanteil des Mikrozensus von 2005 überholt. 23 Prozent
sind eingebürgert. Diese Migrationsgruppe ist außerordentlich differen-
ziert, in der Statistik weist sie eine Reihe von Extremwerten auf: Innerhalb dieser Gruppe gibt es die höchste Quote von Hochschulabsolventen (48 Prozent); überhaupt keinen Abschluss haben 22 Prozent. Von
den in Deutschland geborenen Kindern haben aber schon 55 Prozent die
Hochschulreife. Auch bei der Arbeitslosenquote (35 Prozent) liegen die
Migranten aus dem Nahen Osten an der Spitze. Das hängt sicher damit
zusammen, dass Personen mit Asylstatus keine Arbeitserlaubnis haben.
Daher sind auch 34 Prozent abhängig von öffentlichen Leistungen, die
höchste Quote von allen Migrantengruppen.

Afrika

Von den Einwanderern aus Afrika, der kleinsten Migrantengruppe,
stammt ein Viertel ursprünglich aus Marokko, angeworben als Gastarbeiter. Auffallend in dieser Gruppe ist der Männerüberschuss (60 Prozent),
ebenso der geringe Anteil ausländischer Staatsbürger. Das hängt zusammen mit der hohen Anzahl von Ehen von afrikanischen Männern mit
deutschen Frauen (75 Prozent aller bikulturellen Ehen). Der Bildungsstand ist sehr unterschiedlich. 26 Prozent haben überhaupt keinen Bildungsabschluss, aber 31 Prozent sind Akademiker. Der Erwerbslosenan-
teil ist mit 26 Prozent die zweithöchste aller Migrantengruppen, die Arbeitslosenquote der jungen Menschen liegt bei 31 Prozent und stellt einen
Negativrekord dar. 24 Prozent sind abhängig von öffentlichen Leistungen, auch hier wieder nicht zuletzt zurückzuführen auf die fehlende Arbeitserlaubnis für Personen mit Asylbewerber- oder Asylstatus.

Ausländerpolitik in Deutschland

In Deutschland ging man – unausgesprochen oder ausgesprochen – davon aus, dass Deutschland kein Einwanderungsland sei. Die Gastarbeiter würden eines Tages in ihre Heimatländer zurückkehren, deswegen hießen sie ja „Gastarbeiter". Zunächst schien sich das zu bestätigen. Von der ersten „Generation" von Gastarbeitern aus den sechziger Jahren gingen bei der Konjunkturkrise 1966/67 ein großer Teil wieder in ihre Heimat zurück. Beim nächsten Boom 1973 wurden daraufhin zwei Millionen neue Gastarbeiter angeworben, vor allem aus der Türkei. Sie kamen gern, weil sich ihr sozialer und finanzieller Status in der Bundesrepublik Deutschland ganz entscheidend verbesserte. Sie kamen vor allem aus Anatolien, waren dort Bauern oder Landarbeiter gewesen, und sie hatten wenig Lust, in dieses Dasein zurückzukehren. Vielmehr holten sie ihre Familien nach und begannen sich auf Dauer einzurichten. Darauf waren weder die deutsche Politik noch die deutsche Bevölkerung vorbereitet. Zunehmend reagierten nicht geringe Teile der Bevölkerung und dann auch politische Kräfte mit der Forderung, die in Deutschland lebenden Ausländer zur Rückkehr zu bewegen. 1982 stellte Helmut Kohl in seiner Regierungserklärung fest: „Deutschland ist kein Einwanderungsland."

Das ist insofern richtig, als Deutschland niemals eine schlüssige Einwanderungspolitik entwickelt hat. Klassische Einwanderungsländer wie die USA, Kanada, Australien, Neuseeland, auch Brasilien und andere Länder in Lateinamerika holten im 19. Jahrhundert möglichst viele Einwanderer in ihre menschenleeren Länder, entwickelten aber spätestens nach dem Ersten Weltkrieg strenge Kriterien für Einwanderer. Geachtet wurde auf die Nützlichkeit der Einwanderer für den Aufnahmestaat. Die Einwanderer mussten für sich selbst aufkommen und konnten auf keinerlei staatliche Unterstützung hoffen. Die USA führen sogar Quoten nach Ländern ein, wobei die deutschen Juden unter die deutsche Quote fielen und nach Erfüllung derselben abgewiesen wurden. Das alles gilt für die klassischen Einwanderungsländer grundsätzlich auch heute noch, wenn es auch vor allem im Fall USA durch eine große Zahl von illegalen Einwanderern unterlaufen wird, weil die enorm langen Grenzen des Landes nicht wirklich geschlossen werden können.

Aus der Feststellung, Deutschland sein kein Einwanderungsland, leiteten sich drei Zielsetzungen ab: erstens die Integration der hier lebenden Ausländer, zweitens die Förderung der Rückkehrbereitschaft, drittens die Verhinderung weiterer Zuzüge. Die Integration der Ausländer wird durch keinerlei neue gesetzliche Maßnahmen vorangetrieben. Die Rückkehrbereitschaft sollte durch finanzielle Anreize gefördert werden. Die „Rückkehrprämien" und die „Rückkehrhilfen" summierten sich zu ansehnlichen fünfstelligen Summen. Die Bundesregierung schätzte, dass dadurch 300.000 Ausländer zur Rückkehr in ihre Heimatländer bewogen worden sind. Doch die Zahl der heimkehrenden Zuwanderer hatte seit 1973 zu keiner Zeit unter 365.000 gelegen, so dass sich der Erfolg des Rückkehrgesetzes sehr stark relativierte. Immerhin lag die Zahl der Ausländer 1987 um 400.000 unter der des Jahres 1982.

Das Ziel der Verminderung der Anzahl der Ausländer wurde zunehmend unterlaufen durch die wachsende Zahl von Asylbewerbern. Sie erreichte in den Jahren 1990 bis 1993 ihren historischen Höchststand, 1992 mit 440.000 als Rekord. In der heftigen und emotionalen Debatte wurde übersehen, dass sich die Zahl der Asylsuchenden etwa in den gleichen Größenordnungen bewegte wie die Zuwanderung im Rahmen der Familienzusammenführung in den späten siebziger Jahren. Die Zahl der Asylbewerber war jedenfalls durch die Regierung nicht ohne weiteres beeinflussbar, denn das Recht auf Asyl war im Grundgesetz verankert. Ein Problem war, dass die politische Verfolgung, die dem Asylartikel zugrunde lag, Ende der achtziger Jahre so nicht mehr gegeben war. Stattdessen kamen jetzt vor allem Bürgerkriegsflüchtlinge, die nach den Bestimmungen der Genfer Flüchtlingskonvention nicht zurückgeschickt werden durften. Sie wurden als „De-facto-Flüchtlinge" geduldet. Im Saldo stieg die Zahl der in Deutschland lebenden ausländischen Bevölkerung während der Regierung Kohl 1983 bis 1998 um 2,9 Millionen oder um 61 Prozent an. Hinzu kommen etwa eine halbe Million Ausländer, die sich illegal in Deutschland aufhalten. Bestimmte Wirtschaftszweige wie Pflegeberufe und Hauspersonal, aber auch die Baubranche sind von illegalem oder irregulär arbeitendem Personal abhängig.

Deutschland ist ein Einwanderungsland: Einschulung in der Regenbogen-
schule in Berlin-Neukölln

Im Jahr 2005 ist nach langen und heftigen Debatten ein Einwanderungs-
gesetz verabschiedet und 2007 novelliert worden. Danach erhalten
langjährig geduldete Flüchtlinge unter allerlei Bedingungen ein Aufent-
haltsrecht, wenn sie sich seit mindestens acht Jahren in Deutschland aufgehalten haben. Haben sie minderjährige Kinder, genügen sechs Jahre
Aufenthalt. Außerdem enthält das Gesetz eine Vielzahl von Regelungen
und Sanktionen bei Nichterfüllung der zur Integration von Ausländern
vorgeschriebenen Bedingungen. Heftig angefeindet wurde die Bestim-
mung, dass Ehepartner aus Nicht-EU-Staaten erst nach Deutschland
nachziehen dürfen, wenn sie mindestens 18 Jahre alt sind und deutsche
Sprachkenntnisse vorweisen können. Die Befürworter sehen darin einen
Weg, „arrangierte Ehen" mit Minderjährigen zu verhindern. Umstritten
ist auch die Regelung zur Zuwanderung ausländischer Fachkräfte (84.000
Euro Mindesteinkommen) und Selbstständiger (eine Million Investiti-
onssumme und Schaffung von 10 neuen Arbeitsplätzen).

Was tun?

Die durchschnittliche Kinderzahl liegt bei Frauen mit Migrationshintergrund bei 1,6. Die Zahl der unter 15-Jährigen ist bei den meisten Herkunftsgruppen mehr als doppelt so hoch wie bei den Einheimischen, zum Beispiel Naher Osten: 28,6 Prozent, Türkei: 27,7 Prozent, Afrika: 27,5 Prozent, dagegen Einheimische: 12,0 Prozent. Da überdies jedes Jahr ebenso viele Menschen zuwandern wie hier geboren werden, wächst die Zahl der Migranten und die Zahl der Einheimischen nimmt ab. Der demografische Wandel führt dazu, dass die Zahl der Arbeitskräfte in den kommenden Jahren kontinuierlich zurückgeht. Es droht ein Mangel an Fachkräften, gepaart mit Massenarbeitslosigkeit von Geringqualifizierten. Solange jährlich Zehntausende junger Menschen ohne jeden Schulabschluss ins Erwerbsleben entlassen werden, wird nicht die Arbeitsleistung, sondern die Arbeitslosigkeit von morgen produziert. Die Jugenderwerbslosenquote beträgt bei den Migrantengruppen aus Afrika 31 Prozent, aus der Türkei 28 Prozent und aus dem Nahen Osten 26 Prozent, bei den Einheimischen sind es immerhin noch 14 Prozent.

Alle Vorschläge, das zu ändern, beginnen folgerichtig mit der Forderung nach mehr Bildung, an erster Stelle steht das möglichst frühzeitige Erlernen der deutschen Sprache. Inzwischen hat sich einiges getan. Vierjährige müssen zum Sprachtest, bekommen Sprachförderung im Kindergarten (sofern sie einen Kindergarten besuchen) und auch noch in der Grundschule (sofern sie regelmäßig die Schule besuchen). Die Studie des Berlin-Instituts plädiert für kostenlose Kindergärten mit pädagogisch qualifiziertem Personal und für die Einführung eines verpflichtenden Vorschuljahres. Schulen sollten zu ganztägig offenen Integrationszentren ausgebaut werden, an denen auch Weiterbildung von Eltern angeboten wird. Das alles kostet viel Geld. Wenig Geld oder gar keins kosten andere Vorschläge des Berlin-Instituts. So sollte es Selbständigen erleichtert werden, eine Existenz zu gründen. Ausländische Abschlüsse sollten anerkannt oder wenigstens die Möglichkeiten der Nachqualifizierung verbessert werden. Es ist unsinnig, einen Aussiedler, der in Russland als Arzt gearbeitet hat, in Deutschland nicht als Mediziner zuzulassen und zum Berufskraftfahrer zu degradieren.

Deutschland mit seiner schrumpfenden, immer älter werdenden Bevölkerung braucht Einwanderer, vor allem natürlich gut qualifizierte. Es ist widersinnig, zugleich Nachkommen der schon seit Generationen hier lebenden Zuwanderer in Unbildung verharren zu lassen. Zu viele von ihnen, besonders aus der Türkei und aus Ländern des Nahen Ostens, haben es bereits aufgegeben, in Deutschland Fuß zu fassen. Sie haben oftmals auch keinen Kontakt mehr zu ihren Heimatländern und beabsichtigen jedenfalls nicht, in die fremd gewordene Heimat zurückzukehren. Sie schotten sich hier in eigenen sozialen Netzwerken, in „Parallelgesellschaften" ab, die sich letztlich für ihre schulischen und beruflichen Aussichten oftmals als Sackgasse erweisen. Wir sollten alles Mögliche tun, um das zu verhindern oder zu ändern. Was wir heute nicht tun, wird morgen doppelt oder dreimal so viel kosten, materiell und immateriell. Die Zuwanderer müssen ihrerseits dafür sorgen, dass ihre Nachkommen nicht Vorurteile und Feindseligkeit gegen ihre deutsche Umgebung entwickeln und als Bildungsverweigerer oder gar in der Kriminalität enden und dadurch das Ansehen aller Einwanderer beschädigen.

Schlussbemerkung

Am Ende des von Hitler und seinem Regime heraufbeschworenen Krieges war das Deutsche Reich zerstört, ein Viertel seines Staatsgebietes war verloren, seine Städte lagen in Trümmern.

Zusammenbruch war die Vokabel, mit der man die Lage Deutschlands beschrieb. In der Tat war alles zusammengebrochen, was den Deutschen lieb und teuer gewesen war. Es drang nur noch nicht gleich in ihr Bewusstsein, weil die Sicherung des Überlebens ihre ganze Kraft in Anspruch genommen hatte. Die extreme materielle Not war gepaart mit einer tiefen geistigen und moralischen Erschöpfung. An einen Wiederaufstieg aus dem Nichts in absehbarer Zukunft glaubte niemand. Man rechnete allenfalls in Zeiträumen von Jahrzehnten, bis wieder halbwegs normale Verhältnisse herrschen würden.

Wir wissen heute, dass mit dem Jahr 1945 eine Epoche begann, die den Deutschen, zumindest im Westen, Frieden und Freiheit sowie ungeahnten Wohlstand bescheren sollte. Seit 1990 ist auch die letzte Folge von Krieg und Niederlage beseitigt. Die Teilung ist beendet, die Deutschen sind wieder vereint.

Sie leben in einem Deutschland, das die beste Verfassung seiner Geschichte besitzt, in einem stabilen demokratischen System, dessen Legitimität von der weit überwiegenden Mehrheit anerkannt wird, in einem Land mit einer effizienten und dynamischen Wirtschaft, die in der Welt eine Spitzenstellung einnimmt. Ihr Deutschland ist ein Land im Gleichgewicht mit sich selbst und mit seinen Nachbarn, von denen es nicht mehr als Bedrohung empfunden wird. Den dritten Weg, den deutschen Sonderweg, will niemand mehr einschlagen. Dieses Deutschland gehört erstmals unwiderruflich zum Westen, mit dessen Völkern es durch ein System politischer, militärischer und wirtschaftlicher Verträge eng verbunden ist. Das alles ist erfreulich und Grund zur Dankbarkeit. Deutschland steht aber zu Beginn des 21. Jahrhunderts vor schweren Herausforderungen. Deindustrialisierung und wachsende Arbeitslosigkeit als Folgen der Globalisierung sowie der drohende Kollaps der sozialen Sicherungssysteme und die enorme Staatsverschuldung sind erkannt. Reformen können manches bessern. Neu ins allgemeine Bewusstsein getreten ist die demografische Katastrophe. Die Halbierung der Geburtenzahl innerhalb eines Jahrzehnts von 1964 an war seit dreißig Jahren be-

kannt. Ihre Folgen, die rapide Alterung der Gesellschaft, waren voraussehbar. Die Probleme wurden verdrängt, Warner wurden verlacht. Ebenso hat man nicht zur Kenntnis nehmen wollen, dass weite Teile der Ein-
gewanderten sich der Integration in die deutsche Gesellschaft entzogen
haben. Die Folgen werden kommende Generationen zu tragen haben.

ANHANG

Bundestagswahlen 1949–1961

Jahr der Wahl	Landtags-wahlen 1946/47	1949	1953	1957	1961
Wahlbeteiligung		78,5	86,0	87,8	87,7
CDU/CSU	38,5	31,0	45,2	50,2	45,4
SPD	35,7	29,2	28,8	31,8	36,2
FDP	8,4	11,9	9,5	7,7	12,8
Deutsche Partei	2,5	4,0	3,3	3,4	–
Gesamtdeutscher Block/Bund der Heimatvertriebenen und Entrechteten (GB/BHE)		–	5,9	4,6	–
Gesamtdeutsche Partei (GdP)		–	–	–	2,8
Zentrum (Z)	3,4	3,1	0,8	0,3	–
Bayernpartei (BP)		4,2	1,7	0,5	–
KPD	9,4	5,7	2,2	–	–
Deutsche Reichspartei (DRP)		1,8	1,1	1,0	0,8
Wirtschaftliche Aufbau-vereinigung (WAV)	0,2	2,9	–	–	–
Deutsche Friedensunion (DFU)		–	–	–	1,9
Sonstige Parteien	1,2	6,5	1,5	0,5	0,1

Bundestagswahlen 1965–1980

Jahr der Wahl	1965	1969	1972	1976	1980
Wahlbeteiligung	86,8	86,7	91,1	90,7	88,6
CDU/CSU	47,6	46,1	44,9	48,6	44,5
SPD	39,3	42,7	45,8	42,6	42,9
FDP	9,5	5,8	8,4	7,9	10,6
Die Grünen*	–	–	–	–	1,5
Deutsche Partei	–	–	–	–	–
Gesamtdeutsche Partei (GdP)	–	0,1	–	–	–
Zentrum (Z)	–	–	–	–	–
Bayernpartei (BP)		0,2	–	–	–
Deutsche Reichspartei (DRP)	–				
Deutsche Friedensunion (DFU)	1,3	–	–	–	–
NPD	2,0	4,3	0,6	0,3	0,2
DKP	–	–	0,3	0,3	0,2
Sonstige Parteien	0,3	0,8	–	0,3	–

Bundestagswahlen 1983–1998

Jahr der Wahl	1983	1987	1990	1994	1998
Wahlbeteiligung	89,1	84,3	77,8	79,0	82,3
CDU/CSU	48,8	44,3	43,8	41,5	35,1
SPD	38,2	37,0	33,5	36,4	40,9
FDP	7,0	9,1	11,0	6,9	6,2
Die Grünen*	5,6	8,3	3,8	7,3	6,7
Zentrum (Z)	–	–	–	–	–
Bayernpartei (BP)	–	–	0,1	0,1	–
Deutsche Friedensunion (DFU)	–				
NPD	0,2	0,6	0,3	–	0,3
DKP	0,2	–	–	–	–
PDS	–	–	2,4	4,4	5,1
Die Republikaner (REP)	–	–	2,1	1,9	1,8
Sonstige Parteien	–	0,7	1,6	1,5	3,9

* seit 1993: BÜNDNIS 90/Die Grünen

Bundestagswahlen 2002–2009

Jahr der Wahl	2002	2005	2009
Wahlbeteiligung	79,1	77,7	70,8
CDU/CSU	38,5	35,2	33,8
SPD	38,5	34,2	23,0
FDP	7,4	9,8	14,6
BÜNDNIS 90/Die Grünen	8,6	8,1	10,7
PDS*	4,0	8,7	
Die Linke**			11,9
NPD	0,4	1,6	1,5
Piratenpartei			2,0
Die Republikaner (REP)	0,6	0,6	0,4
Sonstige Parteien	2,0	3,9	6,0

* seit 2005 Linkspartei.PDS
** seit 2007 Zusammenschluss aus Linkspartei.PDS und der Wahlalternative Arbeit und soziale Gerechtigkeit (WASG)

Sitzverteilung im Parlamentarischen Rat 1948/49 und im Deutschen Bundestag 1949–1969

Partei	1948/49	1949	1953	1957	1961	1965	1969
CDU/CSU	27	139(2)*	243(6)	270(9)	242(9)	245(6)	242(8)
SPD	27	131(5)	151(11)	169(13)	190(13)	202(15)	224(13)
FDP	5	52(1)	48(5)	41(2)	67	49(1)	30(1)
KPD	2	15	–	–	–	–	–
DP	2	17	15	17(1)	–	–	–
GB/BHE	–	–	27	–	–	–	–
DRP	–	5	–	–	–	–	–
ZENTRUM	2	10	3	–	–	–	–
BP	–	17	–	–	–	–	–
WAV	–	12	–	–	–	–	–

* In Klammern die Zahl der Berliner Abgeordneten; Stand jeweils zu Beginn der Wahlperiode

Sitzverteilung im Deutschen Bundestag 1972–1994

Partei	1972	1976	1980	1983	1987	1990	1994
CDU/CSU	225(9)	243(11)	226(11)	244(11)	223(11)	319	294
SPD	230(12)	214(10)	218(10)	193(10)	186(7)	239	252
FDP	41(1)	39(1)	53(1)	34(1)	46(2)	79	47
GRÜNE*	–	–	–	27(1)	42(2)	8	49
PDS	–	–	–	–	–	17	30

* 1990 GRÜNE/BÜNDNIS 90 (Wahlgebiet Ost), seit 1993 BÜNDNIS 90/ DIE GRÜNEN

Sitzverteilung im Deutschen Bundestag 1998–2009

Partei	1998	2002	2005	2009
CDU/CSU	245	251	222	239
SPD	298	248	226	146
FDP	43	47	61	93
PDS/ DIE LINKE	36	2	54*	76**
BÜNDNIS 90/ DIE GRÜNEN	47	55	51	68

*   seit 2005 Linkspartei.PDS
** seit 2007 Zusammenschluss aus Linkspartei.PDS und der Wahlalternative Arbeit und soziale Gerechtigkeit (WASG)

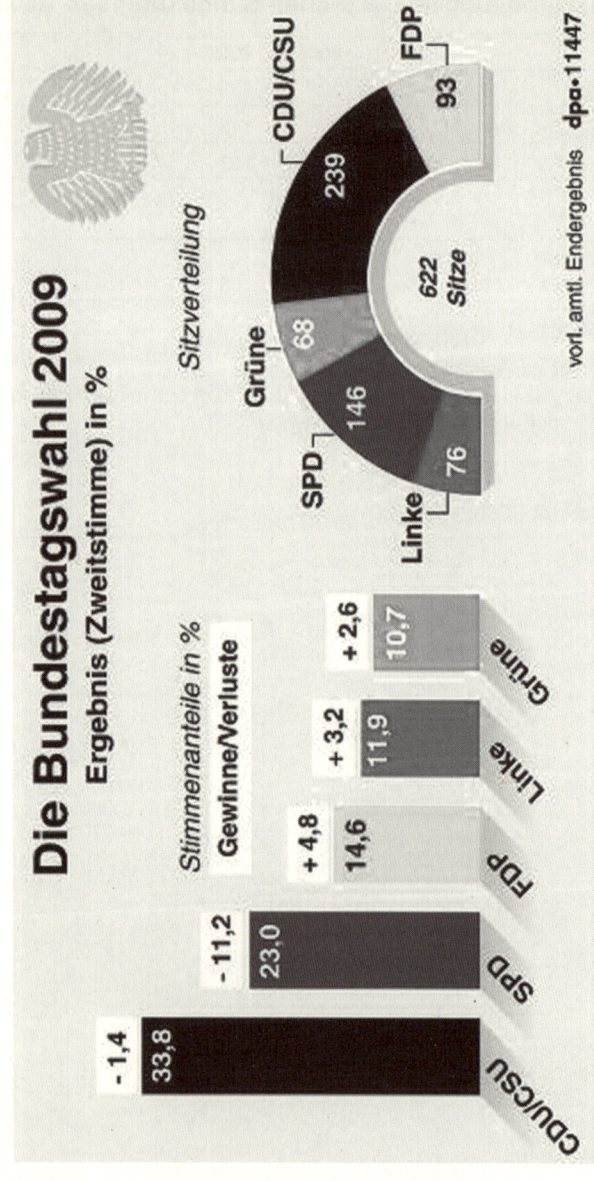

Die Bundestagswahl 2009
Ergebnis (Zweitstimme) in %

Sitzverteilung

CDU/CSU 239
FDP 93
Grüne 68
622 Sitze
SPD 146
Linke 76

Stimmenanteile in %
Gewinne/Verluste

CDU/CSU 33,8 − 1,4
SPD 23,0 − 11,2
FDP 14,6 + 4,8
Linke 11,9 + 3,2
Grüne 10,7 + 2,6

vorl. amtl. Endergebnis   dpa•11447

Parteien und Bundesregierung

Kabinett	Kabinettsitze und Koalition					
Adenauer (CDU) Erstes Kabinett (1949–1953)	6 CDU	3 CSU	3 FDP	2 DP		
Adenauer (CDU) Zweites Kabinett (1953–1957)	8 CDU	2 CSU	4 FDP	2 BHE	2 DP	1 parteilos
	Nach der Kabinettsumbildung am 16.10.1956:					
	10 CDU	3 CSU	2 FVP	2 DP		
Adenauer (CDU) Drittes Kabinett (1957–1961)	12 CDU	4 CSU	2 DP			
Adenauer (CDU) Viertes Kabinett (1961–1962)	12 CDU	4 CSU	5 FDP			
Adenauer (CDU) Fünftes Kabinett (1962–1963)	12 CDU	4 CSU	5 FDP			
Erhard (CDU) Erstes Kabinett (1963–1965)	13 CDU	4 CSU	5 FDP			
Erhard (CDU) Zweites Kabinett (1965–1966)	13 CDU	5 CSU	4 FDP	(27.10.1966 Ausscheiden der FDP-Minister aus der Regierung)		
Kiesinger (CDU) (1966–1969)	8 CDU	3 CSU	9 SPD			
Brandt (SPD) Erstes Kabinett (1969–1972)	12 SPD	3 FDP	1 parteilos			
Brandt (SPD) Zweites Kabinett (1972–1974)	13 SPD	5 FDP				
Schmidt (SPD) Erstes Kabinett (1974–1976)	12 SPD	4 FDP				
Schmidt (SPD) Zweites Kabinett (1976–1980)	12 SPD	4 FDP				

Parteien und Bundesregierung

Kabinett	Kabinettsitze und Koalition		
Schmidt (SPD) Drittes Kabinett (1980–1982)	13 SPD	4 FDP	
	Nach dem Ausscheiden der FDP-Minister am 17.9.1982: 13 SPD		
Kohl (CDU) Erstes Kabinett (1982–1983)	9 CDU	4 CSU	4 FDP
Kohl (CDU) Zweites Kabinett (1983–1987)	9 CDU	5 CSU	3 FDP
Kohl (CDU) Drittes Kabinett (1987–1991)	10 CDU	5 CSU	4 FDP
Kohl (CDU) Viertes Kabinett (1991–1994)	11 CDU	4 CSU	5 FDP
Kohl (CDU) Fünftes Kabinett (1994–1998)	10 CDU	4 CSU	3 FDP
Schröder (SPD) Erstes Kabinett (1998–2002)	12 SPD	3 Bündnis 90/Die Grünen	
Schröder (SPD) Zweites Kabinett (2002–2005)	11 SPD	3 Bündnis 90/Die Grünen	
Merkel (CDU) Erstes Kabinett (2005–2009)			
Merkel (CDU) Zweites Kabinett (2009–)			

Datenhandbuch zur Geschichte des Deutschen Bundestages 1949 bis 1982, verfasst und bearbeitet von Peter Schindler, Bonn, S. 304–321; ders., Datenhandbuch zur Geschichte des Deutschen Bundestages 1980 bis 1987, Baden-Baden 1988, S. 332 f. (aktualisiert).

Landtagswahlen in der SBZ
20. Oktober 1946 (in Prozent)

	SED	CDU	LDPD	VdgB*	Kulturbund
Mecklenburg	49,5	34,1	12,5	3,9	–
Thüringen	49,3	18,9	28,5	3,3	–
Sachsen	49,1	23,3	24,7	1,7	0,6
Brandenburg	43,9	30,6	20,6	4,9	–
Sachsen-Anhalt	45,8	29,9	21,8	2,5	–
Insgesamt	47,6	24,5	24,6	3,0	0,18

* VdgB (Vereinigung der gegenseitigen Bauernhilfe)

Wahlen in Berlin
20. Oktober 1946 (in Prozent)*

	Gesamt-Berlin	West-sektoren	Ost-sektoren
SPD	48,7	51,8	43,6
CDU	22,2	23,6	18,7
SED	19,8	14,7	29,8
LDPD	9,3	9,8	7,9

Ergebnisse der Einheitslistenwahlen zur Volkskammer von 1950–1986
(in Prozent)

Wahljahr	Wahlbeteiligung	Ja-Stimmen
1950	98,53	99,72
1954	98,51	99,46
1958	98,90	99,87
1963	99,25	99,95
1967	98,82	99,93
1971	98,48	99,85
1976	98,58	99,86
1981	99,21	99,86
1986	99,74	99,94

Die 500 Abgeordneten der Volkskammer verteilten sich 1986 (9. Wahlperiode) wie folgt auf die neun Fraktionen:

	Anzahl	%
Sozialistische Einheitspartei Deutschlands (SED)	127	25,4
Christlich-Demokratische Union (CDU)	52	10,4
Liberal-Demokratische Partei Deutschlands (LDPD)	52	10,4
National-Demokratische Partei Deutschlands (NDPD)	52	10,4
Demokratische Bauernpartei Deutschlands (DBD)	52	10,4
Freier Deutscher Gewerkschaftsbund (FDGB)	61	12,2
Freie Deutsche Jugend (FDJ)	37	7,4
Demokratischer Frauenbund Deutschlands (DFD)	32	6,4
Kulturbund der DDR (KB)	21	4,2
Vereinigung der gegenseitigen Bauernhilfe (VdgB)	14	2,8

Sitzungen der Volkskammer und des Bundestages

Volkskammer		Bundestag	
Wahlperiode	Anzahl der Sitzungen	Wahlperiode	Anzahl der Sitzungen
1950–1954	50	1949–1953	282
1959–1963	27	1957–1961	168
1967–1971	20	1965–1969	247
1976–1981	13	1976–1980	227

Flüchtlinge und Übersiedler aus der SBZ/DDR 1945–1990

1945–1948	721.232	1969	16.975
1949	129.245	1970	17.519
1950	197.788	1971	17.408
1951	165.648	1972	17.164
1952	182.393	1973	15.189
1953	331.396	1974	13.252
1954	184.198	1975	13.285
1955	252.870	1976	15.168
1956	279.189	1977	12.078
1957	261.622	1978	12.117
1958	204.092	1979	12.515
1959	143.917	1980	12.763
1960	199.188	1981	15.433
– 12.8.1961	207.026	1982	13.208
		1983	11.343
13.8.–31.12.1961	51.624	1984	40.974
1962	21.356	1985	24.912
1963	42.632	1986	26.178
1964	41.876	1987	18.958
1965	29.552	1988	39.832
1966	24.131	1989	343.854
1967	19.573	1.1.–30.6.1990	249.264
1968	16.036		

**Gesamt seit
Kriegsende   über 4,6 Millionen**

Schuldenlast des Staates

Schuldenstand der öffentlichen Haushalte
jeweils am Jahresende
in Milliarden Euro

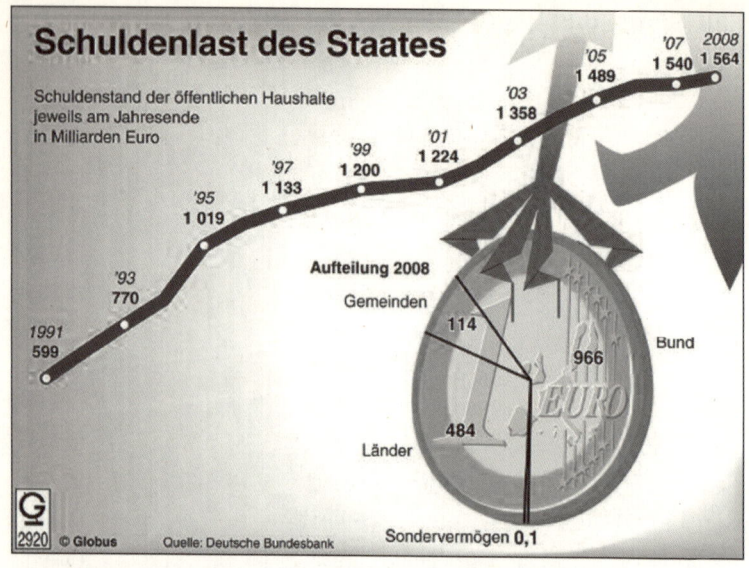

'05 **1 489**
'07 **1 540**
2008 **1 564**
'03 **1 358**
'01 **1 224**
'99 **1 200**
'97 **1 133**
'95 **1 019**
'93 **770**
1991 **599**

Aufteilung 2008

Gemeinden **114**

Bund **966**

Länder **484**

Sondervermögen **0,1**

© Globus 2920   Quelle: Deutsche Bundesbank

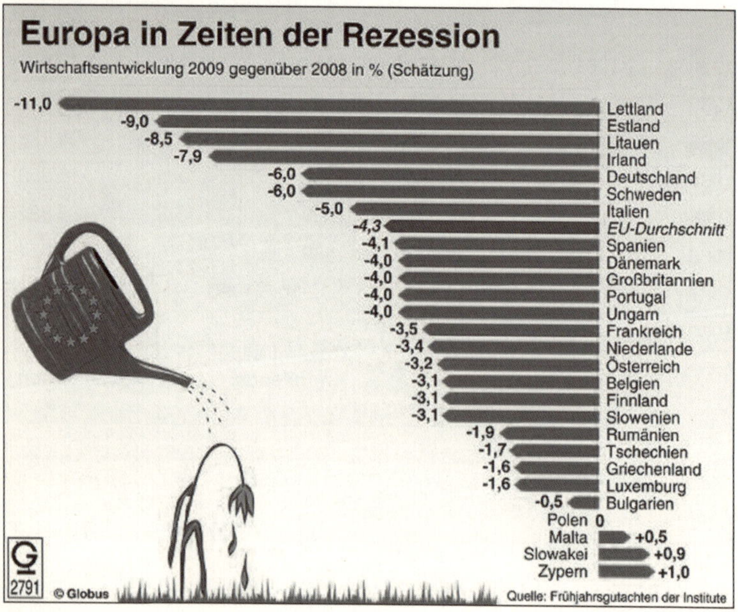

Europa in Zeiten der Rezession

Wirtschaftsentwicklung 2009 gegenüber 2008 in % (Schätzung)

-11,0	Lettland
-9,0	Estland
-8,5	Litauen
-7,9	Irland
-6,0	Deutschland
-6,0	Schweden
-5,0	Italien
-4,3	*EU-Durchschnitt*
-4,1	Spanien
-4,0	Dänemark
-4,0	Großbritannien
-4,0	Portugal
-4,0	Ungarn
-3,5	Frankreich
-3,4	Niederlande
-3,2	Österreich
-3,1	Belgien
-3,1	Finnland
-3,1	Slowenien
-1,9	Rumänien
-1,7	Tschechien
-1,6	Griechenland
-1,6	Luxemburg
-0,5	Bulgarien
0	Polen
+0,5	Malta
+0,9	Slowakei
+1,0	Zypern

© Globus 2791   Quelle: Frühjahrsgutachten der Institute

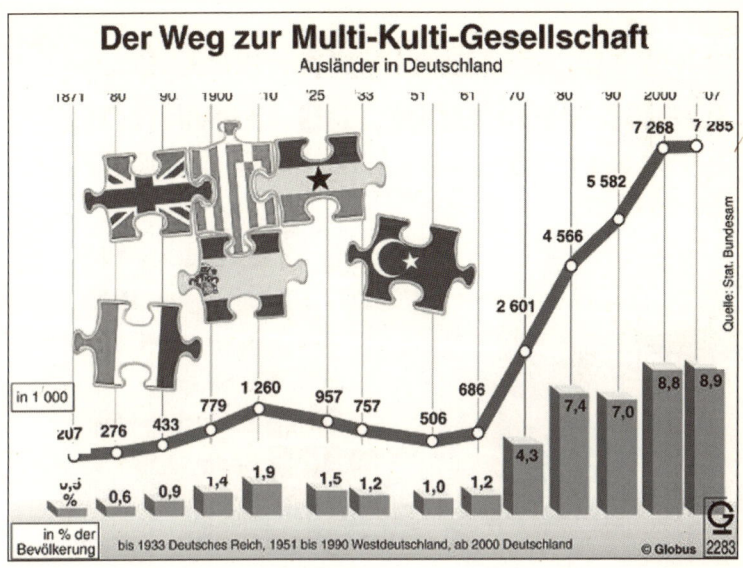

Der Weg zur Multi-Kulti-Gesellschaft
Ausländer in Deutschland

Quelle: Stat. Bundesamt

7 268   7 285

5 582

4 566

2 601

686

1 260   957   757

779   506

207   276   433

in 1 000

8,8   8,9

7,4   7,0

4,3

in % der
Bevölkerung   bis 1933 Deutsches Reich, 1951 bis 1990 Westdeutschland, ab 2000 Deutschland   © Globus 2283

0,6   0,9   1,4   1,9   1,5   1,2   1,0   1,2

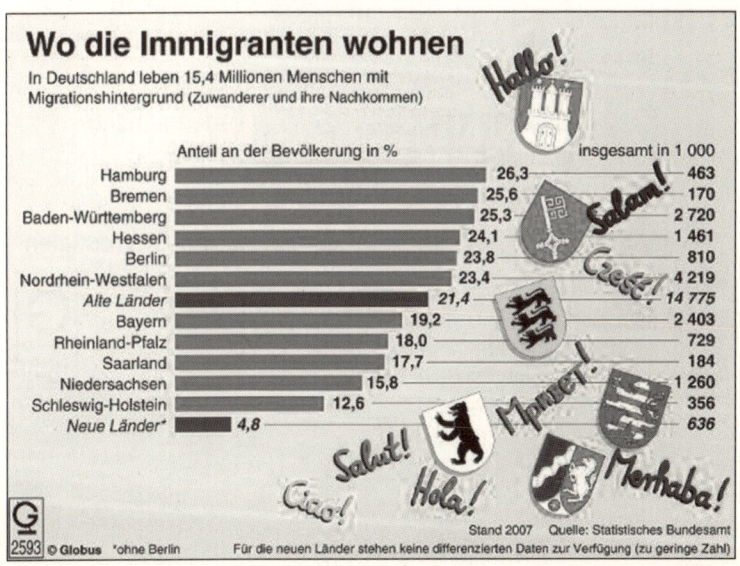

Wo die Immigranten wohnen

In Deutschland leben 15,4 Millionen Menschen mit
Migrationshintergrund (Zuwanderer und ihre Nachkommen)

Anteil an der Bevölkerung in %   insgesamt in 1 000

	Anteil in %	insgesamt in 1 000
Hamburg	26,3	463
Bremen	25,6	170
Baden-Württemberg	25,3	2 720
Hessen	24,1	1 461
Berlin	23,8	810
Nordrhein-Westfalen	23,4	4 219
Alte Länder	21,4	14 775
Bayern	19,2	2 403
Rheinland-Pfalz	18,0	729
Saarland	17,7	184
Niedersachsen	15,8	1 260
Schleswig-Holstein	12,6	356
Neue Länder*	4,8	636

© Globus 2593   *ohne Berlin   Stand 2007   Quelle: Statistisches Bundesamt
Für die neuen Länder stehen keine differenzierten Daten zur Verfügung (zu geringe Zahl)

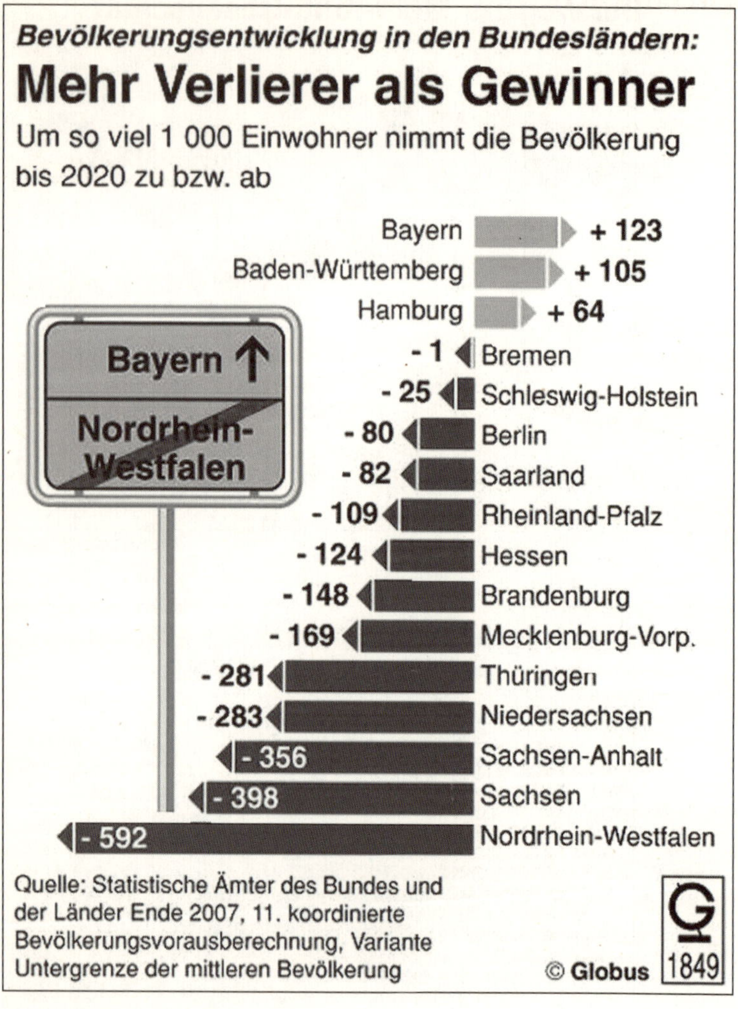

Bevölkerungsentwicklung in den Bundesländern:

Mehr Verlierer als Gewinner

Um so viel 1 000 Einwohner nimmt die Bevölkerung
bis 2020 zu bzw. ab

Bayern	+ 123
Baden-Württemberg	+ 105
Hamburg	+ 64
- 1	Bremen
- 25	Schleswig-Holstein
- 80	Berlin
- 82	Saarland
- 109	Rheinland-Pfalz
- 124	Hessen
- 148	Brandenburg
- 169	Mecklenburg-Vorp.
- 281	Thüringen
- 283	Niedersachsen
- 356	Sachsen-Anhalt
- 398	Sachsen
- 592	Nordrhein-Westfalen

Bayern ↑
Nordrhein-
Westfalen

Quelle: Statistische Ämter des Bundes und
der Länder Ende 2007, 11. koordinierte
Bevölkerungsvorausberechnung, Variante
Untergrenze der mittleren Bevölkerung

© **Globus**

Literaturhinweise

Abelshauser, Werner: Deutsche Wirtschaftsgeschichte seit 1945, München 2004

Anda, Bela/Kleine, Rolf: Gerhard Schröder. Eine Biographie, München 2002[2]

Bahrmann, Hannes/Links, Christoph: Chronik der Wende. Die Ereignisse in der DDR zwischen 7. Oktober 1989 und 18. März 1990, Berlin 1999

Baring, Arnulf/Schöllgen, Gregor: Kanzler, Krisen, Koalitionen, München 2006[2]

Baring, Arnulf: Es lebe die Republik, es lebe Deutschland. Stationen demokratischer Erneuerung 1849–1999, Stuttgart 1999

Bender, Peter: Episode oder Epoche. Zur Geschichte des geteilten Deutschlands, München 1996

Berlin-Institut für Bevölkerung und Entwicklung: Ungenutzte Potentiale. Zur Lage der Integration in Deutschland, Berlin 2009

Bertelsmann Stiftung (Hrsg.) Demokratie und Integration in Deutschland. Politische Führung und Partizipation aus Sicht von Menschen mit und ohne Migrationshintergrund, Gütersloh 2009

Birg, Herwig: Die ausgefallene Generation. Was die Demographie über unsere Zukunft sagt, München 2005

Bracher, Karl Dietrich u.a. (Hrsg.): Geschichte der Bundesrepublik Deutschland, Stuttgart 1983–1987

Broszat, Martin: Zäsuren nach 1945. Essays zur Periodisierung der deutschen Nachkriegsgeschichte, München 1991

Busche, Jürgen: Die 68er. Biographie einer Generation, Berlin 2003

Ders.: Helmut Kohl. Anatomie eines Erfolgs, Berlin 2001

Clough, Patricia: Helmut Kohl. Ein Portrait der Macht, München 1998[2]

Eisenfeld, Bernd/Kowalczuk, Ilko-Sascha/Neubert, Ehrhardt: Die verdrängte Revolution. Der Platz des 17. Juni 1953 in der deutschen Geschichte, Bremen 2004

Fricke, Karl Wilhelm: MfS intern. Macht, Strukturen, Auflösung der DDR-Staatssicherheit, Köln 1991

Fritsche, Susanne: Die Mauer ist gefallen. Eine kleine Geschichte der DDR, München 2005[2]

Fuhrer, Armin: Von Diktatur keine Spur? Mythen und Fakten über die ehemalige DDR, München 2009

Gasser, Philipp: Kurt Georg Kiesinger 1904–1988. Kanzler zwischen den Zeiten, München 2006

Geyer, Matthias/Kurbjuweit, Dirk/Schnibben, Cordt: Operation Rot-Grün. Geschichte eines politischen Abenteuers, München 2005

Görtemaker, Manfred: Geschichte der Bundesrepublik Deutschland. Von der Gründung bis zur Gegenwart, Frankfurt 2003

Ders.: Die Berliner Republik. Wiedervereinigung und Neuorientierung, Berlin 2009

Grosser, Dieter: Das Wagnis der Währungs-, Wirtschafts- und Sozialunion. Politische Zwänge im Konflikt mit wirtschaftlichen Regeln, Stuttgart 1998

Hacke, Christian: Die Außenpolitik der Bundesrepublik Deutschland. Von Konrad Adenauer bis Gerhard Schröder, Berlin 2003

Haftendorn, Helga: Deutsche Außenpolitik zwischen Selbstbehauptung und Selbstbeschränkung 1945–2000, Stuttgart 2001

Hanrieder, Wolfram F.: Deutschland, Europa, Amerika. Die Außenpolitik der Bundesrepublik Deutschland 1945–1989, Paderborn 1995[2]

Hentschel, Volker: Ludwig Erhard. Ein Politikerleben, München 2002

Hennecke, Hans Jörg: Die dritte Republik. Aufbruch und Ernüchterung, München 2003

Herbert, Ulrich: Geschichte der Ausländerpolitik in Deutschland, Saisonarbeiter, Zwangsarbeiter, Gastarbeiter, Flüchtlinge, München 2001

Hertle, Hans-Hermann: Chronik des Mauerfalls. Die dramatischen Ereignisse um den 9. November 1989, Berlin 2006

Hertle, Hans-Hermann u.a. (Hrsg.): Mauerbau und Mauerfall. Ursachen – Verlauf – Auswirkungen, Berlin 2002

Ihme-Tuchelt, Beate: Die DDR, Darmstadt 2002

Jäger, Wolfgang, in Zusammenarbeit mit Michael Walter: Die Überwindung der Teilung: Der innerdeutsche Prozeß der Vereinigung 1989/90, Stuttgart 1998

Jarusch, Konrad H./Sabrow, Martin (Hrsg.): Weg in den Untergang. Der innere Zerfall der DDR, Göttingen 1999

Kaufmann, Franz Xaver: Schrumpfende Gesellschaft, Frankfurt 2005

Kielmannsegg, Peter Graf: Nach der Katastrophe. Die Deutschen und ihre Nation. Eine Geschichte des geteilten Deutschland, Berlin 2000

Kleßmann, Christoph: Die doppelte Staatswerdung. Deutsche Geschichte 1945–1955, Bonn 1991

Ders.: Zwei Staaten, eine Nation. Deutsche Geschichte 1945–1970, Bonn 1997[2]

Knabe, Hubertus: 17. Juni 1953. Ein deutscher Aufstand, München 2004

Koenen, Gerd: Das Rote Jahrzehnt. Unsere kleine deutsche Kulturrevolution 1967–1977, Frankfurt 2002

Koop, Volker: Der 17. Juni. Legende und Wirklichkeit, Berlin 2003

Korte, Karl-Rudolf: Deutschlandpolitik in Helmut Kohls Kanzlerschaft. Regierungsstil und Entscheidungen 1982–1989, Stuttgart 1998

Kösters, Winfried: Weniger, Bunter, Älter. Wie der demographische Wandel Deutschland verändert – Den Weg zur Multiminoritätengesellschaft aktiv gestalten, München 2006

Kowalczuk, Ilko-Sascha: 17. Juni 1953. Volksaufstand in der DDR. Ursachen – Abläufe – Folgen, Bremen 2003

Kraushaar, Wolfgang: Rudi Dutschke, Andreas Baader und die RAF, Hamburg 2005

Kraushaar, Wolfgang u.a.: 1968 als Mythos, Chiffre und Zäsur, Hamburg 2000

Langguth, Gerd: Mythos 68. Die Gewaltphilosophie von Rudi Dutschke – Ursachen und Folgen der Studentenbewegung, München 2001

Loth, Wilfried: Der Weg nach Europa. Geschichte der europäischen Integration 1939–1957, Göttingen 1996[3]

Mählert, Ulrich: Der 17. Juni. Der Aufstand und seine Vorgeschichte, Bonn 2003

Ders.: Kleine Geschichte der DDR, München 2004[4]

Merseburger, Peter: Willy Brandt 1913–1992. Visionär und Realist, Stuttgart 2002

Mierzejewski, Alfred C.: Ludwig Erhard, Berlin 2005

Morsey, Rudolf: Die Bundesrepublik Deutschland. Entstehung und Entwicklung bis 1969, München 2004[4]

Neubert, Erhard: Geschichte der Opposition in der DDR 1949–1989, Berlin 1997

Rödder, Andreas: Die Bundesrepublik Deutschland 1969–1990, München 2003[4]

Schmidt, Manfred G.: Das politische System der Bundesrepublik Deutschland, München 2005

Schöllgen, Gregor: Willy Brandt. Die Biographie, Berlin 2001

Ders.: Die Außenpolitik der Bundesrepublik Deutschland. Von den Anfängen bis zur Gegenwart, München 2004

Schröder, Klaus/Alisch, Steffen: Der SED-Staat. Partei, Staat und Gesellschaft, Düsseldorf 2000

Schwarz, Hans Peter: Adenauer. Der Aufstieg 1867–1952, Stuttgart 1986

Ders.: Adenauer. Der Staatsmann 1952–1987, Stuttgart 1991

Sievers, Rudolf: 1968. Eine Enzyklopädie, Frankfurt 2004

Soell, Hartmut: Helmut Schmidt. Vernunft und Leidenschaft, Bd. 1, München 2003

Sontheimer, Kurt: Die Adenauer-Ära. Grundlegung der Bundesrepublik, München 2003[3]

Steiner, Andre: Überholen ohne einzuholen. Die DDR-Wirtschaft als Fußnote zur deutschen Geschichte?, Berlin 2006

Steininger, Rolf: Berlinkrise und Mauerbau 1958–1963, vierte überarbeitete und erweiterte Auflage, München 2009

Thränhardt, Dietrich: Geschichte der Bundesrepublik Deutschland, Frankfurt 1996

Weber, Hermann: Grundriß der Geschichte der DDR 1945–1990, Hannover 1991

Weber, Jürgen (Hrsg.): Der SED-Staat. Neues über eine vergangene Diktatur, München 1995

Wehler, Hans-Ulrich: Deutsche Gesellschaftsgeschichte, Fünfter Band.
Bundesrepublik Deutschland und DDR 1949–1990, München 2008

Weidenfeld, Werner mit Peter M. Wagner und Elke Bruck: Außenpolitik
für die deutsche Einheit. Die Entscheidungsjahre 1989/90, Stuttgart
1998

Weidenfeld, Werner/Korte, Karl Rudolf: Handbuch der deutschen Einheit, Bonn 1996

Wolfrum, Edgar: Die geglückte Demokratie. Geschichte der Bundesrepublik Deutschland von ihren Anfängen bis zur Gegenwart, Stuttgart 2006

Wolfrum, Edgar: Die Bundesrepublik Deutschland 1949–1990; Gebhardt: Handbuch der deutschen Geschichte, Bd. 23, Stuttgart 2005

Wolle, Stefan: Die heile Welt der Diktatur. Alltag und Herrschaft in der
DDR 1971–1989, Berlin 1999

Zentrum Zeitgeschichtliche Forschung Potsdam: Die Todesopfer an der
Berliner Mauer 1961–1989, Berlin 2009

Zimmermann, Hartmut/Weidenfeld, Werner: Deutschland Handbuch.
Eine doppelte Bilanz 1949–1989, Bonn 1989

Personenregister

Bildnachweis

Bundesbildstelle, Berlin: S. 123, 130, 134, 144 (oben), 248
dpa Picture-Alliance, Frankfurt: S. 285, 288, 306
Globus Infografik, Hamburg: S. 348, 354, 355, 356
Jürgens Ost- und Europa-Photo, Berlin: S. 56 (2)
Landesbildstelle Berlin: S. 69
ullstein bild, Berlin: S. 25, 49, 84, 115, 125, 145, 146 (unten), 163,
170, 176, 178, 181, 185, 198, 199, 232, 246,
248, 254, 263, 264, 266, 281 (2), 299, 335
Xpress/Ralf Walter: S. 253

Armin Fuhrer
Von Diktatur keine Spur?
Mythen und Fakten über die DDR

160 Seiten, Paperback
€ 14,90
ISBN 978-3-7892-**8309**-3

Zwanzig Jahre nach dem Fall der Mauer wird die DDR immer noch und immer mehr verklärt.

· Aber war sie wirklich ein Paradies für Arbeiter und Bauern, wie ihre Apologeten heute weismachen wollen? Nein, denn der Lebensstandard war um ein Vielfaches niedriger als im Westen.

· War die Stasi tatsächlich ein normaler Geheimdienst? Nein, denn sie überwachte alle Lebensbereiche der Bürger bis hinein in deren Schlafzimmer.

· Bot die DDR wirklich mehr soziale Gerechtigkeit als das heutige Deutschland? Nein, denn die Einkommensunterschiede zwischen der Funktionärsschicht und den einfachen Werktätigen waren groß und Rentner lebten häufig unterhalb der Armutsgrenze.

· War Erich Honeckers Reich wirklich ein Rechtsstaat wie die Bundesrepublik? Nein, denn die Menschenrechte wurden systematisch mit Füßen getreten.

· Wurde die Mauer wirklich auf Bestreben Moskaus gebaut? Nein, denn es war die SED-Führung, die den „antifaschistischen Schutzwall" brauchte und forderte, um zu verhindern, dass noch mehr Menschen in den Westen fliehen.

Das Wissen über den Charakter der DDR als Diktatur und Unrechtsstaat schwindet zusehends, vor allem in der nachwachsenden Generation. Das geschieht durch mangelhafte Vermittlung in den Schulen, durch Verharmlosung in privaten Erzählungen von Eltern, Medien und Filmen sowie durch falsche Darstellungen in der politischen Auseinandersetzung. Dieses Buch setzt Fakten gegen Mythen, Aufklärung gegen Verklärung. Es macht deutlich, dass die DDR genau das war, was heute immer häufiger geleugnet wird: Diktatur und Unrechtsstaat.

www.olzog.de

Rolf Steininger
Berlinkrise und Mauerbau
1958 bis 1963
Mit einem Kapitel zum
Mauerfall 1989

464 Seiten, 67 s/w Fotos und
11 Faksimiles, Hardcover
€ 39,90
ISBN 978-3-7892-**8302**-4

In der Nacht zum 13. August 1961 begann jene Aktion, die zu den einschneidendsten Ereignissen der deutschen Nachkriegsgeschichte gehört. Wenige Tage zuvor hatte der Kreml dafür grünes Licht gegeben: SED-»Kampfgruppen der Arbeiterklasse«, Volkspolizei und Einheiten der Nationalen Volksarmee riegelten die Sektorengrenze zwischen Ost- und West-Berlin mit Stacheldraht ab. Wenig später wurde aus dem Stacheldrahtverhau die Mauer, die Teilung der Nation im wahrsten Sinne des Wortes zementiert.

Der Mauerbau war der Höhepunkt der Berlinkrise, die der sowjetische Führer Nikita Chruschtschow im Herbst 1958 mit einem Ultimatum an die Westmächte ausgelöst hatte und die bis 1963 andauerte. Sie war eine der gefährlichsten Krisen des Kalten Krieges und im Rückblick nach Einschätzung des damaligen stellvertretenden US-Verteidigungsministers Paul Nitze gefährlicher als die Kubakrise 1962.

Auf der Grundlage bislang nicht zugänglicher amerikanischer, britischer und deutscher Akten untersucht der Autor diese zentrale Phase des Ost-West-Konfliktes – mit neuen, zum Teil völlig überraschenden und aus deutscher Sicht zumeist deprimierenden Erkenntnissen.

Dies ist die 4. überarbeitete und ergänzte Auflage des unter dem Titel »Der Mauerbau« erschienenen Werkes.

Pressestimmen:
»Eine sorgfältig recherchierte, überzeugend argumentierende, ungewöhnlich klar und lesbar geschriebene Darstellung. [...] Ein ganz hervorragendes Buch.«

Heinrich Oberreuter
Wendezeiten
Zeitgeschichte als Prägekraft
politischer Kultur

ca. 288 Seiten, Hardcover
€ 24,90
ISBN 978-3-7892-**9290**-3

Historische Erfahrung prägt politische Mentalitäten, Einstellungen und Verhaltensweisen. Die politische Kultur der Deutschen ist durch sie in besonderer Weise geformt worden — mit erheblichen Konsequenzen für das Verhältnis zwischen Bürgern und Staat wie für die Verfassungspolitik. Der thematische Bogen dieses Bandes spannt sich von der Weimarer Republik über die NS-Diktatur bis zum Neubeginn einer geglückten Demokratie und zur Wiedervereinigung.

Im Kern ist sein Thema der Gegensatz zwischen Demokratie und Diktatur, der in ausgewählten Aspekten beleuchtet wird: autoritärer Wandel einer ungefestigten Demokratie, Weltanschauungskampf einer inhumanen Ideologie nach innen wie nach außen, die bewussten Schlussfolgerungen aus diesen Hypotheken mit dem Grundgesetz, die Systemgegensätze zwischen BRD und DDR, die wiedergewonnene Einheit.

Heinz Lampert / Albrecht Bossert
Die Wirtschafts- und Sozial-
ordnung der Bundesrepublik
Deutschland im Rahmen der
Europäischen Union

16. völlig überarbeitete Auflage,
455 Seiten, Paperback
€ 19,90
ISBN 978-3-7892-**8205**-8

Die Soziale Marktwirtschaft – seit 1948 in der Bundesrepublik entwickelt – hat sich bewährt und weltweit Anerkennung gefunden; manchen Ländern gilt sie als Vorbild.

Der »Lampert/Bossert« skizziert allgemeinverständlich die Aufgaben einer Wirtschafts- und Sozialordnung, unterschiedlicher Wirtschaftsordnungen sowie die Entstehung und die derzeitige Ausprägung der Sozialen Marktwirtschaft in der Bundesrepublik.

Da die Europäische Union die Wirtschafts- und Sozialordnungen ihrer Mitgliedsländer immer stärker beeinflusst, werden darüber hinaus die Grundzüge der Entwicklung der EU, ihre Rechtsgrundlagen und ihr Einfluss auf die Mitgliedsländer sowie ihre zentralen wirtschafts- und sozialpolitischen Probleme dargestellt.

Daneben geben die Autoren einen Überblick über die Leistungen und die Leistungsfähigkeit der Sozialen Marktwirtschaft, die Sozialstaatsdiskussion, die Ursachen der Sozialstaatskrise und die Möglichkeiten einer Sozialstaatsreform.

Die Neuauflage wurde um das Thema »Elterngeld« und um den aktuellen Stand der Gesundheitsreform, der Reform der gesetzlichen Rentenversicherung sowie um eine Bestandsaufnahme hinsichtlich der Fortschritte der europäischen Integration ergänzt. Alle gesetzlichen Regelungen, Zahlenangaben und die Literaturangaben wurden grundlegend aktualisiert.